jetzt lerne ich HTML

jetzt lerne ich

HTML

Der einfache Einstieg in die eigene Website

HARALD TAGLINGER

Markt+Technik

Bibliografische Information Der Deutschen Bibliothek
Die Deutsche Bibliothek verzeichnet diese Publikation in der Deutschen Nationalbibliografie; detaillierte bibliografische Daten sind im Internet über <http://dnb.ddb.de> abrufbar.

Umwelthinweis:
Dieses Buch wurde auf chlorfrei gebleichtem Papier gedruckt.

10 9 8 7 6 5 4 3 2 1

05 04 03

ISBN 3-8272-6553-3

ein Imprint der Pearson Education Deutschland GmbH,
Martin-Kollar-Straße 10–12, D-81829 München/Germany

Lektorat: Jürgen Bergmoser, jbergmoser@pearson.de
Herstellung: Claudia Bäurle, cbaeurle@pearson.de
Coverkonzept: independent Medien-Design, München
Coverlayout: Sabine Krohberger
Titelillustration: Karin Drexler
Korrektorat: Metke&Hardt, Köln, cmetke@netcologne.de
Satz: text&form GbR, Fürstenfeldbruck
Druck und Verarbeitung: Bosch, Ergolding
Printed in Germany

jetzt lerne ich

Übersicht

»A programmer is just a tool which converts coffeine into code«

(anonym)

Im Sinne dieses bekannten und vielsagenden Zitats widmen Ihnen die Autoren und Lektoren der Buchreihe »Jetzt lerne ich« in jeder Ausgabe ein Rezept mit oder rund um das belebende und beliebte Getränk. Sollten Sie gerade ohne Bohnen oder Pulver sein: Über die Adresse *http://www.kaffee.mut.de* können Sie einen eigens entwickelten Markt+Technik Programmiererkaffee bestellen.

Viel Spaß und Genuß!

Scotch Coffee Kilt

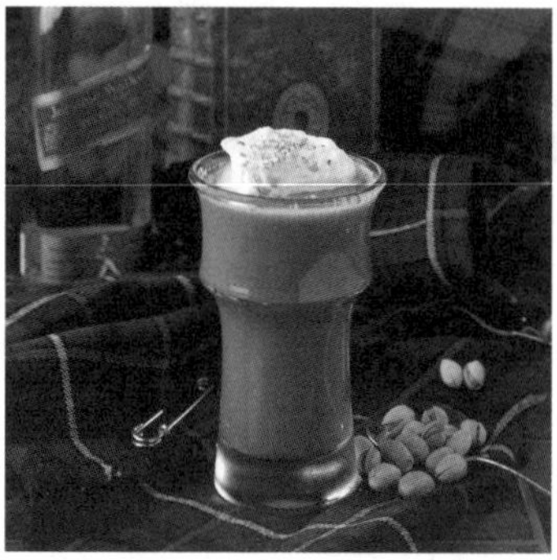

(2 große Gläser)
1 Tasse starker kalter Kaffee
2 Esslöffel Zucker
1 Likörglas Mokkalikör
1 Likörglas schottischer Whisky
1 Esslöffel feingehackte Pistazien
⅛ l Sahne, halbsteif

Den gekühlten Kaffee mit dem Zucker, dem Likör, dem Whisky und der Hälfte der Sahne im Mixer verquirlen. In gekühlte Gläser füllen und die restliche Sahne vorsichtig aufgießen, damit sie auf dem Kaffee schwimmt und sich nicht vermischt. Mit den Pistazien bestreuen.

Nachdem die Iren mit ihrem Irish Coffee ein Rezept kreiert hatten, das in aller Welt Berühmtheit erlangte, wollten die Schotten dem natürlich nicht nachstehen und erfanden den Scotch Coffee. Da sie nicht das feurige Temperament der Iren besaßen, ließen sie den Kaffee kalt, setzten schottischen Whisky zu, der nun seinerseits wieder berühmter als der irische war, und fügten noch das Wort Kilt an, um alle Zweifel über die Herkunft des Rezepts zu zerstreuen. Kilt ist der ebenfalls weltberühmte grobkarierte Schottenrock und wenn Sie Scotch Coffee servieren, sollten Sie es der Originalität zuliebe auf einem Schottenmuster tun.

Das Kaffeerezept wurde entnommen aus:

»Kaffee«
Dr. Eugen C. Bürgin
Sigloch Edition, Blaufelden
ISBN: 3-89393-135-X

Mit freundlicher Genehmigung des Verlags.

jetzt lerne ich

Inhaltsverzeichnis

Danke

Dies ist die zweite Überarbeitung eines Buches, das in London und München geschrieben wurde. Vor allem in Kneipen und U-Bahnen. Laptops sind eine feine Sache: Man muss nicht aufstehen, um sich neuen Kaffee zu machen, der Ober kommt gleich, nur die Fahrkartenkontrollen stören etwas.

Inzwischen kam Zürich als neuer Wohnort dazu. Software entwickelt sich weiter, das Internet hat nach der ersten Euphorie tüchtig Luft holen müssen und wir sind alle mindestens 10 Jahre klüger geworden. Das oft schon nach einem Jahr im Netz.

Ich danke allen, die für dieses Buch Geduld aufgebracht haben. Also Ihnen, meinen Lesern, genauso wie meinen Freunden, die mit einem leicht abgelenkten Taglinger zu leben hatten, wenn einmal mehr die Überarbeitung anstand.

Dieses Buch ist meinem Vater gewidmet, der auf das erste sehr stolz war und nun nicht mehr auf dieser Welt lebt. Ihm würde ich auch diese Version gerne vorgelegt haben. Wir sehen uns wieder.

Macht digital, was euch kaputtmacht.

Schreiben Sie uns!

Autor und Verlag sind immer bemüht Ihnen die optimale Information zum Thema zu bieten. Scheuen Sie sich deshalb nicht, uns über Fehler und andere Ärgernisse zu informieren. Nur so können wir laufend an der Verbesserung unserer Bücher arbeiten. Aber auch Lob, Erfolgserlebnisse und Ihre Ergebnisse interessieren uns. Schreiben Sie uns unter *harald.taglinger@mut.de* ihre Mails werden sofort an den Autor weitergeleitet!

Ihr Markt+Technik-Buchlektorat

Jürgen Bergmoser
jbergmoser@pearson.de

Kapitel 1

jetzt lerne ich

Zur Methodik des Buches

Willkommen.

Sie haben sich entschlossen, endlich einen gehörigen Schritt ins Internet zu wagen. Sie möchten HTML lernen. Jetzt. Und ich freue mich sehr, dass Sie das mit meinem Buch tun möchten.

Das vorliegende Werk entstand in seiner Urfassung während eines Aufenthalts in London im Jahr 1997. Damals war es schon etwas Besonderes, ein Buch zu schreiben, wenn man nur per Internet mit dem Verlag in Kontakt stand. Heute ist eine solche Arbeitsweise alltäglich geworden. Und Ihre HTML-Kenntnisse können Ihnen bei diesem digitalen Lifestyle helfen.

Zwei Jahre später überarbeitete ich das Buch, denn die Basistechniken hatten sich entscheidend weiterentwickelt. HTML erfuhr mit den Cascading Stylesheets eine enorme Weiterentwicklung. Und der Browser-Krieg zwischen dem Netscape Navigator und dem Internet Explorer war in vollem Gange: Die Technik schritt in Riesenschritten voran. Fast war es so, als würde man das Buch alle sechs Monate neu überarbeiten müssen. Ständig kamen neue Features dazu. Aber erst 2003 kommt es nun zu einer erneuten Überarbeitung, und das aus gutem Grund:

HTML, die Hypertext Markup Language hat im Wesentlichen zu seiner klassischen Form gefunden. Also wage ich die Aussage: Was Sie auf den nächsten ca. 350 Seiten lernen, werden Sie auch noch in einem Jahrzehnt brauchen können. Wenn Sie nichts davon vergessen ...

Daher sollten wir gemeinsam sehr umsichtig vorgehen und diese Art des Publizierens im Internet sauber studieren und einüben. Im Folgenden zeige ich Ihnen, wie ich dabei vorgehen möchte. Sie werden erfahren,

- wie und warum Sie die einzelnen Befehle (die Tags) direkt über den so genannten Source-Code lernen,
- wie Sie vor und nach jedem Kapitel erfahren, welche neuen Tags Sie lernen,
- welchen Sinn die Screenshots im Buch haben,
- warum es Anmerkungen und Warnungen gibt,
- was Sie im Anhang des Buches nachschlagen können,
- wie Sie Ihr Wissen erweitern und üben sollten,
- welche Services Sie auf der Website des Buches erwarten,
- was Sie darüber hinaus mit einer E-Mail an mich erreichen können.

Bevor wir in diese acht Punkte steigen, lassen Sie mich aber noch ein paar Worte zum Gebrauch eines solchen Fachbuchs verlieren. Wahrscheinlich wissen Sie das alles schon, aber auf diese Weise erhalten Sie auf jeden Fall die Sicherheit, dass Sie dieses Buch ähnlich nutzen, wie es der Autor empfiehlt.

Dann kann nichts mehr schief gehen.

Bauen Sie sich ein ideales Umfeld zum Buch auf. Räumen Sie ihren Schreibtisch auf und setzen Sie sich mit dem Buch an einen Computer. Allenfalls einen Block und einen Stift sollten Sie noch neben sich liegen haben. Mehr nicht. Gut, vielleicht noch eine Tasse Kaffee, dann ist aber Schluss. Ich betone das Aufräumen deshalb so, weil ich weniger in der Rolle eines Herbergsvaters zu Ihnen sprechen möchte oder auf typisch abendländische Tugenden wie Ordnung und Sauberkeit poche. Unterschätzen Sie auf keinen Fall das, was Sie vorhaben. Sie wollen etwas lernen, das Sie schon nach ein paar Wochen wie im Schlaf beherrschen wollen. Also brauchen Sie Konzentration und viel Übung dazu. Legen Sie deshalb alles beiseite, was Sie nicht wirklich für diesen Lernvorgang brauchen. Schalten Sie den Fernseher ab, lassen Sie das Abendessen lieber auf einem anderen Tisch stehen und befreien Sie sich von der Angst, dass die Papierstapel auf Ihrem Tisch Sie zu begraben drohen, wenn Sie das Buch ein wenig zu dynamisch weggelegt haben. Sorgen Sie außerdem dafür, dass Ihr Computer sauber funktioniert. Sie brauchen zur Arbeit mit diesem Buch ein sauber installiertes Betriebssystem, die Editoren WordPad für Windows oder Simple Text für das Mac OS, ebenso mindestens den Internet Explorer als Browser. Mehr Programme werden Sie vorerst nicht brauchen. Aber diese Programme sind ja auch schon in den Betriebssystemen vorhanden. Es entstehen also keine Folgekosten für dieses Buch. (Gut, wenn Sie dann eine Website betreiben möchten, dann kommen Kosten auf Sie zu, aber mehr dazu am Ende des Buchs und außerdem: Ganz umsonst wird Ihre Homepage nicht zu machen sein. Aber die Kosten halten sich wirklich in Grenzen.)

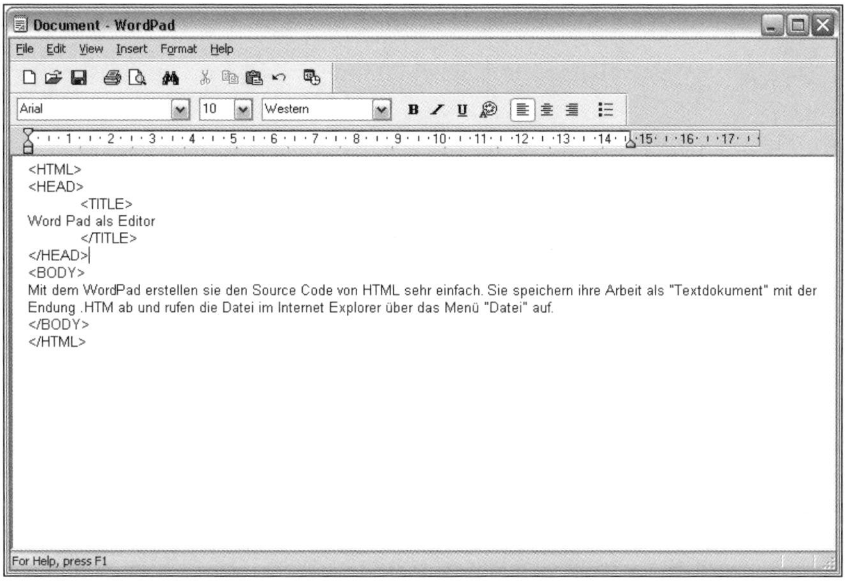

Abb. 1.1: Ein wichtiges Hilfsmittel ist der WordPad Editor. Dieses Programm finden Sie in allen Windows-Versionen unter »Zubehör«.

TIPP

Also tun Sie mir diesen Gefallen (es ist der einzige, ehrlich) und richten Sie sich eine stressfreie Arbeitsumgebung ein. Sonst verderben Sie sich den Spaß. Und das soll nicht sein. Warum sollten Sie auch sonst HTML lernen wollen?

1.1 Befehle über den Source-Code lernen

Ganz harte Zeitgenossen könnten sich HTML sicher so aneignen, indem sie eine abstrakte Art der Handhabung von Tags lernen und dann einfach eine Liste der möglichen Tags internalisieren. Fertig. Das wäre beeindruckend und sicher auch möglich. Aber ganz ehrlich, es gibt einfachere Arten, sich den Gebrauch dieser Formatierungssprache für das World Wide Web beizubringen. Gerade weil HTML sehr schön und schnell zeigt, wie bereits ein einzelnes Tag das Aussehen einer Webseite komplett verändern kann.

Deshalb arbeitet dieses Buch wie auch andere Bücher dieser Reihe damit, den Einsatz und die Wirkung der Befehle direkt in einem Code-Beispiel zu zeigen. Das sieht dann zum Beispiel so aus:

```
A <HTML>
  <HEAD>
B   <TITLE>
Ein Titel
    </TITLE>
  </HEAD>
C <BODY>
Ein Text
</BODY>
</HTML>
```

Der Source-Code einer Webseite steht im Original mit einer kleinen Modifikation abgedruckt bereit. Diese Modifikation bezieht sich auf die Randbuchstaben A, B usw. Solche Randbuchstaben würden auf einer Webseite zu falschen Darstellungen führen. Sie sind hier aber eine gute Möglichkeit, um Ihnen sehr genau anzuzeigen, wo Sie im Source-Code neue Tags lernen. Natürlich wäre es mir ein Leichtes, Ihnen einfach den Source-Code per E-Mail zuzuschicken. Dann könnten Sie ja sozusagen beim Ändern lernen. Aber jetzt kommt die Überraschung: Ich empfehle Ihnen wirklich, jeden Source-Code Zeichen für Zeichen abzutippen. Das ist natürlich mühsam. Aber Sie lernen auf diese Weise viel mehr. Seien wir ehrlich: Lösungen, die wir fertig herunterladen können, übernehmen wir leichtfertig mit einem »ist eh klar« und an irgendeiner Stelle verlieren wir dann den Kontakt mit dem Lernstoff. Da hilft es durchaus, selbst die Tipse zu spielen. Gerade weil Sie sicher auch den einen oder anderen Tippfehler machen werden. Keine Bange, das passiert auch den Profis und wird diese genauso ärgern wie Sie. Aber der Vorteil ist, dass Sie den Lerneffekt noch einmal steigern, wenn Sie diese Fehler finden und selbst beheben können. Das so genannte *Debugging* gehört heute zu den Standardaufgaben von Webdesignern und macht trotz des Einsatzes von Editoren wie Frontpage immer noch bis zu einem Drittel der Projektzeit aus.

Und um Ihnen auch diesen Zahn zu ziehen: Mit so genannten WYSIWYG-Editoren (What you see is what you get) das angestrebte Ergebnis ungefähr nachzubauen, wird nicht den gleichen Source-Code erzeugen. Sie haben dann nichts gewonnen. Nur wenn Sie von Grund auf verstehen, wie HTML-Tags das Aussehen einer Webseite formen, werden Sie den vollen Lernerfolg haben und sich auskennen. Gönnen Sie sich das.

1.2 Wie Sie neue Tags lernen

Wenn Sie sich an Ihre letzte Bergtour erinnern, dann werden Sie es vielleicht auch gehasst haben, nicht zu wissen, wie lange eine bestimmte Wegstrecke bis zur nächsten Etappe noch dauert. Und nur die unvernünftigen Bergsteiger rennen einen Berg ohne Verschnaufpause hinauf. Genauso ist es mit dem

Studium von Fachbüchern. Wenn Sie ein unglaublich leistungsfähiger Kopf sind, dann werden Sie das ganze Buch in einem Arbeitsgang durcharbeiten.

Ihren Kopf möchte ich haben.

TIPP

Besser wäre es, jeden Tag eines der Kapitel durchzuarbeiten, also etappenweise zu verfahren. Und damit Sie auch genau wissen, was Sie auf jeder Etappe vorhaben, finden Sie am Anfang jedes Kapitels eine kurze Aufzählung dessen, was Sie erwartet. Am Kapitelende werden die Lernstoffe eines Kapitels ebenfalls noch einmal rekapituliert. Sie sollten das wie eine Checkliste behandeln. Vergleichen Sie noch einmal jeden der Punkte mit der Liste Ihrer Punkte, die Ihnen klar und unklar sind. Und mit ein bisschen Ehrlichkeit werden Sie zurückgehen an die Stelle, an der Sie ein wenig im Unklaren geblieben sind. Immer wieder, damit Sie auch wirklich alles mitnehmen.

Auf der anderen Seite steht es Ihnen natürlich frei, vor allem im hinteren Teil des Buches das eine oder andere Kapitel auszulassen, weil Sie das dort vermittelte Wissen vielleicht nicht brauchen. Das ist dann sicher effizient. Wenn Sie daher schon am Anfang eines Kapitels sehen, dass da sicher nichts für Sie zu holen ist, dann können Sie es getrost auslassen. Es würde mich aber freuen, wenn Sie alle Kapitel mit der gleichen Leidenschaft studieren. Sie glauben gar nicht, wie einen ein neuer Tag auf Ideen bringen kann.

1.3 Welchen Sinn die Screenshots im Buch haben

Sie ahnen es, ich kann es Ihnen hier nicht ersparen. Richtig, der Satz muss jetzt kommen.

Ein Bild sagt mehr als 1.000 Worte.

Tut es aber wirklich. Deshalb werden Sie eine Menge an Screenshots finden. Es soll möglichst jeder neue Arbeitsschritt auch im Buch zu finden sein, damit Sie die Soll-Form mit Ihrer Ist-Form auf dem Bildschirm vergleichen können. (Richtig, Sie tippen den Source-Code parallel zum Buch mit. Das ist die beste Übung.)

Aus Kostengründen haben wir uns allerdings dazu entschlossen, die Abbildungen nicht in Farbe zu drucken. Ihr Geldbeutel wird Danke sagen, aber ich darf Sie beruhigen: Das wird keine Nachteile für Sie haben. Denn auch in dieser Darstellungsart werden Sie sehen, wie Tags zur Änderung der Farbe Wirkung zeigen. Und damit Sie auf keinen Fall enttäuscht sind, werden Sie alle Screenshots auch noch einmal digital vorfinden. Aber dazu mehr in den folgenden Anmerkungen. Übrigens werden sich alle nachfolgenden Screenshots auf die Standardauflösung von 800 x 600 Pixel in Windows XP beziehen. Ich verwende den Internet Explorer 6.0 für die Screenshots. Da es sich um klassisches HTML handelt, das so gut wie keine andere Darstellung in anderen Browsern erzeugt, sollte der entsprechende Source-Code auch auf einem Netscape-Browser ähnlich aussehen. Inzwischen gibt es mehr als ein Dutzend ernst zu nehmender Browser auf dem Markt, die allerdings kaum genutzt werden, daher kann ich nicht für alle diese Programme eine gleiche Darstellung garantieren. Aber die Unterschiede dürften eigentlich nicht ins Auge fallen. Oder Sie sollten schleunigst auf ein anderes Browserprodukt umsteigen. Denn sonst werden Sie später Webseiten gestalten, die bei 99% Ihrer Kunden vollkommen anders erscheinen.

Abb. 1.2: Mit solchen Screenshots werden wir im Buch arbeiten. Dies ist ein guter Vergleich für Sie, wie bestimmte Ergebnisse in HTML aussehen sollten.

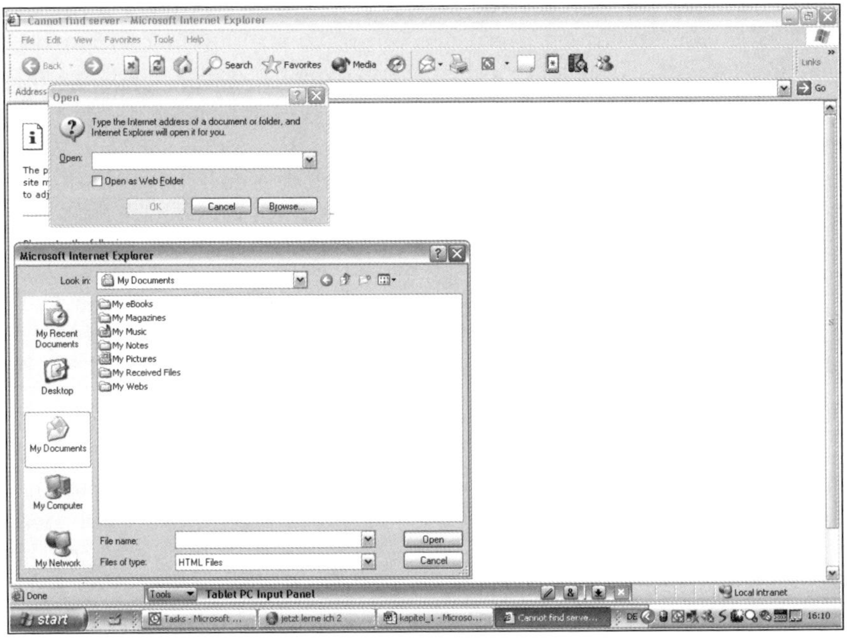

1.4 Warum es Hinweise und Warnungen gibt

»Jetzt lerne ich HTML« ist in einer Reihe von Fachbüchern erschienen, die Ihnen in möglichst einfacher Art und Weise das Lernen eines neuen Stoffs ermöglichen soll – hier zum Beispiel die Sprache für das World Wide Web. Daher besteht der folgende Text nicht nur aus der Wiedergabe von HTML in Source-Code und Screenshots. Eine ganze Reihe von Icons werden Sie darauf hinweisen, wenn ich einen speziellen Tipp (ICON HINWEIS) oder eine Warnung (ICON ACHTUNG) für Sie habe. Diese speziellen Textstellen ersetzen sozusagen das Gespräch nach einer Unterrichtsstunde oder den Plausch zwischen zwei Profis bei einem Bier.

Wenn Sie sich vorgenommen haben, Ihr Wissen ohne die Hilfe dieser Anmerkungen aufzubauen, haben Sie natürlich meine tiefste Bewunderung. Und wenn Sie dann nicht nur die hier erwähnten Haken und Ösen gefunden haben, sondern auch noch neue entdecken, dann würde ich Sie gerne zum Helden machen. Dazu aber später mehr.

Versuchen Sie mithilfe dieser Icons etwas anzunehmen, das sich als wesentlich für die Entwicklung von HTML und das World Wide Web herausgestellt hat: Wer möglichst vielen sein Wissen preisgibt, der bekommt auch eine ganze Menge an Wissen zurück. Geben und Nehmen ist im Web überlebenswichtig. Und wenn Sie das entsprechende Menü (Source) im Internet Explorer oder im Netscape Navigator eingeben, werden Sie plötzlich den Source-Code der kompletten Webseite sehen. Diese offene Struktur hat vielen Webdesignern geholfen. Und die gegenseitigen Tipps in Newsgroups oder auf Websites basieren auf einem ähnlichen Gedanken wie die hier erwähnten Icons. Sie sollen in möglichst wenig Fallen und Sackgassen geraten, deshalb werde ich Ihnen möglichst alles zu den einzelnen Tags erzählen, was ich im Laufe der Jahre zum Teil sehr bitter am eigenen Leib erfahren habe. Hinter den Tipps steckt dann meistens eine Nacht voller Kaffee und Ärger, die Sie sich dann sparen können.

1.5 Der Anhang des Buches

Geben Sie es ruhig zu: Sie haben schon einmal ein wenig in diesem Buch herumgeblättert, bevor Sie zu lesen begonnen haben. Das ist gut so. Dann wissen Sie jetzt auch, wovon ich spreche, wenn ich den Anhang erwähne. Im Wesentlichen habe ich drei Elemente angefügt, die Sie vielleicht ganz gut brauchen können.

Zum einen finden Sie alle so genannten Listings noch einmal der Reihe nach. So brauchen Sie nicht lange im Buch herumzublättern, wenn Sie eines der Source-Code-Beispiele noch einmal nachschlagen und erneut üben wollen. Übrigens finden Sie den Code dort auch ohne die bereits erwähnten Buchstaben.

Zum anderen habe ich die wichtigsten Tags und Sonderzeichen noch einmal zusammengestellt. Diese Liste wird nicht vollständig sein – soll sie auch gar nicht, denn ich möchte Ihnen die Befehle aufzeigen, die Sie können sollten. Wenn Sie aber stolz ihren Freunden erzählen möchten, dass Sie alle (!) HTML-Tags kennen und beherrschen, dann empfehle ich Ihnen ein so genanntes Kompendium, das es genau zu diesem Zweck gibt. Eine digitale Version davon bekommen Sie unter

http://www.w3c.org

Auf diesem Server finden Sie alle offiziellen Tags. Lassen Sie sich aber nicht abschrecken. Das ist so etwas wie die Bibel der HTML-, XML-, CSS- und Webprogrammierung. Deshalb wird hier nichts ausgelassen. Mir ist das ein wenig zu umfangreich. Aber schmökern Sie ruhig mal rein. Die Damen und Herren vom W3C sind die Kontrollinstanz für Internettechnologie (vor allem für das Web), deshalb müssen sie es so genau nehmen.

Darüber hinaus habe ich Ihnen noch eine Farbliste zusammengestellt, die alle wichtigen Farbtöne für Internetbrowser zeigt. Lassen Sie sich ruhig ein wenig davon inspirieren. Es schadet nichts, diesen Farbdruck wie in einem Tapetenladen vor den Bildschirm zu halten. Deshalb haben wir ihn ja beigefügt.

1.6 Wie Sie Ihr Wissen erweitern und effektiv üben

Wohlgemerkt ist dieses Buch nicht das Ende Ihres Lernweges. Es ist möglicherweise der Anfang. Also scheuen Sie sich nicht, andere zu fragen oder sogar gemeinsam dieses Buch durchzuarbeiten. Den größten Lerneffekt haben Sie, wenn Sie gemeinsam Kapitel für Kapitel durchgehen und dann ein kleines Spiel spielen. Es heißt:

Wetten, dass du es nicht schaffst?

Stellen Sie sich einfach die schwierigste Anwendung der soeben gelernten Möglichkeiten in HTML vor und bauen Sie daraus für Ihre Wettgegner eine Aufgabe (Seien Sie fair: Tags, die Sie noch nicht gelernt haben, sollten darin nicht vorkommen). Das wird am Anfang ein sehr leichtes Spiel sein, die letzten Kapitel können dann natürlich ein wenig haarig werden. Aber auf jeden Fall erreichen Sie mit einer solchen Wette zwei Dinge:

- Sie haben eine Menge Spaß dabei, sich gegenseitig Wissen abzuluchsen.
- Sie testen aus, was sich mit HTML alles machen lässt. Und glauben Sie mir: Es lässt sich mehr damit machen, als Sie sich jetzt ausmalen.

Hm, so gesehen biete ich Ihnen schon fast eine Wette an. Aber seien Sie mir bitte nicht böse, wenn ich Ihnen als Wettpartner nicht zur Verfügung stehe. Im übernächsten Abschnitt werden Sie erfahren, was Sie von einer E-Mail an mich erwarten können. Wetten muss ich leider ablehnen. Eigentlich wäre das ja auch nicht fair. Und in Ihrem Freundeskreis sind solche Aktionen auch viel lustiger, weil Sie dann um einen kleinen Wetteinsatz pokern können (damit meine ich nicht Geld – HTML ist ja kein Glücksspiel). So habe ich schon mal einen Putzdienst umgangen. Aber das ist eine andere Geschichte ...

1.7 Services auf der Website des Buches

Das vorliegende Buch endet natürlich einmal und hat einen Druckschluss. Aber das Leben geht weiter. Und warum sollen wir dann nicht das Medium nutzen, das »Jetzt lerne ich HTML« auch zum Inhalt hat?

Unter der Webadresse

http://groups.msn.com/taglingerde

finden Sie eine Website, die mehr als nur eine Website zum Buch ist. Sie bietet Ihnen zwei Vorteile: Zum einen können Sie jederzeit ohne eine Anmeldung die dortigen Beiträge in den Foren und Dokumenten-Bibliotheken studieren. Aus Gründen der Datensicherheit bietet diese Community nach einer Anmeldung via Passport auch die Möglichkeit, eigene Beiträge, sogar Source-Code, zu publizieren.

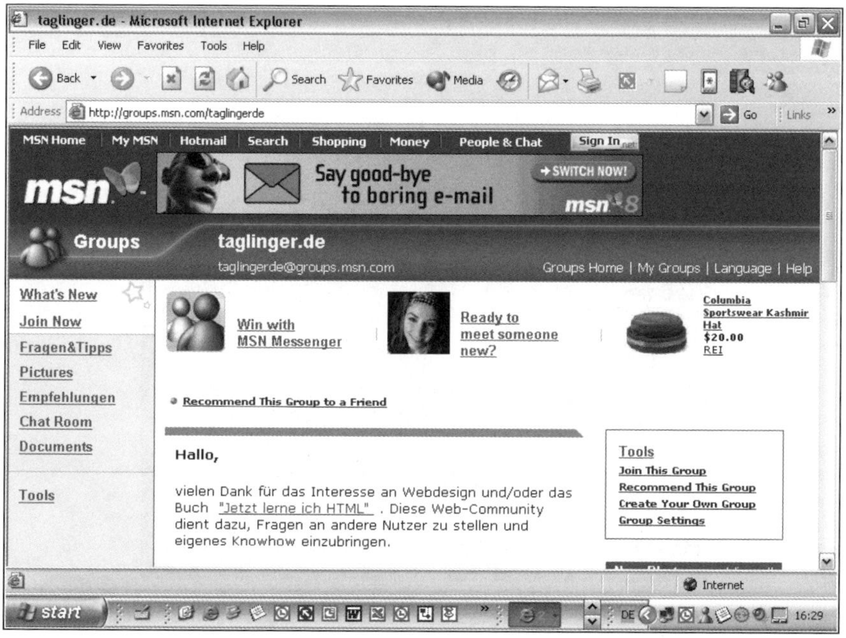

Abb. 1.3: So sieht also die Community aus, die Ihnen das Leben erleichtern kann. Ich freue mich über rege Teilnahme.

Ich biete Ihnen also auch ein Forum für Ihre eigenen Arbeiten. Mehr erfahren Sie im Moment nicht, da sich das Forum seit zwei Jahren entwickelt und sicher zum Zeitpunkt Ihres Buchkaufs schon wieder ein wenig weiter gewachsen ist. Schauen Sie doch einfach mal hinein und nutzen Sie die angebotenen Arbeitsmittel, um Ihr Wissen zu erweitern und auch ein wenig Spaß mit dem Austausch von Wissen zu generieren. Ich würde mich sehr freuen, Sie als Mitglied der Community begrüßen zu dürfen. Eine kleine Anmerkung habe ich allerdings noch: Fachfremde Beiträge wie »Ich finde Goldhamster sehr schmackhaft« oder Dinge, die nicht so ganz rechtmäßig sind (ersparen Sie mir die Ausführungen dazu), muss ich dann leider löschen. Aber das ist bisher glücklicherweise nicht ein einziges Mal vorgekommen. Schön, wenn diese Plattform auch weiterhin allen weiterhilft, die eine Frage haben und sich mit anderen austauschen wollen.

Einen anderen Einstieg finden Sie übrigens auch über

http://taglinger.de

Dort werden Sie natürlich auch über die anderen Bücher aus meiner Feder etwas erfahren. Und die eine oder andere nette kleine Überraschung unter dieser Webadresse kann ich Ihnen auch versprechen. Schreiben Sie mir ruhig, was Ihnen an der Seite nicht gefällt. Oder schlagen Sie einen Inhalt vor, den Sie sich wünschen. Ich habe ein großes Ohr für Feedback jeglicher Art, denn ich habe sicher noch nicht ausgelernt und suche immer neue Anstöße.

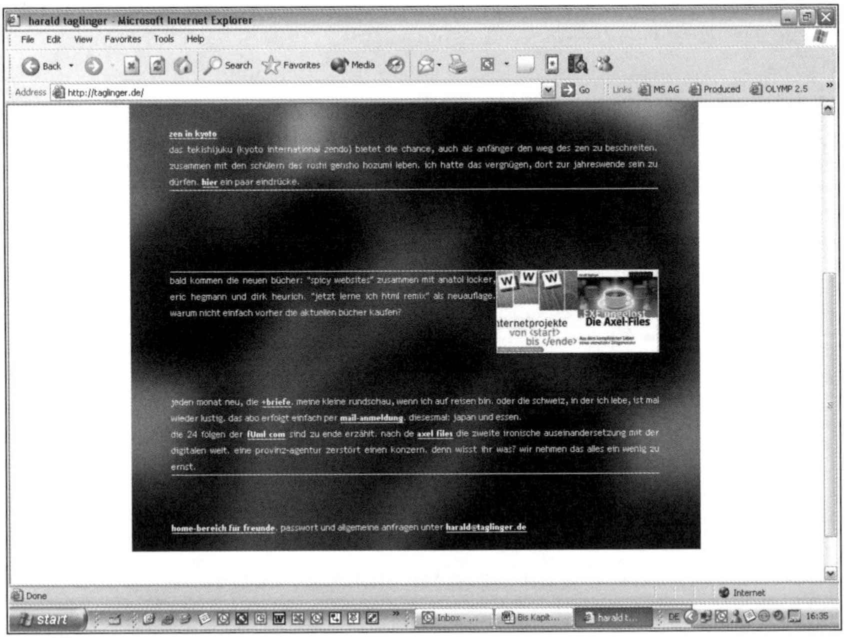

Abb. 1.4: So sah die Homepage im Februar 2003 aus, wenn Sie den Link für die Mails an mich am Seitenende gesucht haben.

1.8 Eine E-Mail an mich

Ganz zum Schluss biete ich Ihnen noch einen Service zu diesem Buch an, den bisher etwa 1.000 Leserinnen und Leser genutzt haben: Unter der E-Mail-Adresse

harald@taglinger.de

können Sie mir jederzeit schreiben. Ich versuche möglichst innerhalb von 24 Stunden zu antworten, wenn ich nicht gerade im Urlaub bin. Aber dann bekommen Sie einen so genannten Auto-Reply von mir, der Ihnen den Zeithorizont meiner Abwesenheit nennt. Wichtig ist hier zu erwähnen, wann Sie sich mit einer E-Mail an mich wenden können:

- wenn Sie eine Frage haben, die nicht im Buch behandelt ist,
- wenn Sie eine Meinung mit mir diskutieren wollen,
- wenn Sie einfach nicht mehr weiterkommen in ihren Überlegungen.

Was Sie in dieser Aufzählung nicht finden, ist das Angebot, Ihre Websites anzuschauen oder zu analysieren. Bitte verstehen Sie, dass ich dies konsequent nie gemacht habe. Denn es wäre nicht gut, als Außenstehender in Ihre Arbeiten einzugreifen und Sie zu verunsichern. Vertrauen Sie Ihrem eigenen Urteil, ob die Site ihren Vorstellungen entspricht. Ich bin nur jemand, der Ihnen den Weg zu HTML gezeigt hat. Ich bin weder eine moralische Instanz noch ein Geschmacksgremium. Das steht mir nicht zu.

Übrigens können Sie sicher sein: Die Source-Codes funktionieren. Wenn Sie diese abgetippt haben und trotzdem nicht das erwünschte Ergebnis erhalten, müssen Sie sehr tapfer sein. Es wird dann an Ihnen liegen. Es wäre natürlich schöner, den Fehler bei mir zu suchen, aber ich habe diese Source-Codes mehrmals getestet, der Verlag ebenfalls. Die Chance ist sehr gering, dass hier etwas nicht stimmen kann.

Man soll nie »nie« sagen, aber im Zweifelsfall würde ich Ihnen raten, vielleicht doch noch einmal Ihren Source-Code zu prüfen. Das fördert ebenfalls den Lerneffekt.

Kapitel 2

jetzt lerne ich

Das Web heute

2.1 Eine kurze Geschichte

Sicher sind Sie schon ungeduldig und wollen nun endlich anfangen, sich in die Materie zu stürzen. Das können Sie auch. Im übernächsten Kapitel lernen Sie die ersten Befehle. Wenn Sie es aber nicht mehr erwarten können, dann überspringen Sie die folgenden Seiten. Rein in das Vergnügen. Allerdings entgeht Ihnen dann etwas, was ich für ein besseres Verständnis auf den Fall empfehlen würde. Eine kurze Einführung in den historischen und medientypischen Kontext. Kurz: Woher kommt HTML und wo geht es hin? Gönnen Sie sich einfach noch ein Schmökerkapitel, bevor es wirklich los geht.

Damit wir diese Datenbeschreibungssprache (vom Programmieren wollen wir hier nicht sprechen) besser verstehen, brauchen wir ein paar Informationen darüber, woher dieser technische Ansatz kommt und was er leisten kann. Dann tun wir uns leichter. Also Vorhang auf für ein bisschen Geschichte.

Tim Berners-Lee hatte ein ziemlich großes Problem. Streng genommen war es ein weltweites. Wie konnte er die ungeheure Masse an Informationen, die Physiker im Umfeld des Kernforschungszentrums in CERN interessierten, so in eine Ordnung bringen, dass die gleichen Physiker Leser und Publizisten zugleich waren? Keine leichte Aufgabe. CERN (*http://www.cern.ch*) liegt übrigens in der französischen Schweiz und hat unter anderem ein paar Atomschleudern zu bieten, die Teilchen in ungeheurer Geschwindigkeit aufeinander prallen lassen können. Wie auch immer – Tim Berners-Lee hatte die Idee, eine von IBM in den 60ern entwickelte Datenbeschreibungssprache zu nutzen (eigentlich eine vereinfachte Form davon): HTML, die Hypertext Markup

Language. Der Clou dieser Art, Texte zu veröffentlichen, besteht darin, dass die Formatierungszeichen nur die Formatierung beschreiben, sie geben sie in der klassischen Form von HTML nicht zwingend vor. So ist es den einzelnen Leseprogrammen (Browsern) und deren Betriebssystemen überlassen, was »fett« oder »kursiv« genau bedeutet und wie es dargestellt werden soll. Dies lässt sich heute noch leicht nachvollziehen, wenn wir es mit einer Website zu tun haben, deren Schriftgröße nicht durch die inzwischen eingeführten Cascading Stylesheets eine klare Definition erfahren hat. Gehen Sie doch beispielsweise einmal im Internet Explorer in das Menü *Internetoptionen*. Dort finden Sie unter *Farben* oder *Schriftarten* frei wählbare Einstellungen vor, in denen Sie die Schrift- und Link-Darstellung bestimmen können, wenn Sie nicht feste Werte besitzen.

Abb. 2.1: Die Standardfarbe für Links ist Blau. Bereits besuchte Links sind violett gekennzeichnet. Leider hatte sich als Standardschrift Times New Roman eingebürgert, die auf einem Bildschirm schwer zu lesen ist.

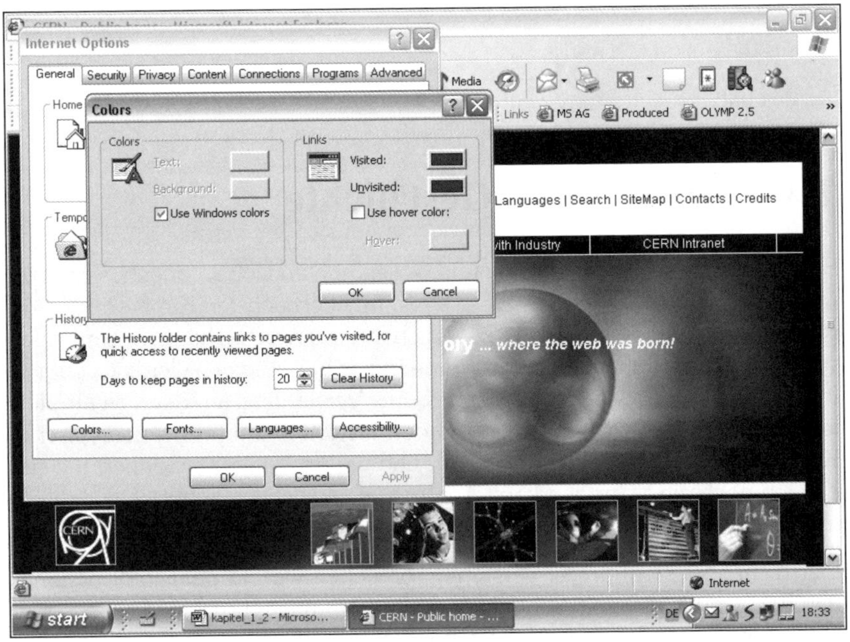

Was heute fast überflüssig wirkt, war damals als freies Konzept in den Spezifizierungen verankert. Und erst nach und nach haben die Browserhersteller hier Tags geschaffen, die Ihnen als Webdesigner mehr Kontrolle über das Aussehen von Webseiten ermöglichen. Vorher gab es eigentlich so etwas wie ein festgeschriebenes Layout im Web gar nicht. Und das ist immerhin erst fünf Jahre her.

Das zweite spannende Konzept ist das der Hyperlinks. Digitale Querverweise führen zu anderen Webseiten und sind mit einem kleinen Befehl einzurichten, den Sie schon bald kennen lernen werden. Spannend ist dieses Feature vor allem deshalb, weil im Vergleich zu vorherigen Systemen solch ein Hypertext-Link auch dann noch funktioniert, wenn eine Webdatei zwar noch die gleiche Webadresse hat, aber physikalisch auf einem ganz anderen Server liegt. Das Konzept von Hypertext kommt uns heute so banal vor wie Wegweiser am Straßenrand. Wir klicken mit der Maus auf unterstrichene Wörter oder aktive Bilder, damit wir auf eine neue Seite gelangen, die uns weitere Informationen bietet. Aber damit das heute möglich ist und milliardenfach pro Tag passiert (Rechnen Sie es durch: Mehr als 300 Millionen Menschen nutzen heute das Internet und klicken dabei mehr als 15 Seiten pro Session an ...), sind drei Dinge nötig:

- eine Maus-fähige Computeroberfläche
- ein Standard, um Texte und Bilder zu codieren
- Programme, die diese Codes wieder sinnvoll entschlüsseln und das Ergebnis darstellen können

All das hat Tim Berners-Lee angestoßen und er kümmert sich noch heute darum. Ende der 80er etablierte er von der Schweiz aus auf der Basis der Urform HTML 1.0 diesen Standard und legte auch die Spezifikationen für einen Browser fest, der diese Daten dann in der geeigneten Art und Weise darstellen sollte. Auf zwei Dinge kam es ihm dabei an, die heute gleichzeitig den Reiz und auch die Schwierigkeit des Webs ausmachen:

Alle Standards hatten offen und unentgeltlich nutzbar zu sein und
Inhalte sollten möglichst einfach zu verlinken sein, um mühevolles Nachschlagen zu verhindern.

Der Siegeszug des World Wide Webs hat zu einer Explosion von Websites geführt. *http://www.google.com* registriert heute mehr als drei Milliarden Seiten für seine Suche. Und das gerade einmal zehn Jahre nach der Einführung dieses Internetstandards. Weil das Web so einfach zu erstellen und weiterzuverwenden ist (hier hat Tim Berners-Lee wirklich ganze Arbeit geleistet), entreißt dieser Siegeszug den Forschern die Oberhoheit über das Medium. Über die Studenten von Universitäten und andere Hobby-Publizisten kam das Web schnell in eine kommerziellere Schiene. Und seit 1996 startet dieses Medium auch in Europa kräftig durch. So kräftig, dass Pixelpark, die berühmteste Onlineagentur in Deutschland, zeitweise mit bis zu zwei Milliarden als Marktwert gehandelt wurde ... und danach wieder abstürzte. Eine Hysterie, die aber nicht nur schimmernde Agenturen erfasst und ins Verderben reißt. Das Web ist schwer zu kommerzialisieren, denn »content is free«, weil die universitären Wurzeln einfach da sind. Und das macht Finanzmodelle so schwierig.

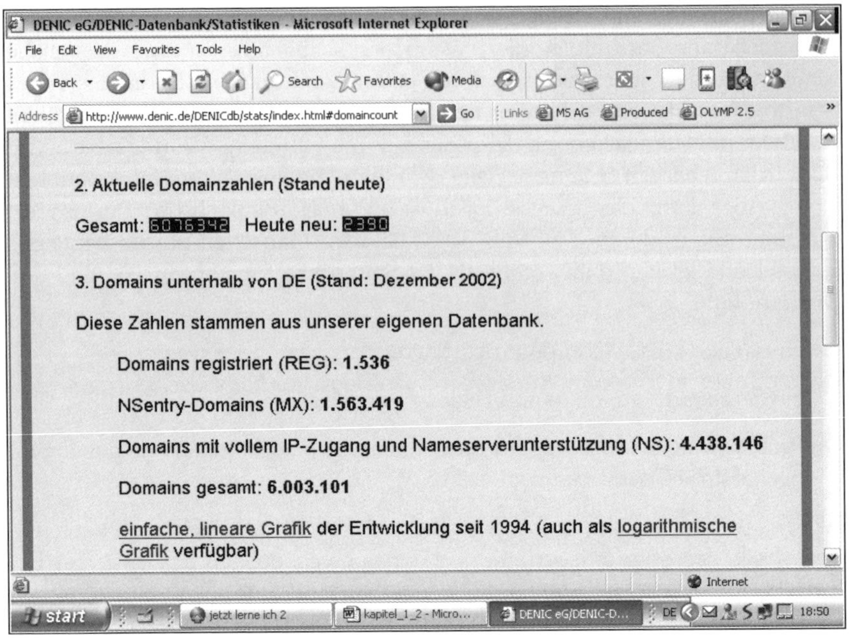

Abb. 2.2: So hat sich laut http://www.denic.de die Anzahl der Domainnamen in Deutschland entwickelt.

Eine weitere Eigenart macht das Web so spannend, allerdings auch manchmal rechtlich heikel: Das Verlinken von Seiten ist so einfach und inzwischen schon so alltäglich, da insgesamt 13 Rootserver des Internets Domain-Namen mit so genannten IP-Nummern verzeichnen, sodass jede Anforderung wie bei einem Telefonbuch bearbeitet werden kann. Das macht es möglich, die scheinbar gleiche Adresse auf einen anderen Server zu übertragen. In älteren Onlineplattformen führte das zu unterbrochenen Verbindungen. Aber das World Wide Web ist hier weitaus praktikabler. Es basiert mit seinem TCP/IP-Protokoll übrigens auf der Idee eines Telefonnetzes und wurde als ARPANET von den Militärs dazu entwickelt, möglichst lange zu funktionieren, auch wenn 12 der 13 Rootserver ausfallen würden. Das funktioniert scheinbar, denn im Herbst 2002 hat ein Hackerangriff 9 der 13 Server getilt. Und trotzdem lief das Netz fast unmerklich langsamer weiter.

Was würde es aber nützen, die schönsten HTML-Standards zu haben, wenn es nicht die entsprechenden Editoren und Browser auch umsonst gäbe? Wichtig und gleichzeitig prägend in dieser Hinsicht war Marc Andreesen, der heute ein wenig in der Versenkung zu verschwinden droht ...

Zusammen mit Jim Clark, der schon beim Markterfolg der SGI-Computer seine Finger im Spiel hatte, entwickelte der eher schüchterne und zurückgezogene Twen eine weiterentwickelte Form des bereits von Tim Berners-Lee unterstützten Browsers NCSA Mosaic. Und heraus kam der Netscape Navigator. Da die Firma Netscape vorrangig mit Servern ihr Geschäft machen wollte, war der Navigator ein Zusatz, um das Kerngeschäft anzukurbeln. Denn wenn viel gesurft wird, braucht man Server. So ähnlich betreibt auch Sun sein Geschäft mit Java. Und diese Aktivitäten haben schließlich auch Microsoft dazu geführt, ebenfalls einen Browser zu entwickeln, den Internet Explorer. Es entstand der Browserkrieg in den 90ern, der diese Software in immer neuen Versionen gegeneinander antreten ließ.

Aber spannender für uns ist die Tatsache, dass Marc Andreesen und später sein Team eine Entwicklung einleiteten, HTML mit mehr Möglichkeiten wie Farbe und Schrifteinstellungen zu versehen. Neue Tags und Sonderfunktionen führten dazu, dass zum einen nicht mehr jede Seite auf jedem Browser gleich reagierte. Inzwischen haben sich moderne Browser wieder mehr angeglichen, aber in Hochzeiten des Browserkriegs konnte es schon passieren, dass vor allem für die verschiedenen Netscape-Versionen sehr unterschiedliche Source-Codes notwendig waren. Dass sich diese Browser nun wieder angleichen, liegt an den Vorgaben des W3C, einem Konsortium, das die Einhaltung der HTML-Standards überwacht. Und nun dürfen Sie dreimal raten, wer diesem Konsortium angehört: Richtig, Tim Berners-Lee.

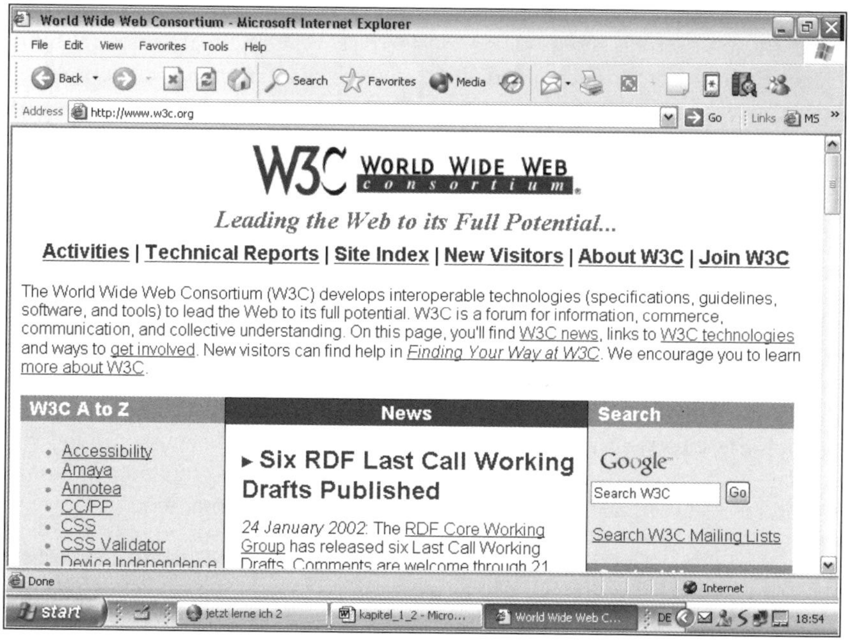

Abb. 2.3: Das W3C ist für die Standardisierung der Websprachen zuständig und von unschätzbarer Wichtigkeit für das Medium.

Ein kleiner Blick auf die Links der Website zeigt, dass zur ursprünglich sehr einfachen Technik rund um HTML inzwischen eine Menge an Subtechniken dazugekommen ist. Das liegt einfach daran, dass ein weiteres Credo der ersten HTML-Zeit mehr und mehr verschwindet. Es sollte im Sinne einer

Datenbeschreibungssprache dem Nutzer überlassen bleiben, wie er eine Überschrift, ein Zitat oder einen Link dargestellt haben möchte. Die Browsereinstellungen ermöglichten eine Menge an Freiheiten. Heute werden vor allem bei kommerziellen Websites kaum noch Seiten zu finden sein, die vorher nicht pixelgenau designed wurden und sich auf möglich vielen Browsern identisch und farbecht verhalten sollen. Das ist so, als würde man einem Kind einen Roller schenken und dann von ihm verlangen, damit Walzer zu tanzen. Kann man machen, ist für das Kind aber komisch. Nun haben wir Webdesigner uns aber daran gewöhnt (und die Nutzer erst recht), dass dem so ist, also entstehen heute Websites mehr und mehr mit dem Hintergedanken, die Kontrolle über das Aussehen dieser Inhalte bis auf das letzte Pixel dem Produzenten zu überlassen.

Eigentlich schade.

2.2 Die Zukunft: keine Panik!

Jetzt werden Sie sicher wissen wollen, was die Zukunft bringt, und da will ich auch gerne ein wenig Auskunft geben, auch wenn sozusagen heute die Zukunft für Sie morgen schon wieder gestern ist. Wie bereits im ersten Kapitel dieses Buches beschrieben wandelt sich die Webwelt immer noch sehr stark, aber die technischen Standards sind eigentlich trotz ihrer Vielzahl ein wenig statischer und stabiler geworden. Zukünftig wird es wohl mehr darum gehen, Kapital aus kommerziellen Inhalten im Internet zu schlagen. Bahnbrechende technische Neuerungen sind derzeit nicht zu erwarten, aber wer weiß: Vielleicht haben Experten für Kerzenlicht kurz vor der Erfindung der Glühbirne auch ähnliche Dinge behauptet.

Trotzdem wage ich die Voraussage, dass Sie HTML noch eine ganze Weile brauchen werden, zumal Standards wie WAP sich zu Gunsten von HTML wieder verabschiedet haben. Seien Sie also zuversichtlich. Wenn Sie nicht gerade das Ei des Kolumbus im Hinblick auf einen Geldverdienst erfinden müssen, werden Sie Ihre Webseiten nicht gleich wieder wegwerfen müssen. Und lassen Sie sich von dem folgenden Satz nicht verwirren: Kommerzielle Seiten würden mit HTML alleine schön längst nicht mehr klarkommen.

Das bedeutet, dass kommerzielle Websites einen anderen Ansatz verfolgen müssen, weil Sie Ihre Inhalte wieder verwerten. Hier kommen Sprachen wie XML ins Spiel, die zur bereits bekannten Idee der Datenbeschreibung zurückfinden. Hier geht es nicht nur darum, den Fettdruck oder kursive Buchstaben zu kennzeichnen. Es werden in einer so genannten Metaebene auch übergreifende Informationen abgelegt. Zum Beispiel die Information, dass Harald ein Vorname und Taglinger ein Nachname ist. Nun werden Sie vielleicht wissen wollen, wo denn da der Sinn drin liegt, denn dass es sich hier um einen Namen handelt, hätte man vielleicht ja auch so herausbekommen.

Die Idee dahinter ist, mit intelligenten Suchmethoden beispielsweise alle Haralds in einem Text auszugeben. Wenn Sie Vertreiber von Branchenverzeichnissen, Katalogen oder Restaurantbeschreibungen sind, können Sie sich vorstellen, wie einfach mit einem solchen Konzept dann eine flexible Darstellung von verschiedenen Textkombinationen werden kann. Und wenn Sie sich dann noch vorstellen, dass Sie mit der Hilfe von so genannten Templates auch noch verschiedene Formen des gleichen Inhalts für Webseiten, Druckseiten, Darstellungen auf PDAs, Teletext oder Smartphones anbieten können, dann eröffnen sich Ihnen sicher Welten, die einem HTML-basierten Textstand nur mühevoll offen steht.

Aber das soll nur ein Ausblick sein. So wie große Regisseure à la Steven Spielberg oder George Lucas selten mit einer kleinen Videokamera arbeiten, so werden große Anbieter auch nicht in statischen HTML-Seiten denken. Aber sie kommen im Arbeitsumfeld immer noch vor und letztendlich werden Sie auch bei großen Websites die meisten Layouts in HTML sehen können (Kleiner Test: Sie wissen noch, dass man auf jeder Website den Source-Code sehen kann ...?).

Auf der anderen Seite sollten Sie nicht enttäuscht sein, wenn die wenigsten Nutzer Ihre Seiten auf einem Handy anschauen wollen und RTL, SAT 1 oder Pro Sieben nur sehr selten Anfragen um einen kleinen Bildschirmtext absetzen werden. Private oder halbkommerzielle Websites werden kaum über klassisches HTML nach dem Standard 3.2 hinauskommen. HTML 4.0 ist hier schon eine Obergrenze, die Sie – diese Wette gehe ich gerne mit Ihnen ein – nur dann überschreiten, wenn Sie Inhalte im großen Stil als Geschäft betreiben. Oder Sie haben einen Webservice zu bieten und wollen Geld damit verdienen.

Lehnen Sie sich also entspannt zurück und seien Sie sicher, dass Sie eine Basistechnik lernen. Ich würde sogar sagen, dass Sie dann ein größerer Profi als viele Ihrer Kollegen und Kolleginnen sind, wenn Sie nicht wegen jeder kleinen Grundidee gleich zu einer digitalen Keule greifen, die sich in komplizierteste Programmierlösungen versteigt. Das macht keinen Sinn. Machen Sie sich einen Spaß daraus, möglichst lange möglichst einfach und im Sinne des Erfinders eines weltweiten Textnetzes zu denken. Dann hilft Ihnen dieses Buch auch sehr lange weiter. Es ist ein »Best of« der wichtigen HTML-Grundkenntnisse, die Ihnen lange Zeit weiterhelfen werden.

Wichtige Websites arbeiten übrigens heute verstärkt mit so genannten Redaktionssystemen, die einen eingegebenen Text automatisch in XML wandeln und ihn dann sofort live publizieren. HTML ist sicher, wenn Sie die Seiten per Hand erstellen, ein schnelles, aber für Profis immer noch zu langsames Mittel, um Internetinhalte schnell zu publizieren. Solche Content-Management-Systeme kosten bis zu sechsstellige Beträge und müssen dann oft unter Einsatz von drei bis vier Programmierern genau an den Prozessablauf angepasst werden, der in der entsprechenden Redaktion vorherrscht. Sie sehen schon, das sind Spezialfälle. Und Sie dürfen sicher sein. Das hat die Hobby-Ebene auf jeden Fall verlassen.

Sollten Sie jetzt frustriert sein, dann hilft Ihnen vielleicht die Einsicht weiter, dass aber trotzdem jeder der großen Profis einmal ganz klein so wie Sie angefangen hat. Mit spitzen Klammern. Handgetippt. Und genau das wollen wir jetzt auch machen.

Es geht los.

Kapitel 3

jetzt lerne ich

Grundaufbau – die erste eigene Textseite im World Wide Web

Nach diesem historischen Rückblick und ersten praktischen Tipps zur Erstellung einer eigenen Homepage geht es jetzt aber gleich mit der eigentlichen Programmierung einer Webpage los. HTML ist keine Programmiersprache. Zwar sind Verschachtelungen der Befehle immer möglich, aber Schleifen oder gar objektorientierte Module wie in C++ und anderen Hochsprachen hat HTML kaum – streng genommen gar nicht – zu bieten. Das engt die Möglichkeiten, die jeder Webdesigner zur Verfügung hat, ein wenig ein. Aber gerade der Einstieg in HTML wird dadurch sehr erleichtert. Es dauert ab jetzt ein Dutzend Seiten und Sie können schon im World Wide Web publizieren. Die weiteren Kapitel des Buches werden wir dazu brauchen, diese erste Rohform besser zu layouten, sinnvoll aufzuteilen und zu verknüpfen.

Im Wesentlichen basiert die Idee der HTML-Sprache darauf, diese Layout-Befehle und den sichtbaren Lesetext in eine Datei zusammenzufügen. Andere Texte, alle Bilder, Töne oder Filme werden dann über so genannte *Links* integriert, sind also nur mit ihrem Pfadnamen in der Datei verzeichnet. Das erinnert ein wenig an ein Telefonbuch und dieser Vergleich ist nicht so falsch. Für eine HTML-Datei ist es wichtig zu wissen, wo sie die entsprechenden Bilder finden kann. Eine Einbindung als Objekt, wie Sie das vielleicht aus Word kennen, findet hier nicht statt. Es handelt sich mehr um einen Verweis auf zusätzliche Komponenten. Diese zusätzlichen Komponenten können auf dem gleichen Server, im gleichen Verzeichnis, aber auch auf einem beliebigen Server überall auf der Welt stehen, solange die Dateien über das Internet Kontakt aufnehmen können. So ist also ein HTML-Dokument denkbar, das von Servern aller Kontinente ein Bild gleichzeitig auf den Bildschirm zaubert.

Aufgabe *Malen Sie sich einen Fall aus, in dem eine HTML-Datei Bilder aus allen Teilen der Welt zusammenbindet.*

Lösung Denken Sie an eine meteorologische Website.

Deshalb schauen wir uns zuerst den generellen Aufbau einer HTML-Datei an. Dann wollen wir ein wenig Text in diese Datei einfügen, der später auch so im World Wide Web sichtbar werden kann. Am Schluss des Kapitels befassen wir uns stärker mit der Funktion und den Möglichkeiten von Links. Puristen hören mit diesem Wissen oft schon auf und publizieren auf der Basis dieser wenigen Befehle bereits im World Wide Web. Aber ehrlich gesagt: Schade, denn hier beginnt der Spaß erst ...

Sie üben in diesem Kapitel

- den Grundaufbau eines HTML-Files,
- das Einbinden von Text in eine Webpage,
- das Formatieren von Text auf einer Webpage,
- das Linken auf andere Webpages.

3.1 <HEAD>- und <TITLE>-Tag

Für dieses Kapitel sollte das Handwerkszeug auf dem Computer schon gut in Schuss sein. Wir brauchen einen ASCII-Editor (theoretisch reicht dazu das WordPad von Windows oder Simple Text von Mac OS) und einen beliebigen Browser, z. B. den Netscape Navigator oder den Microsoft Internet Explorer. Weil es hier immer auch wieder Fragen gibt: Ein ASCII-Editor ist ein beliebiges einfaches Textverarbeitungsprogramm, ein so genannter *Editor*, der es Ihnen ermöglicht, Text ohne große Sonderfunktionen zu speichern. Jedes Betriebssystem liefert mindestens einen Editor mit. Kostenlos. Achten Sie unbedingt darauf, dass Sie ihren Source-Code dabei im Textformat und mit der Endung .HTM abspeichern. Dann kann nichts mehr schief gehen.

Wir schreiben mit wenigen Befehlen eine erste Webpage, wie sie so wohl selten vorkommen wird. Aber für unsere Zwecke tut sie genau das Richtige. Hier kommt der Code-Text.

Die Großbuchstaben A, B und C dienen hier nur zur besseren Übersicht. Bitte nicht mittippen. Sie sollen dadurch in den Erklärungen einen Hinweis finden können, was genau gezeigt werden soll. Im folgenden Beispiel sind diese Buchstaben noch nahe beieinander. Später werden Sie sicher diese Art Merker schätzen.

```
A <HTML>
B   <TITLE>
C Das ist schon eine Webpage!
B   </TITLE>
A </HTML>
```

Tippen Sie diesen Code ohne Randbuchstaben in ihren ASCII-Editor ein. Speichern Sie diesen Code dann unter *versuch.htm* in einem beliebigen Verzeichnis Ihres Computers ab und rufen Sie jetzt ihren Browser auf. Öffnen Sie die abgespeicherte Datei über das Menü *Datei/Öffnen* und schauen Sie sich an, was wir mithilfe der ersten einfachen HTML-Befehle ausgelöst haben. Theoretisch könnten Sie diese Datei auch schon über das Internet abrufen. Aber wir werden im zweiten Kapitel noch einen Befehl kennen lernen, der die Datei besser anwendbar macht. Also Geduld. Wenn Sie mehrere Browserprogramme zur Verfügung haben, rufen Sie die Datei möglichst auch mit allen Versionen einmal auf. Profi-Webdesigner verbringen bis zu einem Drittel ihrer Arbeitszeit damit, die geschriebenen Dateien auf möglichst vielen Browsern in möglichst vielen Betriebssystemen aufzurufen und sie dann dementsprechend anzugleichen. Nur so entsteht eine große Ähnlichkeit zwischen den Versionen. Warum das so ist, sehen wir später. Beachten Sie, dass Sie Ihren eingebebenen Satz jetzt in der Titelzeile des Browsers finden. Das eigentliche Fenster ist noch leer. Dazu kommen wir später.

Noch einmal: Bitte geben Sie die Großbuchstaben am linken Rand nicht mit ein. Wir kennzeichnen damit nur die neuen Befehle, die pro Kapitel als Lernstoff dazukommen.

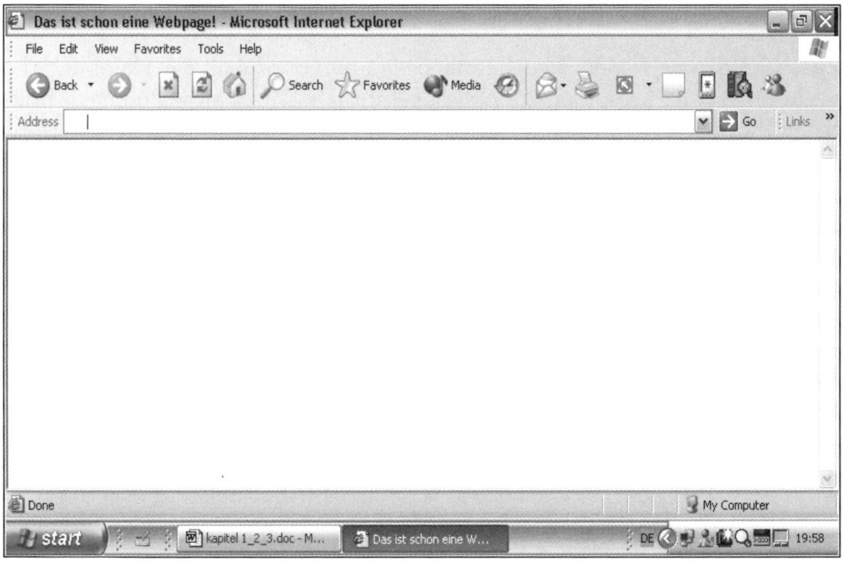

Abb. 3.1: Das ist streng genommen Ihre erste Webseite. Sie werden sich vielleicht wundern, dass da eigentlich nicht viel steht, aber schauen Sie sich mal die Titelzeile an, dann finden Sie den Satz wieder, den Sie im Source-Code eingegeben haben.

Schauen wir uns in Ruhe unsere ersten Code-Zeilen an.

A <HTML> </HTML>

Jede HTML-Datei, die im World Wide Web zu sehen sein soll, beginnt mit dem Befehl <HTML>. Diesen Befehl gibt es, damit der Browser erkennt, dass es sich hier um eine HTML-Datei handelt und er beginnen muss, die restlichen ASCII-Zeichen in eine sichtbare WWW-Oberfläche umzusetzen. Befehle werden auch *Tags* genannt und haben eindeutige Erkennungszeichen: die spitze Klammer <, die ein Tag eröffnet, und die spitzen Klammer >, die das Tag wieder schließt. Es ist dabei für die richtige Übersetzung in den Browsern unerheblich, ob der Text des Tags in durchgehend großen oder kleinen Buchstaben geschrieben ist, aber der Übersichtlichkeit halber kann man nur immer wieder empfehlen, alle Tags in Versalien zu schreiben. Der Browser unterscheidet jedoch nicht zwischen Klein- und Großschreibung.

Die Besonderheit an HTML ist seine symmetrisch aufgebaute Struktur. Im Regelfall existiert jedes Tag, das eine Struktur genauer definiert, zweimal. Einmal, um das Tag und damit die Reaktion des Browsers darauf zu eröffnen, und einmal, um das Tag wieder zu schließen und damit die Reaktion des Browsers darauf wieder zu beenden. Hier signalisiert das Tag <HTML>, dass eine Datei folgen wird, die der Browser innerhalb der Standards des World Wide Webs darstellen soll. Das Tag </HTML> mit dem Schrägstrich als Schlusszeichen sagt dem Browser, dass diese Datei exakt bis zu diesem Befehl reicht.

ACHTUNG

Vermeiden Sie jedes Zeichen nach diesem Schluss-Tag. Auch ein bloßes Leerzeichen kann später zu Fehlern in der Darstellung führen. Die eiserne Regel lautet:

Keine Zeichen mehr nach </HTML>

Zwischen diesen beiden Tags befinden sich nun der Inhalt der Datei und die weiteren HTML-Tags. Man kann dieses Prinzip auch mit einer durchgeschnittenen Zwiebel vergleichen. Jede Schicht zum Kern hin taucht nach dem Kern noch einmal auf. So ist auch HTML grundsätzlich strukturiert. Viele Fehler im Source-Code tauchen auf, weil zwar das Eröffnungs-Tag richtig geschrieben ist, das Schluss-Tag aber fehlt oder fehlerhaft eingefügt ist.

B <TITLE> </TITLE>

Jede HTML-Datei, die im Web über einen Browser aufgerufen wird, entsteht in einem Bildschirmfenster oder überschreibt eine alte Datei, die bereits ein Bildschirmfenster erzeugt hat. Nach den Betriebssystemkonventionen von Windows, Mac OS usw. erhalten diese Fenster eine Betitelung. Ist diese nicht vorhanden, wird automatisch der Dateiname in den Titelbalken übernommen. HTML sieht allerdings auch eine andere, viel elegantere Möglichkeit vor. Zwischen den beiden `<TITLE>`-Tags wird festgelegt, welchen Titel das Bildschirmfenster erhält. Dieser kann theoretisch beliebig lange Buchstabenkombinationen enthalten, allerdings gibt es hier folgende Begrenzungen zu beachten:

- Es wird immer nur ein Tastatur-Leerzeichen gleichzeitig dargestellt.
- Am rechten Rand des Bildschirmfensters wird der Titeltext nicht umbrochen. Die Darstellung bricht hier einfach ab.
- Es sind nur ASCII-Zeichen und deren Sonderzeichen zugelassen.
- Bilder, Töne oder Filme können hier nicht abgelegt werden.
- Hyperlinks sind an dieser Stelle nicht integrierbar.

Auch hier reagiert der Browser zum Teil sehr empfindlich, wenn das Schluss-Tag nicht sauber angegeben wurde.

```
C  Das ist schon eine Webpage!
```

Mit der Eingabe dieses Satzes haben Sie in diesem HTML-Code ihren ersten Satz formuliert, den auch ein Surfer im Süden von Neuseeland mit seinem Modem empfangen kann. Er erscheint im Titelbalken des Bildschirmfensters in der Textfarbe, die jeder Nutzer solchen Betitelungen in seinem Computersystem zugewiesen hat. Bei Windows XP unterscheidet das System grundsätzlich die drei Farben Oliv, Silber und Blau. Mac OS ist hier noch restriktiver: Grau herrscht hier vor. Da der Browser – was wir ja auch wünschen – keine spitzen Klammern an diesem Satz entdecken konnte, stellt er diesen und jeden ähnlichen Satz an dieser Stelle als reine Buchstabenfolge im Titelbalken dar.

> **ACHTUNG** Ein Browser kann Tags nur dann als solche erkennen, wenn er spitze Klammern findet und der Inhalt zwischen diesen Klammern einen HTML-Befehl darstellt, den der Browser auch kennt.

Es empfiehlt sich, bei der Eingabe des Codes auch die Tags so zu layouten, wie sie hier im Buch gesetzt sind. Tabulatoren im Editor oder Zeilenumbrüche haben im Code sehr selten Auswirkungen, wenn sie nicht gerade mitten in einem Befehl gesetzt sind. Das heißt aber nicht, dass Sie in Ihren Webseiten keine Zeilenumbrüche einbauen können. Der Browser interpretiert eben ein wenig anders, als Sie das von Ihrem Textverarbeitungsprogramm gewohnt sind. Dafür gibt es in HTML eigene Befehle, die eingegeben werden müssen, damit der Browser auch wirklich mit einem festen Umbruch oder einer Einrückung reagiert. Die Tabulatoren und Umbrüche im Editor dienen also vor allem der Übersichtlichkeit des Codes, den man theoretisch auch unbegrenzt in eine Zeile schreiben könnte. Warum dies nicht ratsam ist, ergibt sich schon aus der Tatsache, dass HTML-Files wegen großer Textmengen theoretisch unbegrenzt lang sein können und deshalb die Übersicht über Tags und normalen Text sehr wichtig ist. Empfehlenswert sind ähnliche Verfahren wie bei der Programmierung von Sprachen wie C++, in denen Hierarchien mit Einrückungen im Code dargestellt werden. In späteren Kapiteln dieses Buches zeigen sich die Vorteile dieses Verfahrens für den Programmierer noch deutlicher. Gerade wenn fremde Designs überarbeitet werden müssen, ist diese Sorgfalt pures Geld wert, weil Sie viel Zeit sparen kann. Denn oft beginnt die Arbeit an fremdem HTML-Code damit, Ordnung zu schaffen. Und das kann man Programmierern ersparen.

3.2 <BODY>-Tag – Hier steht der Text

Beginnen wir jetzt mit dem Tag, das die Dinge im Regelfall auf den Bildschirm bringt. Unser Ziel für dieses Kapitel ist es, ein wenig Text auf eine Webpage zu bringen, ohne dass wir dazu schon Farben, Bilder oder Multimedia-Elemente brauchen. Es steht uns eine Menge an Formatierungsmöglichkeiten zur Verfügung, die wir alle einmal durchspielen werden.

Erinnern wir uns an die Struktur, die wir im letzten Kapitel gelernt haben:

```
<HTML>
   <TITLE>
Das ist schon eine Webpage!
   </TITLE>
</HTML>
```

Wir haben gesehen, dass durch diese wenigen Zeilen bereits eine Webpage entstanden ist. Allerdings hatte diese einen entscheidenden Schönheitsfehler: Wir konnten nur in den Fensterbereich Text einfügen. Das wäre ja wirklich etwas wenig. HTML hat deshalb noch einen weiteren Bereich vorgesehen, der auch den Fensterinhalt für Ihre Inhalte öffnet. Das wäre sonst ja auch ein wenig umständlich.

Das Tag lautet:

```
<BODY></BODY>
```

Alles, was zwischen diese beiden Tags eingefügt wird, wird später im Fensterinhalt wiedergegeben. Und damit die Kopfzeile nicht ebenfalls dort hineingezogen wird, besitzt sie ein eigenes Tag:

```
<HEAD></HEAD>
```

Übung 1 Versuchen Sie doch einmal herauszufinden, wie dieses Tag in das obere Beispiel eingefügt sein müsste, um auch wirklich zu funktionieren, und schreiben Sie dann zwischen die <BODY>-Tags einen Satz wie »Das wird jetzt im Fenster erscheinen.« hinein.

Lösung

Richtig. Das <BODY>-Tag muss unter dem <HEAD>-Tag und über dem abschließenden </HTML>-Tag stehen, denn ein »Kopf« (head) braucht ja einen »Körper« (body). Ausgeschrieben sieht unser Beispiel also folgendermaßen aus:

```
<HTML>
     <HEAD>
          <TITLE>
Das ist schon eine Webpage!
          </TITLE>
     </HEAD>
   <BODY>
Das wird jetzt im Fenster erscheinen.
   </BODY>
</HTML>
```

Achten Sie schon jetzt immer darauf, den Code sauber formatiert hinzuschreiben, also die Tags groß und den Inhalt zwischen den Tags in herkömmlicher Rechtschreibung zu schreiben. Das geht so in Fleisch und Blut über, dass Sie es bei späteren Programmierungen ganz automatisch tun werden.

Wenn Sie diesen Code nun abspeichern und in einem Browser Ihrer Wahl aufrufen, werden Sie sehen, dass ein Fenster mit grauem oder weißem Hintergrund entsteht, in dessen linker oberer Ecke der von Ihnen eingetippte Satz zu finden ist. Das Grau oder das Weiß hängt sehr stark mit Ihrer Grundeinstellung im Browser zusammen. Ursprünglich hatten alle Texte im World Wide Web einen Grauanteil von 25%, was dem Web zwar eine edle und ruhige Anmutung gab, der Lesefreundlichkeit aber nicht immer diente. Deshalb ist der Internet Explorer dazu übergegangen, hier Weiß als Standardhintergrund einzufügen. Bedenken Sie das vor allem in dem Kapitel, das sich der Farbgebung widmet, denn auf älteren Browsern könnten Sie sonst ein graues Wunder erleben.

Und noch etwas werden Sie entdecken, das nicht so selbstverständlich ist, wie Sie vielleicht auf den ersten Blick meinen könnten. Die Schriftart und die Schriftgröße sind höchstwahrscheinlich mit Times 12 Punkt definiert, wenn Sie den Browser frisch installiert haben. Gehen Sie z.B. in Ihrem Netscape-Browser in das Menü *Options* und dort in das Untermenü *General Preferences*. Im Eintrag *Fonts* werden Sie sehen, dass genau diese Schriftart und -größe eingestellt ist. Das bedeutet, dass Webpages im Regelfall durch die Einstellungen der Browserschriften stark verändert werden können. Mit dem Einsatz von Cascading Stylesheets ändert sich das (dazu mehr in einem späteren Kapitel dieses Buches), aber eine klassische WWW-Seite hat mit experimentierfreudigen Nutzern zu kämpfen, die schon einmal exotische Schriften und gemeine Schriftgrößen dazu einstellen. Das soll uns vorerst nicht weiter stören. Wir haben uns vorgenommen, einen kleinen Text auf diese Weise zu publizieren.

Abb. 3.2: Das ist unser erster richtiger Satz, den wir als Webpublisher veröffentlichen können.

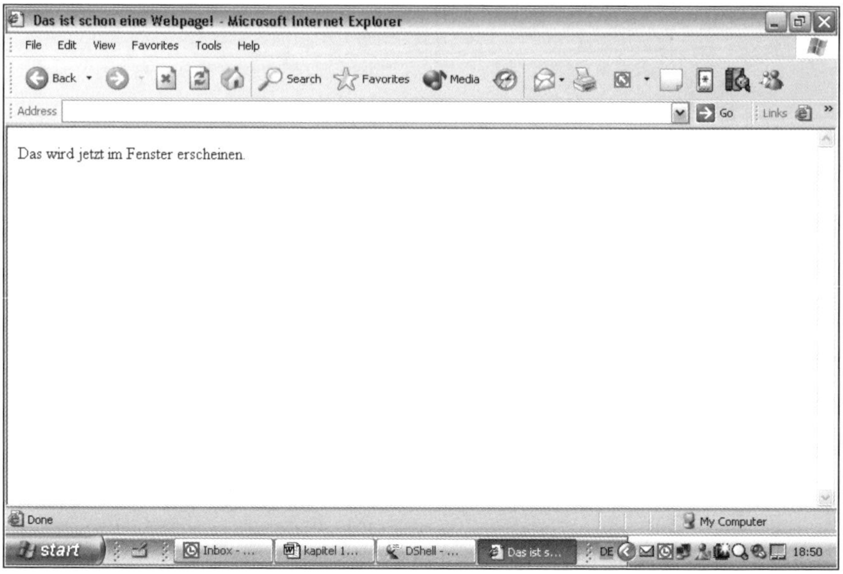

Wir wollen jetzt aber noch ein bisschen besser üben. Ich schlage folgende Zeilen vor:

```
A   Hallo, mein Name ist Jürgen Groß.
B   Meine Hobbys sind <HTML>, Überfahrten nach
    England und Änderungen im Source-Code.
C   Ich sage immer: »Warum rufen Sie nicht einfach mal
    bei mir an?«
D   Meine Nummer steht im Telefonbuch.      © JG
```

Zugegebenermaßen kein epochaler Text, aber er beinhaltet ein paar Probleme, die man als HTML-Programmierer leider nur zu gut kennt. Wenn Sie diesen Text so Buchstabe für Buchstabe in ihren HTML-Code eingeben und auch die Leerzeichen mit berücksichtigen, dann werden Sie lustige Effekte erzeugen, sobald Sie diesen Text wieder in einem Browser betrachten:

- Plötzlich gehen Ihnen die Umlaute verloren.
- Der Text bricht ab, wenn Ihr Editor nicht zufällig die Zeichen < und > mit dem Abspeichern in einen seltsamen Code verwandelt hat.
- Die Anführungszeichen erscheinen vor allem dann nicht, wenn Sie Ihren Code in einem Schreibprogramm wie Word eingeben.

- Das Sonderzeichen © findet sich nicht auf der Tastatur.
- Mehrere Leerzeichen vor dem Sonderzeichen werden im Browser zu einem Leerzeichen, egal, wie viele Sie auch vorher tippen.

Also muss es offenbar Einschränkungen geben, die beim Eintippen von Fließtext in einen Source-Code zu beachten sind. Schauen wir uns den Text noch einmal Satz für Satz an.

```
A    Hallo, mein Name ist Jürgen Groß.
```

Aber es gibt eine Möglichkeit, diese Zeichen trotzdem zu verwenden. Jedes der einsetzbaren ASCII-Zeichen hat einen eigenen Buchstabencode, der auch hier eingesetzt werden kann. Allerdings muss dem Browser vorher über ein Sonderzeichen deutlich gemacht werden, dass er jetzt einen dieser Zahlencodes umsetzen soll. HTML löst dieses Problem hier mit zwei Anfangs- und einem Endzeichen. Die ASCII-Nummern stehen zwischen »&#« und »;« und werden so als die gewünschten Zeichen auf dem Browserbildschirm sichtbar. Soll also der Name »Jürgen Groß« auch in dieser Schreibweise im WWW erscheinen, dann muss im Source-Code die Zeichenfolge »Jürgen Groß« stehen.

Sie werden zu Recht sagen, dass sich diese Nummern niemand merken kann, deshalb sieht hier HTML humanerweise noch eine andere Möglichkeit vor, die zudem auch noch ein Sonderzeichen vorab erspart. Da einige der Sonderzeichen schon zu Zeiten des Bleidrucks einen eigenen Namen bekommen haben, konnten diese Namen leicht übernommen werden (das ist aber leider nicht bei allen Sonderzeichen der Fall ...). So lautet die Codierung für den Umlaut von »u« deshalb »ü«. Da wir jetzt auf die Eingabe von Zahlen verzichtet haben, kommen wir mit dem Sonderzeichen »&« vor der Codierung aus. Die dürfen wir allerdings nie weglassen, da der Browser sonst das erweiterte ASCII-Zeichen nicht erkennt. Beim »ß« haben wir eine ähnliche Abkürzung zu erwarten. Und richtig: Die Codierung lautet »ß«, weil das Kürzel für »sz-Ligatur« steht. So nennen die Setzer dieses Sonderzeichen.

Frage

Machen wir doch ein kleines Ratespiel: Wie lautet Ihrer Meinung nach die korrekte Codierung des Umlautes von »a«?

Lösung

Richtig: Die Zeichenfolge ist »ä« und logischerweise lautet die Zeichenfolge für den Umlaut von »o« jetzt »ö«.

Alle möglichen Sonderzeichen finden Sie in einer eigenen Liste im Anhang, damit ich hier nicht jedes Zeichen einzeln vorstellen muss. Es ist vollkommen Ihre eigene Entscheidung, ob Sie bei der Eingabe des Textes lieber die ASCII-Nummer oder die ASCII-Abkürzung benutzen. Oder Sie geben die klassische Schreibweise auf und setzen den erwähnten Signalcode an den Anfang der Seite. Manche HTML-Editoren wie Hotdog Pro (für Windows-Rechner) und Pagespinner (für Apple-Computer) oder Programme wie Frontpage und

Dreamweaver haben allerdings eine Speicherautomatik, die den Text automatisch mit seinen Umlauten in die Codierung überträgt. Das erleichtert vor allem die Konvertierung von bereits geschriebenem Text. Allerdings bleiben dann immer noch einzelne Fälle übrig, in denen die Sonderzeichen über diese Codierung eingegeben werden könnten. Einer davon taucht schon im nächsten Fall auf.

```
B    Meine Hobbys sind <HTML>, Überfahrten nach
     England und Änderungen im Source-Code.
```

Hier haben wir zwei – eigentlich drei – tückische Fälle der Konvertierung vor uns, die aus der Vermischung von Code und Fließtext in HTML herrühren. Wenn wir den Text buchstabengetreu eingeben, können wir dies zwar problemlos über die Tastatur tun, aber wir werden beim Aufruf des Browsers schnell merken, dass etwas nicht stimmen kann. Manche Browser zeigen »HTML« in diesem Satz nicht mehr an, andere (abhängig vom jeweiligen Computer) stürzen sogar ab, denn der Browser erwartet nach jeder geöffneten spitzen Klammer ein Tag, das ihm eine neue Formatierung des Page-Inhalts angibt. In diesem Fall erhält er sogar einen korrekten Befehl, nämlich `<HTML>`, und müsste nun eigentlich ein neues HTML-File eröffnen. Eine unlogische Befehlsfolge, die Sie mit diesem Text ja auch gar nicht auslösen wollten. Eine Möglichkeit wäre hier, spitze Klammern im Text zu meiden wie der Teufel das Weihwasser. Aber es gibt, wie in Beispiel A gezeigt, eine elegantere Möglichkeit. Die Codierung für spitze Klammern lautet »<« oder »<« für das Sonderzeichen »<« und »>« oder »>« für das Sonderzeichen »>«. Auch hier haben wir die Auswahl zwischen der Codierung per Nummerierung oder per Abkürzung. Der häufigste Anwendungsfall für diese Umsetzung ist die Wiedergabe von Programmiercode auf einer Webpage, ohne dass der Leser gleich den Source-Code aufrufen muss. Sozusagen eine Promotion Ihres Source-Codes. In unserem Fall wollen wir uns zwar nur vorstellen, aber trotzdem haben wir schon gesehen, wie sich mit Sonderzeichen auch knifflige Inhalte darstellen lassen.

Und eine weitere Besonderheit hat diese Zeile aufzuweisen. Durch das »Ü« ist es jetzt auch notwendig, große Umlaute darzustellen. Es steht mit der Zahlencodierung »Ü« wieder eine ASCII-Nummer zur Verfügung, aber die Umsetzung in einer abgekürzten Form kann diesmal nicht »ü« lauten, da wir bereits für ein kleines »ü« diese Kombination verbraucht haben.

Wir haben bereits gelernt, dass Befehle in HTML unabhängig davon funktionieren, ob wir sie in kleinen oder großen Buchstaben schreiben. Im Bereich der Sonderzeichen, die streng genommen auch keine Befehle darstellen, gilt diese Regel nicht. Hier muss peinlich genau auf die Groß- und Kleinschreibung geachtet werden.

Deshalb lautet die Abkürzung für ein großes »Ü« auch »Ü«. Das »Ä« wird mit »Ä« und das »Ö« mit »Ö« umgewandelt.

```
C   Ich sage immer: »Warum rufen Sie nicht einfach mal bei mir an?«
```

Oft sind diese Sonderzeichen auch in ganz harmlosen Sätzen nicht zu umgehen. Zum Beispiel die Anführungszeichen. Wenn Sie einen Text aus Programmen wie Word herauskopieren, um ihn in einem HTML-Code zu platzieren, dann steht Ihnen manchmal die Automatik für Anführungszeichen im Weg, die aus einem simplen Anführungszeichen die korrekten Duden-Anführungszeichen generiert. Auch hier muss deshalb ab und zu mit einer Codierung gearbeitet werden, wenn Sie auf die Errungenschaften der deutschen Rechtschreibung nicht ausnahmslos verzichten wollen. Allerdings macht hier HTML dem strengen Schlussredakteur in Ihnen einen Strich durch die Rechnung. Es werden nur »Gänsefüßchen oben« unterstützt, die sich klar an der englischen Rechtschreibung orientieren. Die Codierung dafür lautet »"« für »Quotation« (also »Zitat«) oder in Zahlen »"«.

```
D   Meine Nummer steht im Telefonbuch.      © JG
```

Soweit lässt sich mit ein paar geringfügigen Ausnahmen jeder Text in eine entsprechende HTML-Form umsetzen. Sogar das nicht über die Tastatur verfügbare ©-Zeichen (für »copyright«) besitzt mit »&#169« oder »©« eine Umsetzung. Allerdings gibt es hier einen Wermutstropfen, der nur mit einer – bedenklichen – Krücke umgangen werden kann.

INFO

Wenn Sie ausschließlich für die Microsoft-Umgebung programmieren, dann kann Ihnen allerdings ein wenig das Leben erleichtert werden. Folgender Source-Code hilft Ihnen dabei, die Umlaute so darzustellen, wie Sie sie auch eingegeben haben. Ohne die quälend umständlichen Escape-Sequenzen.

```
<HEAD>
<TITLE>Eine Datei</TITLE>
<META http-equiv=Content-Language content=de-ch>
<META http-equiv=Content-Type content=text/html; charset=windows-1252>
</HEAD>
```

Wie Sie sehen können, haben wir ein Tag eingebaut, das uns in einem späteren Kapitel noch weiter beschäftigen wird. Der `<META>`-Befehl ermöglicht uns die Angabe, dass der Inhalt deutsch ist. Wenn Sie das `–CH` weglassen, handelt es sich um bundesdeutsche Seiten. Sonst landet Ihre Seite bei Suchmaschinen unter Schweiz (CH).

Das `CHARSET` deutet an, dass es sich hier um einen bestimmten Zeichensatz handelt, den der Browser darstellen soll: den Windows-konformen Zeichensatz. Probieren Sie es einfach mal aus, dann sehen Sie, wie Ihnen die Arbeit erspart bleiben könnte, Umlaute zu definieren. Allerdings empfehle ich Ihnen wirklich für alle Fälle und alle Browser die umständliche Methode mit den Escape-Sequenzen. You never know.

Wenn Sie diese letzte Textzeile zusammen mit der Umsetzung des Sonderzeichens in ihren Editor eingeben und nach dem Abspeichern innerhalb des Source-Codes im Browser aufrufen, werden Sie enttäuscht feststellen, dass Ihre schönen Leerzeichen bis auf ein einziges verschwunden sind. Auch die doppelte Anzahl an Leerzeichen wird Ihnen hier nicht weiterhelfen. HTML gibt in diesem Textmodus stur nur ein Leerzeichen am Stück wieder. Das hat durchaus seinen Sinn, denn so soll verhindert werden, dass mithilfe von Leerzeichen Schein-Formatierungen eingefüllt werden. Da HTML-Text frei je nach Größe des Fonts und der möglichen Ausdehnung des Textes am ersten Leerzeichen umbricht, könnten so unschöne Überbleibsel in der Form von einem oder zwei Zeichen pro Zeile entstehen. So wären einzelne, frei stehende Wörter denkbar, die in einem Text ja vermieden werden sollen. Für ganz spezielle Fälle, in denen auch der Umbruch bis zum nächsten freien Leerzeichen aufgehoben wird, gibt es das feste Leerzeichen »&bnsp;«, das vom Browser pro Nennung auch wirklich einmal angezeigt wird.

Frage Wie müssten Sie einen Abstand von fünf Leerzeichen in HTML schreiben?

Lösung Richtig, Sie schreiben diesen Abstand, indem Sie fünfmal in den Source-Code schreiben. Nicht sehr elegant, aber wirkungsvoll. Allerdings soll deutlich von diesem Sonderzeichen abgeraten werden. Sie werden später elegantere Möglichkeiten kennen lernen, dieses Zeichen-Dilemma zu lösen.

Jetzt haben wir den Text so weit mit seinen Sonderzeichen bearbeitet, dass wir ihn auch in der gewünschten Zeichenzahl im Browser sehen können. Und noch etwas haben wir erreicht: Wir könnten so unser File als erste eigene Homepage ins WWW stellen. So einfach kann Webpublishing sein – allerdings auch so langweilig. Es gibt aber wirklich Situationen, in denen es sinnvoll ist, solche unformatierten Texte ins Web einzuspeisen. Für unsere erste eigene Homepage haben wir uns aber noch ein paar Formatierungen aufgehoben.

So wie wir gelernt haben, den Text im Browserfenster sichtbar zu machen, so können wir aber auch unsichtbaren Text einfügen, der zwar im Source-Code vorhanden und damit nicht ganz unsichtbar ist, der aber auf dem Browserfenster nicht erscheint. So wäre es zum Beispiel denkbar, dass wir den Copyright-Vermerk am Ende unseres Textes unsichtbar als Kommentar einfügen. Das Tag dafür lautet:

```
<!----Hier kommt der Text rein---->
```

Die spitze Klammer mit dem Ausrufezeichen sagt dem Browser, dass es sich hier um Kommentartext handelt, der auf dem Bildschirm nicht dargestellt werden soll. Viele Webdesigner bauen so die Entstehungsdaten der Files, ihren eigenen Namen oder auch eine E-Mail-Adresse ein, die nur für denjenigen sichtbar sind, der sich für den genauen Code interessiert. Denkbar sind auch Kommentare wie

```
<!----Die Page wurde am 10.10.1995 programmiert---->
```

So können bei längeren HTML-Files die einzelnen Textabschnitte markiert werden. Oft sieht man diese Kommentare auch in der folgenden Form:

```
<!------- Ab hier startet der 2. Textabschnitt ------->
```

oder

```
<!Ab hier startet der 2. Textabschnitt>
```

Das hat nur einen optischen Unterschied und Zweck: die Auffälligkeit der Zeile steigern. Die Zahl der Bindestriche ist nicht vorgeschrieben. Verfahren Sie hier wieder ganz nach Geschmack. Und: Wie leicht zu sehen ist, gibt es hier kein Abschluss-Tag, denn der Text befindet sich ja innerhalb des HTML-Befehls für Kommentare und muss deshalb nicht abgeschlossen werden. Es gibt noch eine andere Art des Kommentars, die sich nicht durchgesetzt hat und deshalb von modernen Browsern vielleicht auch nicht mehr als solche erkannt wird. Wer es aber trotzdem lieber in der Form der bereits gewohnten Syntax halten will, dem stellt HTML die folgende Befehlsfolge zur Verfügung:

```
<COMMENT>
</COMMENT>
```

Der gleiche Kommentarsatz würde so also lauten:

```
<COMMENT>Ab hier startet der 2. Textabschnitt</COMMENT>
```

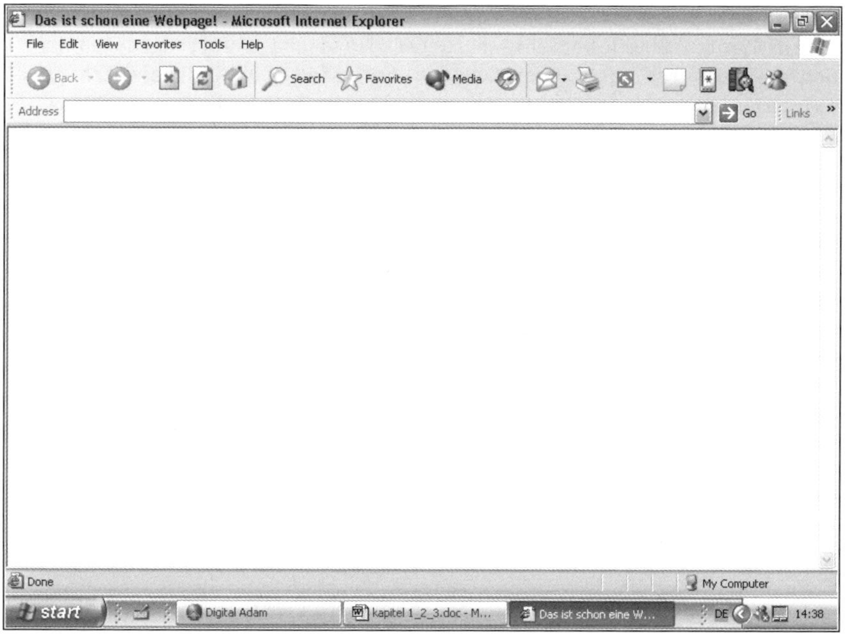

Abb. 3.3: Wie Sie hier sehen, sehen Sie hier nichts. Das ist gut so, denn dann sind die Kommentarzeilen sauber eingebaut und bleiben dem Browser und damit Ihren Nutzern verborgen. Bis diese sich den Source-Code genauer anschauen. Achten Sie deshalb auf neutrale Bemerkungen.

Noch eine Anmerkung, um auch ganz sicher zu gehen. Die Kommentare werden innerhalb des Codes genauso wiedergegeben, wie sie eingetippt wurden. Nur durch eine Darstellung im Browserfenster würden die Regeln zur Darstellung von Sonderzeichen hier wieder greifen, aber das ist nicht nötig, da diese Kommentare eben nicht im Browserfenster dargestellt werden sollen. Also entfallen innerhalb dieser Kommentare alle – doch recht unleserlichen – Codierungen für Sonderzeichen. Auch mehrere Leerzeichen sind denkbar. Der HTML-Code kann sie ja beim Speichern nicht einfach weglöschen. Immer gemerkt: Das gilt nur für Kommentarzeilen, die nicht auf dem Bildschirm, sondern nur im Source-Code zu finden sind.

Übung 2 Schreiben Sie noch einmal den kompletten Text innerhalb des HTML-Source-Codes so, dass er auch später in einem Browser in der gewünschten Form lesbar wird. Verstecken Sie aber diesmal den Hinweis auf das Copyright in einer Kommentarzeile. Ach ja: Und benennen Sie die Titelzeile in »Jürgen Groß« um.

```
<HTML>
   <HEAD>
      <TITLE>
      J&uuml;rgen Gro&szlig;
      </TITLE>
   </HEAD>

   <BODY>
Hallo, mein Name ist J&uuml;rgen Gro&szlig;. Meine Hobbys sind
&lt;HTML&gt;, &Uuml;berfahrten nach England und &Auml;nderungen im
Source-Code. Ich sage immer:&quot;Warum rufen Sie nicht einfach
mal bei mir an?&quot; Meine Nummer steht im Telefonbuch.
   </BODY>
<!-----------      © JG--------------->
</HTML>
```

Lösung Wir haben den Namen »Jürgen Groß« zwischen die <TITLE>-Tags geschrieben, der Text befindet sich ordnungsgemäß zwischen den <BODY>-Tags. Da wir den Copyright-Vermerk in eine Kommentarzeile geschrieben haben, wird kein Browser der Welt sie später darstellen.

So ist das Textlayout noch sehr unbefriedigend. Ohne Zeilenumbruch und Abstufungen kommt der Text etwas unstrukturiert daher. Aber in den folgenden Kapiteln werden wir uns vor allem um diese Features kümmern.

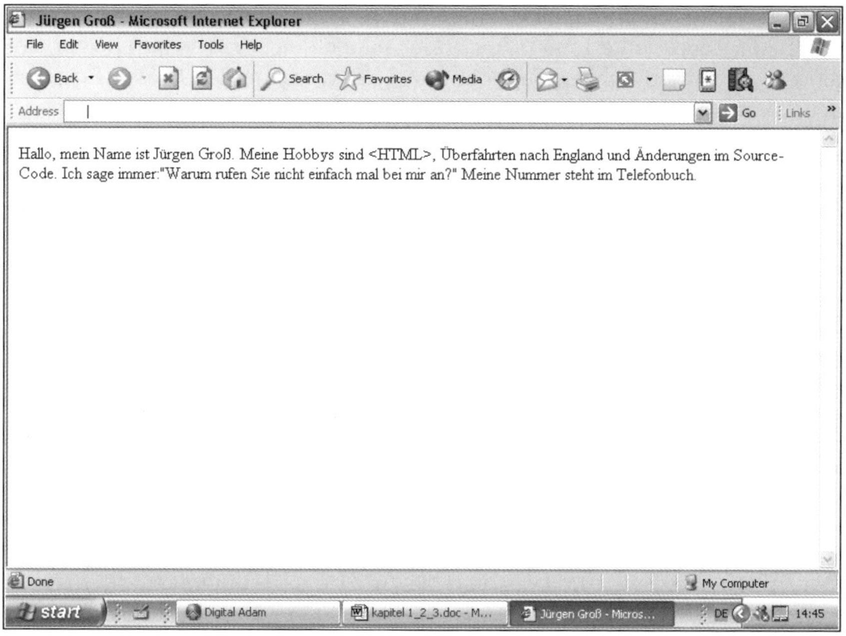

Abb. 3.4: Geschafft. Nicht schön, aber unser erster längerer Text ist offline schon in einem Browser darzustellen.

3.3 Textgröße

Nachdem wir jetzt die richtigen Zeichen auf dem Bildschirm stehen haben, soll in diesem Kapitel die Abstufung der Fontgrößen gezeigt werden. Dabei muss man aber wissen, dass es im klassischen HTML eigentlich keine Möglichkeit gibt, die Textgrößen punktgenau einzustellen. Wir erinnern uns, dass im Konzept der Physiker des CERN größtmögliche und beste Verarbeitung der Texte das Ziel war. Deshalb wurde auf die exakte Formatierung nicht allzu großen Wert gelegt. Kein Wunder. Jedem Nutzer sollte auf seinem Gerät eine möglichst einfache Formatierung für seine Bedürfnisse ermöglicht werden.

Wenn wir uns noch einmal unseren Beispieltext vornehmen, dann eignet sich der erste Satz eigentlich auch sehr gut dazu, eine Überschrift mit einer Unterzeile daraus zu machen. Also soll folgende Formatierung erreicht werden:

Hallo

Mein Name ist Jürgen Groß

Meine Hobbys sind ...

Das englische Wort »Headline« gibt schon einen Hinweis darauf, wie das <HTML>-Tag dazu lauten mag. Auch hier handelt es sich wieder um ein Anfangs-Tag und ein Schluss-Tag, das den Text zwischen den beiden Befehlen nach Wunsch formatiert. Es lautet:

```
<H1></H1>
```

Alles, was zwischen diesen beiden Tags steht, wird zu einer Headline. HTML erzeugt diese Formatierung durch

- Fettung,
- je einen Zeilenumbruch vor und hinter diesen Tags,
- größere Punktzahl im Vergleich zum Fließtext.

Mit <H1></H1> haben wir die größtmögliche Überschrift gewählt. Wir haben insgesamt die Auswahl unter sechs Größen. Logischerweise lautet das Tag für die kleinste Überschriften-Größe:

```
<H6></H6>
```

Die Zahlen zwischen 1 und 6 stufen die Größen nach unten ab.

Übung 3 Versuchen Sie jetzt, unseren Text in der oben gezeigten Art und Weise zu formatieren.

```
<HTML>
   <HEAD>
         <TITLE>
J&uuml;rgen Gro&szlig;
         </TITLE>
      </HEAD>
      <BODY>
A         <H1>Hallo</H1>
B         <H2>Mein Name ist J&uuml;rgen Gro&szlig;</H2>
C         Meine Hobbys sind ...
      </BODY>
</HTML>
```

Lösung Wir haben begriffen, dass ein Formatierungszeichen immer dann sauber vom Browser dargestellt wird, wenn wir die entsprechende Formatierung immer genau vor das erste Zeichen und das Endzeichen der Formatierung immer genau hinter dem letzten Zeichen setzen, das wir so dargestellt haben wollen.

```
A         <H1>Hallo</H1>
```

Hier beginnt der Textbereich auch wieder unter dem <BODY>-Tag. Wir haben schon gelernt, dass das Headline-Tag einen automatischen Textumbruch erzeugt. Deshalb beginnt, wie hier im Source-Code, der nächste Satz ebenfalls in der nächsten Zeile.

B
```
<H2>Mein Name ist J&uuml;rgen Gro&szlig;</H2>
```

Durch die Verwendung von <H2> </H2> ist die folgende Überschrift mit einer deutlich kleineren Punktzahl dargestellt. Für manche Geschmäcker reicht diese Abstufung noch nicht aus. Verwenden Sie doch spaßeshalber hier einfach einmal <H3> </H3> oder <H4> </H4> usw., dann können Sie diese beiden Zeilen schon ein wenig variierter gestalten. Auch mit diesem Tag erzeugen wir einen Zeilenumbruch, der genau hinter dem Schluss-Tag einsetzt.

C
```
Meine Hobbys sind ...
```

Hier haben wir kein Headline-Tag verwendet, deshalb läuft der Fließtext ganz normal in der im Browser eingestellten Fließtextgröße weiter.

> Die automatische Fettung ist nicht jedermanns Geschmack, aber wie bei jedem Automatismus muss man auch hier in den sauren Apfel beißen. Hier lassen sich keine weiteren Einstellungen vornehmen. Da HTML eine alte Formatierungssprache ist, die vor allem bestimmte Teile eines Datensatzes kennzeichnen sollte, wurde in der klassischen Variante auch nicht an solche Layout-Erfordernisse gedacht. Aber Sie sollten an dieser Stelle nicht verzagen, denn bereits 1995 war das einigen Menschen nicht genug. Wir werden also später neue Tags kennen lernen, die Ihnen mehr Kontrolle über die Typografie verschaffen.

Wir haben durch diese Headline-Tags, die übrigens auch pro dargestelltem Buchstaben in verschiedenen Größen gesetzt werden können (allerdings dann wirklich nur für diesen Buchstaben, denn eine <H1> </H1>-Sequenz beinhaltet immer auch nach einen Zeilenwechsel, sobald diese Formatierung abgeschlossen sind), schon eine große Variationsbandbreite in unserer Textdarstellung erreicht. Spielen Sie doch einfach einmal damit herum. Vom einzelnen großen Zeichen bis zur Bildschirmdarstellung für Sehschwache ist hier jede Form denkbar. Allerdings werden Sie schnell sehen, dass Sie der automatische Zeilenumbruch stark in ihren Möglichkeiten einschränkt. Oft ist es wichtig, innerhalb einer Zeile die Buchstabengröße zu variieren.

Genau an diesem Punkt setzt ein anderes HTML-Tag an, das Netscape eingeführt hat. Er erleichtert, wie so manche Neuentwicklung, eine ganze Menge innerhalb des HTML-Layouts. Da diese Tags aber ursprünglich nicht mehr der klassischen HTML-Konvention entsprachen und auch nur zögerlich durch das WWW-Konsortium der NSCA kamen, musste früher in entsprechenden Büchern, wie auch auf vielen Webseiten, immer wieder der Hinweis stehen, für welche Browser dieses Tag funktioniert und bei welchen Browsern es gar nichts oder Datenschrott bewirkt. Der traurige Effekt der besseren Befehle war, dass die volle Kompatibilität der Sprache nicht immer gewährleistet war und deshalb zum Teil ganze Websites in zwei Versionen vorhanden waren.

Auch wenn heute schon fast alle User mit den modernen Browsern Netscape Navigator und zunehmend mit dem Microsoft Internet Explorer arbeiten, sorgt immer noch der unterschiedliche Befehlssatz dieser beiden Softwareprodukte für Verwirrung im HTML-Vokabularium. Wir werden also nicht umhin kommen, im weiteren Verlauf des Buches ab und zu zweigleisig auf die Tags dieser beiden »Webstandards« einzugehen. Das soll allerdings keine Wertung sein. Es ist einfach so.

Das differenziertere Tag zur Variierung der Buchstabengröße lautet (hier die kleinstmögliche Größe):

```
<FONT SIZE=1></FONT>
```

Vielleicht ist es enttäuschend, aber wir können auch hier nur relativ zur im Browser eingestellten Schrift die Größe verändern. Und hier liegt bereits eine Fehlerquelle, die ein wenig Umdenken erfordert. Wir haben mit diesem Tag nicht etwa die größte, sondern die kleinstmögliche Buchstabengröße eingestellt. Das System läuft hier also genau entgegengesetzt zu den bereits bekannten Headline-Tags. Und: Es sind auch nicht sechs, sondern sieben Stufen.

Übung 4:

Versuchen Sie, unseren Text genau in der gleichen Art darzustellen. Verwenden Sie jetzt dazu aber die soeben vorgestellten Tags.

```
<HTML>
    <HEAD>
    <TITLE>
J&uuml;rgen Gro&szlig;
    </TITLE>
   </HEAD>
  <BODY>
A <FONT SIZE=7>Hallo</FONT>
B <FONT SIZE=6>Mein Name ist J&uuml;rgen
 Gro&szlig;</FONT>
C  Meine Hobbys sind ...
      </BODY>
   </HTML>
```

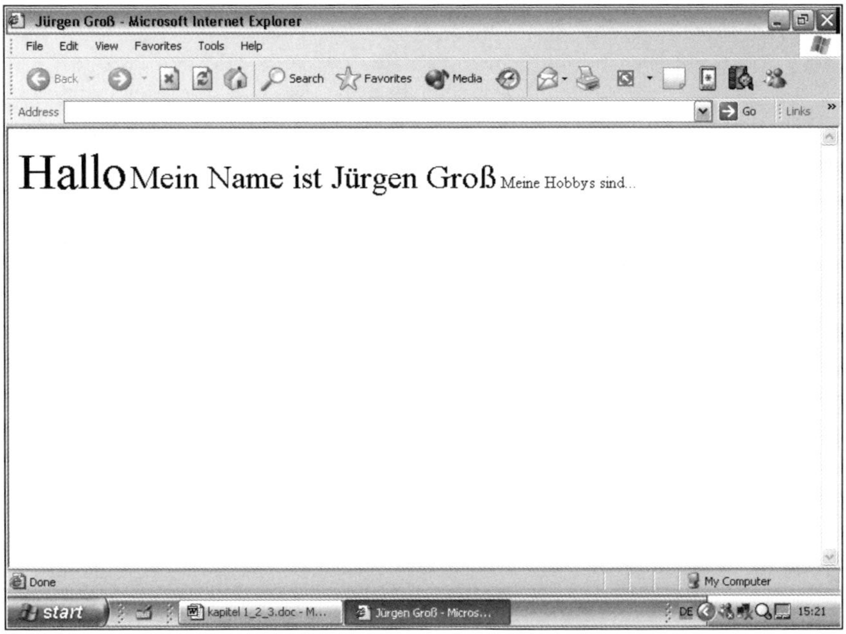

Abb. 3.5: Die große Enttäuschung: Die Zeilenumbrüche sind verschwunden. Aber dazu kommen wir auf den nächsten Seiten.

```
A       <FONT SIZE=7>Hallo</FONT>
```

Wenn Sie diesen Code zum ersten Mal in Ihrem Browser aufrufen, wird die Enttäuschung groß sein. Die Zeilenumbrüche sind verschwunden. Das Tag `<FONT SIZE=7></FONT>` hat die Buchstabengröße deutlich anwachsen lassen, allerdings ist auch die Fettung verschwunden. Auch wenn es jetzt nicht so erscheint: Wie wir noch sehen werden, hat das deutliche Vorteile bei der Kontrolle des Layouts.

```
B       <FONT SIZE=6>Mein Name ist J&uuml;rgen
        Gro&szlig;</FONT>
```

Weil der Zeilenumbruch nun durch dieses Tag nicht mehr integriert ist, setzt die nächste Zeile direkt im Anschluss an. Sogar das Leerzeichen dazwischen fehlt. Was jetzt sehr störend aussieht, hat aber immense Vorteile. Auf diese Weise kann die Punktgröße wirklich buchstabengenau gehoben oder gesenkt werden.

```
C       Meine Hobbys sind ...
```

Hier beginnt wieder der Fließtext. Bei diesen Tags liegt die Standardgröße nicht etwa bei `<FONT SIZE=1></FONT>`, sondern bei `<FONT SIZE=3></FONT>`. Sie können diese Fontangabe noch beifügen, allerdings ist der Default so eingestellt, dass auf dieses Tag auch verzichtet werden kann. Der Vorteil von zwei Untergrößen ist aber, dass Sie jetzt auch leichter Nebenbemerkungen abstufen können.

Warnen möchte ich Sie allerdings vor dem Tag <FONT SIZE=1> </FONT>. Gerade wenn die User auf der anderen Seite des Webs eine Serifenschrift wie Times in ihrem Browser eingestellt haben, ist der Text in dieser Größe oft kaum noch zu lesen. Meiden Sie deshalb solche Ratespiele und schonen Sie die Augen Ihrer Leser.

Es gibt Fälle, in denen aber der Fließtext prinzipiell ein wenig größer dargestellt werden soll. Nun stellt sich aber bei verschiedenen Layout-Kniffen, die wir noch kennen lernen werden, die Fontgröße immer wieder auf den Ursprungswert zurück. Um hier nicht immer wieder per Hand eingreifen zu müssen, gibt es eine Möglichkeit, die Größe verbindlich für das gesamte File ein wenig anzuheben.

Das Tag lautet:

```
<BASEFONT SIZE=4>
```

Am besten, man setzt diese Anhebung gleich hinter das <BODY>-Tag. Der Code dafür lautet also:

```
<HTML>
   <HEAD>
      <TITLE>
      Das ist ein Basefont-Tag
      </TITLE>
   </HEAD>
   <BODY>
   <BASEFONT SIZE=4>
    Hier beginnt der Text in einer leicht größeren Type.
   </BODY>
</HTML>
```

Als ungefähres Maß können Sie davon ausgehen, dass jede Erhöhung um eine Ziffer die Punktzahl Ihrer genutzten Browserschrift um etwa zwei Stufen erhöht. Das heißt also: Wenn Sie Ihre Browserschrift im Standard auf 14 Punkt eingestellt haben, dann erhöht <FONT SIZE=4></FONT> die Darstellung etwa auf 16 Punkt.

Mit diesem Feature von HTML, das übrigens nicht von den wirklich alten Browsern unterstützt wird, können Sie nun schon sehr differenziert, aber immer nur relativ, die Fontgrößen einstellen. Es gibt noch eine andere Art, die Größen durch diese Tags zu steuern, die vor allem im Zusammenhang mit dem BASEFONT-Befehl sinnvoll ist.

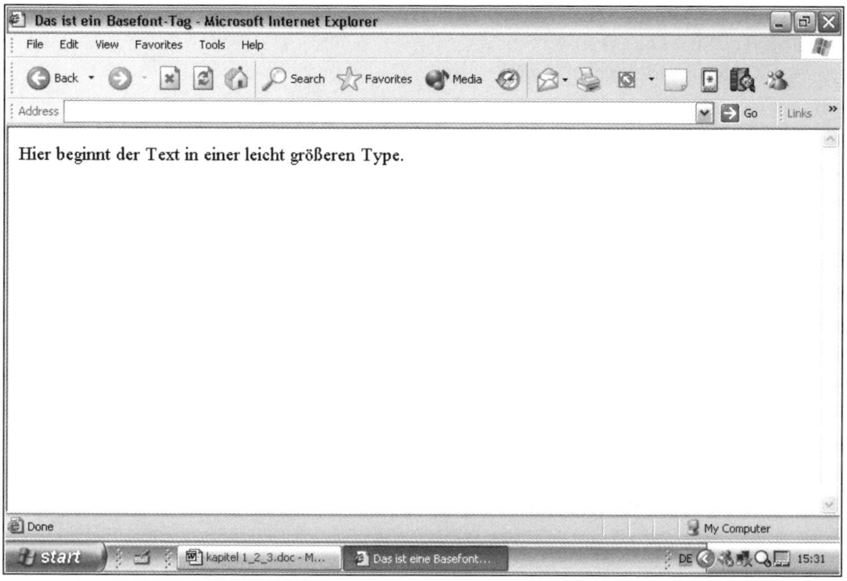

Abb. 3.6: So haben wir eine Kontrolle über die generelle Größe der Fontdarstellung im gesamten Webdokument gewonnen.

Angenommen, Sie haben die grundsätzliche Größe der Schrift um zwei Stufen angehoben, also `<BASEFONT SIZE=5>` eingegeben, dann können Sie eine um zwei Stufen größere Überschrift in der gewohnten Art und Weise mit `<FONT SIZE=7></FONT>` markieren. Oder aber Sie geben die Größe des Fonts relativ ein. Das Tag dazu lautet:

```
<FONT SIZE=+2></FONT>
```

Dieses Tag drückt die relative Zunahme der Größe aus. Sie könnten z.B. mit `<FONT SIZE=-2></FONT>` jetzt die Größe der Buchstaben auch um zwei Stufen senken. Das entspräche in unserem Beispiel auch dem Tag `<FONT SIZE=3><FONT>`. Der Grund für dieses Vorgehen liegt darin, es den Programmierern leichter zu machen, damit sie nicht immer am Anfang des Files nachsehen müssen, welche Basisgröße sie denn eingestellt hatten. Verfahren Sie hier einfach nach Geschmack. Wir wollen das aber auf jeden Fall üben.

Übung 5

Schreiben Sie mit einem `BASEFONT`-Tag der Größe 4 den bekannten Source-Code noch einmal auf und versuchen Sie, mit relativen Angaben die gleichen Größenverhältnisse herzustellen.

```
<HTML>
   <HEAD>
      <TITLE>
      J&uuml;rgen Gro&szlig;
      </TITLE>
   </HEAD>
```

```
<BODY>
   <BASEFONT SIZE=4>
   <FONT SIZE=+3>Hallo</FONT>

   <FONT SIZE=+2>
   Mein Name ist J&uuml;rgen Gro&szlig;
   </FONT>

   Meine Hobbys sind ...

</BODY>
</HTML>
```

Lösung

Sicher sind Ihnen hier noch zwei Dinge aufgefallen. Zum einen hat `<BASEFONT SIZE=4>` kein Schluss-Tag. Hier wird darauf verzichtet, weil sich dieses Tag auf das ganze Dokument bezieht. Ob dies logisch ist, wollen wir hier nicht diskutieren. Zum anderen steht bei den Font-Befehlen offenbar das spiegelbildliche Schluss-Tag nicht wirklich am Ende.

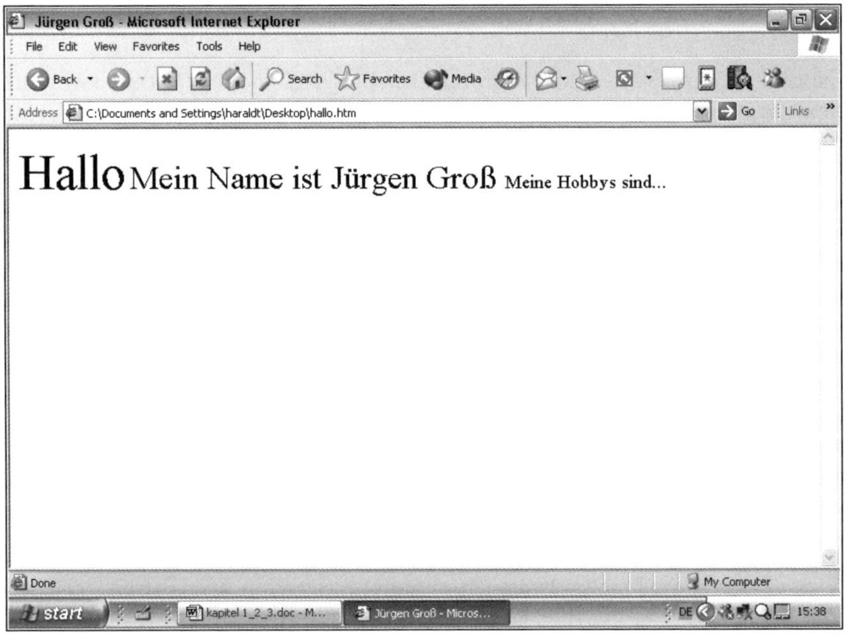

Abb. 3.7: Gut zu sehen, dass hier das gleiche Ergebnis mit einem leicht anderen Source-Code erzeugt wird. So können Sie nach eigenem Belieben variieren.

Das hat einen einfachen Grund, der Ihnen nachfolgend noch oft, zum Beispiel im nächsten Kapitel, begegnen wird. Das Font-Tag ist einer dieser Befehle, die noch eine Reihe von Unterbefehlen aufnehmen können. Hier steht zum Beispiel die Größe innerhalb des Tags notiert, es könnten hier aber auch die Font-Farbe oder andere Angaben stehen. Dazu kommen wir später. Das

Schluss-Tag beendet mit seinem Schrägstrich-Zeichen einfach alle diese Angaben, egal, wie viele innerhalb des Tags noch integriert sein mögen. Das mag auf den ersten Blick etwas verwirrend klingen, hat aber einen klaren Vorteil. Sie müssen sich beim Programmieren nur auf das Anfangs-Tag konzentrieren und dort alle Unterangaben sauber eintragen. Am Schluss-Tag genügt dann ein einfacher Tag-Befehl mit Schrägstrich, damit diese Angaben auch sicher wieder beendet werden.

3.4 Linien und Absätze

Einen weiteren Fall, der die Regel gleich wieder unterläuft, erhalten wir, wenn wir eine Linie in unser Dokument einfügen möchten. Diese *Horizontal Rules* haben den Vorteil, dass sie als grafisches Element von allen Browsern verstanden und selbstständig erzeugt werden. Allerdings muss man wissen, dass vor allem der 3D-Effekt, der diese Linien scheinbar ein wenig tiefer als die Bildschirmoberfläche setzt, auf einem Windows-Computer bedeutend grober daherkommt als auf der Hardware aus dem Hause Apple.

Das Tag lautet als Abkürzung von »Horizontal Rule« einfach:

```
<HR>
```

Wenn Sie dieses Tag an das Ende unseres bereits bekannten Fließtextes setzen, werden in der Darstellung folgende Schritte durchgeführt:

- Es erfolgt automatisch ein Zeilenumbruch.
- Eine vertieft erscheinende, durchgezogene Linie erscheint.
- Die Linie wird zentriert dargestellt.
- Ihre Breite richtet sich automatisch nach der des Browserfensters.
- Es folgt automatisch danach ein Zeilenumbruch.

> Das `<HR>`-Tag hat keine `</HR>`-Form. Es ist eine Einheit für sich. Deshalb können Sie auch beliebig viele `<HR>`-Tags hintereinander setzen, ohne an ein Schluss-Tag denken zu müssen.

Die Vorteile des Tags liegen auf der Hand. Leider auch die Nachteile. Zwar können Sie so mit sehr einfachen Mitteln schon ein grafisches Element erzeugen, aber zu viel des Guten stört den optischen Eindruck ganz erheblich. Es gibt eine Menge Webdesigner, die dieses Tag auch als schlechten Stil empfinden. Außerdem sollten Sie auch nicht vergessen, dass dieses Tag immer einen Zeilenumbruch erzeugt. Deshalb entstehen die `<HR>`-Tags in dieser Struktur auch nur untereinander, nicht nebeneinander.

Damit hören aber die Gestaltungsmöglichkeiten nicht auf. Sie können in dieses Tag noch drei weitere Unterbefehle aufnehmen, die das Verhalten der Linie noch weiter differenzieren:

- Höhe der Linie
- Breite der Linie
- 2-D- oder 3D-Optik

Im letzten Kapitel habe ich bereits angedeutet, wie sich alle diese Angaben in ein Tag packen lassen. Der Befehl wird zu einer Art Container und nimmt weitere Definitionen in seinem Kontext mit auf. Es folgt ein Beispiel. Eine Linie, die schattenlos, zehn Pixel hoch und 300 Pixel weit sein soll, schreibt sich wie folgt:

```
<HR SIZE=10 WIDTH=300 NOSHADE>
```

Die spitzen Klammern des Tags wurden gedehnt und mit weiteren Befehlen angefüllt. Solche Ausdehnungen können in anderen Fällen mehrere Zeilen im Code in Anspruch nehmen. Aber keine Angst, drei kleine Regeln verhelfen hier zu einer besseren Übersicht:

- Zwischen den Unterbefehlen muss immer ein Leerzeichen stehen.
- Die Reihenfolge der Unterbefehle ist beliebig.
- Lasse ich einen der Befehle weg, nutzt der Browser einfach die Default-Einstellung, also die 3D-Optik, wenn ich kein `NOSHADE` innerhalb des Tags notiere.

ACHTUNG

Sollten Sie einmal ein Leerzeichen zwischen zwei solchen Befehlen in einem Tag übersehen, dann werden Sie mit großer Sicherheit einen Fehler erzeugen. Ein Browser sieht die Befehlsgrenze dann nicht mehr, erkennt den Befehl nicht und reagiert somit gar nicht oder fehlerhaft. Meistens geht dies sogar im Gesamtbild unter, aber ich kann Ihnen nur empfehlen, hier sehr akribisch zu sein.

Gewöhnen Sie sich an, bei mehreren verbundenen Befehlen immer zuerst den wesentlichen Befehl – hier `<HR>` – anzugeben und dann in der gewohnten Reihenfolge die restlichen Befehle. Das erleichtert Ihnen die Übersicht, auch wenn es für die Funktionalität eigentlich egal ist. Starr vorgeschrieben in einer solchen Tag-Kette ist nur der erste Befehl, denn den muss der Browser sofort lesen, um zu verstehen, auf welchen Grundbefehl sich die anderen beziehen.

Auch hier gibt es neben der absoluten, pixelgenauen Schreibweise eine eher relativ gehaltene Syntax. Das folgende Tag hat eine Höhe von 5 Pixel (also eine absolute Angabe), aber die Breite soll sich auf 50% des geöffneten Browserfensters beziehen.

```
<HR SIZE=5 WIDTH=50%>
```

Die Linie wird also je nach Größe des Browserfensters skaliert in einer 3D-Optik dargestellt. Der feine Unterschied besteht nun darin, dass Sie so selbst bestimmen können, ob die Linie sich relativ zur Fenstergröße verhält oder eine fixe Größe besitzt, die unabhängig davon dargestellt wird.

Sie werden schnell sehen, wie schön sich mit solchen Effekten spielen lässt, wenn man die verschiedenen Fälle einmal an unserem Beispieltext durchspielt.

Übung 6

Trennen Sie die Textzeilen so, dass über und unter dem Text eine 2-D-Linie entsteht, die 5 Pixel hoch und 90% des Fensters breit ist. Die einzelnen Sätze trennen Sie mit einer Linie in 3D-Optik, die 2% des Fensters hoch und 200 Pixel breit ist. Rufen Sie dann einen Browser auf und beobachten Sie das Verhalten dieser Linien.

```
<HTML>
   <HEAD>
      <TITLE>
      J&uuml;rgen Gro&szlig;
      </TITLE>
   </HEAD>
<BODY>
   <HR SIZE=5 WIDTH=90% NOSHADE>
   Hallo, mein Name ist J&uuml;rgen Gro&szlig;.

   <HR SIZE=2% WIDTH=200>
   Meine Hobbys sind &lt;HTML&gt;,
   &Uuml;berfahrten nach England und &Auml;nderungen im
   Source-Code.

   <HR SIZE=2% WIDTH=200>
   Ich sage immer:&quot;Warum rufen Sie nicht
   einfach mal bei mir an?&quot;

   <HR SIZE=2% WIDTH=200>
   Meine Nummer steht im Telefonbuch.

   <HR SIZE=5 WIDTH=90% NOSHADE>
</BODY>
<!-----------      © JG--------------->
</HTML>
```

Lösung

Je nach Fenstergröße werden die 2-D-Linien nun länger oder kürzer und die 3D-Linien dicker oder dünner. Es bleibt wieder Ihrem ganz persönlichen Geschmack überlassen, welches Verhalten der <HR>-Tags Sie einsetzen wollen. Wie Sie sehen, können absolute und relative Angaben auch problemlos gemischt werden.

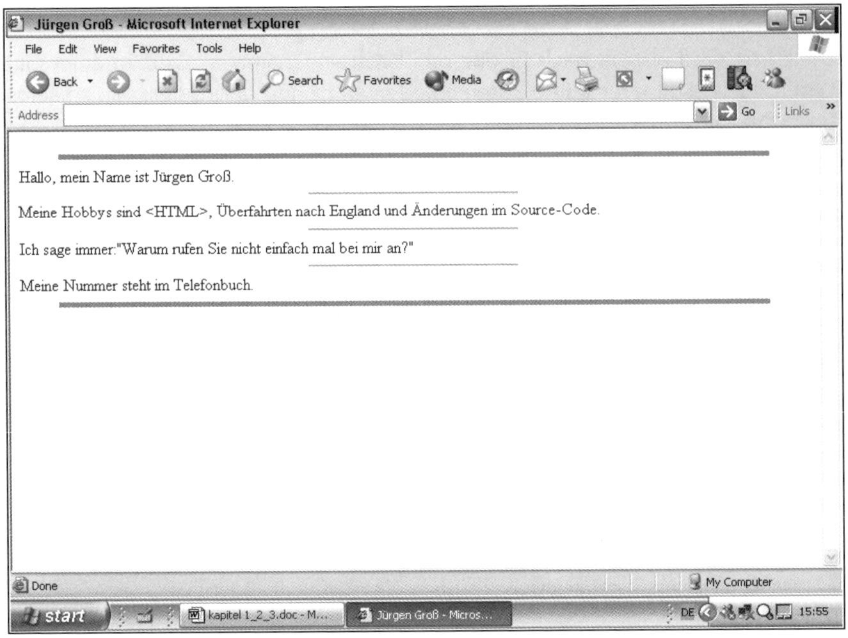

Abb. 3.8: Horizontale Linien können den Text strukturieren, aber auch optisch stören.

Sie möchten aber diese Umbrüche im Text nicht immer nur mit Headlines und Linien erzeugen. Auch innerhalb des Fließtextes soll es feste Umbrüche und Absätze geben. Wir wissen ja schon, dass die eingegebenen Zeilenwechsel im Editor hier keine Auswirkungen haben. Es muss also noch ein bestimmtes Tag für einen Zeilenumbruch geben. Schauen wir uns deshalb unser Beispiel noch einmal an. Ich habe die 2-D-Linien und 3D-Linien mit diesen Tags ersetzt.

```
   <HTML>
      <HEAD>
         <TITLE>
         J&uuml;rgen Gro&szlig;
         </TITLE>
      </HEAD>

   <BODY>
A    <P>

   Hallo, mein Name ist J&uuml;rgen Gro&szlig;.
     <P>
   Meine Hobbys sind &lt;HTML&gt;,
   &Uuml;berfahrten nach England und &Auml;nderungen im
   Source-Code.
```

```
B    <BR>
   Ich sage immer:&quot;Warum rufen Sie nicht
   einfach mal bei mir an?&quot;

C    <BR><BR>
   Meine Nummer steht im Telefonbuch.

D    <P>
</BODY>
<!----------        © JG-------------->
</HTML>
```

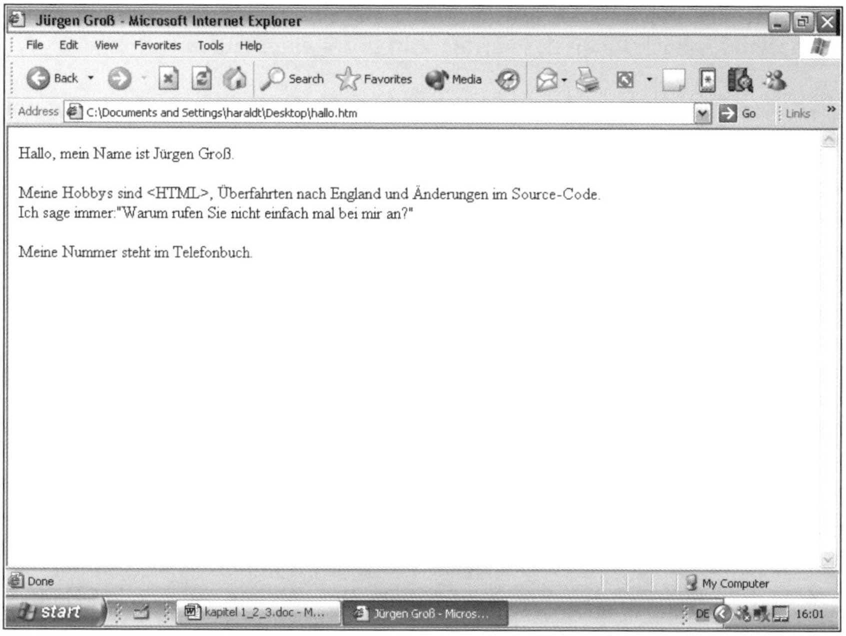

Abb. 3.9: Na endlich. Umbrüche. Jetzt können Sie beruhigt weiterlesen.

Schauen wir uns diese Umbrüche genauer an, denn wir haben es hier mit drei verschiedenen Formen zu tun, auch wenn wir nur zwei verschiedene Tags vorfinden.

A <P>

Die Linie wird jetzt durch ein »Paragraph«-Zeichen ersetzt. Das erzeugt einen Umbruch des Textes und eine Leerzeile. So wird durch einen einfachen Befehl in HTML ein Absatz generiert, wie wir auch in der nächsten Anwendung sehen werden. Nach dem ersten Satz des Textes entstehen ein Umbruch und eine Leerzeile.

B

Hier erzeugt ein »Break« mit dem Tag <BR> ebenfalls einen Textumbruch, aber es erfolgt ein reiner Zeilenwechsel ohne eine weitere Leerzeile.

C

Wenn ich allerdings ein zweites
-Tag dazufüge, habe ich einen ähnlichen Effekt wie mit einem <P>-Tag. Es entsteht eine Leerzeile. Diese Tags sind nur in den älteren Browsern beliebig oft aneinander kettbar, sodass auch größere Zwischenräume entstehen können. Außerdem ist das wirklich schlechter Stil. Und das haben Sie nicht nötig. Wenn Sie aber unbedingt wissen wollen, wie man einen großen Zwischenabstand herstellt, ohne dass Browser einem einen Strich (nein, ich meine jetzt nicht das <HR>-Tag) durch die Rechnung machen, dann will ich Ihnen das verraten. In Form einer Aufgabe.

Frage Wie, vermuten Sie, kann ein Webdesigner große Abstände erzeugen, obwohl ein Browser nur zwei
-Tags am Stück akzeptiert?

Lösung Richtig, indem Sie nach den zwei
-Tags einfach ein bereits bekanntes festes Leerzeichen wie   einbauen. Dann können Sie weitere zwei Male in den Giftschrank greifen, bevor Sie wieder zu diesem Trick zurück müssen. Aber ganz ehrlich. Ist das souverän? Warten Sie noch ein Weilchen, dann zeige ich Ihnen bessere Möglichkeiten.

ACHTUNG: Auch diese Tags werden nicht geschlossen. Sie gelten für sich und stellen keinen Fehler im Code dar. Einen Sonderfall dazu werden wir noch kennen lernen.

Das kann für einfache Webseiten schon alles sein, was man braucht, um Layout zu schaffen. Allerdings gilt es als schlechter Programmierstil, nur mit diesen Mitteln Abstand zwischen Textblöcken zu schaffen. Aber keine Bange, das können Sie jetzt noch nicht wissen.

Wenn Sie in Ihrem Browser in der bereits bekannten Menüoption die Fontgröße variieren, werden Sie sehen, dass je nach Länge des Satzes noch der eine oder andere automatische Zeilenumbruch in der Browserdarstellung des Textes eingefügt wird. Das kennen Sie von Ihrem Schreibprogramm sicher, mit der einzigen Ausnahme, dass in HTML der Bindestrich nicht als Trennungszeichen gilt und daher zusammengebundene Wörter schon einmal komplett in die nächste Zeile wandern. Wenn das Wort allerdings zu lang werden sollte (z.B. »Donaudampfschifffahrtskapitänskajüten ...«), um überhaupt in eine Zeile zu passen, dann bricht so mancher Browser wild dort um, wo es ihm passt. Hauptsache, die Buchstaben passen alle in das Browserfenster. Vielleicht wollen Sie aber genau an dieser Stelle einen Umbruch vermeiden oder möchten, dass ein ganzer Satz immer in einer Zeile zu lesen ist. Dafür hat HTML noch einen eigenen Befehl auf Lager.

Mit

```
<NOBR></NOBR>
```

halten Sie einen automatischen Umbruch innerhalb dieses Tags auf und zwingen den User dazu, innerhalb des Browserfensters zu scrollen. Eine mögliche Anwendung ist die Angabe einer WWW-Adresse, die durch ihre Länge eigentlich umbrochen werden müsste, aber der Übersichtlichkeit halber in einer Zeile zu lesen sein soll. Dass sich dadurch Ihr ganzes Layout verändern kann, ist natürlich verständlich. Es scheint mir fast, als wären wir in der Rubrik »Giftschrank« angekommen. Aber das soll uns deshalb nicht stören, weil Sie wie ein guter Apotheker unterscheiden können, wann ein Tag in Ihrem Layout Gift und wann Heilmittel ist.

Übung 7

Jetzt wollen wir testen, ob Sie das Gelernte auch schon für einen Analogie-Schluss anwenden können, denn wir hatten ja beim <FONT>-Tag den Fall, dass dort kein automatischer Zeilenumbruch stattfindet, wenn andere Fontgrößen eingestellt werden. Nehmen Sie sich doch einfach noch einmal das Beispiel mit den verschiedenen Punktgrößen vor und fügen Sie an der richtigen Stelle die Zeilenumbrüche ein.

Lösung

```
<HTML>
      <HEAD>
         <TITLE>
         J&uuml;rgen Gro&szlig;
         </TITLE>
      </HEAD>

      <BODY>

A          <FONT SIZE=7>Hallo</FONT><BR>

B          <FONT SIZE=6>Mein Name ist J&uuml;rgen
           Gro&szlig;</FONT><P>

C          Meine Hobbys sind ...<BR>

      </BODY>
   </HTML>
```

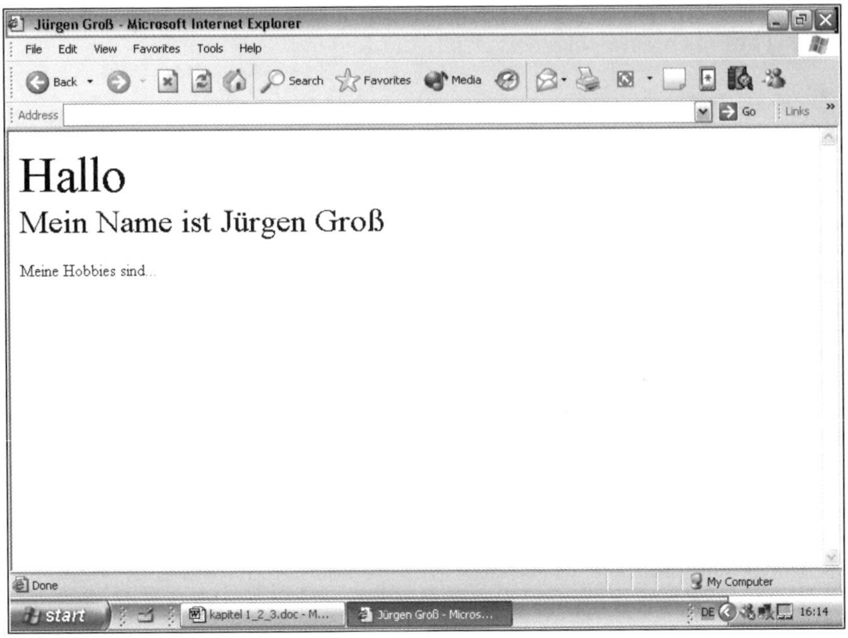

Abb. 3.10: Professionelle Layouter würden bei einem solchen Satzspiegel weinen, aber wir sind erst einmal stolz. Wir können verschiedene Schriftgrößen kontrollieren.

Das war jetzt eigentlich nicht schwer. Sie haben einfach vor das nächste <FONT>-Tag einen Zeilenumbruch gesetzt.

Versuchen Sie ruhig eigene Beispiele und versichern Sie sich, dass Sie die Zeilenumbrüche sauber gelernt haben. Denn sie sind das tägliche Brot der Webdesigner und leider oft genug die Quelle von unnötigen Fehlern. Schauen wir uns deshalb zur Sicherheit noch einmal unsere Lösung an.

```
A        <FONT SIZE=7>Hallo</FONT><BR>
```

Nach dem großen »Hallo« genügt ein einfacher Umbruch, denn es folgt noch eine weitere Überschrift.

```
B        <FONT SIZE=6>Mein Name ist J&uuml;rgen
         Gro&szlig;</FONT><P>
```

Hier ist nach dieser Zeile ein »Paragraph« angebracht, denn jetzt beginnt der Fließtext.

```
C        Meine Hobbys sind ...<BR>
```

Der Vollständigkeit halber folgt hier am Schluss des Textes noch einmal ein
-Tag. Das muss nicht unbedingt sein, aber manche Browser verlangen hier einen solchen Befehl, um auch wirklich zu wissen, dass der Fließtext hier endet. Das sehen Sie dann daran, dass der Text nicht am untersten Rand eines Browserfensters hängt, sollte er diese Ausmaße haben und aus dem Bild laufen.

Vermeiden Sie
-Tags mitten im Fließtext, auch wenn damit auf Ihrem Browser nicht alles gut umbrochen aussehen sollte. Ein anderer Nutzer wird mit Sicherheit auch einen anderen Browserfont in einer anderen Basisgröße eingestellt haben oder eine andere Fenstergröße im Browser nutzen. Dann verschiebt sich der Text in seinem automatischen Umbruch sehr stark und bricht durch Ihr
-Tag plötzlich an einer falschen Stelle, also mitten in der Zeile, um. Das wäre doch peinlich. Ich setze solche Umbrüche wirklich nur an einer Stelle ein, wo garantiert das Ende eines Absatzes oder einer Zeile erzeugt werden soll.

3.5 Textformate

Nach dem wir gelernt haben, wie Text umbrochen und mit verschiedenen Schriftgrößen belegt werden kann, entsteht auch der Wunsch, die Schriftart einzustellen. Das hätte einen nicht zu unterschätzenden Vorteil, denn durch die verschiedenen Laufweiten der Schriften entstehen zum Teil bei gleicher Schriftgröße vollkommen andere Umbrüche und ein Text in einer Times-Roman-Schrift sieht im Vergleich zu modernen Schriften immer ein wenig altbackener oder, positiver formuliert, »klassischer« aus.

Wie Sie vielleicht schon in ihren Browsereinstellungen bemerkt haben, ist hier auch eine Schrift für Proportional-Darstellungen vorgesehen. Standardmäßig ist das die Schrift Courier 10 Punkt. Mit dieser zweiten Schrift, die sich nun jeder User wieder selbst einstellen kann, lässt sich ein wenig mehr Abwechslung in Ihr Schriftbild bringen. Es gibt Webdesigner, die sie vor allem für die Textüberschriften benutzen.

Das Tag für diese Schriftenumstellung lautet

```
<TT></TT>
```

für »Teletype«. Da bei den meisten Browsern jeder Buchstabe zwischen diesen Anfangs- und Schluss-Tags in Courier dargestellt wird, drängt sich hier die Fernschreiber-Metapher auch ein wenig auf. Das Schöne an diesem Tag ist, dass es sonst keine weiteren Einstellungen vornimmt und deshalb jederzeit mit anderen Tags kombiniert werden kann.

Frage

Wie schreiben sie einen Code-Part, in dem eine Überschrift in Teletype-Schrift und der größten Buchstabengröße formatiert wird? Der folgende Fließtext soll nach einem Zeilenumbruch wieder in Normalschrift und kleinster Schriftgröße dargestellt werden.

Lösung

```
<FONT SIZE=7><TT>Das ist die Überschrift</TT></FONT><P>
<FONT SIZE=1>Dieser Text ist sehr klein dargestellt</FONT>
```

Wie Sie sehen, kann diese Befehlsfolge leicht ineinander verschachtelt werden. Wir kommen später noch einmal auf dieses Phänomen zurück. Für den Moment soll uns vor allem der Eindruck genügen, wie leicht diese Schriftart im Browser zu wechseln ist.

Im herkömmlichen HTML war nur diese Definition der Schriftarten vorgesehen. Die Browser können ja auch mit der gewünschten Schrift eingestellt werden, deshalb variieren Webdokumente in ihrem Aussehen zum Leidwesen vieler Designer immer noch stark von User zu User. Seit den Versionen 3.x der Browser Netscape Navigator und Internet Explorer gibt es allerdings hier eine Abhilfe. Durch das Unter-Tag

```
<FONT FACE=Times SIZE=3></FONT>
```

kann dem Browser vorgeschrieben werden, mit der Schrift Times in Normalgröße fortzufahren und die Standardeinstellungen des Users dabei zu ignorieren. Das geschieht wohlgemerkt nur dann, wenn der User die Schrift Times auch wirklich auf seinem Gerät installiert hat. Ist das nicht der Fall, fällt der Browser automatisch auf die Standardschrift zurück. Sie müssen also nicht befürchten, dass im Fall einer nicht vorhandenen Schrift der Text Ihrer Website nicht mehr dargestellt wird. Je exotischer der von Ihnen gewählte Font ist, desto seltener wird allerdings auch der Fall eintreten, dass der verwendete Browser auch wirklich die Schrift wechselt. Ich kann Ihnen nur empfehlen, vor allem die Standardschriften von Windows und Mac OS zu wählen. In den meisten Fällen geht es ja darum, eine Sans-Serifen als Schrift zu sichern. Deshalb genügt es oft schon für einen passenden optischen Eindruck, die Schrift Arial für Windows oder Helvetica für Mac OS einzustellen. Der Internet Explorer installiert zudem unter anderem die sehr schönen Screenschriften Verdana und Trebuchet mit. Da immer mehr User diese Browserversion besitzen, sollten Sie einmal mit dieser Schrift experimentieren. Sie wurde speziell für das Lesen am Bildschirm entworfen. Es ist auch jederzeit denkbar, mehrere Schriften zur Auswahl anzubieten, um das Risiko einer fehlenden Umstellung zu verringern. In diesem Fall lautet das Tag zum Beispiel:

```
<FONT FACE=Arial,Helvetica,Geneva SIZE=3></FONT>
```

Der Browser nimmt die aufgerufenen Schriften der Reihe nach auf und vergleicht sie mit den auf dem System vorhandenen. Hat er eine erste Übereinstimmung, setzt er sie sofort ein, ohne weiter zu vergleichen. Deshalb ist es wichtig, die bevorzugte Schrift immer an den Anfang zu stellen, um die Trefferquote bei den Browsern zu erhöhen.

Das System dieses Tags macht es auch möglich, mehrere Schriften in einer Page zu verwenden. Aber bedenken Sie, dass hier zu schnell ein optisches Chaos entstehen kann. Profis begnügen sich in der Regel mit zwei sorgsam aufeinander abgestimmten Schriften oder verstoßen bewusst gegen diese Regeln. Dann aber heftig ...

Was uns zu einer Textdarstellung, die der einer Textverarbeitung entspricht, noch fehlt, sind Fettungen und Kursive. Im Englischen verwendet man dafür die Begriffe »Bold« und »Italic«.

Daher wundert es auch nicht, wenn die Tags für diese Formatierungen aus den Abkürzungen dieser Wörter bestehen:

```
<B>Bold (Fettung)</B>
<I>Italic (Kursiv)</I>
```

Mit diesen Befehlen können Sie auch wieder vom einzelnen Buchstaben bis zum ganzen Dokument den Text einer Page Ihren Vorstellungen entsprechend formatieren.

Hier sitzt auch eine beliebte Fehlerquelle. Während bei Befehlen wie `<FONT SIZE=3>` durch eine erneute Formatierung mit z. B. `<FONT SIZE=5>` der alte Befehl aufgehoben werden kann, schließt `<B>` oder `<I>` so lange nicht, bis Sie das Schluss-Tag gesetzt haben. Das ist logisch, weil ein erneutes `<B>` lediglich dem Browser sagen würde, dass er ab jetzt eine Passage fetten soll, was er vielleicht schon die ganze Zeit tut. Deswegen ignoriert er diesen erneuten Befehl, denn »Bolder als Bold geht nicht«. Das Gemeine an diesem Effekt ist aber, dass jetzt der Text so lange gefettet bleibt, bis das zweite Schluss-Tag für das `<B>` geschrieben wird. An diesem Effekt sollen schon Webdesigner verzweifelt sein, weil sich solche Tags herrlich im Fließtext verstecken und dann nur mit Mühe gefunden werden können.

Mein Tipp: Nutzen Sie die Suchen&Ersetzen-Funktionen Ihres Editors, wo Sie nur können. Im Zweifelsfall ist hier der Computer immer noch genauer als der Mensch. Einen Vorteil muss er ja haben ;-)

HTML hat für die gefettete Darstellung aber noch zwei Tags, die Ähnliches bewirken, aber kaum noch benutzt werden:

`<EM>` Emphasis `</EM>`

und

```
<STRONG>Starker Schriftschnitt</STRONG>
```

Diese beiden Tags agieren relativ und browserabhängig. Während `<B></B>` und `<I></I>` in jeder Websoftware Bold und Italic auslösen, kann sich bei den anderen beiden Tags der Browser die Art der Hervorhebung aussuchen, entsprechend der CERN-Philosophie der größtmöglichen Browserfreiheit in der

Darstellung. Das ist nur eine Auswahl aus mehr als einem Dutzend solcher Spezial-Tags, die aus der Zeit des Datenbankkonzepts stammen und heute im Normalfall nicht mehr angewendet werden. Sie müssen sich also diese Tags nicht unbedingt merken. Vor allem dann nicht, wenn Sie mit modernen Browsern von Netscape oder Microsoft arbeiten.

Aus diesen Gründen sind diese beiden Tags relativ selten.

Ganz anders sieht es aber bei den restlichen Formatierungen aus, die Text noch auf eine eher seltene, aber manchmal ganz nützliche Art und Weise formatieren. Hier sind sie alle einmal aufgeführt:

<BIG> große Schrift </BIG>

(setzt die Fontgröße um eine Stufe nach oben, ist also ähnlich wie <FONT SIZE=+1>)

<SMALL> kleine Schrift </SMALL>

(setzt die Fontgröße um eine Stufe nach unten, ist also ähnlich wie <FONT SIZE=-1>)

^{hochgestellte Schrift}

Für Quadratzahlen ist <SUP> sehr praktisch, andernfalls entstehen hier eher avantgardistische Layouts.

_{tiefgestellte Schrift}

Falls Sie mal chemische Formeln tippen müssen, hilft Ihnen dieses Tag sehr weiter, ansonsten rattern Sie wieder mitten in meine Avantgarde-Bemerkung hinein.

```
<U> unterstreicht Text</U>
<S> streicht Text durch </S>
```

Gerade das Tag <U></U> sollte Ihnen aber nur sehr schwer von der Hand gehen, weil Sie im übernächsten Kapitel sehen werden, wie stark unterstrichener Text im World Wide Web schon mit einer Funktion belegt ist. Wenn Sie nun im normalen Fließtext Unterstriche einführen, kann das leicht zu Missverständnissen führen.

Die Vielzahl dieser Befehle lässt den Schluss zu, dass diese auch kombiniert werden können, und richtig: HTML macht keine Probleme, wenn diese Tags untereinander verschachtelt werden.

So löst die Tag-Folge

```
<B><I><S><SUP>Das kann ja keiner mehr lesen</SUP></S></I></B>
```

im Browser eine Buchstabenkette aus, die gleichzeitig gefettet und kursiv, durchgestrichen und hochgestellt ist. Ob das dann allerdings noch sinnvoll ist, ist eine andere Frage. Als goldene Regel können Sie sich merken, dass die gleichzeitige Anwendung von mehr als zwei dieser Tags die Buchstaben unweigerlich unleserlich macht.

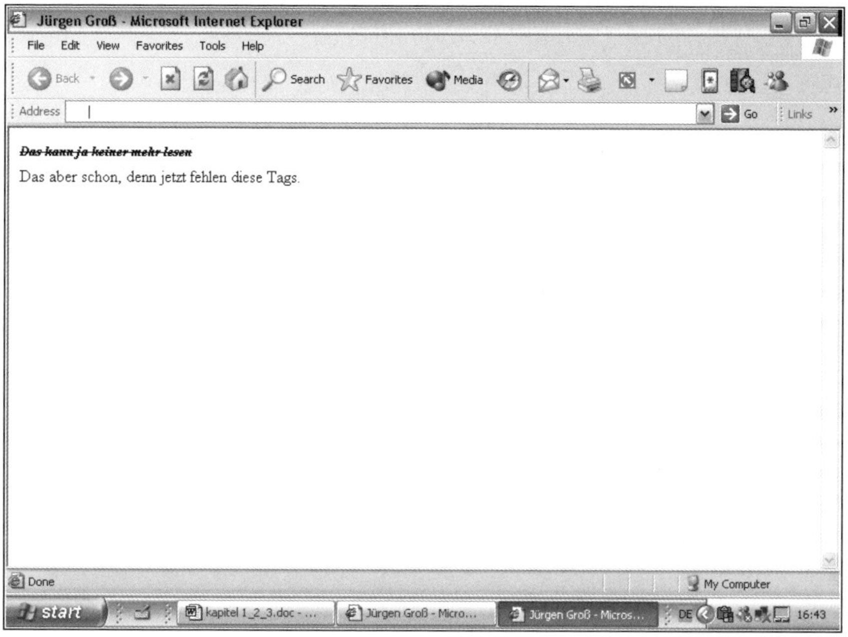

Abb. 3.11: Die gute Nachricht ist: Sie können eine ganze Menge mit solchen Verschachtelungen machen. Die schlechte: Jemand muss das dann auch lesen.

Übung 8

Nehmen Sie nun den gesamten Beispieltext aus dem letzten Kapitel und versuchen Sie, die Überschrift zu fetten, die Subline kursiv zu setzen sowie das wörtliche Zitat durchzustreichen und zu fetten.

```
   <HTML>
      <HEAD>
         <TITLE>
         J&uuml;rgen Gro&szlig;
         </TITLE>
      </HEAD>

   <BODY>

A   <FONT SIZE=7><B>
   Hallo
   </B></FONT>
   <BR>
B   <FONT SIZE=6><I>
   Mein Name ist J&uuml;rgen Gro&szlig;.
   </I></FONT>
   <P>
```

```
  Meine Hobbys sind &lt;HTML&gt;,
  &Uuml;berfahrten nach England und &Auml;nderungen im
  Source-Code.
  <BR>
C Ich sage immer:<B><S>&quot;Warum rufen Sie nicht
  einfach mal bei mir an?&quot;</S></B>

  <BR><BR>
  Meine Nummer steht im Telefonbuch.

</BODY>
<!----------      © JG-------------->
</HTML>
```

Abb. 3.12: So bekommen wir eine Menge an typografischen Gestaltungsmöglichkeiten.

Das sind jetzt bereits viele Möglichkeiten und mitten in einem Text werden Sie sehen, dass die Kombinationen daraus meistens ausreichen werden, um auch die komplexesten Zusammenhänge sauber darzustellen.

```
A <FONT SIZE=7><B>
  Hallo
  </B></FONT>
```

Wie Sie sehen, genügt es, vor dem beabsichtigten Wort das <B>-Tag zu eröffnen und es direkt danach wieder zu schließen. Achten Sie bei der Verwendung von mehreren Tags hintereinander darauf, dass Sie diese spiegelbildlich schließen. So können Sie ganz sicher sein, dass alle Browser ihren Code auch sauber übersetzen.

```
B <FONT SIZE=6><I>
  Mein Name ist J&uuml;rgen Gro&szlig;.
  </I></FONT>
```

Das gleiche Vorgehen empfiehlt sich auch bei den Kursiven der zweiten Überschrift. Ich habe schlechte Erfahrungen damit gemacht, einen solchen HTML-Fall mit dem <I>-Tag zu eröffnen, es sollte zur Sicherheit immer hinter dem <FONT>-Tag stehen, weil dieser Befehl die Formatierungen bei manchen Browsern auf null stellt. Aber das war Mitte der 90er und inzwischen verzeihen diese Programme manchmal auch nachlässige Programmierung.

```
C Ich sage immer:<B><S>&quot;Warum rufen Sie nicht
  einfach mal bei mir an?&quo<;</S></B>
```

Mitten im Satz beginnen wir hier mit der Formatierung, die wir wieder spiegelbildlich schließen. Achten Sie bitte auch darauf, dass die Tags ab dem nächsten Zeichen, also auch ab dem nächsten Sonder- oder Leerzeichen, gelten.

Es gilt unter Webdesignern als schlechter Stil, längere Textpassagen zu fetten, kursiv zu stellen oder gar in Versalien zu schreiben. Das ist so, als würden Sie jemanden durch den Text ständig anbrüllen oder nur undeutlich und laut nuscheln. Bedenken Sie: Ein guter Text liest sich auch in normaler Formatierung gut.

3.6 Textausrichtung

Ohne Ausnahme haben wir bei unserem Übungstext bisher nur linksbündige Zeilenlayouts erhalten. Auch durch die Verwendung von Headline-Tags, egal ob <H1></H1> oder <H6></H6>, konnten wir Text nicht zentrieren oder rechtsbündig setzen. Und um mit der schlechten Nachricht gleich vorab zu kommen: Blocksatz ist in HTML mit dem Tag <P align=justify> vorgesehen. Allerdings ist die Sperrung der einzelnen Buchstaben grauenhaft. Sie sollten dieses Tag bei zu engen Textspalten meiden. Und eine automatische Trennung, die den Spaltensatz wie in einem DTP-Programm verbessern würde, ist in den Browsern nicht vorgesehen. So kann also bei einer Spaltenbreite unter 300 Pixel und sehr langen Worten (Deutsch ist hier als Sprache weitaus schwieriger zu handhaben als zum Beispiel Englisch mit verhältnismäßig kurzen Wörtern) ein Blocksatz aussehen wie ein Stück Schweizer Käse: löchrig und doch viel zu wuchtig.

Aber nun kommen wir mit einer guten Nachricht um die Ecke. Alle Einstellungen der Zeilenformatierung sind ein Kinderspiel, deshalb reicht hier ein kurzes Kapitel mit zwei kleinen Übungsaufgaben aus.

Wir haben gesehen, dass der Text in einem WWW-File automatisch linksbündig dargestellt wird. Das ist sinnvoll, weil es sich dabei auch um die häufigste Zeilenformatierung handelt. Sollten wir aber einmal zentrierte Überschriften oder Ähnliches brauchen, hat HTML dafür folgendes Tag vorgesehen:

```
<CENTER></CENTER>
```

Aus dem letzten Kapitel sind wir es gewohnt, Tags ohne Schwierigkeiten miteinander zu kombinieren. So ist das auch mit diesem Tag möglich.

Allerdings gibt es hier eine – logische – Einschränkung. `<CENTER></CENTER>` erzeugt vor und nach seinem Wirkungsbereich immer einen Zeilenumbruch, da ja eine Zeile nicht gleichzeitig linksbündig und mittig sein kann. Bei den meisten Browsern ist dieser Zeilenumbruch so wie bei einem <P>-Tag gehalten. Das heißt, der weitere Text beginnt 1,5 Zeilen weiter unten. Das kann bei manchen Layouts zu einem unschönen Zeilendurchschuss führen. Deshalb empfehlen sich solche Tags nur bei abgesetzten Wörtern wie zum Beispiel Überschriften.

Übung 9 Wie können wir diese Textausrichtung nutzen? Schreiben Sie die Überschrift unseres Textes in einem Code-Part zentriert, den Rest dann linksbündig.

```
  <HTML>
    <HEAD>
      <TITLE>
      J&uuml;rgen Gro&szlig;
      </TITLE>
    </HEAD>

  <BODY>


A <FONT SIZE=7><B><CENTER>
  Hallo
B </CENTER></B></FONT>
  <BR>
  <FONT SIZE=6><I>
  Mein Name ist J&uuml;rgen Gro&szlig;.
  </I></FONT>

  Meine Hobbys sind &lt;HTML&gt;,
  &Uuml;berfahrten nach England und &Auml;nderungen im
  Source-Code.

  <BR>
   Ich sage immer:<B><S>&quot;Warum rufen Sie nicht
  einfach mal bei mir an?&quo<;</S></B>
```

```
    <BR><BR>
    Meine Nummer steht im Telefonbuch.

</BODY>
<!----------        © JG-------------->
</HTML>
```

Abb. 3.13: Jetzt rückt die Überschrift in die Mitte.

Lösung

Eine einfache Übung. Sie haben die Tags für das Zentrieren des Wortes einfach vor und hinter das `<FONT>`-Tag gesetzt.

```
A    <FONT SIZE=7><B><CENTER>
```

Vor dem zu zentrierenden Wort öffnen wir das Tag.

```
B    </CENTER></B></FONT>
```

Nach dem zu zentrierenden Wort schließen wir das Tag spiegelbildlich wieder. So kann der Browser die Struktur klar erkennen.

Wir haben aber noch eine andere Möglichkeit, Text zu zentrieren, und erhalten so zugleich das passende Tag, um auch rechtsbündige Zeilen zu erzeugen. Dazu treffen wir einen guten alten Bekannten aus den vorherigen Kapiteln wieder: das »Paragraph«-Tag, das jetzt ein Unter-Tag bekommt.

Drei Fälle können so eingerichtet werden:

- <P ALIGN=LEFT></P> – Der Text läuft linksbündig.
- <P ALIGN=CENTER></P> – Der Text läuft zentriert.
- <P ALIGN=RIGHT></P> – Der Text läuft rechtsbündig.
- <P ALIGN=JUSTIFY></P> – Der Text läuft im Blocksatz, leider ohne automatische Trennung.

Moment. Vorhin wurde gesagt, dass kein Tag für Linksbündigkeit notwendig ist, weil hier eine automatische Einstellung des Browsers greift. Das ist richtig, aber wir müssen uns dazu noch einmal anschauen, wie diese Tags genutzt werden können. Die saubere Art zu programmieren wäre es, nach jeder gewünschten anderen Ausrichtung ein Schluss-Tag zu setzen. So wird Zentrierung bzw. Rechtsbündigkeit aufgehoben.

Also:

```
<P ALIGN=CENTER>Das hier ist mittig.</P>
<P ALIGN=RIGHT>Das hier ist rechtsb&uuml;ndig.</P>
Das hier ist linksb&uuml;ndig.
```

Aber es ist auch denkbar, eine Formatierung durch eine andere aufzuheben.

```
<P ALIGN=CENTER>Das hier ist mittig.
<P ALIGN=RIGHT>Das hier ist rechtsb&uuml;ndig.
<P ALIGN=LEFT>Das hier ist linksb&uuml;ndig.</P>
```

Dann genügt ein Schluss-Tag am Ende der Sequenz. Den Zeilenumbruch besorgt das erweiterte <P>-Tag mit seiner Umformatierung. Es bleibt Ihnen überlassen, wie Sie das handhaben wollen. Wichtig ist nur, dass Sie Ihren Code am Ende noch sauber überblicken können.

Eine letzte denkbare Formatierung fehlt uns noch: der Tabulator.

Das Tag dafür lautet:

```
<BLOCKQUOTE></BLOCKQUOTE>
```

Sein Name zeigt, wofür er gedacht war, nämlich für »Blocks of Quotes« (also Zitatblöcke).

Dieses Tag kann genauso eingesetzt werden wie das <CENTER>-Tag und rückt nach einem Zeilenumbruch den folgenden Text um eine Tabulatorstelle ein. Mehrere <BLOCKQUOTE>-Tags lassen sich auch ineinander verschachteln, sodass der Text dann jeweils immer um eine Tabulatorstelle nach rechts rutscht. Jedes geschlossene <BLOCKQUOTE>-Tag lässt den Text dann wieder um einen Tabulator nach links rutschen. Und interessanterweise gibt es hier keinen festen Tabulator-Abstand. Der Abstand vom linken Textrand verhält sich proportional zur Größe eines Browserfensters. Das hat einen Vor- und einen Nachteil:

- Das Layout wird stillschweigend angeglichen. Damit sieht diese Einrückung in den meisten Fällen gut eingepasst aus.
- Worttrennungen können dabei sehr variabel werden. Sie verlieren die Kontrolle über ihren Textfluss.

ACHTUNG

Bedenken Sie also, dass jede Zentrierung, Rechtsbündigkeit oder auch jeder Tabulator abhängig sind von der Fenstergröße des Browsers. Diese Formatierungen sind nie pixelgenau, weil Sie sich immer am Raum orientieren, den das Browserfenster einnimmt. Absolute Positionierungen, wie Sie das vom <HR>-Tag kennen, sind hier nicht machbar.

Das lässt sich am besten verstehen, wenn man es ein wenig übt.

Übung 10

Formatieren Sie mit dem <P></P>-Tag und dem <BLOCKQUOTE></BLOCKQUOTE>-Tag unseren Übungstext so, dass die Überschriften rechtsbündig ausgerichtet sind und der Fließtext pro Satz um einen Tabulator abwechselnd nach links und rechts springt.

```
   <HTML>
      <HEAD>
         <TITLE>
         J&uuml;rgen Gro&szlig;
         </TITLE>
      </HEAD>

   <BODY>

A  <P ALIGN=right>
   <FONT SIZE=7><B>
   Hallo
   </B></FONT>
   <BR>
   <FONT SIZE=6><I>
   Mein Name ist J&uuml;rgen Gro&szlig;.
   </I></FONT>

B  </P>

C  <BLOCKQUOTE>
   Meine Hobbys sind &lt;HTML&gt;,
   &Uuml;berfahrten nach England und &Auml;nderungen im
   Source-Code.
```

```
D </BLOCKQUOTE>

   Ich sage immer:<B><S>&quot;Warum rufen Sie nicht
   einfach mal bei mir an?&quot;</S></B>

   <BLOCKQUOTE>
   Meine Nummer steht im Telefonbuch.
   </BLOCKQUOTE>
</BODY>
<!-----------      © JG--------------->
</HTML>
```

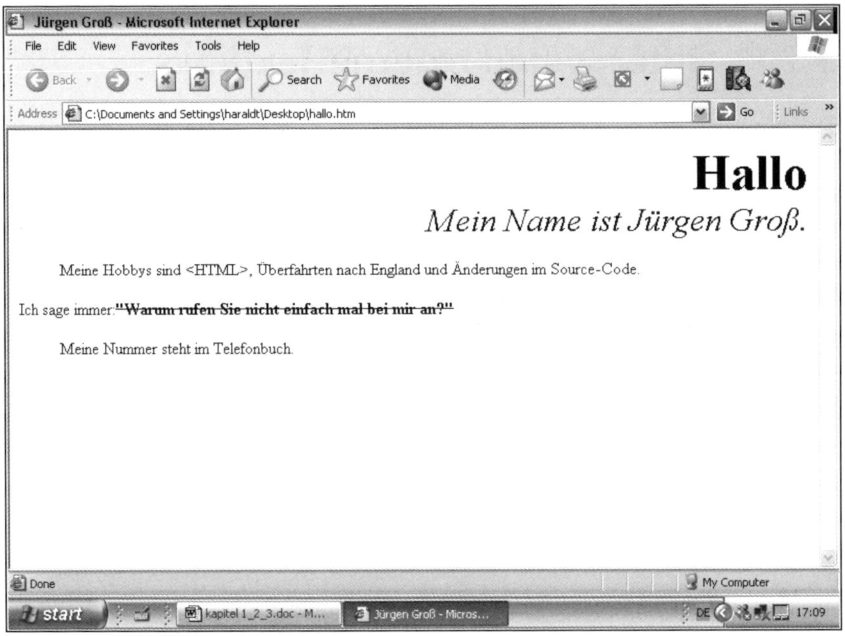

Abb. 3.14: Hier beginnt das Layouter-Auge freudig zu zucken. Mit HTML ist mehr zu machen, als es auf den ersten Blick scheint.

Lösung Wir haben wieder eine Klammer mit den Formatierungen durchgeführt, die die Art des Textflusses verändern sollen.

```
A    <P ALIGN=right>
```

Hier öffne ich den rechtsbündigen Paragraphen noch vor allen anderen Formatierungen, die in diesem Format ebenfalls gelten sollen.

```
B    </P>
```

Erst nach dem spiegelbildlichen Schließen der anderen Formatierungen schließe ich den Paragraphen wieder.

```
C   <BLOCKQUOTE>
    Meine Hobbys sind &lt;HTML&gt;,
    &Uuml;berfahrten nach England und &Auml;nderungen im
    Source-Code.
```

Der erste Satz des Fließtextes soll einen Tabulatorschritt nach rechts rücken, also setze ich hier das </BLOCKQUOTE>-Tag.

```
D    </BLOCKQUOTE>
```

Hier schließe ich dieses Tag wieder und öffne es erst wieder im übernächsten Absatz, denn der folgende Satz soll wieder einen Tabulatorschritt nach links springen.

3.7 Interne und externe Textlinks

Bisher haben Sie die Vorzüge des World Wide Web eigentlich noch nicht so recht kennen gelernt. Jedes Schreibprogramm wäre hier einfacher und mächtiger. Nicht einmal die Sonderzeichen müssten wir konvertieren. Aber Stopp. Die so genannten Hyperlinks machen das Web zu dem, was es heute ist: ein vernetztes Medium, das seine Dokumente nur einen Mausklick lang suchen muss und problemlos von einem Ende der Welt zum anderen weiterleitet. Auch die Programmierung dieser Links ist einfach. Und das soll jetzt unser Thema sein.

HTML unterscheidet vier verschiedene Link-Typen:

- Anker (Sprungstellen innerhalb eines Dokuments)
- interne Links (Sprungstellen innerhalb eines Servers)
- externe Links (Sprungstellen innerhalb des WWW)
- Mail-Links (E-Mail-Sprungstellen)

Schauen wir uns jeden in Ruhe an.

Vor allem bei längeren Texten ist es sehr vorteilhaft, an einer geeigneten Stelle Anker einzubauen, die per Mausklick an die dazu passende Textpassage führen. Also ein elektronisches Einmerker-System. HTML benutzt dazu ein zweistufiges Tag.

```
<A NAME=Sprung> </A>
```

Mit diesem Tag habe ich die erste Stufe definiert. Sie ist der elektronische Merker, zu dem später buchstabengenau im Text gesprungen werden soll. Dieser Merker kann irgendwo im Fließtext oder in einer Überschrift stehen.

Achten Sie nur darauf, dass er nicht aus Versehen in einem weiteren Tag verschachtelt ist. Schreiben Sie also niemals z.B.:

```
<HR width=130  <A NAME=Das sollten Sie nie tun> </A> NOSHADE>
```

Dafür kommen Sie in die HTML-Hölle. Das File wird so im Browser falsch oder gar nicht mehr angezeigt.

Wie Sie sehen, habe ich dem Merker einen sprechenden Namen gegeben. Das müssen Sie nicht. Sie können ihn auch »Jodel« oder »Himbeerkuchen« nennen. Allerdings sollten Sie dann später auch wissen, was damit gemeint war ... Und noch etwas: Sie sehen, dass ich erst ein Leerzeichen und dann das Schluss-Tag getippt habe. Offiziell ist dieses Leerzeichen nicht notwendig. Ich habe aber bessere Erfahrungen mit dieser Schreibweise gemacht.

Wir kommen zur zweiten Stufe, denn bisher haben wir nur markiert, wo der Anker bei einem späteren Mausklick hinspringen soll. Wir benötigen jetzt die Stelle, an der der Mausklick erfolgen soll. Dazu lautet das Tag:

```
<A HREF=#Sprung>Hier geht es zum Sprung.</A>
```

Dieses Tag sagt dem Browser übersetzt: »Wenn die Maus auf diesen Satz klickt, dann springe bitte im gleichen File auf den Merker 'Sprung'.« Noch etwas bewirkt dieses Tag. Wenn Sie dieses zweistufige Tag später genau so einbauen, dann werden Sie sehen, dass die Wortfolge »Hier geht es zum Sprung« unterstrichen und andersfarbig dargestellt sein wird. So signalisiert der Browser dem Benutzer, dass diese Wörter einen aktiven Link darstellen, den er anklicken kann. Damit der User auch ganz sicher sein kann, wird zusätzlich der Zeiger seiner Maus über diesen Wörtern von einem Pfeil zu einer zeigenden Hand. Das kennen Sie sicher, wenn Sie schon einmal im Netz gesurft sind.

> Wie kommt die Farbe zustande? Jeder Browser hat standardmäßig eine Farbeinstellung der Links vorprogrammiert. Im Menü *Optionen* können Sie diese Farbeinstellung verändern. Achten Sie beim Aufrufen des Merkers darauf, dass Sie den Namen des Merkers buchstabengenau abtippen, also auch auf Groß- und Kleinschreibung achten. Das ist aber nur innerhalb des Tags wichtig. Außerhalb des Tags, in das Sie die Benennung des Ankers eingeben, auf die man später klickt, steht Ihnen jede Schreibweise zur Verfügung, ohne dass hier ein Fehler entsteht. Deshalb kann hier auch »Sprung und los« stehen, denn diese Buchstabenfolge ist frei wählbar und muss nicht »Sprung« wie im Merker lauten.

Übung 11 Nehmen Sie unseren Beispieltext aus dem letzten Kapitel und fügen Sie ihm zirka 30 Zeilen (700 Zeichen) mit eigenem Text an. Bauen Sie dann in der letzten Textzeile einen Anker mit dem Text »Hier geht es hoch« ein, der per Mausklick zurück zur Überschrift springen lässt.

```
   <HTML>
      <HEAD>
         <TITLE>
         J&uuml;rgen Gro&szlig;
         </TITLE>
      </HEAD>

   <BODY>

   <P ALIGN=right>
   <FONT SIZE=7><B>

A  <A NAME=#oben> </A>

   Hallo
   </CENTER></B></FONT>
   <BR>
   <FONT SIZE=6><I>
   Mein Name ist J&uuml;rgen Gro&szlig;.
   </I></FONT>

   </P>

   <BLOCKQUOTE>
   Meine Hobbys sind &lt;HTML&gt;
   &Uuml;berfahrten nach England und &Auml;nderungen im
   Source-Code.
   </BLOCKQUOTE>

   Ich sage immer:<B><S>&quot;Warum rufen Sie nicht
   einfach mal bei mir an?&quo<;</S></B>
   <BLOCKQUOTE>
   Meine Nummer steht im Telefonbuch.
   </BLOCKQUOTE>
   Hier beginnt der Text, der 700 Zeichen haben sollte.
   Aus Platzgr&uuml;nden sind weit weniger eingegeben
   <P>

B  <A HREF=#oben>Hier geht es
   hoch</A>

<P>
</BODY>
<!----------        © JG-------------->
</HTML>
```

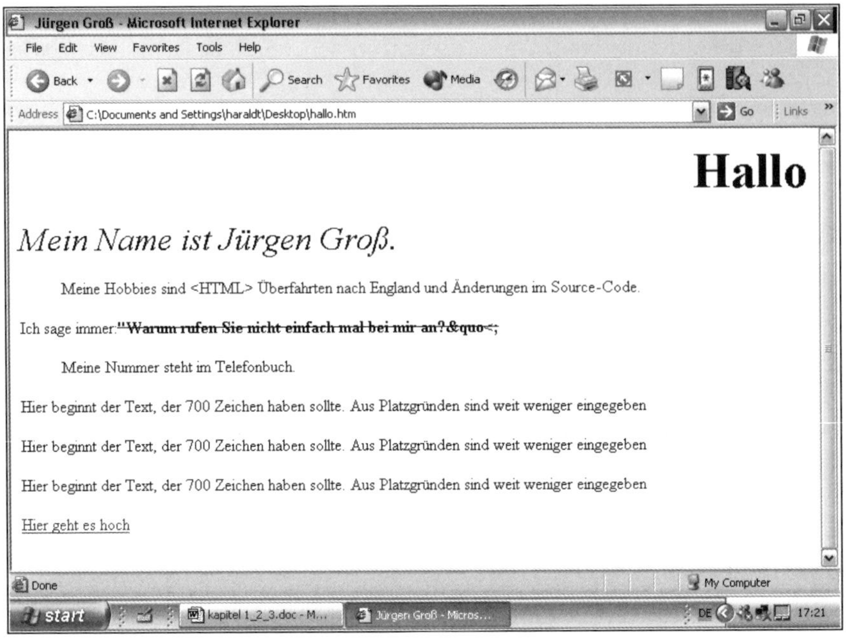

Abb. 3.15: Seien Sie stolz. Das ist Ihr erster Link in HTML. O.k., es ist ein Anker. Wir wollen genau sein.

```
A    <A NAME=#oben> </A>
```

Hier haben wir den Merker eingebaut. Er könnte auch ganz unten stehen, damit man per Mausklick sofort an das Dokumentenende springen kann, indem man auf einen Ankerlink am Anfang des Textes klickt. Es ist also vollkommen egal, ob im Source-Code zuerst der Merker oder der eigentliche Anker erscheint. Wichtig ist nur, dass die Benennung identisch ist. So findet der Browser die richtige Stelle per Mausklick.

```
B  <P>
   <A HREF=#oben>Hier geht es hoch</A>
   <P>
```

Vor und hinter dem Anker steht ein <P>-Tag, denn der Anker-Text reagiert wie normaler Fließtext. Es muss ihm also auch ein Umbruch mit einem eigenen Befehl gegeben werden. Ein Mausklick genügt und der Browser baut den Bildschirm so auf, dass die Überschrift »Hallo« wieder zu sehen ist. Wir haben deshalb 30 Zeilen eingetippt, damit dieser Effekt auch zu erkennen ist. Befindet sich kaum Text auf dem Bildschirm, kann der Browser logischerweise keine einzige Zeile nach oben oder unten rücken, wenn ein Anker angeklickt wird.

Anker können also zum einen eine Art von Inhaltsverzeichnis darstellen, sie sind aber auch dazu da, die Verarbeitung einer sehr textlastigen Seite zu erleichtern. Anker, die an den Anfang oder an das Ende der Seite springen lassen, können daher sehr nützlich sein, um einen Text schnell zu überblicken.

Solche Anker werden von Webdesignern oft in einer kleineren Schriftgröße als der Fließtext eingebaut. Wie Sie schon wissen, kann dies über das <FONT>-Tag in HTML ausgedrückt werden. Die Syntax dafür lautet also:

```
<FONT SIZE=-1><A HREF=#oben>Hier geht es hoch</A></FONT>
```

Auch alle anderen Text- und Zeilenformatierungen sind hier möglich.

Es wäre aber witzlos, immer nur in einem Dokument hin und her zu springen. Webpages zeichnen sich ja gerade dadurch aus, dass sie einen Inhalt in mehrere Files aufsplitten und aufrufbar machen können. Dazu benötigen Sie zunächst interne Links.

Interne Links dienen dazu, andere Seiten auf dem gleichen physikalischen Server per Mausklick aufzurufen. Im Normalfall werden Sie alle Seiten einer Webpage auf einem Server speichern. Ist nun der Inhalt einer Seite erschöpft und möchte ein User auf eine andere verzeichnete Seite per Mausklick springen, dann klickt er dazu auf einen internen Link.

Es gibt zwischen einem Anker und einem internen Link optisch keinen Unterschied für den User. Beide bestehen in der Regel aus andersfarbigen, unterstrichenen Wörtern, die in ihrem Einflussbereich den Mauszeiger zu einer zeigenden Hand werden lassen. In der Programmierung gibt es allerdings leichte Unterschiede und bei internen Links sparen wir sogar einen Schritt. Das Tag für einen internen Link von einem Dokument *page1.htm* zu einem Dokument *page 2.htm* lautet:

```
<A HREF=page2.htm>Zu Page 2</A>
```

Also alles denkbar einfach. Hier wird dem Browser gesagt, er soll bei einem Mausklick auf die Zeichenfolge »Zu Page 2« das Webfile *page2.htm* laden und aufbauen. Und woher kommt dieses Dokument? Ganz einfach: Das haben Sie als Webprogrammierer vorher angelegt und auf den gleichen Server, in das gleiche Verzeichnis des Servers geladen. Das war es schon. Mehr müssen Sie hier nicht programmieren.

Nun kann es aber vorkommen, dass nicht jedes der Dokumente auf einem Server im gleichen Verzeichnis steht. Dafür hat HTML vorgesorgt. Nehmen wir an, dass Sie vom File *page1.htm* aus einen internen Link auf das File *page2.htm* setzen wollen, das im Unterverzeichnis */unter* steht, dann schreiben Sie in HTML diesen Pfad in das Tag mit hinein:

```
<A HREF=unter/page2.htm>Zu Page 2 im Verzeichnis /unter</A>
```

Jetzt findet jeder Browser dieses File wieder. Und auch umgekehrt ist der Fall ja denkbar. Sie möchten von diesem File *page2.htm* auf das darüber liegende Verzeichnis und das File *page1.htm* verlinken. Die Syntax dafür lautet:

```
<A HREF=../page1.htm>Zu Page 1 im dar&uuml;berliegenden Verzeichnis</A>
```

Die beiden Punkte und der Schrägstrich symbolisieren dem Browser, dass er das File in einem darüber liegenden Verzeichnis des Servers findet.

Diese Verzeichnis-Suche kann manchmal ausarten. Theoretisch sind unbegrenzt viele Ebenen möglich. Hier gilt für Sie als Webdesigner eine goldene Regel:

So viele Verzeichnisse wie nötig anlegen, um die Daten gut zu strukturieren und trotzdem nicht zu fragmentieren.

ACHTUNG

Sie schaffen ja auf Ihrem Server die Struktur, also überlegen Sie sich am besten schon vor der ersten Code-Zeile, welche Ordnerstruktur Ihre Webpage haben soll. Viele Webdesigner beginnen erst ab zehn oder 20 Webfiles mit einer Ordnerstruktur. Ich empfehle Ihnen, thematische Ordnerstrukturen anzulegen. Also, alle Files zu einem bestimmten Thema sollten in einem bestimmten Ordner zu finden sein ... und ähnliche Namen tragen.

Versuchen Sie möglichst aussagekräftige Namen der Verzeichnisse und Dateien anzulegen. Sie werden sehr froh um Ihre Disziplin sein, wenn Sie die Seiten im Abstand von ein paar Monaten dann wieder angreifen müssen. Dann kann nichts schief gehen. Viele Webdesigner überlegen sich hier eine genaue Namenskonvention mit Kennbuchstaben usw. Das ist Ihnen überlassen, aber bedenken Sie, dass sich Webdesigner hier nicht umsonst den Kopf zermartern. Das spart eine Menge an Arbeit, falls Sie einmal den Überblick verlieren sollten. Glauben Sie mir.

Was uns jetzt noch fehlt, ist die Krone des Ganzen: der Link auf eine beliebige Seite im WWW. Nach der bereits bekannten Syntax ist das alles keine Hexerei mehr. Wenn Sie zum Beispiel auf meine Webpage linken möchten (das fände ich übrigens sehr nett), die die URL *http://taglinger.de* hat, dann genügt folgendes Tag:

```
<A HREF=http://taglinger.de>Der ist schuld an meinem HTML</A>
```

Das war es schon. Und das ist auch das große Geheimnis des Erfolges von HTML. Keine andere Vernetzungssprache ist so einfach. Wie der Browser dann auf diese Seite kommt, ist eine Frage des Transferprotokolls im Web, des TCP/IP. Das soll nicht Ihre Sorge sein. Solange Sie die URL buchstabengenau abgetippt und in das obige Tag eingefügt haben, kann absolut nichts schief gehen.

Sie können so jede beliebige WWW-Datei auf Ihre Page per externem Link einbinden. Alles was Sie brauchen, ist die genaue URL.

Sie vermuten richtig: Sie könnten auch alle internen Links als externe Links angeben. Dazu genügen die Angaben der genauen URL sowie des Verzeichnisses und des File-Namens auf dem Server. Also in unserem Beispiel vielleicht:

```
<A HREF=http://taglinger.de/making/index.htm>Jedes File kann
verlinkt werden </A>
```

Das macht aber niemand so gerne, weil der Browser dadurch langsamer wird. Das können Sie schnell verstehen, wenn Sie sich vergegenwärtigen, dass der Browser durch ein solches Tag gezwungen wird, erst wieder den bereits gefundenen Server zu verlassen und in einem anderen Server (z.B. unter *http://www.nic.de*) nachzuschauen, wie die genaue Browseradresse für diese deutsche Seite denn lautet. Das kostet Zeit und wehe, wenn Sie Ihre Daten mal auf einen anderen Server mit einer anderen Domain legen ... Absolute Links können also auf die Dauer große Fehlerquellen sein. Ein interner Link macht dem Browser klar, dass er schon auf dem richtigen Server ist und hier nur in der vorgegebenen Art und Weise im Verzeichnis des Servers nachsehen muss, um das File zu finden.

Zu unserem Glück fehlt uns nur noch eine letzte Art des Links. Wenn wir nun nicht auf eine andere Seite im Web, sondern auf den Mail-Account eines anderen Users verlinken möchten, weil wir auf unserer Seite die Möglichkeit zu einer E-Mail bieten wollen, so ist das auch kein Problem. Gerade diese einfache Art, Webseiten interaktiv zu machen, ist ohne Beispiel in anderen Medien. Der gute Ton gebietet es auch, mindestens einmal pro Webpage die Möglichkeit zu einer E-Mail zu geben. Und seien Sie sicher: Das wird genutzt. Angenommen, der Autor dieses Buches veröffentlicht den vor Ihnen liegenden Text auf seiner Homepage und er möchte für Fragen und Anregungen per E-Mail erreichbar sein, dann nutzt er dazu folgendes Tag:

```
<A HREF=mailto:harald@taglinger.de>E-Mail</A>
```

Der zusätzliche String `mailto:` löst beim Browser automatisch den Aufruf einer E-Mail-Maske aus, in die die E-Mail-Adresse (hier: *harald@taglinger.de*) automatisch als Empfänger eingetragen wird. Als Absender fügt der Browser den Namen ein, den Sie ihm in den Preferences angegeben haben. Sollten Sie das noch nicht getan haben, dann wird Sie der Browser darauf aufmerksam machen und mit dem Versenden der E-Mail warten, bis Sie diese Angaben nachgeholt haben.

ACHTUNG

Achten Sie darauf, dass dieses Mail-Tag nur dann bei den Usern funktioniert, wenn diese vorher in den Optionen Ihre Angaben sauber ausgefüllt haben. Sonst kann die Mail nicht abgeschickt werden und deshalb streiken manche Browser gleich von vorneherein, wenn schlampige Anwender ohne klare User-Angaben diesen Link klicken.

Übung 12 Nehmen Sie wieder unseren Beispieltext mit dem bereits eingepassten Anker und speichern Sie ihn unter *page1.htm*, unter *page2.htm* und unter *page3.htm* ab. Das File *page1.htm* legen Sie zusätzlich in ein Verzeichnis mit dem Namen *hoch*, das File *page2.htm* in ein darin verschachteltes Verzeichnis *normal* und das File *page3.htm* in ein wiederum darin verschachteltes Verzeichnis *tief*. Wir arbeiten jetzt nur noch mit *page2.htm* weiter. Fügen Sie in *page2.htm* nun unter den Anker noch einen Link auf *hoch/page1.htm* und einen Link auf *tief/page3.htm* ein, und nennen Sie ihn hoch und tief. Darunter sollte sich noch ein externer Link auf *http://www.mut.de* befinden. Verlinken Sie jetzt noch den Namen Jürgen Groß so, dass per Mausklick auf diesen Namen ein E-Mail-Formular mit der E-Mail-Adresse *gross@mut.de* erscheint.

```
<HTML>
   <HEAD>
      <TITLE>
      J&uuml;rgen Gro&szlig;
      </TITLE>
   </HEAD>

<BODY>

<P ALIGN=right>
<FONT SIZE=7><B>

<A NAME=oben> </A>
Hallo
</CENTER></B></FONT>
<BR>
<FONT SIZE=6><I>
Mein Name ist
A <A HREF=mailto:gross@mut.de> J&uuml;rgen
Gro&szlig;</A>.

</I></FONT>

</P>

<BLOCKQUOTE>
Meine Hobbys sind &lt;HTML&gt;,
&Uuml;berfahrten nach England und &Auml;nderungen im
Source-Code.
</BLOCKQUOTE>

Ich sage immer:<B><S>&quot;Warum rufen Sie nicht
einfach mal bei mir an?&quo<;</S></B>
```

```
   <BLOCKQUOTE>
   Meine Nummer steht im Telefonbuch.
   </BLOCKQUOTE>
   Hier beginnt der Text, der 700 Zeichen haben sollte.
   Aus Platzgr&uuml;nden sind weit weniger eingegeben ...
   <P>

   <A HREF=#oben>Hier geht es hoch</A><BR>
B  <A HREF=../page1.htm>hoch</A><BR>
C  <A HREF=tief/page3.htm>tief</A><BR>
D  <A HREF=http://www.mut.de>Ein netter Verlag</A>
   <P>
</BODY>
<!----------      © JG--------------->
</HTML>
```

Abb. 3.16: Für einen Benutzer sagt oft nur der Linktitel etwas darüber aus, welche Art von Verlinkung er zu erwarten hat.

```
A    <A HREF=mailto:gross@mut.de>J&uuml;rgen Gro&szlig;</A>.
```

Das war die leichteste Übung. Es hat sich übrigens aus technischen Gründen eingebürgert, keine Sonderzeichen und Kleinschreibung in E-Mails zu verwenden, deshalb wird Groß hier mit Doppel-s und kleingeschrieben.

```
B    <A HREF=../page1.htm>hoch</A><BR>
```

Weil wir uns mit dem bearbeiteten File *page2.htm* eine Verzeichnisebene unter dem verlinkten File befinden, reichen die beiden Punkte und der Schrägstrich, um in das richtige Verzeichnis zu gelangen. Alle gängigen Betriebssysteme lassen nur diese eindeutige Verzeichnislogik zu. Hinter dem internen Link umbricht ein
-Tag die Zeile, und zwar wegen einer besseren Übersichtlichkeit der Links. Das ist aber reine Geschmackssache.

```
C   <A HREF=tief/page3.htm>tief</A><BR>
```

Vom File *page2.htm* aus geht es noch einmal eine Ebene tiefer in das Verzeichnis */tief* zum File *page3.htm*. Da hier auch andere Verzeichnisse mit anderen Namen zur Auswahl stehen könnten, muss dem Browser das genaue Verzeichnis angegeben werden. Auch hier dient das
-Tag der Übersichtlichkeit.

```
D   <A HREF=http://www.mut.de>Ein netter Verlag</A>
```

Jetzt wird es wieder leichter. Die reine Angabe der URL genügt und per Mausklick wechseln Sie zum Server des netten Verlags.

Sie werden vielleicht gemerkt haben, dass sich die Fälle B und C hier leicht auf der Festplatte nachvollziehen lassen. Kein Wunder, interne Links funktionieren ja logischerweise auch offline (wenn nicht, dann haben Sie irgendwo einen Tippfehler untergebracht). Schwieriger wird es da schon beim Fall A. Die Mail-Maske öffnet sich zwar, aber wenn Sie die Mail losschicken, wird Ihr Browser versuchen, online zu gehen. Ist das durch ein Modem und einen Account ins Internet möglich, dann wird er diese Mail absenden. Ähnlich verhält sich das auch mit der URL von Markt&Technik. Wenn es Ihnen genauso ergangen ist, dann wissen Sie jetzt auch, wie Sie die Verbindungen zwischen den einzelnen Files testen können. Alle internen Links und Anker müssen auch offline funktionieren, sonst haben Sie etwas nicht korrekt programmiert. Alle externen Links brauchen erst den Weg ins Internet. Auch hier könnten Sie einen Tippfehler oder Syntaxfehler gebaut haben, aber dann ist der Fall vertrackter. Meldet der Browser, dass er den angegebenen Server nicht finden kann, dann könnte es auch sein, dass es diese URL nicht gibt, oder aber, dass der richtig angegebene Server im Moment nicht am Netz hängt. Hier hilft nur immer wieder probieren, bis man sicher sein kann. Und von Zeit zu Zeit sollte man diese Links auch überprüfen. Nichts ist so unsicher wie eine Linkadresse im Web. Da ändern sich die Dinge oft täglich.

Wir fassen ihren Wissensstand zusammen:

- Sie können jetzt ein HTML-File in Ihrer Grundstruktur anlegen.
- Sie wissen, wie man Text darin formatiert.
- Die vier verschiedenen Arten von Links sind Ihnen nun ebenfalls bekannt.

Kapitel 4

jetzt lerne ich

Layouthilfen: Tabellen und Aufzählungen

Nach den ersten Übungen in HTML wollen wir in diesem Kapitel lernen, wie man mehr Ordnung in seine Webtexte bekommt. Zuerst schauen wir uns deshalb die Möglichkeiten von Listen an und befassen uns dann mit Tabellen und verschachtelten Tabellen. Das ist ein guter Sprungpunkt zum Spaltensatz in HTML und sogar zur pixelgenauen Positionierung von Elementen. Denn das lösen Webdesigner zu großen Teilen auch über unsichtbare Tabellen.

Als Beispiel werden wir in diesem Kapitel ein kleines Inhaltsverzeichnis für verschiedene Texte eines Autors anlegen. Diese Texte sollen dann mehrspaltig auf der Webpage erscheinen. Um nicht unnötige Längen in diesem Buch zu erzeugen, werden nur die relevanten Teile eines Codes wiedergegeben. Am Schluss des Kapitels ist der gesamte Source-Code noch einmal codiert aufgeführt.

Sie üben in diesem Kapitel:

- Anlegen von verschiedenen Listenarten
- Anlegen von Tabellen
- Verschachteln von Tabellen
- Tabellen als Layout-Hilfe
- Pixelgenauer Satzstand und Pre-Formatierungen

4.1 Aufzählungen

Nehmen Sie an, Sie möchten nicht immer nur alles in einem Fließtext webpublishen. Eine Möglichkeit wäre es, mit Aufzählungen zu arbeiten. Und hier hätten Sie nach dem ersten Viertel dieses Buches auch schon das Know-how dazu, eine Lösung mit den bisherigen Tags zu finden: Sie würden einfach nach jedem Aufzählungspunkt ein `<BR>`- oder `<P>`-Tag nutzen und das Ganze vielleicht mit `<BLOCKQUOTE>`-Tags einrücken.

Aber das wäre ja öde.

HTML sieht mehrere Möglichkeiten vor, hier per Tag verschiedene, auch automatisch durchnummerierte Lösungen bereitzustellen. Wir haben schon bei den Anker-Tags festgestellt, dass ein Befehl oft aus zwei Tags besteht, die unterschiedlich voneinander und sogar an vollkommen anderen Stellen des Dokuments wirksam werden können. Hier haben wir noch einmal eine Besonderheit, die wir auch im nachfolgenden Kapitel brauchen werden:

HTML legt Listen so an, dass zunächst der generelle Listentyp festgelegt wird. Wir haben hier folgende Typen als Tag zur Auswahl:

- <DL></DL> als Definitionsliste
- <DIR><DIR> als Directoryliste (für Verzeichnisse)
- <OL></OL> als nummerierte Liste
- <UL></UL> als nicht nummerierte Liste

Damit haben wir noch nichts über die Listenelemente gesagt. Wir haben zuerst einmal einen Grundtyp der Liste festgelegt. Bei den Listenelementen lassen sich drei verschiedene aufführen, wobei zwei Tags ganz klar zueinander gehören:

- <LI> als einfache Aufzählung
- <DT> als Definitionsterm (also eine Art von Überschrift)
- <DD> als Definitionsdaten (also der Inhalt dazu)

Meistens reicht das <LI>-Tag, da die beiden anderen sehr auf wissenschaftliche Arbeiten abgestimmt sind. Sie merken also immer wieder, wie sehr HTML den Bedürfnissen der Wissenschaftler zum Beispiel in CERN entgegenkam. Allerdings sollten Sie sich wirklich fragen, ob Sie eine ähnliche Differenzierung für – sagen wir – eine Angler-Homepage brauchen. Es liegt ganz bei Ihnen.

Wir geben also immer zuerst einen Grundtyp der Liste an, zwischen deren Tags dann die Listenelemente geschachtelt werden.

Listenelemente besitzen kein Schluss-Tag. Das ist etwa mit einem
-Tag vergleichbar und wir werden auch gleich sehen, dass hier durchaus Ähnlichkeiten vorhanden sind.

Gehen wir diese verschiedenen Typen an unserem Kapitelbeispiel durch.

Angenommen, Sie möchten eine Website erstellen, auf der ein Inhaltsverzeichnis mit folgenden Einträgen zu finden sein wird:

- Inhaltsverzeichnis
- 1. Der erste Text: Montag
- 2. Der zweite Text: Dienstag
- 3. Der dritte Text: Mittwoch
- 4. Der vierte Text: Donnerstag

In einem üblichen HTML-File würden Sie diesen Text wie folgt umsetzen (vgl. Abbildung 4.1):

```
<HTML>
   <HEAD>
      <TITLE>Inhaltsverzeichnis</TITLE>
   </HEAD>
<BODY>

<H1> Inhaltsverzeichnis</H1>

1. Der erste Text: Montag<BR>
2. Der zweite Text: Dienstag<BR>
3. Der dritte Text: Mittwoch<BR>
4. Der vierte Text: Donnerstag<BR>

</BODY>
</HTML>
```

Wie gesagt: Das wäre banal. Die Umsetzung per Ordered List sieht deshalb in einem HTML-File so aus (vgl. Abbildung 4.2):

```
A  <OL>
B     <LI> Der erste Text: Montag
      <LI> Der zweite Text: Dienstag
      <LI> Der dritte Text: Mittwoch
      <LI> Der vierte Text: Donnerstag
   </OL>
```

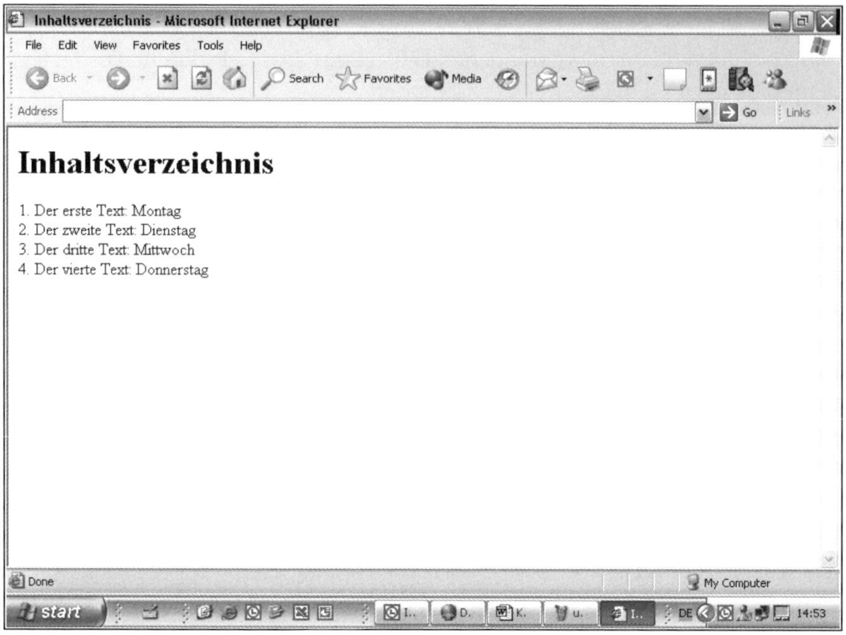

Abb. 4.1: Sieht zwar ordentlich aus, ist aber banal gelöst. Das können wir besser.

Abb. 4.2: Na bitte. Sieht genauso aus. Langsam bekommen wir Stil und Eleganz in unseren Source-Code.

Am Ende des Kapitels finden Sie den kompletten HTML-Code, in den Sie die nun folgenden unvollständigen Beispiele CODE 1 bis CODE 9 und CODE A bis CODE G einfügen können.

```
A    <OL>
```

Hier wird im BODY-Bereich des HTML-Files die Ordered List geöffnet. Die folgenden Zeilen rücken automatisch ein und werden bis zum Schluss-Tag zur Aufzählung.

```
B    <LI> Der erste Text: Montag
```

Durch dieses einfache Tag, das kein Schluss-Tag besitzt, werden jetzt automatisch die Nummern der Aufzählungen dazuaddiert. Das ist immens praktisch und sicher. Der folgende Fließtext wird nun eingerückt. Das erneute <LI>-Tag ersetzt hier das
-Tag. Ein Zeilenumbruch erfolgt also automatisch.

Wenn Sie nur das <OL>-Tag mit einem Schluss-Tag nutzen, rückt der Text ähnlich wie <BLOCKQUOTE> ein. Aber ich empfehle Ihnen, sehr vorsichtig mit Code zu hantieren, der nicht sauber angewandt wird.

HTML ist ursprünglich für wissenschaftliche Arbeiten konzeptioniert und zum Word Wide Web portiert worden. Deshalb sind diese Aufzählungen so bequem zu programmieren.

Frage

Schreiben Sie nun unsere Beispielliste vom Kapitelanfang als Unordered List um.

```
A  <UL>
B     <LI> Der erste Text: Montag
      <LI> Der zweite Text: Dienstag
      <LI> Der dritte Text: Mittwoch
      <LI> Der vierte Text: Donnerstag
   </UL>
```

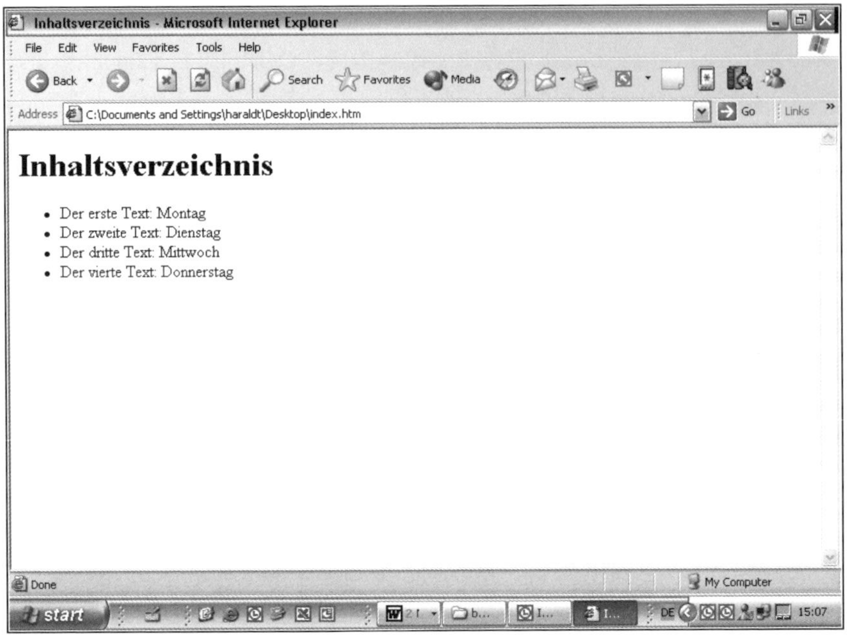

Abb. 4.3: Die Unordered List lässt die automatische Nummerierung weg.

Lösung Diese Unordered List verhält sich ähnlich wie eine Ordered List, nur verzichtet sie auf die automatische Nummerierung. Deshalb haben Sie diese auch ähnlich programmiert.

```
A   <UL>
```

Dieses Tag eröffnet eine Unordered List, die ebenfalls einrückt und die weiteren Zeilen bis zum Schluss-Tag als Listeninhalt behandelt.

```
B   <LI> Der erste Text: Montag
```

Jetzt verschwinden die Aufzählungen und stattdessen wird ein Listen-Punkt eingefügt.

Das `<DIR></DIR>`-Tag reagiert bei Browsern von Microsoft und Netscape ähnlich, deshalb wird es hier nicht mehr gesondert behandelt.

Wir haben jetzt also schon zwei Arten von Listen kennen gelernt. Aber angenommen, das Inhaltsverzeichnis soll wie folgt aussehen:

```
Der erste Text:
   Montag
(etc.)
```

Hier kommt die weitere Listenform zum Einsatz, die für Definitionslisten vorgesehen ist. Unser Inhaltsverzeichnis sieht somit in HTML wie folgt aus:

```
A    <DL>
B       <DT> Der erste Text:
C          <DD>Montag
        <DT> Der zweite Text:
           <DD>Dienstag
        <DT> Der dritte Text:
           <DD>Mittwoch
        <DT> Der vierte Text:
           <DD>Donnerstag
     </DL>
```

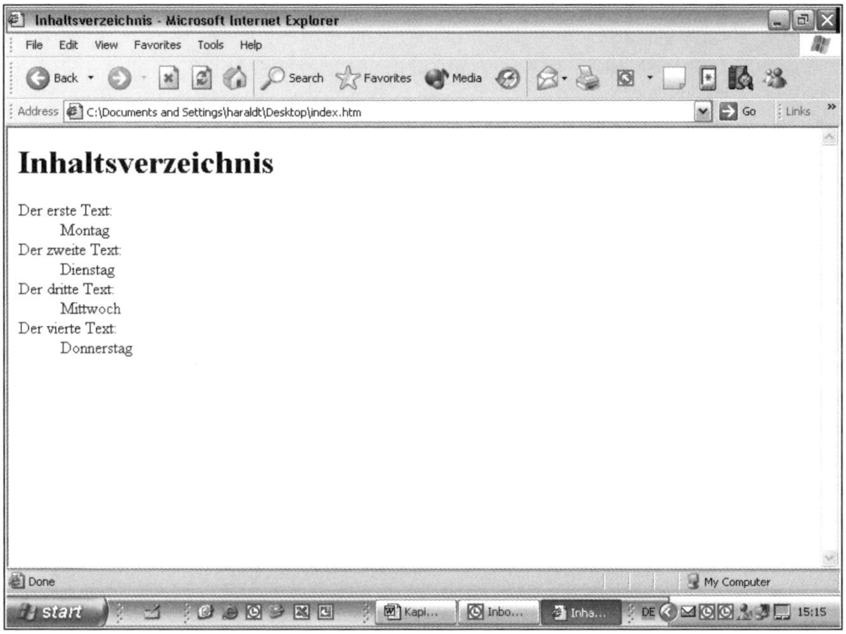

Abb. 4.4: Wir können also auch differenziertere Listen herstellen.

```
A    <DL>
```

Hier wird die Definitionsliste in der bereits bekannten Art wieder geöffnet und bleibt aktiv bis zum Schluss-Tag. Im Unterschied zu bisher schon bekannten Listen rückt dabei der Listeninhalt nicht nach links.

```
B    <DT> Der erste Text:
```

Diese Überschriftenzeile wird nicht eingerückt, das bleibt der `<DD>`-Aufzählung vorbehalten.

```
C    <DD>Montag
```

Die Datenzeile rückt nach einem Zeilenumbruch einen Tabulator nach rechts.

Wir haben gesehen, dass diese Listen mit der Kombination aus zwei Tags funktionieren. Wenn Sie wollen – das sieht allerdings eher unschön aus –, können Sie die <LI>-, <DT>- und <DD>-Tags auch miteinander kombinieren.

Frage Sie ahnen es schon: Innerhalb der Listeninhalte können die Texte in der bereits gewohnten Art und Weise formatiert und verlinkt werden. Fetten Sie in einer Definitionsliste jeweils das Wort »Text« und verlinken Sie die Wörter »erste, zweite, dritte, vierte« jeweils mit einer WWW-Site Ihrer Wahl.

```
    <DL>
A      <DT> Der <A HREF=http://www.yahoo.de>erste</A>
B         <B>Text</B>:
          <DD>Montag
       <DT> Der <A HREF=http://www.web.de>zweite</A>
          <B>Text</B>:
          <DD>Dienstag
       <DT> Der <A HREF=http://www.lycos.de>dritte</A>
          <B>Text</B>:
          <DD>Mittwoch
       <DT> Der <A HREF=http://www.aladin.de>vierte</A>
          <B>Text</B>:
          <DD>Donnerstag
    </DL>
```

Abb. 4.5: Listen können mit jeder beliebigen HTML-Funktion, die Sie schon kennen, angereichert werden. Lassen Sie Ihre Fantasie spielen. Ein wunderbares Instrument für Testgestaltung bietet sich Ihnen an.

A <DT> Der <A HREF=http://www.yahoo.de>erste</A>

Hier habe ich auf vier deutsche Suchmaschinen verlinkt. Die Syntax ist schon alter Käse. Sie sehen: Listen lassen sich leicht wie Fließtext verlinken. Soll auch ein Aufzählungspunkt mitverlinkt werden, muss das Tag logischerweise vor dem Listen-Tag stehen. Experimentieren Sie damit.

B <B>Text</B>:

INFO: Es wären auch Font-Befehle denkbar. Allerdings ist es im Interesse der Browsersicherheit empfehlenswert, mit einem Basefont zu arbeiten.

Wenn Ihnen die Aufzählungspunkte noch nicht differenziert genug sind, dann haben Netscape und Microsoft in ihren Browsern noch Unter-Tags vorgesehen, die hier weiterhelfen. Die ersten beiden beziehen sich auf eine <OL>:

```
<OL TYPE=1 START=3>
```

Das heißt, dass bei einer Ordered List arabische Zahlen genommen werden, die allerdings erst bei der Zahl 3 mit der Zählung beginnen. Damit ist aber noch nicht Schluss. TYPE sieht noch folgende weitere Wahlmöglichkeiten vor:

- TYPE=A (große Buchstaben)
- TYPE=a (kleine Buchstaben)
- TYPE=I (große römische Zahlen)
- TYPE=i (kleine römische Zahlen)

Werden diese Unter-Tags mit START kombiniert, so muss auch weiterhin eine Ziffer angegeben werden, um mit einer höheren Aufzählung zu starten. Also zum Beispiel START=2, um mit einer römischen »II« loszulegen.

Auch für das <UL>-Tag sehen die Browser von Microsoft und Netscape ein Unter-Tag vor, das hier noch weiter differenziert.

- TYPE=disc (ausgefüllter Punkt)
- TYPE=circle (Kreis)
- TYPE=square (Viereck)

Der Standard für diese Browser ist die Zählweise ab »1.« in Zahlen und die Darstellung mit einem ausgefüllten Punkt. Dies gilt auch für die anderen Browser, die diese Unter-Tags nicht beherrschen.

Damit haben Sie jetzt ein ausreichendes Set an Möglichkeiten, um Aufzählungen zu gestalten. Es mag vielleicht seltsam wirken, hier mit solchen Textmitteln zu arbeiten, die Sie in anderen Medien wie Buch oder Zeitschrift nicht allzu häufig sehen. Aber wenn Sie sich vergegenwärtigen, dass eine durchschnittliche Session von Internetnutzern nur eine Viertelstunde ist und dass währenddessen drei bis vier Websites besucht werden, dann ahnen Sie, dass Sie jedes Mittel kennen sollten, um Text schneller erfassbar zu machen und somit den Wert Ihrer Website zu steigern. Seien Sie deshalb kurz, knapp und strukturiert mit ihren Textinhalten. Listen können dabei helfen.

4.2 Tabellen

In vielen Fällen ist der Einsatz von Tabellen sehr praktisch. Auch in unserem Beispiel wäre es vielleicht schön, dieses Beispiel in der Form einer Tabelle abzuarbeiten.

Auch bei Tabellen hat HTML ein Tag dafür reserviert, dem Browser zu sagen, dass sich jetzt eine Tabelle (»Table«) öffnet bzw. schließt. Das Tag dafür lautet:

```
<TABLE BORDER=1></TABLE>
```

Die `BORDER`-Angabe brauchen wir, um der Tabelle einen sichtbaren Rand von einem Pixel Breite zu geben. `BORDER=2` würde den Pixelrand auf eine Breite von zwei Pixeln erhöhen usw.

Zwischen diesen Anfangs- und Schluss-Tags muss dem Browser jetzt auch gesagt werden, wie viele Zellen die Tabelle haben soll. HTML löst das in einer ähnlichen Art und Weise, wie jeder von uns Zeilen in einem Buch liest. Zuerst wird die Zeile eröffnet – hier nennt man das eine »Row« (Reihe) –, dann wird definiert, welche Zellen mit »Daten« vorhanden sind.

Das Tag für eine Tabellenreihe lautet:

```
<TR></TR>
```

Das Tag für eine Tabellenzelle, die sich immer (!) in einer Tabellenreihe befinden muss, lautet:

```
<TD></TD>
```

Wenn wir diese drei Tags nun noch richtig ineinander verschachteln, haben wir schon eine Tabelle programmiert. Die richtige Syntax dafür lautet:

```
<TABLE BORDER=1>
   <TR>
      <TD>
      </TD>
   </TR>
</TABLE>
```

Zuerst wird also dem Browser signalisiert, dass sich ein Tabelle öffnet. Daraufhin erhält er das Tag, das in dieser Tabelle eine Reihe öffnet, die eine einzige Datenzelle beinhaltet, und dann schließt zuerst das Daten-Tag, dann das Reihen-Tag und schließlich das generelle `<Table>`-Tag.

Jede Tabelle kann mehr als eine Reihe und darin mehr als eine Zelle enthalten. So sieht zum Beispiel die Syntax für eine einreihige Tabelle mit zwei Datenzellen aus:

```
<TABLE BORDER=1>
   <TR>
      <TD>
      </TD>

      <TD>
      </TD>
   </TR>
</TABLE>
```

Wir haben bisher noch nichts in die Zellen hineingeschrieben. Aber keine Bange. Text reagiert in den Zellen ähnlich wie außerhalb. Nutzen wir jetzt die Gelegenheit dazu und setzen unseren Beispieltext aus dem letzten Kapitel um. Fügen Sie so viele Table-Rows ein, bis Sie diesen Text eingeordnet haben. Es genügt, wenn Sie pro Row eine Tabellenzelle eröffnen. *Frage*

```
A   <TABLE BORDER=1>
B      <TR>
C         <TD>
          <B>Inhaltsverzeichnis</B><BR>
          </TD>
D      </TR>

      <TR>
         <TD>
         1. Der erste Text: Montag
         </TD>
      </TR>

      <TR>
         <TD>
         2. Der zweite Text: Dienstag
         </TD>
      </TR>

      <TR>
         <TD>
         3. Der dritte Text: Mittwoch
         </TD>
      </TR>

      <TR>
         <TD>
         4. Der vierte Text: Donnerstag
         </TD>
      </TR>
E   </TABLE>
```

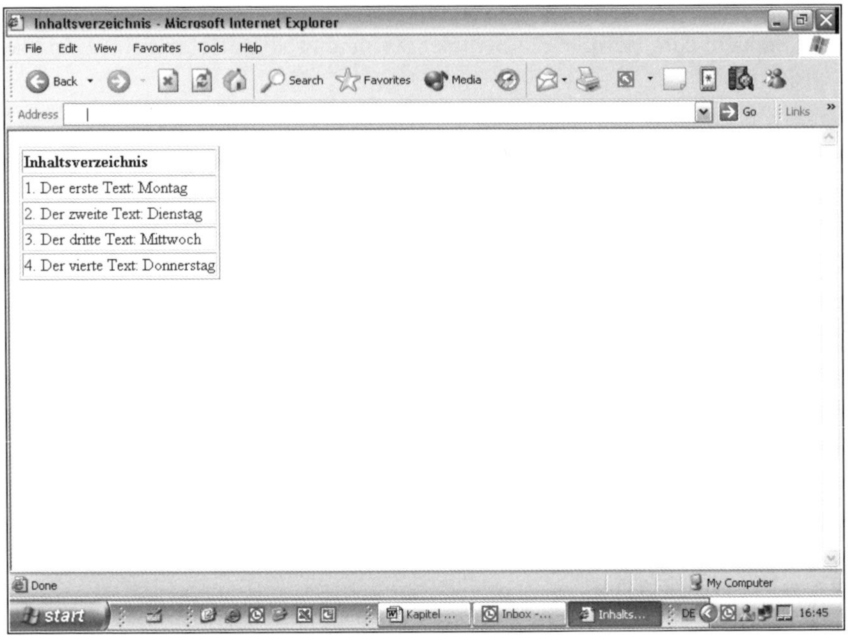

Abb. 4.6: Das ist unsere erste Tabelle. Sie können vielleicht schon ahnen, wie wichtig diese Programmierung in HTML werden kann, wenn Sie an diverse Anforderungen eines Layouts denken.

Lösung Wir verschachteln die bereits gezeigten Tags nun sehr strukturiert und schreiben die Sätze, die unsere Nutzer sehen werden, in das Innere der Tag-Verschachtelung.

```
A    <TABLE BORDER=1>
```

Ich habe hier zwischen den Tags </TR> und <TR> immer eine Zeile freigelassen, damit Sie den Anfang und das Ende einer Tabellenreihe besser sehen. Das ist schon sauberer Code, aber es wäre noch besser, wenn Sie sich diesen Zeilendurchschuss sparen. Dann sind Sie perfekt.

Die Tabelle wird eröffnet. Sie hat einen Pixelrand von 1 eingestellt. Das entspricht nicht ganz dem Rand eines Pixels, da für den 3D-Effekt der Tabelle und andere Feineinstellungen noch ein wenig Platz verbraucht wird. Auf einem Computer mit dem Betriebssystem Mac OS sehen diese Ränder zum Beispiel schlanker aus als auf einem, der unter Windows läuft.

```
B    <TR>
```

Die erste Reihe wird eröffnet. In dieser Reihe soll die Zelle mit dem Wort »Inhaltsverzeichnis« stehen.

```
C         <TD>
          <B>Inhaltsverzeichnis</B><BR>
          </TD>
```

Die Zelle mit dem Wort »Inhaltsverzeichnis« habe ich noch mit Formatierungs-Tags bereichert. Das müssen Sie nicht, aber Sie sehen so, dass Text sich wirklich wie außerhalb der Tabellen gestalten lässt.

```
D       </TR>

        <TR>
```

Die erste Reihe schließt und die zweite Reihe öffnet sich, in der die Tabellenzelle mit der ASCII-Kette »1. Der erste Text: Montag« steht. Alle weiteren Reihen verfahren genau nach diesem Prinzip.

```
E    </TABLE>
```

Die Tabelle wird nach dem Schließen der letzten Reihe ebenfalls geschlossen.

> An dieser Stelle gibt es ein paar wichtige Anmerkungen zum Verhalten von Tabellen zu machen. Tabellen werden sich standardmäßig immer die Größe suchen, die ihnen der Inhalt vorgibt. Längere Sätze dehnen deshalb die Tabellen aus. Sollte in der nächsten Reihe ein kürzerer Satz stehen, dominiert aber die längste Zeichenkette in der gesamten Spalte und dehnt auch diese Zelle in der ähnlichen Breite.

Frage

Testen Sie den obigen Code einfach einmal mit verschieden langen Sätzen, dann sehen Sie schnell, wie dynamisch Tabellen auf Textlängen reagieren.

Lösung

Sie werden auch feststellen, dass der längste Text hier immer auch vorgibt, wie sich der Rest der Texte in den anderen Zellen verhält. Wenn Sie mit unterschiedlichen Textlängen arbeiten, werden Sie sehen, dass die kürzeren Textabschnitte zentriert mit linksbündigem Zeilenanfang dargestellt werden.

Sollten Sie zufällig vergessen, das `<TABLE>`-Tag zu schließen, dann werden Sie auf den Netscape-Browsern plötzlich überhaupt nichts mehr auf dem Bildschirm erkennen. Fehlerhafte Tabellen gehören zu den schlimmsten Unfällen, die es in HTML gibt. Also Achtung!

Leider ist anzumerken, dass Netscape-Browser ziemlich unsaubere Darstellungen von Tabellen erzeugen. Da können Sie leicht wahnsinnig werden, wenn es um pixelgenaue Programmierungen geht. Profis beginnen deshalb, den Source-Code auf einem Netscape-Browser zu entwickeln, und schenken sich beim Aufrufen des Internet Explorers von Microsoft einen Kaffee ein. Der funktioniert meistens gleich mit. Umgekehrt soll es schon Hysterien und Umschulungen zum Töpfermeister gegeben haben.

Sollten Sie die Tabelle unsichtbar machen wollen, dann genügt es, das Unter-Tag BORDER auf »0« zu stellen oder dieses Unter-Tag ganz aus dem TABLE-Tag herauszulassen. Allerdings empfehle ich Ihnen immer, diesen Schritt erst zu tun, wenn Sie mit der Tabelle so weit fertig sind.

ACHTUNG

Hier sehen Sie bei diesem etwas langwierigen Beispiel wahrscheinlich am deutlichsten, warum sauberer Layout-Code so wichtig ist. Auf diese Weise wird Ihnen sehr schnell klar, wo Sie hier noch ein Tag übersehen haben könnten. Gerade bei vielen Tabellenzellen ist hier Sorgfalt Gold wert. Eine Fehlersuche im unsauber gelayouteten Code kann Sie hier Stunden kosten.

Achten Sie auf diesen Aspekt vor allem in den folgenden Kapiteln.

Es gibt, vor allem für den Internet Explorer von Microsoft (Näheres können Sie dazu z.B. unter *http://www.microsoft.com* erfahren), noch eine Reihe sehr spezieller Tags, die sich um das Aussehen der Umrandungen und ähnliche eher marginale Dinge kümmern. Diese Tags sollen uns zum Teil erst in Kapitel 4 interessieren.

Ein Tag hilft uns allerdings gerade in unserem Beispiel weiter. Die Fettung von »Inhaltsverzeichnis« haben wir bisher von Hand per eigenem Tag erzeugt. Es gibt aber einen einfachen Befehl, der diese Funktion automatisch übernimmt. Mit

```
<TH></TH>
```

wird eine Zelle zur Überschrift, zum Header, erklärt.

Wenn Sie diesen Befehl statt der `<TD>`-Tags in der ersten Reihe verwenden, wird »Inhaltsverzeichnis« automatisch gefettet und zentriert.

4.3 Verschachtelte Tabellen

Wir haben in unserem Beispiel durch den Einsatz einer Tabelle nun bereits Ordnung geschaffen, aber oft gibt es den Fall, dass Tabellen innerhalb einer Zelle Untertabellen benötigen. In unserem Beispiel möchten Sie vielleicht bei einer Angabe der Texte auch die verschiedenen Autoren mit angeben. In diesem Fall benötigen Sie einen Trick, um hier diese Namen ebenfalls in eine Tabelle zu bekommen.

Die Lösung heißt `TABLE` im `TABLE`.

Solche verschachtelten Tabellen sind leicht zu erstellen, wenn Sie sich vergegenwärtigen, dass Sie dazu immer zuerst die oberste Ebene programmieren müssen. In eine Datenzelle dieser Ebene wird dann die nächste Ebene eingefügt. Wenn Sie einmal verschiedene Pappkartons ineinander gestellt haben, dann wissen Sie genau, was ich meine. Also:

```
<TABLE BORDER=1>
   <TR>
      <TD>
         <TABLE BORDER=1>
            <TR>
               <TD>
               </TD>
            </TR>
         <TABLE>
      </TD>

      <TD>
      </TD>
   </TR>
</TABLE>
```

So entsteht ein TABLE im TABLE, eine Tabelle in einer Tabelle, indem wir hier in die erste Zelle der ersten Tabelle eine weitere Tabelle eingefügt haben. Sie könnten jetzt auch noch eine dritte Tabellenebene anlegen, allerdings zeigt die Erfahrung im Webdesign, dass Sie solche extremen Verschachtelungen so gut wie nie brauchen werden. Trotzdem ist es gut zu wissen: Es geht.

Auch hier werden Sie merken, dass der Zelleninhalt die Breite und Höhe der verschachtelten Tabellen beeinflusst. Hier sollten Sie auf den Gedanken kommen, der ersten Tabellenebene einen deutlich höheren BORDER-Wert zuzuweisen, damit der User später auch sehen kann, dass die zweite Ebene eine Untertabelle darstellt. Es gilt als Regel: Der größte BORDER-Wert sollte die anderen Tabellen umschließen. Oder aber Sie gehen davon aus, dass Ihre Nutzer genau diese Umrandungen nicht sehen sollen (darauf gehen wir später ein). Dann sollten Sie natürlich alle <TABLE>-Tags mit BORDER=0 versehen.

Eine mögliche Anwendung dieser Verschachtelungen wollen wir uns jetzt genauer zur Übung ansehen.

Übung 13

Nehmen Sie wieder unseren Übungstext und schreiben Sie unter den Wochentag Mittwoch noch zweispaltig vier beliebige Autorennamen dazu. Zum Beispiel Goethe, Schiller, Valentin und Blüm.

```
A   <TABLE BORDER=4>
       <TR>
B          <TH>
          Inhaltsverzeichnis<BR>
          </TH>
       </TR>
```

```
        <TR>
          <TD>
          1. Der erste Text: Montag
          </TD>
        </TR>

        <TR>
          <TD>
          2. Der zweite Text: Dienstag
          </TD>
        </TR>

        <TR>
          <TD>
C         3. Der dritte Text: Mittwoch<BR>
D         <TABLE BORDER=1>
            <TR>
E             <TD>
              Goethe<BR>
              </TD>

F              <TD>
               Valentin<BR>
               </TD>
             </TR>

G            <TR>
               <TD>
               Schiller<BR>
               </TD>

               <TD>
               Bl&uuml;m<BR>
               </TD>
             </TR>
H          </TABLE>
          </TD>
        </TR>

        <TR>
          <TD>
          4. Der vierte Text: Donnerstag
          </TD>
        </TR>
I     </TABLE>
```

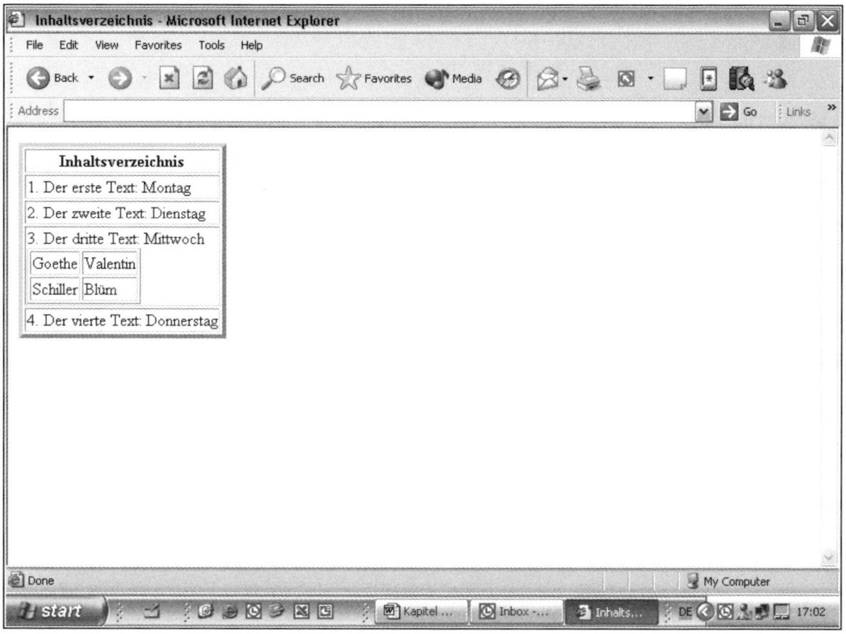

Abb. 4.7: Hier sieht man den Vorteil einer unterschiedlich dicken Umrandung von Tabellen. Die Hierarchie der Tabellen wird sofort klar.

```
A    <TABLE BORDER=4>
       <TR>
```

Wir eröffnen die erste Tabelle und geben ihrem Rand im Gegensatz zur folgenden Tabelle eine Pixelbreite von 4, damit sich der Tabellenrand hier deutlich von der darin verschachtelten Tabelle abhebt.

```
B    <TH>
```

Wie schon im letzten Kapitel angedeutet, erzeugen wir die Formatierung der Überschrift durch dieses Tag.

```
C    3. Der dritte Text: Mittwoch<BR>
```

Die Zelle, in der die zweite Tabelle erzeugt werden soll, beginnt in der üblichen Art und Weise mit dem Text, wechselt mit einem
-Tag die Zeile und kann nun auch problemlos die zweite Tabelle aufnehmen.

```
D    <TABLE BORDER=1>
       <TR>
```

Mit einer Breite von 1 am Rand eröffnen wir die zweite Tabelle und verfahren in der üblichen Art und Weise, indem wir zuerst eine Reihe eröffnen, in die dann die Zellen eingefügt werden. Aber wie wir schon gesehen haben: Der BORDER-Wert wird von der weiter oben eingestellten Tabelle deutlich abgehoben, da hier ein kleinerer Wert die Tabelle auch in der Hierarchie darunter erscheinen lässt.

```
E    <TD>
     Goethe
     </TD>
```

Da wir die Autorennamen zweispaltig einfügen wollen, fügen wir nun die erste Zelle der ersten Spalte ein. Dann schließen wir diese Zelle wieder.

```
F    <TD>
     Valentin<BR>
     </TD>
 </TR>
```

Jetzt öffnen wir die zweite Zelle in der ersten Spalte, schreiben hier den betreffenden Autoren hinein und schließen die Zelle wieder. Danach schließen wir auch die erste Reihe der Tabelle.

```
G              <TR>
                 <TD>
                 Schiller<BR>
                 </TD>
```

Wir eröffnen die zweite Reihe und darin die erste Zelle. Das Verfahren läuft hier parallel zur vorherigen Reihe.

```
H           </TABLE>
```

Nach diesen vier Zelleneinträgen schließen wir diese Tabelle ab und machen wie gewohnt in der ersten Tabelle weiter, die wir noch offen haben.

ACHTUNG

Solche Fälle sind nicht sehr häufig anzutreffen, wenn Sie sich auf eine strukturierte Form der Datendarstellung festlegen, aber Sie werden im nächsten Kapitel sehen, wie praktisch solche Verschachtelungen sein können, um ganz spezielle Fälle in der Darstellung auf HTML-Seiten zu lösen.

Wenn Sie für sich selbst einmal versuchen, Tabellen anzulegen, die in einer Reihe z.B. vier und in der anderen Reihe vielleicht sechs Zellen enthalten sollen, dann werden Sie schnell merken, dass irgendetwas nicht stimmt. Die meisten Browser können trotz einer sauber abgeschlossenen Reihe diese Tabelle nicht so darstellen, wie Sie das gerne hätten. Immer wieder gerät die Position der Zelleninhalte durcheinander und es entstehen die merkwürdigsten Effekte.

Eine einfache Abhilfe schafft der Trick, bei jeder neuen Zellenzahl eine neue unsichtbare Tabelle anzulegen. So können Sie auch komplexe Änderungen der Datencluster leicht darstellen. Ein einfaches Beispiel wäre folgendes (zur Verdeutlichung habe ich die `BORDER`-Stärken eingebaut; probieren Sie dieses Beispiel mit einem `BORDER=0`):

```
<TABLE BORDER=1>
   <TR>
      <TD>
      1 Zelle
      </TD>
   </TR>
</TABLE>

<TABLE BORDER=4>
   <TR>
      <TD>
      1 Zelle
      </TD>
      <TD>
      2 Zellen
      </TD>

   </TR>
</TABLE>
```

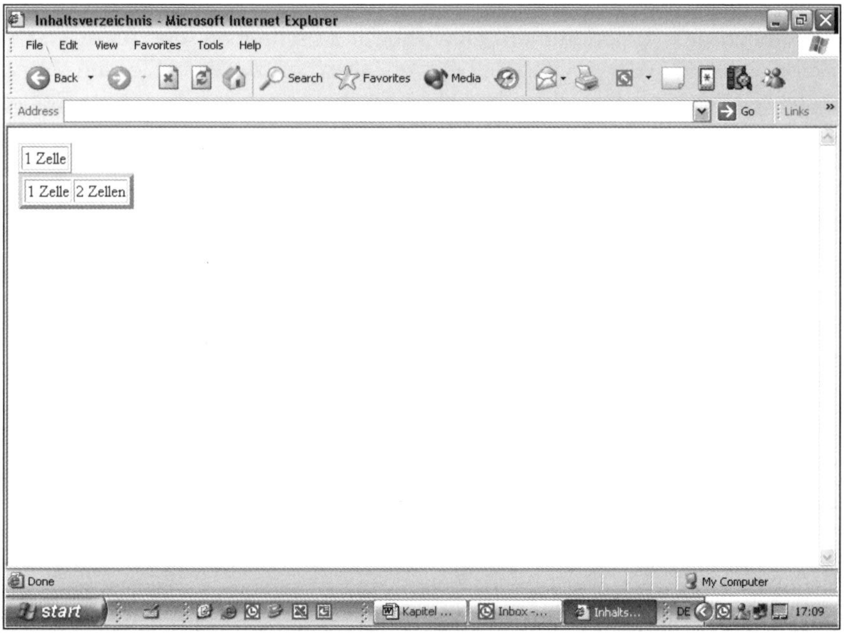

Abb. 4.8: So könnten wir mit Tabellen auch arbeiten.

Kein Problem für einen Browser. Theoretisch können Sie so unendlich viele Tabellen untereinander stellen. Aber wenn sie die Tabellenränder nun wieder mit dem BORDER-Tag einschalten, werden Sie sehen, wie unschön die Ränder durch den neuen Tabellenbeginn doppelt dargestellt werden. Und es wäre natürlich schön, wenn man in einer einzigen Tabelle eine unterschiedliche Anzahl von Tabellenzellen oder sogar eine unterschiedliche Höhe einbauen könnte.

HTML hat deshalb eine andere Variante zu bieten, die aber Konzentration in der Programmierung verlangt. Vor allem dann, wenn man diese Tags auch noch untereinander mischt. Diese Tags sollen die Tabellenzellen dann in ihrer Größe strecken, wenn in einer anderen Tabellenreihe mehr Zellen vorkommen.

Das Tag, um eine Zelle in ihrer Breite zu verdoppeln, lautet:

```
<TD COLSPAN=2></TD>
```

Das Tag, um eine Zelle in ihrer Höhe zu verdoppeln, lautet:

```
<TD ROWSPAN=2></TD>
```

Diese Tags sind dazu da, fehlende Zellen, die durch eine geringere Zellenzahl in einer Reihe entstehen, auszugleichen. Das ist am Anfang ein wenig heikel und fehleranfällig in der Programmierung, aber wenn man sich einmal in Ruhe eine solche Tabelle aufbaut, dann wird das Prinzip schnell klar.

Wir haben uns vorgenommen, eine Tabelle zu schreiben, die in der ersten Reihe eine und in der zweiten Reihe zwei Zellen besitzt. Wenn Sie eine solche Aufgabe vor sich haben, dann beginnen Sie am besten immer mit der Reihe, die die meisten Zellen besitzt. Also hier mit der zweiten:

```
<TABLE BORDER=1>
   <TR>
      <TD>
      </TD>

      <TD>
      </TD>
   </TR>
</TABLE>
```

Jetzt fügen wir die erste Reihe ein:

```
<TABLE BORDER=1>
   <TR>
      <TD COLSPAN=2>
      Hier läuft die Zelle auf der ganzen
      Tabellenbreite
      </TD>
   </TR>
```

```
   <TR>
      <TD>
      Eine Zelle
      </TD>

      <TD>
      Zwei Zellen
      </TD>
   </TR>
</TABLE>
```

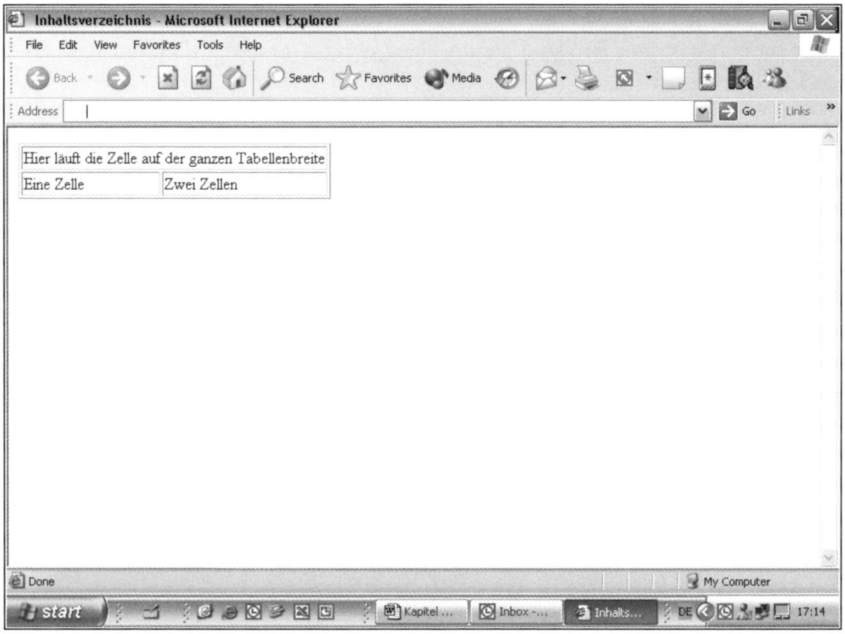

Abb. 4.9: Jetzt werden die Tabellen schon ein wenig raffinierter.

Sie sehen: Obwohl hier eine Zelle in der ersten Reihe angelegt wird, sagt das `COLSPAN`-Unter-Tag dem Browser durch die Zahl 2, dass diese Zelle die Länge der zwei Zellen in der zweiten Reihe besitzt. Auf diese Weise kann hier nichts schief gehen.

Diesen Fall können wir auch in der Senkrechten durchspielen. Wenn Sie eine Tabelle mit drei Reihen haben, in denen immer drei Zellen vorkommen, dann ist das für Sie inzwischen ein Standardfall.

Wir möchten aber noch, dass die Zelle 1 der Reihe 1 sich über die Zelle 1 der Reihe 2 legt. Beginnen wir wieder mit dem leichtesten Fall, der Reihe 3, in der sich keine Änderung ergibt.

```
<TABLE BORDER=1>
   <TR>
      <TD>
      </TD>

      <TD>
      </TD>

      <TD>
      </TD>
   <TR>
</TABLE>
```

Jetzt wollen wir dem Browser sagen, dass sich die ersten Zellen der Reihen 1 und 2 überlagern sollen.

Dazu geben wir zuerst die Reihe ein, deren Zelle eins später dominieren soll, also die Reihe 1.

```
<TABLE BORDER=1>
   <TR>
      <TD ROWSPAN=2>
      </TD>

      <TD>
      </TD>

      <TD>
      </TD>
   </TR>
   <TR>
      <TD>
      </TD>

      <TD>
      </TD>

      <TD>
      </TD>
   <TR>
</TABLE>
```

In dieser Reihe hat sich bis auf den ROWSPAN-Befehl noch nichts Spannendes ereignet. Jetzt steht es allerdings an, die zweite Reihe zu schreiben, deren erste Zelle ja verdeckt sein soll.

Und die Syntax dazu ist denkbar logisch: Da die erste Zelle in der ersten Reihe hier schon Platz genommen hat, wird diese Zelle in der zweiten Reihe einfach ausgespart. Der Code sieht also wie folgt aus:

```
<TABLE BORDER=1>
   <TR>
      <TD ROWSPAN=2>
      Erste Reihe, erste(!) Zelle
      </TD>

      <TD>
      Erste Reihe, zweite Zelle
      </TD>

      <TD>
      Erste Reihe, dritte Zelle
      </TD>
   </TR>

   <TR>
      <TD>
      Zweite Reihe, zweite(!) Zelle
      </TD>

      <TD>
      Zweite Reihe, dritte Zelle
      </TD>
   </TR>

   <TR>
      <TD>
      Dritte Reihe, erste Zelle
      </TD>

      <TD>
      Dritte Reihe, zweite Zelle
      </TD>

      <TD>
      Dritte Reihe, dritte Zelle
      </TD>
   <TR>
</TABLE>
```

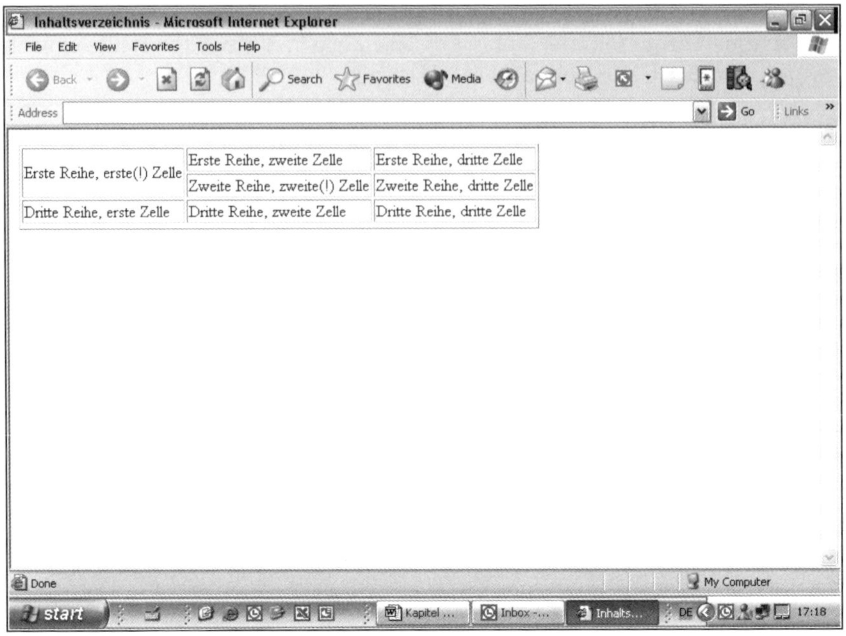

Abb. 4.10: Hier müssen wir uns schon ein wenig konzentrieren, um nicht durcheinander zu kommen. Aber das Ergebnis rechtfertigt den Aufwand.

Hier ist einfach stufenweises Programmieren angesagt. Das spart Hirnschmalz. Trotzdem oder gerade deshalb wollen wir uns jetzt einmal so richtig plagen und alle diese Verschachtelungen in einem einzigen File ausprobieren.

Übung 14 Nehmen Sie wieder unser Textbeispiel und fügen Sie die Überschrift links vom gesamten Zellentext in einer eigenen Spalte ein. Der Donnerstag sollte zudem noch eine rechte Zelle haben, in die Sie »danach: Pause« als Text einfügen. Eine kleine Sonderaufgabe gilt es auch noch zu lösen: Verlinken Sie die Wochentage auf die Files *01.htm*, *02.htm*, *03.htm* und *04.htm*.

```
A   <TABLE BORDER=2>

       <TR>
B         <TD ROWSPAN=4>
          <B>Inhaltsverzeichnis</B>
          </TD>

C         <TD COLSPAN=2>
       1. Der erste Text: <A HREF=01.htm>Montag</A>
          </TD>
       </TR>
```

```
      <TR>
         <TD COLSPAN=2>
      2. Der zweite Text: <A HREF=02.htm>Dienstag</A>
         </TD>
      </TR>

      <TR>
         <TD COLSPAN=2>
     3. Der dritte Text: <A HREF=03.htm>Mittwoch</A><BR>
D          <TABLE BORDER=1>
             <TR>
                <TD>
                Goethe<BR>
                </TD>

                <TD>
                Valentin<BR>
                </TD>
             </TR>

             <TR>
                <TD>
                Goethe<BR>
                </TD>

                <TD>
                Valentin<BR>
                </TD>
             </TR>
         </TABLE>
         </TD>
      </TR>

      <TR>
         <TD>
   4. Der vierte Text: <A HREF=04.htm>Donnerstag</A>
         </TD>

E        <TD>
         Danach: Pause
         </TD>
      </TR>
   </TABLE>
```

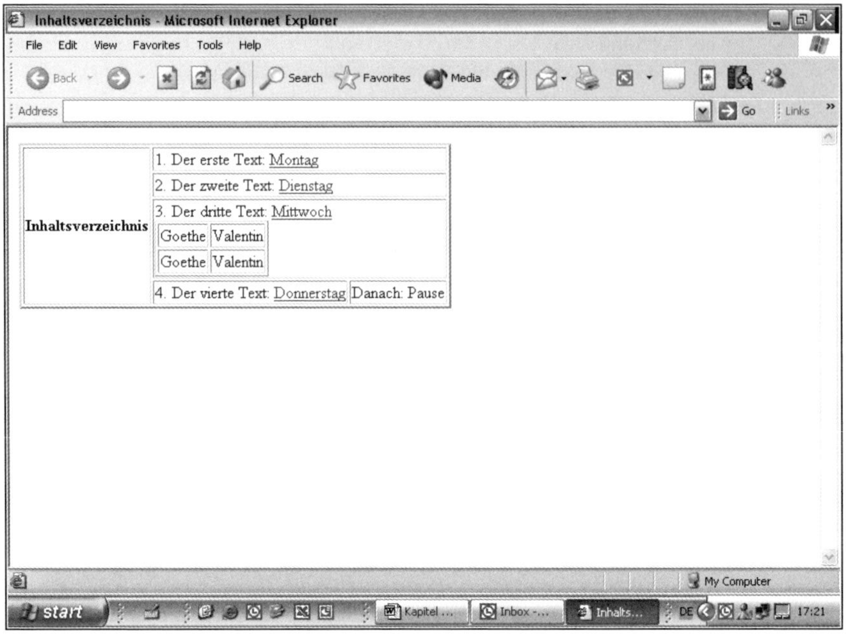

Abb. 4.11: Wir kommen nun langsam in die Richtung eines Textlayouts, das Sie aus Webseiten kennen.

Machen Sie hier ruhig einfach einmal eigene Übungen. Denn jede Tabelle, die Sie hier ausprobieren, gibt Ihnen mehr Sicherheit. Das ist ein bisschen wie ein Geschicklichkeitsspiel, das Sie von Mal zu Mal besser beherrschen. Wenn Sie das Ganze ein wenig snobistischer angehen wollen, dann machen Sie es doch so wie einer meiner Bekannter: Er hat Gemälde von Mondrian nachgebaut. Es geht aber auch ein wenig bodenständiger. Zurück zum Source-Code.

```
A    <TABLE BORDER=2>
```

Wir beginnen wieder mit einer Tabelle, deren Rand 2 Pixel stark ist:

```
        <TR>
B           <TD ROWSPAN=4>
            <B>Inhaltsverzeichnis</B>
            </TD>
```

Hier fügen wir die Zelle ein, die den Überschriftentext enthalten soll. Da sich diese Zelle auf alle vier Reihen der oberen Tabelle beziehen soll, besitzt das ROWSPAN-Tag den Wert 4.

```
C           <TD COLSPAN=2>
            1. Der erste Text: <A HREF=01.htm>Montag</A>
            </TD>
```

Die nächste Klippe: Wir setzen den COLSPAN-Wert jetzt auf 2, da bis auf die letzte Reihe alle Reihen der oberen Tabelle eigentlich nur eine eigene Zelle haben. Und genau wegen dieses ROWSPAN-Befehls können wir in der Folge die erste Zelle der Reihen weglassen und gleich mit der zweiten beginnen, die den bereits gewohnten Text enthält. Nicht vergessen: Verlinken Sie die Wochentage wie verlangt.

```
D         <TABLE BORDER=1>
```

Und wieder beginnen wir damit, die Autorennamen in einer eigenen Tabelle zu schachteln. Der BORDER-Wert liegt wieder bei 1, um eine Untertabelle zu signalisieren.

```
E         <TD>
          Danach: Pause
          </TD>
```

Jetzt fügen wir die Zelle mit dem neuen Text einfach hinzu. In dieser vierten Reihe lassen wird deshalb den COLSPAN-Befehl einfach weg.

Uff, geschafft.

4.4 Tabellen als Spaltensatz

Sie haben sicher schon den Verdacht, dass das Aufziehen von Tabellen auch dazu dienen könnte, Spaltensatz auf den Webseiten zu simulieren. Mit diesem Verdacht liegen Sie richtig. Webdesigner nutzen die differenzierten Möglichkeiten solcher auch ineinander verschachtelter Tabellen, um selbst »unmögliche« Layouts umzusetzen. Als Webdesigner besitzen Sie sehr schnell ein inneres Auge, das eine umzusetzende Optik in senkrechte und waagerechte Tabellenraster trennt und Sie ahnen lässt, wie Sie die Tabelle aufziehen müssen, um diesen Anforderungen zu entsprechen. Nun werden Sie zu Recht sagen, dass es von den Tabellen der letzten Übung bis zu einem wirklichen Satzspiegel noch zwei Hinderungsgründe geben könnte. Zum einen müssen die *<TABLE>*-Tags unsichtbar sein. Aber das kennen wir bereits. Alle Spaltensatz-Layouts beginnen einfach mit einem BORDER=0-Tag oder lassen diese Angabe einfach weg (Ersteres ist im Hinblick auf all die verschiedenen Browser einfach sicherer).

Der zweite Einwand ist aber viel schwerwiegender: Wir haben durch die bisherigen Übungen bereits gesehen, dass Tabellen je nach Textinhalt verschiedene Zellengrößen annehmen können. Dieses eigentlich sehr nützliche Feature von HTML stört uns, wenn wir Spaltensatz über diese Tags aufbauen wollen. Hier darf sich dann nichts mehr ändern (mehr dazu in den folgenden Kapiteln).

Browser wie Netscapes Navigator oder Microsofts Internet Explorer sehen aber hier eine einfache Möglichkeit vor, die Spaltenhöhe und -breite vorzugeben. Und das hat sich bei den Browsern anderer Hersteller auch durchgesetzt.

Folgende Tabelle besitzt eine Höhe von 300 Pixel und eine Breite von 200 Pixel:

```
<TABLE BORDER=0 WIDTH=200 HEIGHT=300>
   <TR>
      <TD>
      </TD>
   </TR>
</TABLE>
```

Wir kennen diese Tags bereits von den <HR>-Tags. Also eher alte Bekannte, die uns hier wieder weiterhelfen. Und wie auch beim ersten Mal können diese Höhen- und Breitenangaben in Prozentzahlen des Bildschirms ausgedrückt werden, was vor allem Webdesignern, die mit dem Goldenen Schnitt arbeiten möchten, sehr helfen kann.

Wenn nur eine der Zellen eine gewisse Höhe oder Breite haben soll, dann müssen diese beiden Unter-Tags in ein Zellen-Tag mit hineingeschrieben werden. Eine Tabellenzelle, die 20% des Bildschirms breit und 30 Pixel hoch sein soll, wird mit folgender Syntax fixiert:

```
<TABLE BORDER=0>
   <TR>
      <TD WIDTH=20% HEIGHT=30>
      </TD>
      <TD>
      </TD>
   </TR>
</TABLE>
```

ACHTUNG

Durch diese Fixierung werden wir mit zwei Effekten konfrontiert, die durch zu kleine Fenster oder zu klein eingestellte Tabellenhöhen entstehen können. Reicht die Breite einer Tabelle jetzt über die eines Fensters hinaus, so addiert der Browser hier automatisch einen waagerechten Scrollbalken, um sich im Fenster bis an den rechten Rand bewegen zu können. Das gilt nur für absolute Angaben, denn bei Prozentangaben, die im Normalfall selten über 100% hinausgehen, wird das Fenster immer groß genug sein.

Frage Übrigens können Sie sehr wohl über 100% große Breiten oder Höhen definieren. Wozu wäre das wohl sinnvoll?

Lösung Richtig: Damit Sie einen Inhalt bewusst nach rechts weiterlaufen lassen können, obwohl das Browserfenster hier den rechten Rand erreicht hat. Oder auch, um Inhalte weiter nach unten zu platzieren. Sie werden diese vielleicht sogar erst einmal dem Leser vorenthalten. Er müsste dann erst zu diesen Inhalten hinscrollen.

Zum anderen kann es passieren, dass die angegebene HEIGHT-Pixelzahl eigentlich nicht ausreicht, um sich wirklich genügend Platz für den Zelleninhalt zu reservieren. In diesem Fall bricht der Browser die Höheneinstellung selbstständig auf oder er schluckt Text. Erfahrene Webdesigner werden deshalb nur in einem bestimmten Fall die Höhe wirklich angeben: wenn Sie bei der Höhe sehr sicher sind oder Bilder in eine Zelle kopieren, aber dazu kommen wir später noch.

Wir haben im letzten Kapitel einen Index aufgebaut, der vier Links besitzt, und genau diese vier Files mit verschiedenen Spaltenlayouts wollen wir jetzt herstellen. Nehmen wir einfach an, dass Sie diesen Index benötigt haben, um auf Ihrer Website eine Sammlung von Artikeln zu verlinken, die in ihrem jeweiligen Layout belassen werden sollen. Deshalb sollen die vier Texte auf vier verschiedenen Layout-Seiten verteilt werden.

- *01.htm* – Text links mit großem Rand rechts
- *02.htm* – Text mittig mit Rand links und rechts
- *03.htm* – Text rechts mit großem Rand links
- *04.htm* – Überschriften weiter links als der Text

Bei diesen vier Typen soll es zwei gemeinsame Vielfache geben: Der Text soll erst nach 10% des Bildschirms beginnen und am Ende soll ein Link zurück zum Index existieren.

Spielen wir das File *01.htm* einmal durch (Lösung siehe Ende des Kapitels).

Für alle diese Files gilt: Sie öffnen in einem HTML-File eine Tabelle.

```
<TABLE BORDER=0 WIDTH=95% HEIGHT=10%>
   <TR>
      <TD>
      <BR>
      </TD>
   </TR>
</TABLE>
```

Wie Sie sehen, dient diese Tabelle ohne einen Textinhalt dazu, 10% des Bildschirms zu bedecken und leer zu lassen. Das war es schon. So erzeugen Sie Leerraum und stellen sicher, dass Ihr Layout nicht an den oberen Rand des Bildschirms geklatscht wird. Die Breite von 95`% wählen wir leicht unter der tatsächlichen Breite des Bildschirms von logischerweise 100%. Manche Browser reagieren so besser. Genau aus dem gleichen Grund geben wir ein
-Tag in der Zelle an, weil wir bei manchen Browsern sonst keine Reaktion auf unsere Tabelle erreichen. Sie sind so programmiert, dass leere Tabellen keine Relevanz besitzen und deshalb nicht dargestellt werden.

Mit einem <BR> oder einem <P> in der Tabellenzelle kann Ihnen das nicht passieren. Manche Programmierer setzen hier Space-GIFs ein, also unsichtbare GIF-Bilddateien, die mit ihrer festen Größe auch einen solchen Effekt erzeugen. Davon würde ich Ihnen aber auf jeden Fall abraten, denn diese Bilder müssen erst durch die Eigenart von HTML bedingt als Bilddateien in den Code eingebunden werden (Sie erinnern sich an die Erklärungen in Kapitel 2 ...). Das kostet Zeit. Eine Tabelle ist hier schneller und sauberer als Spacer für waagerechten oder senkrechten Platz gelassen und deshalb nutzerfreundlicher.

Nach dem Layout werden wir dann einfach noch einen Link zurück zum Index bauen:

```
<A HREF=inhalt.htm>zurück</A>
```

In dieses Gerüst fügen wir jetzt jeweils die passenden Layouts ein und speichern das so gewonnene File unter dem passenden Namen ab.

01.htm – Text links mit großem Rand rechts:

```
<TABLE BORDER=0>
   <TR>
      <TD WIDTH=200>
Hier steht der beliebig lange Text des Artikels.
Hier steht der beliebig lange Text des Artikels.
Hier steht der beliebig lange Text des Artikels.
Hier steht der beliebig lange Text des Artikels.
Hier steht der beliebig lange Text des Artikels.
Hier steht der beliebig lange Text des Artikels.
Hier steht der beliebig lange Text des Artikels.
Hier steht der beliebig lange Text des Artikels.
Hier steht der beliebig lange Text des Artikels.
Hier steht der beliebig lange Text des Artikels.
Hier steht der beliebig lange Text des Artikels.
Hier steht der beliebig lange Text des Artikels.
      </TD>

      <TD>
      </TD>
   </TR>
</TABLE>
```

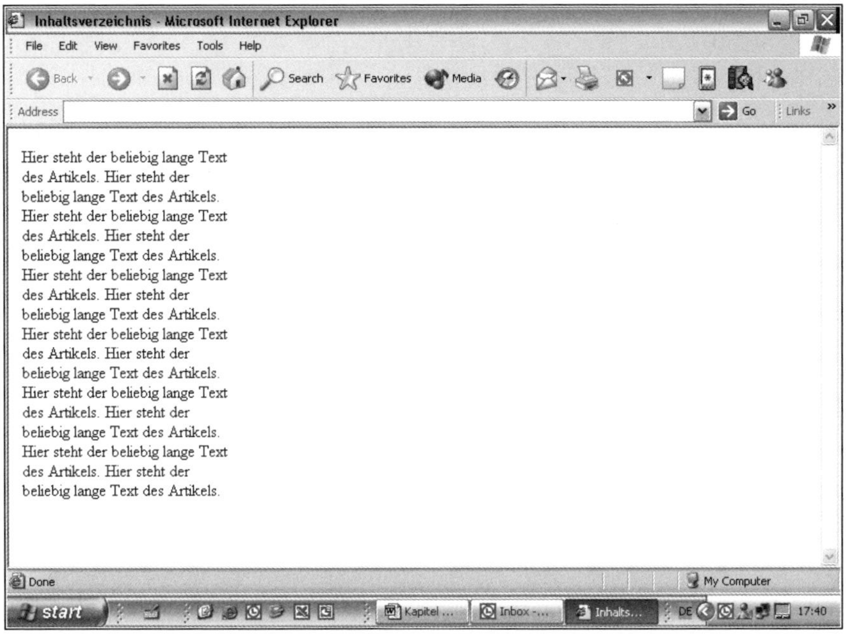

Abb. 4.12: Eine linksbündige Textspalte mit 200 Pixel Breite.

Hier habe ich zwei Tabellenzellen als Spalten aufgezogen, deren linke den Text beinhalten wird. Da ich eine Weite von 200 Pixel zugeteilt habe, wird die rechte Spalte das restliche Fenster ausfüllen und sich je nach Fenstergröße dynamisch verhalten. Es fehlt eine Höhenangabe, weil hier ein Text zu sehen sein wird, dessen Ausdehnung ich durch die Features des Browsers nicht exakt sehen kann. Deshalb lasse ich die Tabelle nach unten hin ihre Tiefe dynamisch selbst generieren.

02.htm – Text mittig mit Rand links und rechts:

```
<TABLE BORDER=0>
   <TR>
      <TD WIDTH=20%>
         <BR>
      </TD>

      <TD WIDTH=200>
Hier steht der beliebig lange Text des Artikels.
Hier steht der beliebig lange Text des Artikels.
Hier steht der beliebig lange Text des Artikels.
Hier steht der beliebig lange Text des Artikels.
Hier steht der beliebig lange Text des Artikels.
Hier steht der beliebig lange Text des Artikels.
Hier steht der beliebig lange Text des Artikels.
Hier steht der beliebig lange Text des Artikels.
      </TD>
```

```
      <TD>
      </TD>
   </TR>
</TABLE>
```

Abb. 4.13: Hier haben wir die Textspalte ein wenig mehr in die Mitte gerückt.

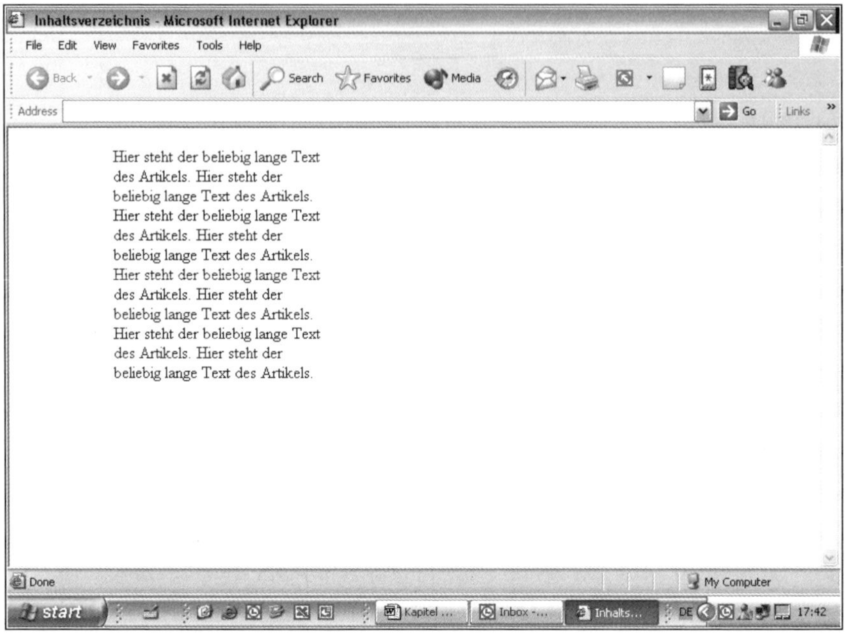

Auch hier lege ich eine Tabelle an, deren Textzelle eine Weite von 200 Pixel erhält und sich die Tiefe dynamisch je nach Textinhalt selbst einstellt. Da wir links und rechts einen Rand haben wollten, arbeite ich eine dreispaltige Tabelle aus, deren linke und rechte Zelle leer bleiben. Allerdings muss ich hier einen Kompromiss schließen, denn nur die rechte Zelle gleicht sich selbstständig an. Die linke braucht ebenfalls eine Weitenangabe (hier 20%, also ein Fünftel des Bildschirms) und ein
-Tag, damit die Zelle vom Browser nicht als leer und damit als nicht darzustellen definiert wird.

03.htm – Text rechts mit großem Rand links:

```
<TABLE BORDER=0>
   <TR>
      <TD WIDTH=400>
      <BR>
      </TD>

      <TD WIDTH=200>
```

```
Hier steht der beliebig lange Text des Artikels.
Hier steht der beliebig lange Text des Artikels.
Hier steht der beliebig lange Text des Artikels.
Hier steht der beliebig lange Text des Artikels.
Hier steht der beliebig lange Text des Artikels.

      </TD>
   </TR>
</TABLE>
```

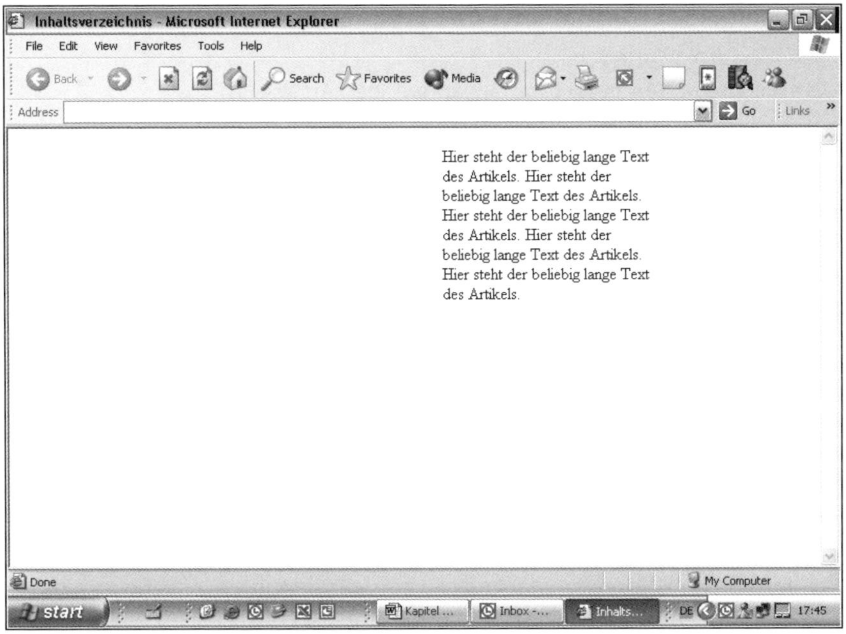

Abb. 4.14: So wandert die liebe kleine Textspalte immer weiter durch den Bildschirm. Aber schön kontrolliert.

Jetzt schaffen wir uns über eine leere Zelle, die 400 Pixel breit ist, Platz. Danach soll die rechte Zelle mit 200 Pixel Breite erscheinen. 600 Pixel sind eine Standardbreite für einen 15-Zoll-Bildschirm, auf dem das Browserfenster ganz geöffnet ist. Eigentlich beträgt die maximale Breite hier 640 Pixel, aber das Browserfenster und ein eventuell auftauchender senkrechter Scrollbalken brauchen ja auch noch etwas Platz.

04.htm – Überschriften weiter links als der Text:

Fieserweise sollen Sie jetzt die spannendste Aufgabe lösen. Versuchen Sie mit dem Wissen der letzten Kapitel eine Lösung zu finden, die die Überschriften größer darstellt als den Fließtext und weiter links im Spaltensatz ansetzt. Nutzen Sie dabei keine Listen oder Blockquotes. Gestalten Sie die Textspalte wieder 200 Pixel breit.

```
   <TABLE BORDER=0>
      <TR>
A           <TD COLSPAN=2>
   <FONT SIZE=5>Dies ist die &Uuml;berschrift</FONT>
          </TD>
      </TR>

      <TR>
B         <TD WIDTH=400>
          <BR>
          </TD>

C         <TD WIDTH=200>
   Hier steht der beliebig lange Text des Artikels.
          </TD>
      </TR>
   </TABLE>
```

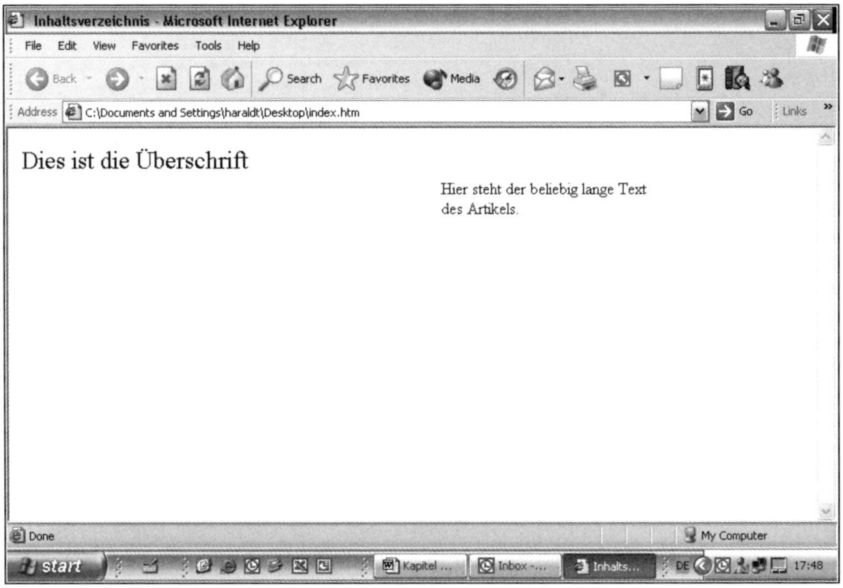

Abb. 4.15: Na, war doch gar nicht so schwer.

```
A          <TD COLSPAN=2>
   <FONT SIZE=5>Dies ist die &Uuml;berschrift</FONT>
           </TD>
```

Nachdem wir in der üblichen Art und Weise eine Tabelle eröffnet haben, setzen wir die Überschriftenspalte ganz links an und lassen sie mit dem `COLSPAN`-Befehl bis an den rechten Rand der Tabelle laufen. Damit die Schrift noch ein wenig größer dargestellt wird, wählen wir die Font-Größe 5.

```
B          <TD WIDTH=400>
           <BR>
           </TD>
```

Hier ist der Knackpunkt des Ganzen: Wir eröffnen dann eine neue Reihe und bauen hier erst einmal eine leere Zelle ein, die den Abstand des Fließtextes erzeugt. Ich habe hier 400 Pixel Abstand vom linken Rand genommen. Sie können aber je nach Geschmack mehr oder weniger wählen.

```
C          <TD WIDTH=200>
   Hier steht der beliebig lange Text des Artikels.
           </TD>
```

Daran schließt nun die rechte Tabellenzelle mit dem Text in einer Pixelbreite von 200 an. Fertig.

In diesem Kapitel haben wir nun vier verschiedene Layout-Typen kennen gelernt, die Sie alle nach Belieben modifizieren können. Denkbar sind auch mehrspaltige Texte mit verschieden breiten Abständen (=Leerspalten!) zwischen den Textspalten.

Bei mehrspaltigen Texten müssen Sie berücksichtigen, dass Sie diese Spalten nicht miteinander verketten können. Es ist also keine Automatik wie z.B. bei Quark XPress und ähnlichen DTP-Programmen machbar, die den Text am Ende einer Spalte zu Beginn der nächsten Spalte weiterfließen lässt.

4.5 Textausrichtung in den Tabellen

Wenn wir noch einmal zu unserem Beispiel zurückgehen, dann haben wir im Index für den Mittwoch einen besonderen Fall vorgesehen, in dem vier Autoren genannt werden. Würden wir also eine Tabelle mit vier verschieden langen Texten dieser vier Autoren aufziehen, sähe die Syntax logischerweise wie folgt aus:

```
<TABLE BORDER=0>
   <TR>
      <TD WIDTH=10%>
      <BR>
      </TD>

      <TD WIDTH=200>
Hier steht der 1. Text
      </TD>

      <TD WIDTH=10%>
      <BR>
      </TD>
```

```
      <TD WIDTH=200>
Hier steht der 2. Text
      </TD>
   </TR>

   <TR>
      <TD WIDTH=10%>
      <BR>
      </TD>

      <TD WIDTH=200>
Hier steht der 3. Text
      </TD>

      <TD WIDTH=10%>
      <BR>
      </TD>

      <TD WIDTH=200>
Hier steht der 4. Text
      </TD>
   </TR>

</TABLE>
```

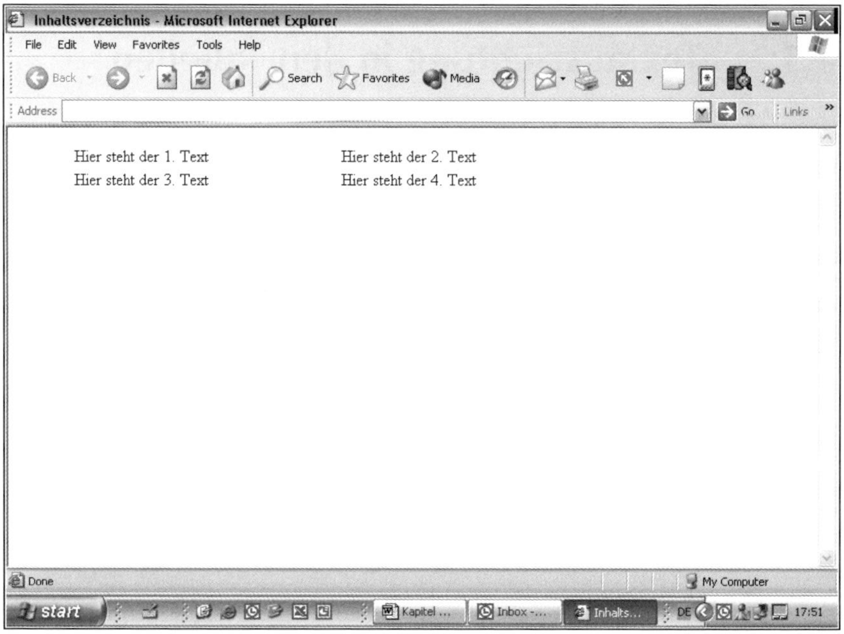

Abb. 4.16: Nun haben wir eine Mehrspaltigkeit vor uns, die an Zeitungen erinnert. Allerdings ohne automatischen Textumfluss, der die Texte von Spalte zu Spalte weiterführt.

Mit Zwischenspalten von 10 Prozent des Bildschirms an Breite habe ich tadellose vier Zellen für die Texte aufgebaut. Scheinbar alles in Ordnung. Wenn Sie jetzt aber probeweise verschieden lange Texte in die Zellen eingeben, dann stehen wir vor einem Problem, das alle Webdesigner zur Genüge kennen: HTML richtet den Zelleninhalt mittig in der Senkrechte ein.

Was bei »richtigen« Tabellen absolut sinnvoll ist, stört hier im Fall des nachempfundenen Spaltensatzes. Netscape und Microsoft haben sich deshalb auf Unter-Tags geeinigt, die den Text genauer in den Zellen platzieren lässt.

Zuerst schauen wir uns die Waagerechte an.

- `ALIGN=left` (Text wird linksbündig zur Zelle dargestellt)
- `ALIGN=center` (Text wird mittig in der Zelle dargestellt)
- `ALIGN=right` (Text wird rechtsbündig dargestellt)
- `VALIGN=top` (Text wird links oben begonnen)
- `VALIGN=middle` (Text wird in der Zelle zentriert)
- `VALIGN=bottom` (Text wird rechts unten in ausgerichtet)

Das `<BLOCKQUOTE>`-Tag wäre zudem noch eine zusätzliche Hilfe, aber wir können uns diese Hilfsbrücke mit zwei weiteren Unter-Tags ersparen, wenn sich das Einrücken auf ganze Tabellen beziehen soll. Mit einer Einstellung von

```
<TABLE BORDER=0 CELLSPACING=5  CELLPADDING=2>
```

rückt z.B. der Inhalt innerhalb der Zellen jetzt 5 Pixel weg und die Breite der Abstände zwischen (!) den Zellenumrandungen ist hier 2 Pixel.

Zugegebenermaßen werden im Spaltensatz diese beiden Unter-Tags selten benutzt. Allerdings sollten Sie `CELLPADDING` und `CELLSPACING` möglichst immer auf 0 oder -1 stellen, um optische Anschlüsse sauber zu generieren. Auch dann, wenn Sie eigentlich »nur normale« Tabellen erstellen wollen.

Es ist ratsam, die `<ALIGN>/<VALIGN>`-Tags jeweils pro Zelle einzeln einzugeben. Durch ein `ALIGN=left` im `<TABLE>`-Tag rückt die Tabelle sonst an den linken Rand des Textes, der nach der Tabelle folgt. Analog dazu verhält es sich mit `ALIGN=right` innerhalb des `<TABLE>`-Tags.

Übung 15

Nehmen Sie das eben vorgeführte Tabellenbeispiel mit den vier Textzellen und richten Sie es wie folgt aus. Die erste Zelle lassen Sie in der Standardeinstellung. Die zweite Zelle lassen Sie mit zentriertem Text in der Mitte ausrichten, der Text der dritten Zelle soll linksbündig oben links beginnen, der der rechten unten rechts enden. Die Zellen sollten alle 5 Pixel voneinander entfernt sein und innerhalb der Zelle 2 Pixel Abstand zum Rand erzeugen. Ein Tipp: Benutzen Sie verschieden lange Texte, um die Ergebnisse klarer zu sehen.

```
A   <TABLE BORDER=0 CELLPADDING=5 CELLSPACING=2>
      <TR>
         <TD WIDTH=10%>
         <BR>
         </TD>

B        <TD WIDTH=200>
   Hier stcht der 1. Text.
   Hier steht der 1. Text.
   Hier steht der 1. Text.
   Hier steht der 1. Text.
   Hier steht der 1. Text.
   Hier steht der 1. Text.
   Hier steht der 1. Text.
   Hier steht der 1. Text.
   Hier steht der 1. Text.
   Hier steht der 1. Text.
         </TD>
         <TD WIDTH=10%>
         <BR>
         </TD>

C        <TD WIDTH=200 ALIGN=center VALIGN=middle>
   Hier steht der 2. Text.
   Hier steht der 2. Text.
   Hier steht der 2. Text.
         </TD>
      </TR>

      <TR>
         <TD WIDTH=10%>
         <BR>
         </TD>

D        <TD WIDTH=200 ALIGN=left VALIGN=top>
   Hier steht der 3. Text.
   Hier steht der 3. Text.
   Hier steht der 3. Text.
   Hier steht der 3. Text.
   Hier steht der 3. Text.
         </TD>

         <TD WIDTH=10%>
         <BR>
         </TD>
```

```
E        <TD WIDTH=200 ALIGN=right VALIGN=bottom>
   Hier steht der 4. Text. Sehr kurz.
         </TD>
      </TR>
   </TABLE>
```

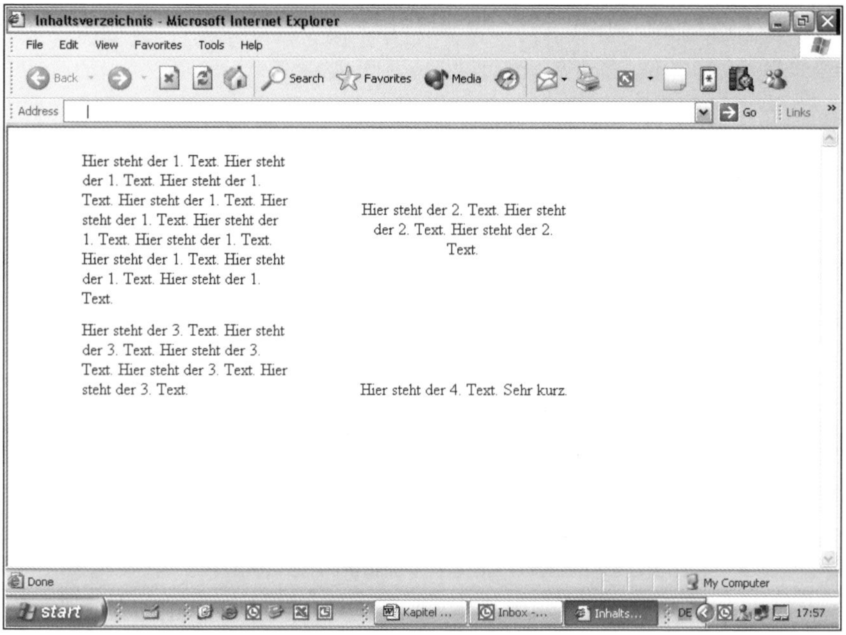

Abb. 4.17: Hier waren wir schon ein wenig ausgefuchster.

```
A  <TABLE BORDER=0 CELLPADDING=5 CELLSPACING=2>
```

Wir eröffnen die Tabelle, indem wir die Angaben über `CELLPADDING` und `CELLSPACING` einfügen. Geben Sie dem `<BORDER>`-Tag einmal einen höheren Wert, dann werden Sie besser sehen können, was diese beiden Unter-Tags auslösen.

```
B  <TD WIDTH=200>
   Hier steht der 1. Text
         </TD>
```

Da wir die Standardeinstellungen des Browsers noch einmal sehen wollen, ändern wir hier nichts. Der Text wird automatisch mittig und linksbündig in der Zelle platziert. Experimentieren Sie in allen Zellen mit verschieden langen Texten, dann werden Sie sehen, wie stark solche Ausrichtungen im Gesamtbild Auswirkungen haben können.

```
C       <TD WIDTH=200 ALIGN=center VALIGN=middle>
  Hier steht der 2. Text
        </TD>
```

Hier haben wir den Text zentriert und auf jeden Fall mittig gestellt. Die verschiedenen Parameter für die Zentrierung können hier leicht zu Verwirrungen führen, deshalb empfiehlt sich hier aufmerksamstes Programmieren. Aber das machen Sie natürlich jederzeit und immer!

```
D       <TD WIDTH=200 ALIGN=left VALIGN=top>
  Hier steht der 3. Text
        </TD>
```

Dieser Text ist linksbündig ausgerichtet und beginnt immer links oben in der Zelle. Diese Werte, von denen das ALIGN-Tag bereits standardmäßig durch die Browser geleistet wird, kommt am häufigsten bei der Umsetzung von Spaltensatz über Tabellen zum Einsatz.

```
E       <TD WIDTH=200 ALIGN=right VALIGN=bottom>
  Hier steht der 4. Text
        </TD>
```

Rechtsbündig und an der untersten Linie der Zelle ausgerichtet kommt dieser Text daher. Um diese Effekte wirklich gut sehen zu können, sollten Sie in den verschiedenen Zellen unterschiedlich lange Texte verwenden.

Mit diesen vier Fällen kann schon eine Menge an Layout über Tabellenspalten umgesetzt werden. Bei aller Euphorie sollten Sie aber nie vergessen, dass HTML ursprünglich nicht dazu gedacht war, perfekte Layouts in DTP-Manier zu generieren. Die Erwartungen sollten nicht zu hoch geschraubt sein, was eine pixelgenaue Umsetzung betrifft, auch wenn wir im nächsten Kapitel sehen werden, dass es durchaus Möglichkeiten gibt, die einzelnen Elemente einer Tabelle noch genauer zu platzieren.

4.6 Pixelgenaues Programmieren und PRE

Wir sind durch die Unter-Tags im letzten Kapitel schon sehr firm darin geworden, HTML-Tabellen in einer Page möglichst genau zu positionieren. Aber immer noch sind Tabellen eine unsichere Komponente für uns, wenn es darum geht, pixelgenaue »Spalten« aufzuziehen.

Man findet in diversen Veröffentlichungen relativ wenig darüber, wie das <TABLE>-Tag sich hier noch ein wenig genauer positionieren lässt, aber da hilft es manchmal, den anderen Webdesignern ein wenig auf die Finger zu schauen und dort den entscheidenden Trick zu finden.

Ich kann nur immer wieder empfehlen, vor allem in der Anfangsphase mindestens eine Stunde am Tag zu surfen und sich z.B. im Netscape Navigator über das Menü *View/Source* anzuschauen, wie diese Seiten aufgebaut sind. Es dauert nicht lange und man sieht vor allem durch die automatische Einfärbung der Tags innerhalb des Browsers, wie ein Webdesigner arbeitet. Es soll übrigens auch nicht schaden, den betreffenden Designer auf seiner Seite zu nennen, wenn man durch seine Tricks einen entscheidenden Input für die eigene Arbeit bekommen hat. Das ist eine Frage der Fairness und Höflichkeit.

Um die Katze gleich aus dem Sack zu lassen: Browser von Netscape und Microsoft können hier dazu verdonnert werden, die Tabellen pixelgenau aufzuziehen, wenn man Ihnen eine Art von Kreuzreferenz bietet, in der die genauen Pixelzahlen zweimal vorkommen. Selbst hier kann es in Grenzfällen bei Netscape-Produkten zu Ungenauigkeiten kommen, aber das habe ich ja schon erwähnt. Angenommen, Sie möchten zwei Reihen mit je drei Tabellenzellen pro Reihe entwerfen, die alle ein festes Quadrat von 100 Pixel aufbauen sollen, dann erzeugen Sie diese fixen Pixelzahlen wie folgt:

```
<TABLE BORDER=0 WIDTH=300 HEIGHT=200>
   <TR>
      <TD WIDTH=100 HEIGHT=100>
      <BR>
      </TD>

      <TD WIDTH=100 HEIGHT=100>
      <BR>
      </TD>

      <TD WIDTH=100 HEIGHT=100>
      <BR>
      </TD>
   </TR>

   <TR>
      <TD WIDTH=100 HEIGHT=100>
      <BR>
      </TD>

      <TD WIDTH=100 HEIGHT=100>
      <BR>
      </TD>

      <TD WIDTH=100 HEIGHT=100>
      <BR>
      </TD>
   </TR>
</TABLE>
```

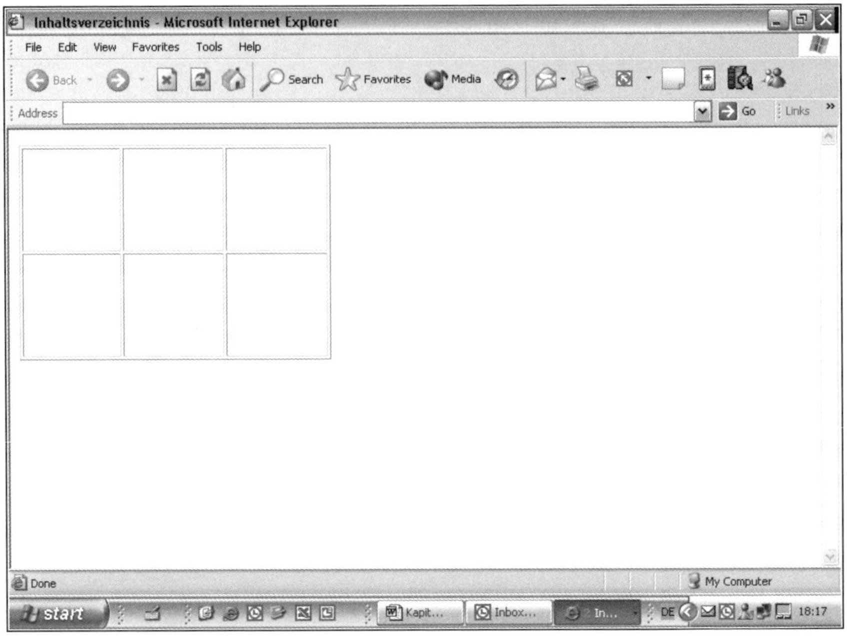

Abb. 4.18: Zur besseren Darstellung habe ich BORDER=1 gestellt.

Die Summe der Pixelangaben pro Zelle muss einfach am Schluss exakt die Zahl der Pixel ergeben, die Sie im `<TABLE>`-Tag eintragen. Das ist es. Da der Browser jetzt zwei identische Summen für die Tabelle erhält, baut er sie auch exakt auf. Aber seien Sie gewarnt: Auch darauf können Sie nicht immer bauen, denn gerade Netscape ist hier in den Versionen bis heute leider eher unsauber in der Programmierung.

Und außerdem können Sie sicher sein, dass auch nur ein kleiner Rechenfehler Ihre Programmierung in der Summe ordentlich durcheinander wirft.

INFO

Es ist schon einmal gesagt worden: Die meisten Webdesigner nutzen eine pixelgenaue Programmierung der Tabellen, um auch bei kleinen Bildschirmen eine möglichst gute Ausnutzung zu bekommen und den geforderten Satzstand auch perfekt einzuhalten. Vor allem aber sollen waagerechte Scrollbalken dadurch verhindert werden, dass die Tabelle in der Breite möglichst nicht über ein voll aufgezogenes Fenster auf einem 15-Zoll-Bildschirm reicht (hier stehen 640 x 480 Pixel zur Verfügung). Da auch hier Navigator und Explorer nicht immer pixelgenau reagieren, empfehlen sich in der Breite etwa 580 Pixel. Damit ist noch genug Platz für den Fensterrand auf Windows und Mac OS sowie einen senkrechten Scrollbalken, der sich vor allem bei textlastigen Seiten so gut wie nie verhindern lässt. Um dabei nicht alles am linken oberen Eck des Bildschirms kleben zu haben, zentrieren viele Designer die komplette Tabelle, die den Spaltensatz enthält. So kann das Layout sich bei größeren Bildschirmen von der Mitte her entfalten.

Sollten alle genauen Positionierungen nicht helfen, dann hat HTML noch ein Tag in der Trickkiste, mit dem Sie sehr vorsichtig umgehen sollten. Es lautet:

<PRE></PRE>

Und es bedeutet, dass alle Eingaben aus dem Source-Code exakt so wiedergegeben werden, wie sie dort stehen. Das hört sich zuerst ein wenig absurd an. Wenn Sie sich aber daran erinnern, dass Zeilenumbrüche aus dem Source-Code normalerweise nur dann angezeigt werden, wenn Sie dafür das entsprechende Tag eingeben und nicht mehr als ein Leerzeichen transformiert wird, dann ahnen Sie schon, was dieses Tag nun plötzlich ermöglicht. Sie können innerhalb des <PRE>-Tags auch mehrere Lehrzeichen und einen festen Zeilenumbruch angeben. Allerdings warne ich Sie aus zwei Gründen vor einer allzu euphorischen Anwendung:

Zum einen ändert sich die Font-Art in diesem Modus so, wie Sie das schon vom <TT>-Tag her kennen. Der User sieht also sehr schnell, dass Sie hier in einem anderen Modus arbeiten, und das kann stören.

Des Weiteren – und das ist viel wichtiger – mag das so gewonnene Layout auf Ihrem Computer perfekt aussehen. Allerdings zerstört es sich auf anderen Computern mit anderen Schriften und anderen Fontgrößen sehr schnell. Zu allem Übel laufen die Schriften dann oft noch über den Zellenrand hinaus oder zerstören durch den unbedingten Umbruch den Textfluss. Sie werden also nur bedingt mit diesem Tag glücklich. Ich kann Ihnen nur empfehlen, <PRE>-Tags nur für etwas ausgeflipptere Layouts zu verwenden, in denen sich ein »Fehler« sogar blendend macht. Aber diese Fälle sind selten und deshalb behandeln wir dieses Tag auch ganz am Schluss dieses Kapitels.

Manche Webdesigner sind stolz darauf, durch paradoxe Programmierung Dinge zu erreichen, die eigentlich so nicht darstellbar sind. Schön und gut. Bedenken Sie aber, dass in regelmäßigen Abständen eine neue Browserversion von den Hauptkonkurrenten Microsoft und Netscape auf den Markt kommt, die diese genutzten Fehler oft mit einem Bugfix in ihrer Wirkung stoppt. Das berühmteste Beispiel für schlechte Trickkarten ist *http://www.bild.de*, das in der Version Netscape 2.0 einen faszinierenden Trick nutzte, um einen bestimmten Randeffekt zu erzeugen. In Netscape 3.0 löste derselbe HTML-Code allerdings ein hässliches Randgerüst aus, das eher wie eine Baustelle daherkam ... Also lassen Sie lieber die Finger vom Querfeldeinprogrammieren.

Lassen Sie mich am Ende dieses sicher nicht leichten Kapitels noch ein wenig aus dem Nähkästchen plaudern. Zum einen haben Sie durch die vorherigen Seiten eine Menge an Denksport hinter sich gebracht, zum anderen werden Sie vielleicht wissen wollen, wie man bei Tabellen am besten die Übersicht behält und am schnellsten arbeitet.

Nun ist es ja kein Geheimnis mehr, dass diverse Editoren auf dem Markt sind, die mit ein paar Klicks Tabellen zaubern können. Sie könnten es sich also sehr einfach machen. Aber ich rate Ihnen dennoch davon ab. Wenn ich einen Satzspiegel einer HTML-Seite in Tabellen aufbaue, dann habe ich ein klares Vorgehen:

Ich schalte das Radio ab, vergesse für Stunden alles um mich herum, werfe notfalls die Katze aus dem Zimmer und konzentriere mich sehr, sehr, sehr genau darauf, wie ich die entsprechenden Tabellen aufbaue, wann und wo ich sie beginnen lasse und wann ich sie beende, um eine neue Tabelle zu beginnen. Das ist die heikelste Arbeit beim ganzen Programmieren.

Warum tue ich das?

Viele Webdesigner denken zwar höllisch darüber nach, wie sie große Byte-Zahlen mit Bildern verhindern können und welcher Trick Ihnen noch kleinere Bilder usw. ermöglicht, aber sie vergessen die Zeit, die vor allem ältere Browser und Computer brauchen, um eine geladene Tabellendefinition zu berechnen und anzuzeigen.

Dann ist es auch so, dass vor allem die Netscape-Browser durch den Einsatz von kleinen, versteckten Bilddateien einen stabileren Tabellenaufbau erreichen, aber das muss ja auch wieder geladen werden.

Um es kurz und schmerzlos zu machen:

Je weniger Tabellenverschachtelungen Sie benötigen, um das gewünschte Layout zu bekommen, desto besser. Sie sparen Lade- und auch Rechenzeit.

Und wenn Sie es sogar schaffen, eine Seite nicht als unzertrennbares Ganzes zu sehen, dann sind Sie auf dem Weg, ein ganz großer Webdesigner zu werden. Ehrlich. Sicher schmunzeln Sie jetzt, aber das tun Sie nur so lange, bis ich Ihnen erklärt habe, dass Sie eine Menge Zeit sparen, wenn Sie eine Seite immer als Ansammlung von Bausteinen definieren können. Und diese Bausteine sind vor allem Tabellen.

Stellen Sie sich eine Webpage wie eine Mauer vor, die Sie aus Klötzchen gebaut haben. Das geht nur, wenn Sie auf bestimmte Klötzchennormen zurückgreifen können. Es gibt vielleicht einen Normklotz, dann gibt es seine Hälfte oder seine doppelte Größe, aber sicher haben diese Klötzchen alle die gleiche Höhe, damit Sie frei untereinander kombiniert werden können.

Wenn Sie diese Metapher nun auf das Erstellen einer Website anwenden, dann werden Sie schnell merken, wie leicht die Arbeit werden kann. Wenn die Katze aus dem Haus fliegt und neben mir der Kaffe kalt wird, dann tue ich nichts anderes als Tabellenklötzchen zu definieren, die untereinander frei kompatibel sind. Jedes dieser Tabellenklötzchen teste ich auf Herz und Nieren. Sind alle Browser mit dem Code zufrieden? Baut der Code in allen gängigen Betriebssystemen sauber auf? Gibt es noch eine schnellere Lösung für die notwendigen Zellen? Wenn ich diese Testphase abgeschlossen habe, dann verwende ich nur noch diese Klötzchen. Keine anderen. Denn auf die kann ich mich zu 100 Prozent verlassen.

Sie werden in Kapitel 10 noch genauer erfahren, wie man eine Seite planen muss, um zu wissen, welche Klötzchen man sicher braucht und welche nicht. Aber Sie ahnen sicher schon jetzt, dass man mit dieser Art des Vorgehens zum einen beim eigentlichen Bauen der Seiten sehr viel Zeit sparen kann (man muss die einzelnen Seiten eigentlich nicht mehr ausführlich testen) und zudem auch sehr einfach Ordnung in die eigene Site bringt.

Übrigens auch optisch: Wenn dem Auge immer wieder ähnliche Tabellenbreiten am Rand und in der Höhe geboten werden, dann erzeugt sich unterschwellig schnell das angenehme Gefühl von Übersichtlichkeit. Wenn Sie natürlich genau diesen Eindruck nicht erzeugen wollen, dann sollten Sie weiterhin kreuz und quer programmieren.

Unter *http://taglinger.de* sollten Sie sich einfach einmal den Code genauer anschauen. Dann werden Sie merken, woher die aufgeräumte Wirkung der Seiten entsteht, obwohl keine `<HR>`-Tags oder ähnliche Igitt-Gestaltungsmittel genutzt wurden. Was nicht heißen soll, dass nicht die eine oder andere saubere Linie gesetzt ist. Übrigens mit der Hilfe von gefärbten Tabellen. Dazu aber später mehr.

Zudem verweise ich auf die zahlreichen Layout- und Grafikerbücher im Handel. Auch ein Layouter-Grundkurs bei einer Volkshochschule oder an einer Universität kann nicht schaden. Das so erworbene Wissen können Sie besser umsetzen, als Sie vielleicht jetzt noch glauben. Sie haben in diesem Kapitel gelernt, pixelgenau zu programmieren. Webdesigner haben übrigens intern immer Wetten mit Grafikern und Layoutern laufen, die behaupten, das vorliegende Layout könne man nicht im Web umsetzen. Man kann. Man kann manchmal nur mit Abstrichen an Ladezeit und Übersichtlichkeit, aber man kann. Aber mal ehrlich: Nicht jedes Design ist im Web sinnvoll oder fänden Sie es komisch, in Ihrem Badezimmer ein Zehnmeterbrett installiert zu bekommen? Eben.

So, genug geplauscht. Jetzt wollen wir uns wieder den Befehlen von HTML zuwenden.

HTML-Code am Schluss des Kapitels:

1. Das Inhaltsverzeichnis

```
<HTML>
   <HEAD>
      <TITLE>Inhaltsverzeichnis</TITLE>
   </HEAD>
```

```
<BODY>
Fügen Sie hier ein:    (CODE 1) oder
               (CODE 2) oder
               (CODE 3) oder
               (CODE 4) oder
               (CODE 5) oder
               (CODE 6) oder
               (CODE 7) oder
               (CODE 8) oder
               (CODE 9)
</BODY>
</HTML>
```

2. Die Texte

```
<HTML>
   <HEAD>
      <TITLE>Text</TITLE>
   </HEAD>
<BODY>

<TABLE BORDER=0 WIDTH=95% HEIGHT=10%>
   <TR>
      <TD>
         <BR>
      </TD>
   </TR>
</TABLE>

Fügen Sie hier bitte CODE A oder
               CODE B oder
               CODE C oder
               CODE D oder
               CODE E oder
               CODE F oder
               CODE G ein.
<A HREF=inhalt.htm>zurück</A>

</BODY>
</HTML>
```

Jetzt können Sie bereits auf drei Arten Ordnung in Ihre HTML-Files bringen:

- Über Listen, die sich sogar automatisch durchnummerieren
- Über Tabellen, die Übersicht in die Daten schaffen
- Über Spaltensatz, der den Text da platziert, wo Sie ihn haben wollen

Kapitel 5

jetzt lerne ich

Farbe und Hintergrund

In diesem Kapitel wollen wir uns aber endlich der Farbgebung widmen. Denn bis jetzt ist alles, was wir gearbeitet haben, noch farblos und grau. In diesem Kapitel lernen Sie, wie man in die grauen Seiten des Internets ohne großen Aufwand mehr Farbe bringt. Dazu soll der generelle Farbcode einer Internetseite erklärt und gezeigt werden, an welchen Stellen Färbungen möglich sind. Bevor wir aber einsteigen, lassen Sie mich ein paar Dinge zur Farbwahl sagen, denn Profis setzen hier nicht zufällig Farben an.

5.1 Farben (aus-)suchen

Sie können sich von ihren Empfindungen leiten lassen oder bewusst in den Farbeimer greifen. Technisch gesehen und von der HTML-Seite her ist das einerlei, aber vielleicht darf ich hier eine Anmerkung zur Farbpalette machen, die bei Arbeiten mit Webprofis sehr viel Gewicht bekommt. Dabei lassen sich die wenigsten im Gewerbe von ihrer Intuition oder gar ihrem momentan Geschmack leiten.

Um Ihnen das ein wenig zu illustrieren, folgt eine kleine Geschichte. Die erste Version des folgenden Artikels habe ich in einem Londoner Reihenhäuschen geschrieben. Und diese englischen Einrichtungen können sich in Farbkombinationen ergehen, die einem Mitteleuropäer die Tränen in die Augen treiben. In meinem Fall war das Wohnzimmer neckisch durch blauen Teppich, rosa Möbel und gelbe Wände geschmückt. Beim ersten Eintreten dachte ich »Gleich streikt mein Laptop«, aber dem war nicht so. Diese Farben sind im britischen Kulturkreis leichter anzutreffen als in Mitteleuropa. Und deshalb lohnt es sich, ausgehend von dieser Geschichte eine kleine Farbkunde einzuschieben, damit Sie verstehen, wie Sie mit kleinen Vorüberlegungen das folgende Kapitel noch besser in Ihre Arbeiten an einer Website integrieren können.

- Farben und Kultur
- Farben und Bedeutung

Farben sind zuerst einmal kulturell verankert. Wenn Sie in Europa Weiß als Farbe der Jungfräulichkeit und der Reinheit sehen, dann steht sie in Asien für den Tod. Solche Bedeutungsebenen tauchen in vielerlei Richtungen auf. Jeder deutsche Staatsbürger wird Farbkombinationen in Schwarzrotgold mehr nationalistisch sehen. Und eine Kombination wie oben beschrieben löst bei britischen Staatsbürgern vielleicht eher ein Wohlsein aus, als das für Menschen aus Mittelhessen der Fall sein mag. Das sollten Sie durchaus bedenken, wenn Sie eine Farbkombination für Ihre Website wählen, die Ihnen gerade in den Sinn kommt. Europäische Websites sind – lassen Sie mich es als einfaches Klischee formulieren, das natürlich jederzeit seine Ausnahmen hat – schlichter und monochromer als ähnliche Sites in den USA oder in Asien. Wenn Sie also eher einen edleren, europäischen Charakter Ihrer Website erzeugen wollen, dann arbeiten Sie nicht mit allzu vielen unterschiedlichen Farben und meiden Sie Pink. Das ist ein Farbton, den wir ein wenig verkrampfter sehen als andere Kulturen.

- Farben und Helligkeit
- Farben und ihr Ton
- Farben und Wärme

Sie werden gleich sehen, dass die verschiedenen Farbwerte vor allem zwei Ordnungsprinzipien haben, nach denen man vor allem Farben trennt, die dem gleichen Farbton anzugehören scheinen. Ein gut bestückter Computer kann heute 16,7 Millionen verschiedener Farbtöne darstellen. Das ist zwar technisch messbar, aber das Auge lässt uns hier im Stich. Schon ein Hundertstel an verschiedenen Farben reicht, um viele Farbtöne ineinander verschwimmen zu lassen. Aber wenn ein Farbton hier ein wenig weiter vom anderen entfernt ist, dann können wir diese Farben vor allem nach drei Parametern unterscheiden. Wir merken, ob ein Farbwert heller oder dunkler als eine vergleichbare Farbe ist. Farbtöne können wir auch dann noch differenzieren, wenn wir keine Namen mehr haben. Und dann haben Farben auch eine Temperatur. Das mag vielleicht ein wenig überraschen, wenn hier Wärme oder Kälte ins Spiel kommen. Aber wir assoziieren mit bestimmten Farben, die einen hohen Weißanteil haben, Kälte. Auf der anderen Seite sind Farbtöne mit einer Mischung aus Rot oder Gelb oder beidem für uns wärmer. Der Grund ist einfach und liegt wohl darin begraben, dass Weiß für uns durch Schnee und Eis Kälte suggeriert, dass aber Rot und Gelb für Wärme stehen, denn uns fallen dabei die Sonne und das Feuer ein. Auch wenn wirklich heiße Feuer weiß werden ... aber das ist eine andere Geschichte.

- Farben und Psychologie
- Farben und Branchen
- Farben und Branding

Es ist nicht wirklich ein Zufall, dass Imbissketten gerne in Rot und Gelb gehalten sind. Diese Kombination aus Farben regt die Sinne an. Also kriegen Kunden hier eher Hunger. Allerdings soll diese Kombination auch aggressiv machen. Lindgrün hingegen beruhigt. Ein beliebter Anstrich für Krankenzimmer. Und Blau suggeriert Sauberkeit. Subtilerweise wirkt Weiß noch weißer, wenn es mit ein wenig Blau unmerklich durchsetzt ist. Ein Trick, den Waschmittelhersteller gerne für die eigene Wäsche nutzen. Und Farben haben deshalb auch ein wenig in die Branchen und deren Firmen Einzug gehalten. Nun ist es an Ihnen zu überlegen, warum ein koffeinhaltiges Brausegetränk in roten Etiketten daherkommt. Und es ist sicher auch kein Zufall, warum Technikfirmen meistens in Blau gehaltene Logos und Firmenauftritte haben.

Sehen Sie dieses Kapitel als kleinen Aufblicker und als eine kleine Entspannung zwischendurch, bevor wir wieder in die Technik abtauchen. Die genannten Beispiele sind sicher keine letztendliche Aufstellung oder gar Liste. Es gibt auch nicht die einzig glücklich machende Farbenaufstellung. Hier spielen die genannten Parameter zusammen.

Kommen Sie sich einfach wie ein Komponist vor, der diese acht Aspekte einsetzen kann, so wie ein Komponist die Töne einer Oktave einsetzt, um Musik zu machen. Es gibt auch nicht die einzige, glücklich machende Melodie. Aber es gibt Melodien, die sehr ausgewogen klingen. Damit Sie hier aber schon einmal ein paar kleine Entscheidungshilfen erhalten, seien Ihnen folgende Tipps gegeben:

- Technische Seiten sollten Sie möglichst in ruhigen Farbkombinationen halten. Hellblau und Grau wirken seriös. Weißanteil tut gut.
- Vermeiden Sie Regenbogenkombinationen. Die meisten Websites kommen mit Varianten aus zwei Farbtönen aus.
- Nehmen Sie jede vorkommende Farbe und kombinieren Sie daraus in einem Grafikprogramm eine Palette. Entfernen Sie die Farbe, die mit den anderen am wenigsten harmonisiert.
- Stellen Sie die Palette auf weißen und auf schwarzen Hintergrund, so sehen Sie, ob die Farben zusammen passen.
- Wählen Sie angemessene Farben, die die Aussage stützen. »Alles frisch« sollte nicht auf Rostbraun stehen.

- Text braucht gut lesbare Kontraste. Bevorzugen Sie dunkle Buchstaben auf möglichst hellem Untergrund. Das liest sich am besten.
- Monochrom ist angenehm. Bringen Sie lieber mit Fotos Farbe auf die Website.
- Suchen Sie sich eine Leitfarbe, an der sich die anderen auftauchenden Farben ausrichten.
- Weiß und Schwarz sind keine Farben. Aber es kann sehr wohl spannend sein, die Website an ihnen zu orientieren.

Letztendlich wissen Sie natürlich: Farben sind Geschmackssache. Diese Tipps sind deshalb eine Anregung an Sie, sich hier Gedanken zu machen und bei einem professionellen Auftritt lieber einen Grafiker zu fragen. Der weiß hier sicher Rat, denn er schult sein Auge auf solche Farbkombinationen.

Das nur nebenbei.

5.2 BGCOLOR

Bisher haben wir schon eine ganze Menge an verschiedenen Möglichkeiten gesehen, wie Formate einen Text im World Wide Web besser aussehen lassen. Aber wenn Sie im Web surfen, dann wird Ihnen schnell auffallen, dass wir ein wichtiges Gestaltungsmittel noch nicht bedacht haben: Farbe.

HTML war in seiner ursprünglichen CERN-Konzeption nicht auf Einfärben der Texte oder des Hintergrunds ausgerichtet. Die Farbigkeit richtete sich nach den Einstellungen im Browser und hatte einen Standard, der sich im Wesentlichen so gestaltete:

- Hintergrund — Grau (25% Schwarz, 75% Weiß)
- Text — Schwarz (100% Schwarz)
- Links — Blau (100% Blau)
- Aktive Links — Rot (100% Rot)
- Besuchte Links — Violett (50% Blau, 50% Rot)

Diese Standardeinstellungen waren bei den Browsern der zweiten Generation wie Mosaic schon veränderbar. Jeder User konnte sich seine Farben selbst einstellen. Das kann man bei allen Browserprogrammen heute noch. Auch dann, wenn das Webdesign bestimmte Tags vorsieht, die dem Browser feste Farben einstellen. Seit der Einführung des Netscape Navigator 1.2 ist das möglich und gehört heute zum Standardrepertoire jedes modernen Browsers.

Unser Beispiel für dieses Kapitel soll eine Eröffnungspage zu unserem Index der vergangenen Artikel sein. Man möchte seine User ja auch anständig begrüßen.

Zuerst wollen wir die Hintergrundfarbe der Datei einstellen.

Frage

Dazu bauen wir wieder eine übliche Datei (*home.htm*) auf, die dreispaltigen Satz vorsieht, der 90% des Schirms horizontal und waagerecht vorsieht. In der mittleren Spalte soll groß das Wort »Willkommen« stehen und darunter soll der Satz »Treten Sie ein« als Link auf die nächste Seite *index.htm* führen. Die anderen Spalten bleiben leer. Sie sollten aber möglichst immer ein
-Tag in leere Spalten einfügen, da einige Browser sonst Darstellungsschwierigkeiten haben und manche Färbungen nicht anzeigen. Stellen Sie den Rand der Tabelle dar, damit Sie ihren Code besser sehen.

```
<HTML>
   <HEAD>
      <TITLE>
      Willkommen
      </TITLE>
   </HEAD>
<BODY>

<TABLE WIDTH=90% HEIGHT=90% border=1>
   <TR>
      <TD WIDTH=30%><BR>
      </TD>

      <TD WIDTH=30%>

         <FONT FACE=Times SIZE=6>
            Willkommen!<P>
         <FONT FACE=Times SIZE=4>
            <A HREF=index.htm>Treten Sie ein</A>
         </FONT>

      </TD>

      <TD WIDTH=30%><BR>
      </TD>
   </TR>
</TABLE>
</BODY>
</HTML>
```

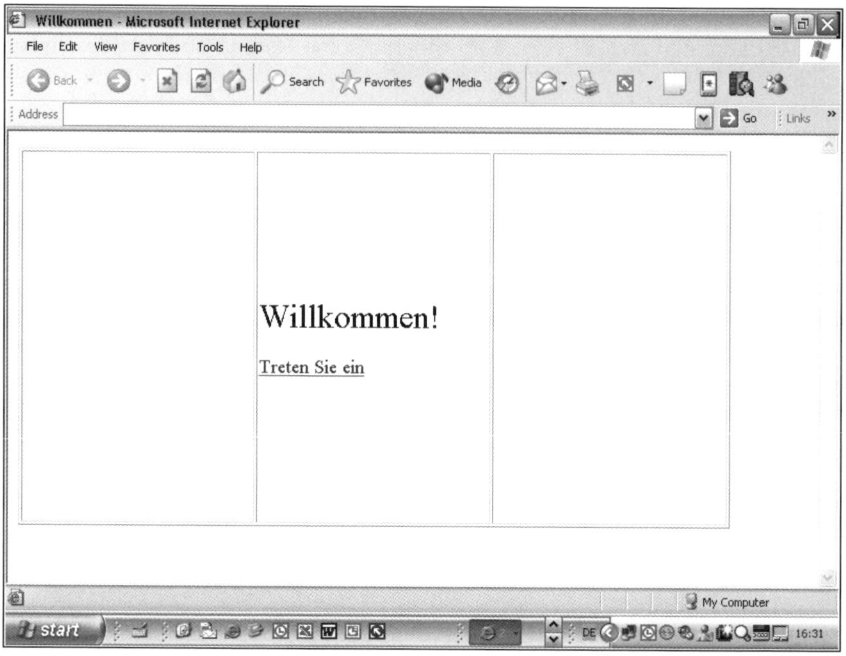

Abb. 5.1: Damit wir unsere Arbeiten besser sehen können, haben wir die Tabelle hier mit einem Rand dargestellt.

Lösung Wenn Sie den Rand der Tabelle darstellen, erscheint nichts, was Sie nicht schon können: eine dreispaltige, relativ aufgezogene Tabelle, die gleichmäßig je 30% des Bildschirms pro Zelle einnimmt und in der mittleren Zelle einen Text beinhaltet.

Wenn wir jetzt die Hintergrundfarbe einstellen, arbeiten wir noch ein Unter-Tag in das `<BODY>`-Tag hinein, denn in diesem gesamten Bereich soll unsere Färbung aktiv werden.

> Dazu muss man sich noch einmal vergegenwärtigen, dass HTML in sich kein WYSIWYG ermöglicht. Der passende Link muss also eine Codierung beinhalten.

Mittels Hexadezimalzahlen werden dazu die RGB-Werte einer Farbe angegeben und als Tag eingebaut. Hexadezimalzahlen dehnen das Zählsystem auf 16 Stufen aus, indem Sie Buchstaben mit einbauen. Unter RGB-Werten versteht man in der Bildschirmmischung von Farben Stärken der Farben Rot, Grün und Blau in einer Skala von 0 bis 255 (diese werden fieserweise in Grafikprogrammen wie Photoshop wieder im Dezimalsystem angegeben). Der Code für reines Rot in einem solchen Programm lautet daher als RGB-Wert 255,0,0, der Code für reines Grün 0,255,0. Möchte man nun ein reines Weiß erzeugen, lautet der RGB-Wert 255,255,255. Denn je mehr Farbe in einem Bildschirm (!) eingesetzt wird, desto heller strahlt er. Das hat nichts mit den Farbmischungen zu tun, die Sie aus Ihrem Wassermalkasten kennen. Dort werden Sie durch ähnliche Farbkombinationen nur ein maues Graubraun erzeugen. Lichtmischung müssen Sie sich eher wie den Einsatz verschiedenfarbiger Scheinwerfer vorstellen, die zusammen auf einen Punkt deuten und ihn so immer heller strahlen lassen, bis er in blendend weißes Licht getaucht ist.

Wer dieses Prinzip noch nicht so ganz verinnerlicht hat, der gehe am besten ganz nah an einen Fernsehapparat heran. Genau nach diesem Prinzip mischt auch hier der Schirm seine Farben punkteweise. Gewöhnungsbedürftig, aber einsichtig.

Will man nun diese drei Zahlen in einen Hexadezimalcode umwandeln, dann verschwinden in der HTML-Syntax die Kommata des Dezimalsystems und der Wert erhält ein Unter-Tag im `BODY`-Bereich:

```
<BODY BGCOLOR=#ffffff>
```

Durch das `BGCOLOR`-Unter-Tag wird dem Browser signalisiert, dass sich die Hintergrundfarbe im gesamten sichtbaren Dokument ändern wird. Das #-Zeichen signalisiert einen folgenden Hexadezimalwert. Und dann folgt in diesem Zahlensystem dreimal die 255, also ff + ff + ff.

Woher sollen Sie diese Zahlen kennen?

Ganz einfach. Es gibt inzwischen eine Menge an Tools, die Ihnen den Farbwert in Hexadezimalwerten zurückgeben. Bei Frontpage wählen Sie per Maus zum Beispiel einen Farbwert aus einer Farbwabe aus, deren genauen Wert Sie sehr genau bestimmen können. Oder Sie kombinieren einfach wie in einem Spiel jeweils die folgenden Zahlen:

- 00
- 33
- 66
- 99
- ee
- ff

Im Anhang findet sich zudem eine Übersicht mit Farbbenennungen, die beim Browser ebenfalls die Werte ergeben. Hier genügt aber pures Abtippen. Ansonsten empfehlen sich auch Taschenrechner mit einer automatischen Umrechnung oder diverse Webtools, die für Shareware-Gebühren überall zu haben sind.

Es gibt wie erwähnt eine andere Möglichkeit, die Farbe zu bestimmen, denn Netscape und Microsoft haben sich hier auf eine einheitliche Farbbenennung geeinigt, die den betreffenden Farbton exakt mit einem Namen benennt.

Sie werden zu Recht sagen, dass das bei 16 Millionen Farben ziemlich kompliziert werden könnte, aber als Antwort kann man Ihnen hier nur eine weitere Kröte zu schlucken geben, die Sie so schon anhand der Liste im Anhang sehen können: HTML gibt Ihnen als Basis (256-Farben-Grafikkarte) nur 216 Farben, die darstellbar sind. Die restlichen Farben sind für das Betriebssystem und seine grafischen Oberflächen reserviert. Wenn Sie eine Grafikkarte mit mehr als 32 000 Farben haben, dann werden Sie auch bei anderen Farben keine Pixelung feststellen. Allerdings sollten Sie immer an User denken, die nur schwache Grafikkarten haben, weil sie immer noch ältere Computer herumstehen haben. Vor allem in den Gelb- und Orangetönen sind hier Abstriche zu machen. Aber Sie werden nur in seltenen Fällen nicht mit den Grundfarben auskommen, wenn es um das Färben von Tabellen oder Hintergründen geht. Bei Bildern ist das durch Mischung der Pixel noch eine andere Sache (dazu später mehr). Und vielleicht beruhigt Sie das: Aus dieser Palette schöpfen alle Webdesigner.

Wenn Sie im Anhang nachsehen, werden Sie eine Aufführung der Farben finden. Wenn also die Hintergrundfarbe in einem knalligen Gelb daherkommen soll, dann würden alle Browser der Firmen Netscape und Microsoft ab der Versionsnummer 3.0 auch folgende Syntax verstehen:

```
<BODY BGCOLOR=YELLOW>
```

ACHTUNG

Wohlgemerkt: Nur diese Browser können das. Mit der Hexadezimal-Umrechnung auf #ffff00 sind Sie auf sicherem Land, dann können das auch andere Browser, die Farben in dieser Art vorsehen. Ganz, ganz, ganz alte Browser werden Ihre Seiten nach wie vor Grau zeigen, egal, was Sie einstellen. Meine Empfehlung: Gehen Sie immer davon aus, dass maximal ein Drittel aller User die neuesten Browser hat. Und fünf Prozent der Nutzer werden sich einfach nie von ihren guten alten Programmen wegbringen lassen. Da heißt es Rücksicht nehmen, wenn Sie sehr konservativ sind. Ich persönlich bevorzuge eher den Zug in Richtung neuerer Browser, aber das bleibt wirklich Ihnen überlassen.

5.3 FONT COLOR

Wir haben im letzten Kapitel unserer Seite einen weißen Hintergrund verpasst. Wenn wir die Seite aufrufen, dann wird die Schrift standardmäßig schwarz dargestellt, während die Links blau bzw. violett zu sehen sind (wenn wir diese Einstellungen nicht in unserem Browser geändert haben sollten).

Angenommen, wir möchten die Schrift nun in einem Schiefergrau darstellen, um dem Ganzen einen etwas edleren Anstrich zu geben, dann benötigen wir wieder das <BODY>-Tag dazu.

```
<BODY BGCOLOR=#ffffff TEXT=#708090>
```

Jetzt erscheint der komplette Text mit Ausnahme der Links in einem Schiefergrau.

Aber wir können hier noch weiter verfeinern. Angenommen, wir wollen den ersten Buchstaben des Wortes »Willkommen« in einer anderen Farbe darstellen, dann können wir durch Zuhilfenahme des <FONT>-Tags wieder eine andere Färbung anlegen, die sich bis zum </FONT>-Tag in beliebiger Länge hinzieht. Wenn wir diesen ersten Buchstaben in reinem Schwarz haben wollen, schreiben wir:

```
<FONT COLOR=#000000 SIZE=6>W</FONT>
<FONT COLOR=#708090 SIZE=6>illkommen</FONT>
```

Der Buchstabe »W« hat jetzt eine eigene Färbung bekommen. Diese Färbung stellt sich automatisch wieder auf den Standard oder auf den TEXT-Wert im <BODY>-Tag um, wenn das nächste <FONT>-Tag ohne genaue Anweisung erscheint. Ein </FONT>-Tag löst einen ähnlichen Mechanismus aus. Ältere Browser auf dem Mac OS reagieren darauf allerdings nicht wie gewünscht, wenn im <BODY>-Tag die Schriftfarbe vordefiniert wurde. Aber wie gesagt: Man kann sich irgendwann einmal zugunsten der neueren Browser entscheiden, nicht mehr alle Varianten zu testen und gegenzuchecken.

ACHTUNG

Auch wenn Sie so theoretisch jeden Buchstaben einzeln einfärben können, sollten Sie zum einen auf die Lesbarkeit und zum anderen auf den gesamten optischen Eindruck achten. Zu viele Farben zerstören leicht die Erscheinung einer Seite. Achten Sie auch darauf, dass gerade Orangetöne bei Windows-Computern nicht immer sauber durch die Bildschirmkarte dargestellt werden. Die Farbzusammenstellung sollten Sie deshalb besonders dann noch auf einem zweiten Gerät testen, wenn Sie ursprünglich an einem Mac OS-Computer arbeiten, da hier die Farben sauberer dargestellt werden, was Sie aber von den – viel häufiger verwendeten – Windows-Computern nicht immer erwarten dürfen.

5.4 LINK COLOR

Was jetzt noch fehlt, sind die Einfärbungen der Links. Wir wollen die noch nicht geklickten Links rot, die aktiven Links hellrot und die schon geklickten Links dunkelrot färben.

Dazu nehmen wir wieder das <BODY>-Tag:

```
<BODY BGCOLOR=#ffffff TEXT=#708090 LINK=#ff0000 ALINK=#ff6300
VLINK=#9c0000>
```

Mit dieser Auswahl der drei unterschiedlichen Rottöne haben wir genau den gewünschten Effekt erreicht. Übrigens sind hier nicht alle Farben aus der 216-Farben-Palette genommen. Bewusst, denn Sie werden merken, wenn Sie eine eher schwächere Grafikkarte haben, dass der Computer jetzt um Himmels Willen nicht anfängt, Ihre Schriftfarben zu pixeln. Er sucht sich lieber den nächstgelegenen Farbwert, den er darstellen kann. Vor allem im Orange/Gelb-Bereich kann es deshalb zu Farbchangierungen kommen.

Wenn Sie dem <BODY>-Tag keine dieser Angaben hinzufügen, schaltet der Browser automatisch auf Standard. Sie können also auch den Link gelb einfärben und nach dem Klicken wird er automatisch violett aussehen, weil Ihr Browser dies so eingestellt hat. Viele Webdesigner färben auch alle drei Link-Arten gleich ein, damit keine Verfärbungen auftreten. Für meinen Geschmack (und um den handelt es sich bei vielen Farbtipps in diesem Kapitel) ist es aber empfehlenswert, bereits genutzte Links durch Abdunkeln der Grundfarbe als schon verwendet zu signalisieren. Das erhöht die Nutzerfreundlichkeit.

Webdesigner gehen normalerweise so vor, dass Sie zu Beginn Ihrer Arbeit eine Farbtabelle für Text-, Hintergrund- und Linkfarben auf einer Palette zusammenstellen. So kann man schnell sehen, ob die Farbauswahl auch wirklich harmoniert. Innenausstatter arbeiten so und die müssen es ja wissen, oder?

Nun wollen wir das Gelernte an unserem Beispiel noch einmal im Zusammenhang üben.

Frage Bitte stellen Sie unser File *home.htm* mit folgenden Farben ein:

- Hintergrund: Weiß
- Text: Dunkelgrau
- 1. Buchstabe Text: Schwarz
- Link: Gelbbraun
- Aktiver Link: Schieferblau
- Besuchter Link: Entenbraun
- 1. Buchstabe Link: Stahlblau

```
   <HTML>
      <HEAD>
         <TITLE>
         Willkommen
         </TITLE>
      </HEAD>
A    <BODY BGCOLOR=#ffffff TEXT=#a9a9a9 LINK=#d2b48c
         ALINK=#6a5acd VLINK=#008080>

   <TABLE WIDTH=90% HEIGHT=90% border=1>
      <TR>
         <TD WIDTH=30%>
      <BR>
         </TD>

         <TD WIDTH=30%>

B              <FONT COLOR=#000000 FACE=Times SIZE=6>
                 W
              </FONT>
C              <FONT FACE=Times SIZE=6>
                 illkommen!<P>
D              <A HREF=index.htm>
               <FONT COLOR=#4682b4 FACE=Times SIZE=4>
                 T
E              <FONT COLOR=#000000 FACE=Times SIZE=4>
                 reten Sie ein</A>
              </FONT>
         </TD>

         <TD WIDTH=30%>
        BR>
         </TD>
      </TR>
   </TABLE>
   <BODY>
   </HTML>
```

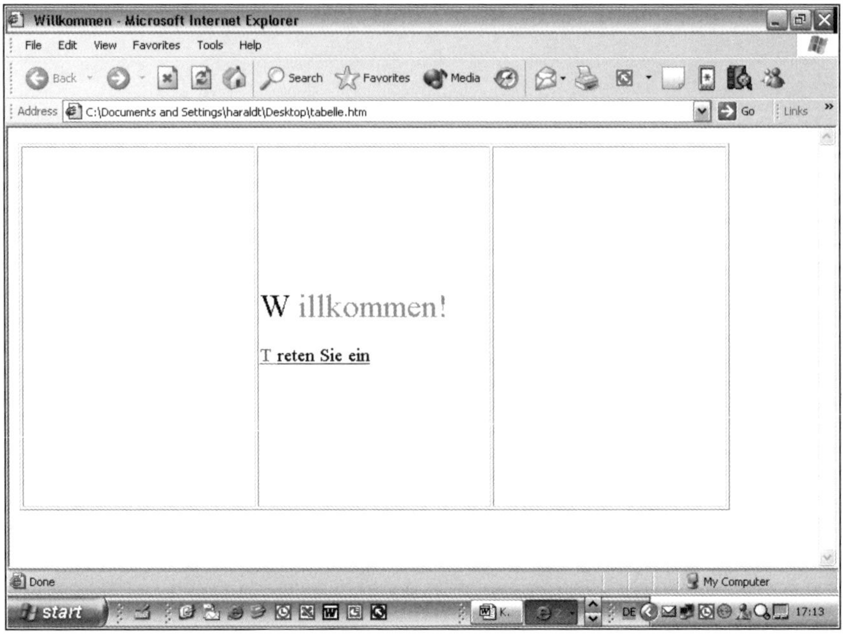

Abb. 5.2: Jetzt kommt vorsichtig Farbe ins Spiel.

Lösung Wir konzentrieren uns darauf, immer die Größe und Farbe der Schrift in den Tabellenzellen im Griff zu haben. Die seltsamen Benennungen der Farben rühren von der Farbtabelle im Anhang des Buches her. Wir wissen, dass das kein guter Stil ist, denn Computer mit schlechten Grafikkarten und/oder anderen Betriebssystemen werden hier einen leicht anderen Farbwert anzeigen. Die 216 sicheren Farben, die wir an einer ausschließlichen Verwendung von 00,33, 66, 99, ee, ff erkennen, wären hier besser.

```
A     <BODY BGCOLOR=#ffffff TEXT=#a9a9a9 LINK=#d2b48c
      ALINK=#6a5acd VLINK=#008080>
```

Die allgemeinen Einstellungen für den Hintergrund, die Text- und die Linkfarben werden hier vorgenommen. Sicher haben Sie die genauen Hexadezimalwerte der Liste im Anhang entnommen. Dort befinden sich ja auch die festgelegten Namen, mit denen Sie die Browser von Netscape und Microsoft ab der Version 3.0 einstellen können. Auf diese Weise würde die Syntax also lauten:

```
<BODY BGCOLOR=WHITE TEXT=DARKGREY LINK=TAN ALINK=SLATEBLUE
VLINK=TEAL>
```

Sicher ist Ihnen aufgefallen, dass in manchen Source-Codes im Web die Anführungszeichen um die Angaben herumstehen und manchmal nicht. Eigentlich ist es unwichtig, ob Sie diese Schreibweisen annehmen. Es gibt zwar Autoren, die hier Browserstörungen beobachten, wenn man die Anführungszeichen nicht streng bei allen Angaben im Code beachtet, aber diese Störungen beziehen sich nicht auf moderne Browser wie den Internet Explorer oder den Netscape Navigator. Ältere Browser können vor allem bei Link-Verweisen allergisch reagieren. Es bleibt also Ihnen überlassen, wie Sie das halten wollen. Ich habe die Anführungszeichen hier konsequenterweise weggelassen. Allerdings sollten Sie beachten, dass einmal geöffnete, aber nicht mehr geschlossene Anführungszeichen böse Browserfehler auslösen können. Es gilt also auch in Ihrem Code: Entweder beide oder keine.

```
B           <FONT COLOR=#000000 FACE=Times SIZE=6>
              W
            </FONT>
```

Hier wird der erste Buchstabe des Textes umgefärbt, indem dem `<FONT>`-Tag noch das Unter-Tag `COLOR` hinzugefügt wird. Das kennen wir bereits. Durch das Schließen des `<FONT>`-Tags lösen wir diese Farbausnahme wieder auf.

```
C           <FONT FACE=Times SIZE=6>
              illkommen!<P>
```

Da hier im erneuten `<FONT>`-Tag keine Umfärbung angegeben wird, kann die Färbung aus dem `<BODY>`-Tag aktiv werden.

Sie werden merken, dass dieser Wortteil jetzt beim Verkleinern des Browserfensters gerne umbrochen wird, wenn der vorgesehene Tabellenplatz nicht mehr reichen sollte. Da hier neu mit einem `<FONT>`-Tag angesetzt wird, vermutet der Browser hier auch ein neues Wort und bricht deshalb im Notfall um.

```
D           <A HREF=index.htm>
            <FONT COLOR=#4682b4 FACE=Times SIZE=4>
              T
```

Auch hier kann die Färbung aktiv werden. Allerdings kann man eine Umfärbung der Links nur sehr begrenzt empfehlen, weil so die Nutzung für den User ein wenig schwieriger wird. Jede zusätzliche Text- und Linkfarbe verwirrt auch immer ein wenig.

```
E           <FONT COLOR=#000000 FACE=Times SIZE=4>
              reten Sie ein</A>
            </FONT>
```

Wie Sie sehen, kann diese Umfärbung auch durch ein erneutes `COLOR`-Tag umgestellt werden. Die Syntax wird von den Browsern in der Regel verstanden. Der Übersichtlichkeit halber empfiehlt es sich aber, eine Umfärbung immer mit einem `</FONT>`-Tag zu schließen.

5.5 Tabellenfärbungen

Zum Abschluss unseres Farbkapitels lernen wir noch ein Feature von HTML kennen, das erst mit dem Aufkommen des Netscape Navigator 3.0 und des Microsoft Internet Explorer 3.0 aktiv wurde. Wir werden sehen, dass gerade hier nur der Explorer einige Zusatzfeatures aufweist, die Netscape zögerlich nachholt: das Einfärben von Tabellen und Tabellenzellen.

Gerade wenn Sie große Farbflächen erzeugen wollen, die als Schmuck oder als besonderer Hinweis dienen sollen, ist dieses Feature ein sehr gelungener Weg, ohne großen Datenaufwand große Wirkung zu erzeugen.

Ausgerüstet mit unseren Hexadezimalcodes wollen wir jetzt eine Tabellenzelle einfärben. Das geht denkbar einfach:

```
<TD BGCOLOR=#00ff00>
   <BR>
</TD>
```

Mit diesem bereits bekannten Befehl ist die Sache schon hinter uns gebracht.

Dass hier noch ein
-Tag dazwischen steht, hat aber einen speziellen Grund. Solange die Zelle nicht mindestens ein ASCII-Zeichen oder einen Umbruch beinhaltet, kann die Färbung bei manchen Browsern nicht sichtbar gemacht werden.

Bis zu diesem Punkt kann Netscape in seinen älteren Versionen auch nur mithalten, die folgenden Features stellen der Internet Explorer und neuere Navigator-Versionen dar.

Angenommen, Sie möchten folgende Tabelle noch ein wenig farbiger gestalten:

```
<TABLE BORDER=3>
   <TR>
      <TD>
      </TD>
   <TR>
</TABLE>
```

Der Internet Explorer 3.0 und höher sieht dazu noch mehr Befehle als den bereits bekannten vor:

```
<TABLE BORDER=3 BORDERCOLOR=#000000 BORDERCOLORBLACK=#708090
BORDERCOLORLIGHT=#0000ff>
```

Das <BORDERCOLOR>-Tag färbt erwartungsgemäß den Rand einer Tabelle ein – vorausgesetzt, dass das <BORDER>-Tag im <TABLE>-Tag mit einem Zahlenwert größer als 0 notiert ist. Hier haben wir die Randfarbe mit #000000 schwarz gefärbt.

Das <BORDERCOLORBLACK>-Tag gibt den Farbton an, der angenommen wird, um den dunkleren Teil der 3D-Darstellung eines Tabellenrands zu erzeugen. Hier wird ein schiefergrauer Farbton eingestellt.

Das <BORDERCOLORLIGHT>-Tag kümmert sich hier um den helleren Part der 3D-Darstellung und hat einen grünen Farbton.

ACHTUNG

Diese Tags haben sich nicht sehr durchgesetzt, sind aber für den Fall, dass jemand gerne nur für den Explorer programmieren möchte, kein Problem. Zumal Microsoft-Browser sich als Standard durchgesetzt haben. Soll sich die Färbung nur auf eine Tabellenzeile beziehen, müssen diese Unter-Tags in das <TR>-Tag eingefügt werden. Auch eine Einfügung in das <TH>-Tag ist möglich, wobei die Angaben in den <TABLE>-Tags alle anderen darunter liegenden Angaben übertünchen.

Dieses Wissen wollen wir jetzt noch zum Abschluss des Kapitels in unser Beispiel einfügen:

Übung 16

Nehmen Sie unser File *home.htm* in der bereits bestehenden Färbung und fügen Sie hier links und rechts gefärbte Tabellenzellen mit dem Farbton Gold dazu. Für den Explorer programmieren Sie ein eigenes Beispiel, das den Rand in drei passenden Grautönen einfärbt.

```
   <HTML>
      <HEAD>
         <TITLE>
         Willkommen
         </TITLE>
      </HEAD>
   <BODY BGCOLOR=#ffffff TEXT=#a9a9a9 LINK=#d2b48c
      ALINK=#6a5acd VLINK=#008080>

A   <TABLE WIDTH=90% HEIGHT=90% BORDER=0>
      <TR>
B        <TD BGCOLOR=#ffd700 WIDTH=30%>
         <BR>
         </TD>

         <TD WIDTH=30%>

            <FONT COLOR=#000000 FACE=Times SIZE=6>
               W
            </FONT>
```

```
            <FONT FACE=Times SIZE=6>
               illkommen!<P>
            <A HREF=index.htm>
            <FONT COLOR=#4682b4 FACE=Times SIZE=4>
               T
            <FONT COLOR=#000000 FACE=Times SIZE=4>
               reten Sie ein</A>
            </FONT>

         </TD>

C         <TD BGCOLOR=#ffd700 WIDTH=30%>
         <BR>
         </TD>
      </TR>
   </TABLE>
   <BODY>
   </HTML>
```

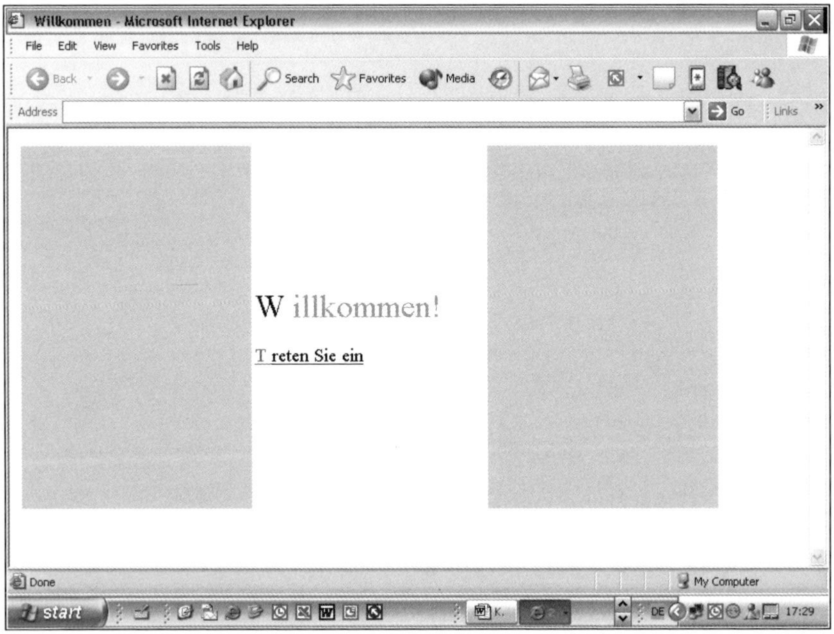

Abb. 5.3: Jetzt wird es knallig.

Lösung Jetzt haben wir BORDER auf 0 gestellt, denn wir wissen jetzt, wo die Tabelle aufhört. Nämlich da, wo der gelbe Farbbereich endet.

```
A    <TABLE WIDTH=90% HEIGHT=90%>
```

Im aufgeführten Beispiel bleibt zuerst einmal dieses Tag unangetastet. Wenn Sie aber die Aufgabe wie verlangt für den Internet Explorer erweitern wollen, dann lautet die Syntax je nach Farbton und Darstellungsart beispielsweise:

```
<HTML>
      <HEAD>
         <TITLE>
         Willkommen
         </TITLE>
      </HEAD>
   <BODY BGCOLOR=#ffffff TEXT=#a9a9a9 LINK=#d2b48c
      ALINK=#6a5acd VLINK=#008080>

A    <TABLE WIDTH=90% HEIGHT=90% BORDER=4 BORDERCOLOR=#A9A9A9
     BORDERCOLORBLACK=BLACK BORDERCOLORLIGHT=#708090>
       <TR>
B         <TD BGCOLOR=#ffd700 WIDTH=30%>
          <BR>
          </TD>

          <TD WIDTH=30%>

             <FONT COLOR=#000000 FACE=Times SIZE=6>
                W
             </FONT>
             <FONT FACE=Times SIZE=6>
                illkommen!<P>
             <A HREF=index.htm>
             <FONT COLOR=#4682b4 FACE=Times SIZE=4>
                T
             <FONT COLOR=#000000 FACE=Times SIZE=4>
                reten Sie ein</A>
             </FONT>

          </TD>

C          <TD BGCOLOR=#ffd700 WIDTH=30%>
          <BR>
          </TD>
       </TR>
   </TABLE>
   <BODY>
   </HTML>
```

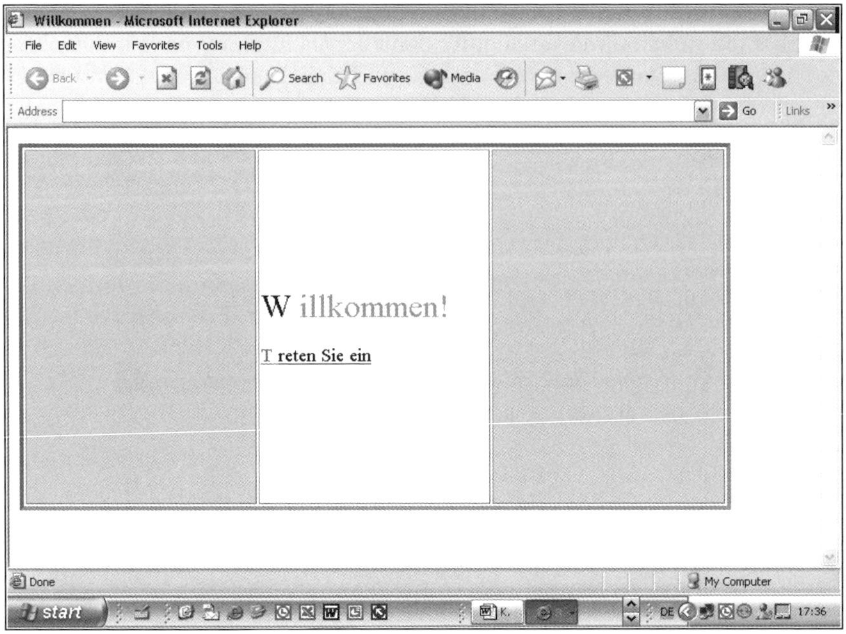

Abb. 5.4: Schwer erkennbar auf Papier, aber auf Ihrem Bildschirm ändern sich jetzt die Farben der Rahmen.

Sie könnten also die beiden verschiedenen Farbsysteme auch mischen. Allerdings kann dies nicht empfohlen werden. Es verwirrt Sie bei der Programmierung. Verwenden können Sie die Benennungen hier jedoch problemlos, denn Browser, die diese Farben nicht verstehen, werden auch die Randfärbungen nicht sehen.

```
B         <TD BGCOLOR=#ffd700 WIDTH=30%>
          <BR>
          </TD>
```

Hier wird die erste Zelle golden gefärbt und dabei noch mit einem
-Tag versehen, damit diese Färbung auch sichtbar wird.

```
C         <TD BGCOLOR=#ffd700 WIDTH=30%>
          <BR>
          </TD>
```

Hier wiederholt sich dieser Effekt noch einmal. Da die mittlere Zelle nicht mit einer eigenen Hintergrundfarbe umgefärbt wird, richtet Sie sich weiterhin an der generell eingestellten Hintergrundfarbe im <BODY>-Tag aus.

Jetzt haben Sie eine sehr farbige Begrüßungsseite gestaltet, mit der Sie noch ein wenig herumspielen sollten, um die Farben Ihrer Wahl besser zu beherrschen. Viel Spaß beim individuellen Zusammenstellen Ihrer Farben, die aus Ihrer Seite erst Ihre persönliche Begrüßungsseite entstehen lassen!

Die wichtigste Information habe ich mir für den Schluss aufgehoben. Wenn Sie dieses Kaptitel aufmerksam durchgelesen haben, dann werden Ihnen die Möglichkeiten schnell verdeutlicht worden sein, Grafiken zu meiden und viel mit gefärbten Tabellen zu arbeiten. Gefärbte Tabellen haben geringe Ladezeiten und können Grafiken ersetzen.

Zudem haben diese grafischen Elemente natürlich einen Vorteil, den Ihnen – das werden Sie im nächsten Kapitel sehen – eine Grafik nicht so ohne weiteres bieten kann. Die gefärbten Tabellen lassen sich bedingt durch Ihre Programmierung in Prozentzahlen auch je nach Fenster- oder Bildschirmgröße skalierbar einbauen. Wenn Sie also das Gefühl haben, Sie sollten dringend mal eben ein Schachbrett auf Ihren Seiten zeigen, das sich immer quadratisch je nach Fenster- oder Bildschirmgröße aufbaut, dann können Sie das sehr einfach und ladefreundlich lösen.

Sie programmieren einfach eine Tabelle mit acht Reihen zu je acht Zellen und geben diesen Zellen die entsprechenden Werte und Zellenfarben. Dabei werden Sie aber eine fiese Sache merken: 100% sind nicht glatt durch 8 teilbar. Nebenbei merken Sie also, dass Tabellenzellen nicht in Schritten unter einem Prozent geteilt werden können (es gibt übrigens auch nur ganze Pixelzahlen für Tabellen). Aber mit ein paar kleinen Tricks kriegen Sie das hin (machen Sie die äußeren Zellen einfach ein wenig größer).

Und noch etwas werden Sie merken und das ist das A und O für alle Webdesigner, die mit Tabellen als Satzspiegelelement arbeiten: Sie brauchen ein Unter-Tag im `<TABLE>`-Tag, denn sonst schließen die Tabellenzellen nicht sauber aneinander an. Eine Tabelle mit zwei gefärbten Tabellenzellen ist dann sauber und ohne Zwischenraum programmiert, wenn Sie diese Tabelle etwa wie folgt aufbauen:

```
<TABLE BORDER=0 CELLSPACING=0 CELLPADDING=0 WIDTH=300 HEIGHT=400>
   <TR>
      <TD WIDTH=300 HEIGHT=400 BGCOLOR=#ffff00>
      <BR>
      </TD>
      <TD WIDTH=300 HEIGHT=400 BGCOLOR=#00ffff>
      <BR>
      </TD>
   </TR>
</TABLE>
```

Die Werte der Unter-Tags `BORDER=0 CELLSPACING=0 CELLPADDING=0` im `<TABLE>`-Tag eliminieren nicht nur den Tabellenrand (den kennen Sie bereits), sie stoppen auch alle möglichen Zwischenräume, die die Browser auch für 3D-Effekte der Zellen vorgesehen haben. Ohne diese Werte kann es zu Zwischenräumen kommen, die nicht sehr schön sind. Experimentieren Sie ruhig einmal mit den Werten größer als Null. Dann werden Sie auch sehr schöne Effekte und Zusatzfärbungen für das Auge erzielen. Dagegen ist auch nichts zu sagen. Sie sollten eben nur wissen, wie man diese Färbungen kontrolliert. Und das können Sie jetzt.

Nach diesem Kapitel beherrschen Sie:

- das Einfärben von Text
- das Einfärben von Textlinks
- das Einfärben von Hintergründen

Kapitel 6

jetzt lerne ich

Bilder, Videos und Töne

Was wäre das World Wide Web ohne Bilder und die Möglichkeit, Filme und sogar Musik herunterzuladen? Abgesehen davon, dass es leider auch den Missbrauch dieser Medien in der Form von Kinderpornografie und Raubkopien gibt, haben die folgenden HTML-Befehle viel zum Erfolg des Mediums beigetragen. Kaum eine Website kommt heute noch ohne Fotos oder Grafiken aus. Und sei es nur, um damit klickbare Buttons bereitzustellen. Die neuesten Trailer von Blockbustern sind so selbstverständlich im Netz zu finden, dass wir uns schon gar nicht mehr vorstellen können, neue Streifen erst im Kino zu entdecken. Und MP3-Dateien sind ein spannendes aber auch leidiges Thema der Musikindustrie geworden. Auf der anderen Seite gibt der Download von Musik das Netz auch als Forum für Hobbymusiker frei. Und in diesem Sinne freuen wir uns jetzt auf die folgenden Befehle.

Es ist auch an der Zeit zu lernen, wie und warum man eine Flash-Datei in HTML einbinden muss, um die allseits bekannten Effekte mit bewegter Typografie zu erzielen. Eine komplette Einführung in diese Spezialtechnik zur Erstellung von Webseiten werden Sie hier nicht finden, denn Flash kommt mit einer sehr guten Beschreibung des Programms vom Hersteller Macromedia daher. Und beim Erwerb dieser Software haben Sie eine Einführung sozusagen frei Haus. Allerdings können wir einiges dazu sagen und üben, wie Sie am besten die Erzeugnisse, die Flash-Filme, einbinden. Auch das ist Gegenstand dieses Kapitels.

In diesem Kapitel lernen Sie,

- wie man Bilder und Hintergrundstrukturen in Webseiten einbaut und layoutet,
- wie man Bewegtbilder erzeugt,
- wie man Videos einbindet,
- wie man Töne im Hintergrund platziert,
- wie man Töne als Download platziert,
- wie man Flash-Dateien einbindet.

6.1 Background-Bilder

Mit dem Handwerkszeug des letzten Kapitels lassen sich Farben schon sehr sinnvoll in eigenen Webseiten einbauen. Aber das Web bietet noch eine Möglichkeit, die wir uns jetzt genauer anschauen: das Einbinden von Background-Bildern.

Schauen wir uns zunächst das einfache Tag dazu an:

```
<BODY BACKGROUND=bild.gif>
```

So binden wir in HTML eine Bilddatei *bild.gif* ein, die sich im gleichen Verzeichnis wie das HTML-File befindet. Eigentlich sehr einfach und der große Vorteil einer Sprache wie HTML.

ACHTUNG

Wir können dieses Bild im HTML-Dokument nicht sehen, da nur der Pfad verzeichnet ist, in dem diese Bilddatei zu finden ist. Wir schreiben also eine Art von Link auf dieses Bild als Unter-Tag in den Code. Deshalb ist hier noch einmal ein kleiner Exkurs angebracht.

Frage Wie würde also dieses obige Tag lauten, wenn das obige Bild-File *bild.gif* im Verzeichnis über dem HTML-Dokument oder sogar auf dem Server *http://taglinger.de* im Unterverzeichnis *bilder* liegen würde?

```
<BODY BACKGROUND=../bild.gif>
<BODY BACKGROUND=http://taglinger.de/bilder/bild.gif>
```

Lösung Wie wir schon im Kapitel über Links gesehen haben, kann der relative Link auf dieses Bild auch in ein anderes Verzeichnis führen, das nicht einmal auf dem eigenen Server liegen muss. Diese Anwendung des Webs ist die faszinierende Möglichkeit, auf einem Bildschirm Daten aus verschiedenen Teilen der Welt zu laden.

Sie müssen also nicht immer nur auf dem eigenen Server Bilder besitzen, um sie in Ihre Website einzubauen. Allerdings muss hier vor zwei Dingen entschieden gewarnt werden:

Zum einen bedenken Sie bitte das Copyright. Nicht jeder mag es, dass seine Daten frei im Web weiterverarbeitet werden. Zum anderen kann das Bild, auf das Sie verweisen, eines Tages von dem betreffenden Server verschwunden sein und dann ist Ihre Website mitbetroffen.

Ein weiteres wichtiges Kriterium ist die steigende Ladezeit. Die Bilder müssen ja im Extremfall aus allen Erdteilen dieser Welt per Internet zusammengesammelt werden, bevor sie dargestellt werden können. Das wird die Geschwindigkeit des Bildaufbaus bei mehr als zwei Bildern bremsen. Sie werden gleich lernen, wie man generell Bilder einbaut und da können Sie ähnlich vorgehen.

Allerdings sind hier auch Vorteile zu nennen. Angesichts des immer häufiger aufkommenden Angebots von freiem Webspace könnten Sie Ihren eigenen Plattenplatz bei Ihrem Provider auch ökonomisch behandeln, wenn Sie alle Bilder auf einen dieser freien Server legen. Das kann Ihnen vor allem dann helfen, wenn dieser freie Speicher auf lange Sicht existiert.

Generell gilt: Probieren Sie so lange, bis Sie ein schnelles Set an Webbildern für Ihre Site haben und testen Sie regelmäßig. Nichts vergeht so schnell im Web wie ein Link und/oder eine flotte Serverkombination.

Es ist auch nicht immer fair, andere Server anzuzapfen, weil viele Internet-User ihre Abrechnung anhand des Datenvolumens erhalten und bei diesem Linkverfahren so für den Abruf Ihrer Seiten indirekt mitbezahlen.

Was passiert nun, wenn wir ein Background-Bild einbauen? Banal gesagt: Es wiederholt dieses Bild im Hintergrund unendlich in der Originalgröße. Ab der Version 1.2 des Netscape Navigators und 2.0 des Internet Explorers wurde es üblich, dieses Feature bereitzustellen. Ältere Browser müssen hier wieder passen, aber die können Sie vernachlässigen. Auf diese Art und Weise erhalten Sie die redundanten Strukturen, die Sie sicher schon bei den einen oder anderen Webpages gesehen haben. Beliebt sind Motive wie Ziegelsteine oder geknittertes Papier. Die Kunst des Backgrounds besteht darin, ein möglichst kleines Bild zu finden, das bei einer Wiederholung möglichst ohne Bruch wieder anschließt und eine angenehme Redundanz aufbaut. Sie kennen das analog zu den angebotenen Hintergründen bei Windows oder beim Mac OS. Hier wird das gleiche Prinzip angewandt.

Achten Sie unbedingt auf sehr ruhige Background-Motive, wenn über diesen Hintergrund Schrift laufen soll. Die meisten Erstversuche scheitern hier. Denn man ist so stolz auf seine schönen Hintergründe, dass man die Lesbarkeit des Textes übersieht. Und der ist auf jeden Fall immer noch wichtiger als das Bild dahinter. Mein Tipp: Vermeiden Sie so weit es geht Strukturen, auf denen Text stehen soll. Durch raffiniertes Kombinieren von Tabellen (Sie können diese seit dem letzten Kapitel einfärben ... und das überdeckt natürlich ein Background-Bild) und Background-Bildern steht immer da, wo Text sein soll, eine freie Farbfläche als Basis. Dazwischen tummeln sich dann die Background-Motive.

Eine kleine Ernüchterung habe ich auch noch für Sie. Bald werden Sie auch lernen, wie man Bilder in eine Website einbaut, die im Vordergrund stehen. Und diese Bilder können Sie in ihrer Größe verändern. Bei einem Background-Bild geht das leider nicht. Stellen Sie sich das Prinzip einer Kachel vor. Eine ähnliche Kachel wird immer wieder aneinander gereiht, um eine Wand zu Kacheln. So ähnlich geht ein Browser hier auch vor.

Ein zweiter Exkurs ist hier noch angebracht.

Für diese Hintergrundbilder können leider nicht alle Bildformate verwendet werden. Nur die Formate GIF und JPEG werden von Browsern dargestellt. Diese beiden sind komprimierte Bilddateien, die sich selbstständig bei der Darstellung entpacken und so oft weniger als ein Vierzigstel der Originaldatenmenge bei der Übertragung ausmachen. Generell sollten Sie sich folgende Übersicht einprägen:

GIF	**JPEG**
pixelorientiert	pixelorientiert
256 Farben	Millionen Farben
72 dpi und darunter	72 dpi und darunter
non-destruktiv	destruktive Komprimierung
je weniger Farbe, desto weniger Daten bei gleichem Motiv	je weniger Farbänderungen, desto weniger Daten bei gleicher Farbzahl
vor allem für Grafiken geeignet	vor allem für Fotos geeignet

Als Sonderformat kann innerhalb von GIF89 eine Farbe unsichtbar gemacht werden. Und es ermöglicht auch das »Ineinander-Rechnen« von mehreren Bildern zu einem Trickfilm. Das sind die berühmt-berüchtigten Bewegt-GIFs, innerhalb derer man die Zahl der Bilder, deren Abfolge, die Geschwindigkeit von Bild zu Bild und die Zahl der Wiederholungen festlegen kann. Ein erweiterter JPEG-Standard, PRO-JPEG, komprimiert Bilder noch weiter nach unten. Allerdings ist eine erneute Bearbeitung und ein Abspeichern dieser neuen Bilder oft nicht möglich, wenn sie in die alte Datei geschrieben werden sollen. Legen Sie einfach diese bearbeiteten Dateien unter einem neuen Namen an und benennen Sie diese dann nach dem Abspeichern notfalls um, nachdem Sie die alte Datei gelöscht haben. Umständlich, aber das Ergebnis lohnt diesen Aufwand.

Die richtige Aufbereitung von Bilddaten würde ein eigenes Buch füllen und ist stark von den genutzten Tools abhängig. Wer es sich leisten kann, der nutzt dazu Photoshop oder Corel Draw.

Aber auch viele Sharewareprogramme können heute schon gute Bildbearbeitung und Grafik ermöglichen.

ACHTUNG

Generell gilt, dass Bilder so groß wie nötig und so klein wie möglich sein sollten, um die Ladezeit zu verkürzen. Als Faustregel gilt, dass in Deutschland derzeit zwischen 5 Kbyte pro Sekunde (ISDN, mittelguter Connect) und 30 Kbyte (ADSL, 512-Kbit-Connect) an Daten im Internet übertragen werden (dies ist ein Durchschnittswert, der sich weiter erhöhen wird). Behalten Sie das für die Nutzerfreundlichkeit Ihrer Seiten immer im Auge. Oder würden Sie auf ein unmotiviertes Bild zehn Sekunden warten? Eben.

Wenn Sie nun wissen, dass ein Background-Bild unendlich oft nebeneinander wiederholt wird, bis der rechte Fensterrand erreicht ist, und dann genauso in der Zeile darunter verfährt, sollten Ihnen folgende Aufgaben keine Schwierigkeiten bereiten.

Frage Wie sieht das kleinste denkbare Background-Bild aus?

Lösung 1 Pixel hoch und 1 Pixel breit

Da es unendlich oft wiederholt wird, füllt sich auch auf diese Weise, wenn auch wegen der Rechenzeit ziemlich langsam, der Hintergrund.

Frage Wie stelle ich das kleinste denkbare Background-Bild her, um alle 100 Pixel einen senkrechten weißen Strich auf schwarzem Hintergrund erscheinen zu lassen?

Lösung 99 Pixel schwarz und 1 Pixel weiß, bei 1 Pixel Höhe

Da die Bilder unendlich oft nebeneinander wiederholt werden, setzen Sie rechts vom Bild wieder neu an und erzeugen so Reihen.

Wenn Sie nur einen Strich im Bild haben möchten, fahren Sie nach dem 100. Pixel in der Datei schwarz fort und dehnen diesen schwarzen, 1 Pixel hohen Strich insgesamt 1200 Pixel weit aus. Derzeit gibt es – abgesehen von Grafiksystemen – selten jemanden, der mehr als 1200 Pixel auf einmal in der Breite darstellt. Aber man kann ja nie wissen. Also können Sie das Bild auch 2000 Pixel breit machen. So verhindern Sie, dass noch ein Background-Bild rechts ansetzen kann, und lassen nur einen Strich bei 100 Pixel erscheinen.

Frage Wie erzeugen Sie diagonale Linien im Abstand von 10 Pixel?

Lösung Sie bauen ein Background-Bild, 10 Pixel auf 10 Pixel, das in den Farben Ihrer Wahl eine Linie oben links ansetzt und unten rechts abschließt.

Die Variationen sind hier unendlich. Damit Sie noch ein wenig mehr Sicherheit mit diesem Thema bekommen, kann ich Ihnen nur empfehlen, möglichst viele Webseiten daraufhin durchzusehen. Wenn Sie eine spannende Anwendung dieser Background-Bilder finden, dann sollten Sie sich den Source-Code der Seite ansehen (jeder Browser lässt es zu, den Quelltext durchzuschauen), den Link auf das Background-Bild im `<BODY>`-Tag heraussuchen und nur dieses Bild im Browser ansehen. Sie werden oft verblüfft sein, wie klein diese Bilder sind und wie raffiniert sie mit den optischen Erwartungen des menschlichen Auges spielen, um Muster zu variieren, die in einer sehr kleinen Datei versteckt sind.

Beachten Sie aber auch hier, dass es schon der gute Ton verbietet, diese Bilder aus Gründen des Copyrights einfach weiterzunutzen. Ich kann Ihnen nur empfehlen, zumindest dem Webmaster dieser Site eine E-Mail mit der Bitte zu schreiben, Sie würden das Bild gerne nutzen. Erst wenn Sie die Erlaubnis mit der Bemerkung haben, dass das Hintergrund-Bild wirklich von ihm/ihr stammt, dann sind Sie rechtlich auf trockenem Land. Das sollte es Ihnen wert sein!

Zum Abschluss dieses Kapitels eine kleine Aufgabe, die Ihnen eine verblüffende neue Bildebene eröffnen kann.

Übung 17 Wie muss der Source-Code aussehen, wenn Sie *bild1.gif* als Hintergrundbild für die Datei *index.htm* nutzen wollen, wenn Sie aber auch in einer Tabellenzelle mit *bild2.gif* einen eigenen Hintergrund platzieren möchten?

```
A   <HTML>
    <HEAD>
       <TITLE>Versuch mit zwei Backgrounds</TITLE>
    </HEAD>
B   <BODY BACKGROUND=bild1.gif BGCOLOR=ff0000>
C   <TABLE BORDER=0 CELLSPACING=0 CELLPADDING=0>
      <TR>
D   <TD BACKGROUND=bild2.gif HEIGHT=100 WIDTH=100>
         <BR>
         </TD>
E        <TD>
         Dies ist ein Text auf dem ersten Background
         </TD>
       </TR>
      </TABLE>
F  Und hier geht es ohne Tabelle weiter.
</BODY>
</HTML>
```

Diesen Source-Code schauen wir uns genauer an.

```
A <HTML>
    <HEAD>
       <TITLE>Versuch mit zwei Backgrounds</TITLE>
    </HEAD>
```

Wir beginnen mit einem ganz normalen HTML-Header. Nix Aufregendes. Das können Sie sich inzwischen schon im Schlaf notieren, gell?

```
B   <BODY BACKGROUND=bild1.gif BGCOLOR=ff0000>
```

Das Hintergrundbild wird wie bereits gelernt eingebaut. Sie müssen nicht unbedingt eine Hintergrundfarbe angeben, aber es macht sich sicher besser, wenn Sie dazu den Farbton nehmen, der im Hintergrundbild am meisten vorkommt. Wenn das Bild dann geladen wird und erscheint, ist das für das Auge der angenehmste Effekt. Ich habe hier die Definitionen für Schrift- und Linkfarbe rausgelassen, da ich Ihnen ja kein spezielles Bild zur Verfügung stelle. Die können Sie natürlich ganz nach Ihrem Geschmack wählen und einbauen.

```
C <TABLE BORDER=0 CELLSPACING=0 CELLPADDING=0>
   <TR>
```

Jetzt bauen wir die Tabelle auf. Es empfiehlt sich hier, alle Tabellenwerte wie im letzten Kapitel gelernt auf 0 zu setzen, damit wir im Layout nicht die bereits beschriebenen Anschlussfehler bekommen, weil die Tabellenzellen nicht plan aneinander schließen.

```
D <TD BACKGROUND=bild2.gif HEIGHT=100 WIDTH=100>
    <BR>
  </TD>
```

Jetzt kommen wir zum Beef des Quelltextes. Banalerweise wird das zweite Bild mit dem gleichen Unter-Tag eingebaut. Ich habe hier die Höhe und die Weite so angegeben, wie das Background-Bild in unserem Beispiel dimensioniert sein soll. Das hat einen wichtigen Grund: Background-Bilder werden ja immer so lange aneinander gesetzt, wie das entsprechende Fenster für Sie hoch und breit ist. Ist dieser Platz nun kleiner als das Bild, sieht man nur sehr wenig davon, ist er größer, wird das Bild kachelartig wiederholt. Hier soll das Bild genau einmal in voller Größe zu sehen sein, deshalb reicht das
-Tag nicht aus und ich habe eine sehr dominante Größenangabe in die Tabelle eingebaut.

```
E   <TD>
Dies ist ein Text auf dem ersten Background
    </TD>
  </TR>
</TABLE>
```

Zur Sicherheit soll hier noch einmal eine andere Zelle zeigen, dass es eben nicht überall zum zweiten Hintergrund kommen muss, nur weil dieser in einer Zelle aufgerufen wurde. Sie brauchen aber natürlich keine zweite Zelle, wenn Sie das nicht wollen. Der Effekt funktioniert in einer beliebigen Zelle mit je einem neuen Bild Ihrer Wahl.

```
F   Und hier geht es ohne Tabelle weiter.
  </BODY>
</HTML>
```

Hier schließen wir den HTML-Code und zeigen, dass außerhalb der Tabelle alles wie gehabt verläuft.

Wenn Sie hier sehr schlau und ausgefuchst sind, dann werden Sie mit dem Wissen, das Sie im nächsten Kapitel bekommen, insgesamt drei Bildebenen erzeugen können. Was das für Möglichkeiten bietet, will ich Ihnen an einem Beispiel verdeutlichen.

Stellen Sie sich vor, Sie haben als Hintergrundbild eine Meerlandschaft mit Horizont ausgewählt. Das lässt sich leicht herstellen, weil diese Landschaftsform sehr redundant ist, vor allem bei spiegelglatter See ... Sie schneiden senkrecht einfach ein Stück des Fotos aus und der Browser addiert durch die Background-Technik den gesamten Horizont neu. Und jetzt ziehen Sie darüber eine Tabelle auf, in deren Zellen Sie passgenau immer wieder je nach Lust und Laune das Bild einer Insel platzieren. Sie haben die Insel als GIF 89 angelegt, damit sie nur einen Berg und eine Palme darstellen, und der Bildplatz darum herum ist eine unsichtbare Farbe. So wirkt es für das Auge schon, als würden Sie ein riesengroßes Motiv mit einer Inselgruppe erzeugen (und in Wirklichkeit haben Sie nur zwei sehr kleine Bilder auf verschiedenen Ebenen kombiniert). Wenn Sie jetzt noch auf die Inseln, die als Background eingebaut sind, einen winkenden Seemann, eine zweite Palme oder die Kombination daraus setzen, dann haben Sie eine dritte Ebene gewonnen und das bildschirmfüllende Motiv verblüfft Ihre User mit ungewohnt geringen Ladezeiten und einer prächtigen Gesamtgrafik.

Na? Ahnen Sie die tollen Möglichkeiten dieser Anwendungen? Haben Sie richtig Lust bekommen, jetzt auch den Einbau von Grafiken zu lernen? Dann nichts wie ab ins nächste Kapitel.

6.2 Einbinden von Bildern

Es gibt in HTML auch die Möglichkeit, Bilder nicht nur unendlich oft im Hintergrund zu wiederholen. Auch die Einbindung eines einmalig angezeigten Vordergrundbildes ist denkbar einfach. Hier hat HTML ein Tag vorgesehen, das auch nur das tut, was wir schon kennen. Es erzeugt einen Link auf die Bilddatei, die wiederum auf dem eigenen oder auf einem fremden Server in einem beliebigen Verzeichnis liegen kann:

```
<IMG SRC=bild.gif>
```

Das war es schon, wenn Sie einfach nur ein Bild in einem gleichen Verzeichnis des eigenen Servers ohne weiteres Layout in eine Seite pasten wollen. Sollte das Bild auf einem anderen Server liegen, dann schreiben Sie zum Beispiel:

```
<IMG SRC=http://taglinger.de/bilder/bild.gif>
```

So geben Sie also die Quelle des Bildes (»Image Source«) an. Das Tag ist also wieder eine Art Abkürzung.

Wir wollen ein Beispiel aufbauen, das den Einsatz solcher Bilder in Webseiten ein wenig durchspielt. Stellen Sie sich vor, Sie möchten eine Reihe von Bildern als digitales Fotoalbum mit ihren Freunden in eine Webpage pasten. Das könnte etwa so aussehen:

```
   <HTML>
      <HEAD>
         </TITLE>
         Meine Freunde
         </TITLE>
      </HEAD>


A    <BODY BACKGROUND=pappe.gif BGCOLOR=#ffffff TEXT=#000000
     LINK=#0000ff VLINK=#0000ff ALINK=#0000ff>

   <CENTER>
B    <TABLE BGCOLOR=#708090 WIDTH=380>
      <TR>
C        <TD WIDTH=100>
         </TD>

D        <TD WIDTH=180>
         <IMG SRC=bild1.jpg>
         </TD>

         <TD WITDH=100>
         </TD>
      </TR>
      <TR>
         <TD WIDTH=100>
         </TD>

         <TD WIDTH=180>
         <IMG SRC=bild2.jpg>
         </TD>

         <TD WITDH=100>
         </TD>
      </TR>
```

```
</TABLE>
</CENTER>
</BODY>
</HTML>
```

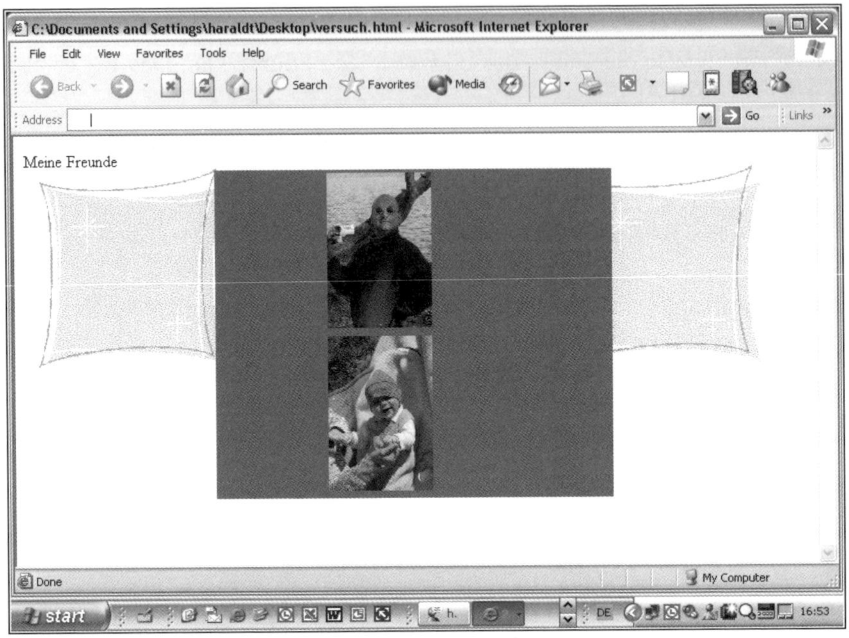

Abb. 6.1: *So schnell bauen wir ein Fotoalbum.*

```
A    <BODY BACKGROUND=pappe.gif BGCOLOR=#ffffff TEXT=#000000
     LINK=#0000ff VLINK=#0000ff ALINK=#0000ff>
```

Wir haben mit dem Bild *pappe.gif* einen Hintergrund gewählt, der einen Karton simuliert (na ja, ich gebe zu, da ist ein bisschen Interpretations-Spielraum vorhanden ...). Da dieses Bild im Background als Letztes auf der Seite geladen wird, haben wir die Hintergrundfarbe Weiß gewählt. So entsteht bereits nach der ersten Sekunde ein ähnlicher Eindruck von der Gesamtseite. Die Textfarbe soll Schwarz, die Linkfarben soll Blau sein.

```
B    <TABLE BGCOLOR=#708090 WIDTH=380>
```

Die Tabelle soll einen kleinen Grauschleier haben und zentriert in der Mitte der Seite stehen.

```
C         <TD WIDTH=100>
          </TD>
```

Links und rechts lassen wir einen Abstand von 100 Pixel.

```
D         <TD WIDTH=180>
          <IMG SRC=bild1.jpg>
          </TD>
```

Hier soll das Bild geladen werden, das schmaler als 180 Pixel sein sollte, um nicht über die Tabellenzelle zu laufen. Dieses Verfahren können wir Reihe für Reihe anwenden. Allerdings sollte die Gesamtgröße der Daten nicht über 50 Kbyte steigen. Erfahrungsgemäß sind das in deutschen Webseiten Obergrenzen, die noch erträglich sind. Aber das wird sich auch ändern, wenn überall noch schnellere und billigere Verbindungen zu haben sind.

Sie werden feststellen, dass manche Browser hier mit dem Anzeigen der Seite warten, bis Sie alle Daten geladen haben. Das ist nicht schön. Es wäre besser, wenn sich die Bilder nach und nach aufbauen würden. Es gibt eine Abhilfe. Wenn Sie zum Beispiel ein Bild *bild.jpg* mit 100 Pixel Breite und 200 Pixel Breite erstellt haben, dann sollten Sie dieses Bild mit folgendem Tag einbauen:

```
<IMG SRC=bild.jpg WIDTH=100 HEIGHT=200>
```

Diese Höhen- und Breitenangaben kennen wir ja schon länger. Hier sind sie eine praktische Sache. Der Browser würde das Bild auch ohne diese Angaben in der richtigen Größe laden, aber so weiß er schon, wie groß dieses Bild sein kann, und kümmert sich zuerst um den Aufbau der anderen Daten, um am Schluss das Bild nachzuladen. Es empfiehlt sich deshalb, diese Daten immer gleich mit anzugeben. Das macht das Laden der Seiten scheinbar schneller, da sofort etwas auf dem Bildschirm passiert.

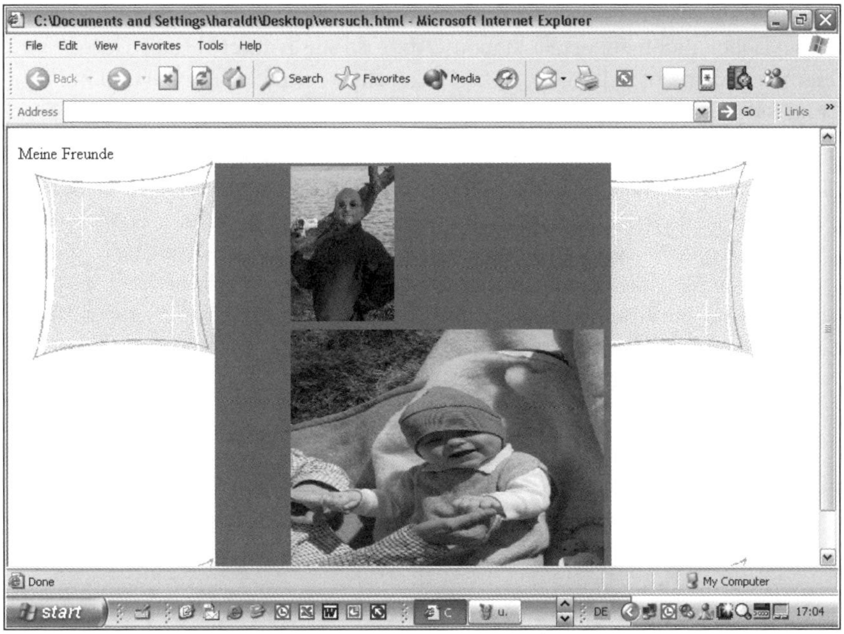

Abb. 6.2: Spannend: mit der Weite und der Höhe Bildergrößen verändern

Wie Sie in der obigen Darstellung sehen können, lassen sich `WIDTH` und `HEIGHT` auch noch dazu einsetzen, die Größe der Bilder anzupassen. Das ist natürlich sehr praktisch und das kennen wir aus den Grafikprogrammen unserer Wahl. Aber lassen Sie sich ein wenig warnen. Wenn ein Browser ein Bild nach oben oder unten skalieren soll, dann sollte auf jeden Fall das Seitenverhältnis stimmen. In diesem Fall haben wir ein wenig daneben gegriffen und so ist das Konterfei von Stella Locker (so heißt die junge Dame im Bild) ein wenig dicker als nötig geraten. Mögen das vielleicht Damen in diesem Alter noch verzeihen, später tun sie es nicht. Seien Sie also sehr vorsichtig, wenn Sie mit den Angaben zu den Bildern variieren.

Und noch etwas muss zur Skalierung via Browser gesagt werden: Es ist nicht die feinste Art, mit Bildern umzugehen, denn was Photoshop bikubisch ausgleicht und damit weichzeichnet, kann eine Browsersoftware nicht leisten. Das heißt, dass immer mehr Pixel zu sehen sind, je größer Sie das Bild ziehen. Meine Empfehlung deshalb: Nehmen Sie möglichst nur dann eine andere Bildgröße, wenn Sie wirklich einen dieser Effekte erzielen wollen. Sonst ist die Originalgröße sicher immer noch am besten.

Einen Exkurs gibt es noch:

Bilder, die der Browser lädt, legt er in einem so genannten *Cache* ab. Das ist ein Pufferspeicher, den Sie in seiner Größe und Haltbarkeit in den Optionen Ihres Browsers definieren können. Das hat Vorteile, denn wenn das Bild noch einmal in einem anderen File oder auch mehrmals im gleichen File aufgerufen wird, hat es der Browser schon »auf Lager« und kann es sofort anzeigen. Das erhöht die Ladegeschwindigkeit noch weiter, wenn Ihre User den Cache für diese Bilder nicht abgestellt haben. Aber da kann man diesen Damen und Herren auch nicht helfen, wenn Sie ihren Browser nicht optimal und Zeit sparend eingestellt haben.

INFO

Ein Tipp noch: Wenn Sie mehrere Bilder nebeneinander stellen wollen, ohne dass Sie eine Lücke zwischen diesen Bildern wünschen, dann meiden Sie im Source-Code zwischen den `<IMG SRC>`-Tags unbedingt feste Zeilenumbrüche. Vor allem Netscape-Browser reagieren auf diese Source-Code-Formatierungen mit einer kleinen Lücke zwischen den Bildern, obwohl das eigentlich laut Definition von HTML nicht sein dürfte ... Na ja, auch Softwareprogrammierer sind nur Menschen.

6.3 Verlinken von Bildern

Diese Bilder können auch wie Text mit einem Link versehen werden. Und in der Syntax besteht hier eigentlich auch kein Unterschied:

```
<A HREF=link.htm><IMG SCR=bild.gif WIDTH=100 HEIGHT=100>
</A>
```

Einem Bild der Größe 100 x 100 Pixel wird hier der interne Link *link.htm* zugeordnet. Es wäre auch wieder ein externer Link denkbar. Die bekannteste Anwendung dieses Tags ist mit Sicherheit der berühmte Button, den viele auf ihrer Site haben, um per Mausklick eine andere Seite anzuwählen. Aber die Verwendungszwecke gehen noch weiter. Zurück zu unserem Beispiel eines Fotoalbums.

Frage

Schöner wäre es, wenn Sie in unserem Fotoalbum mit einem Mausklick gleich das E-Mail-Formular aufpoppen lassen könnten, um der betreffenden Person eine E-Mail zu schicken.

Wie würden Sie das lösen?

```
<A HREF=mailto:juergen@mut.de>
<IMG SRC=bild1.jpg WIDTH=100 HEIGHT=150></A>
```

(restlicher Code: siehe Kapitel über Verlinkung)

Wir rufen durch das Mail-Tag einen Link zum E-Mail-Formular auf. Wenn Sie das so bei jedem der Bilder Ihrer Freunde tun, sind alle per Mausklick in Ihrem Fotoalbum direkt anmailbar. Sie könnten aber auch direkt auf deren Homepages verlinken. Der Fantasie sind hier keine Grenzen gesetzt.

Sie werden schnell erkannt haben, dass ein Rahmen in der Linkfarbe um das Bild herum entstanden ist. Das soll zeigen, dass das Bild verlinkt ist. Wenn Sie dieser Rahmen stört, dann können Sie ihn durch ein Unter-Tag abstellen, das Sie schon kennen:

```
<A HREF=mailto:juergen@mut.de><IMG BORDER=0 SRC=bild1.jpg
WIDTH=100 HEIGHT=150>
```

Das `BORDER=0`-Tag löscht den Rahmen. Mit einer anderen Zahl könnten Sie diesen Rahmen noch dicker machen. Sollten Sie hier kein `<BORDER>`-Tag angeben, wird der Rand immer einen Pixel breit sein. Verfahren Sie hier ganz nach Belieben. Sie können übrigens diesen Rand auch größer als Null stellen, wenn Sie einfach nur umrahmen, aber nicht verlinken wollen. Ein netter Effekt, allerdings kann er User auch schnell verwirren. Gehen Sie sorgsam mit solchen Abwandlungen um.

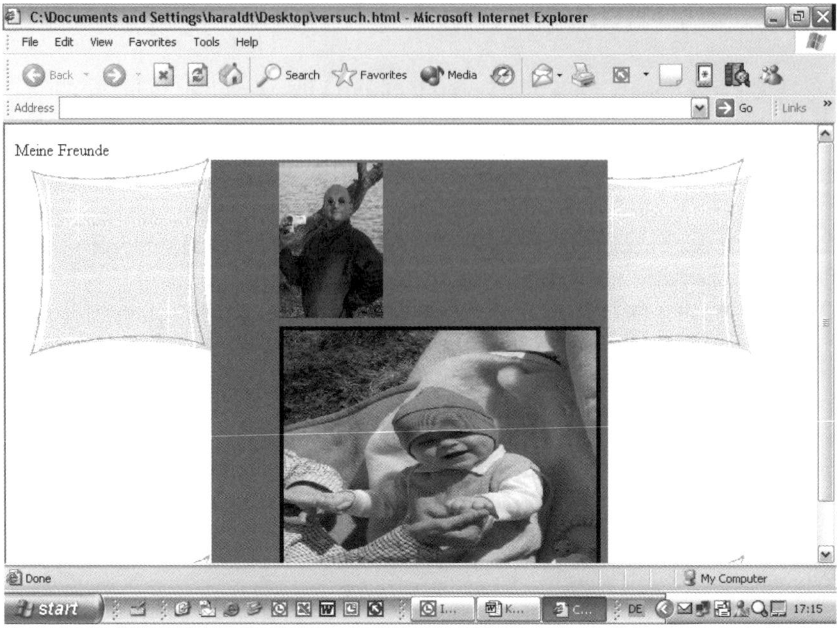

Abb. 6.3: Wir können auch richtig fette Rahmen um die Bilder machen.

Weil es immer wieder vergessen wird, aber für den guten Eindruck einer Seite wichtig ist, hier noch ein Tag, das Sie immer einfügen sollten:

```
<IMG SRC=bild.gif ALT=Hier kommt das Bild. WIDTH=100 HEIGHT=100>
```

Das `ALT`-Tag ermöglicht es Ihnen, eine Bildbeschreibung zu platzieren, bis das Bild an der gleichen Stelle geladen ist. Aus zwei Gründen sollten Sie dieses Feature nutzen.

- Der User weiß, worauf er wartet, wenn das Bild noch lädt.
- User, die das Laden von Bildern im Browser ausgeschaltet haben, lassen sich aus Neugierde vielleicht so überzeugen, den bloßen Text vielleicht doch langweilig zu finden ...

6.4 Ausrichtung von Text und Bildern

Oft genug kommt es vor, dass Text neben einem Bild steht. Sie könnten mit Ihrem Wissen hier schon eine elegante Lösung finden: Sie würden einfach zwei nebeneinander liegende Tabellenzellen aufbauen, in die Sie jeweils Text und Bild platzieren würden. Es geht aber noch eleganter, vor allem dann, wenn der Text das Bild umfließen soll. HTML hat dazu ein Unter-Tag bereitgestellt, das Sie schon vom <P>-Tag kennen:

```
<IMG SRC=bild.gif ALT=Ein Bild WIDTH=100 HEIGHT=100 ALIGN=left>
```

Das ALIGN-Unter-Tag sorgt hier mit der Einstellung left dafür, dass das Bild links steht und der Text rechts an ihm vorbeifließen kann. Die verschiedenen Möglichkeiten, das Bild hier zu platzieren, sind:

- ALIGN=left – Text fließt rechts
- ALIGN=right – Text fließt links
- ALIGN=top – erste Textzeile fließt oben, der Rest des Textes fließt unterhalb des Bildes
- ALIGN=middle – erste Textzeile fließt mittig, der Rest des Textes fließt unterhalb des Bildes
- ALIGN=bottom – Text fließt rechts von unterem Bildrand

Sollten Sie dieses Tag nicht nutzen, sind die Browser standardmäßig auf ALIGN=bottom eingestellt.

Um hier noch feinere Einstellungen (vor allem bei ALIGN=left/ALIGN=recht) vorzunehmen, bietet HTML noch Abstandshalter an.

- VSPACE=5 – Hier wird zwischen Text und Bild ein vertikaler Rand von 5 Pixeln gehalten.
- HSPACE=10 – Hier wird zwischen Text und Bild ein horizontaler Rand von 10 Pixeln gehalten.

Die Zahlen sind wieder je nach Geschmack einsetzbar. Bedenken Sie aber, dass dieser Rand rund um das Bild vorhanden ist. Bei größeren Rändern wird das Bild also deutlich nach rechts und nach unten versetzt. Das kann im Layout leicht ein wenig windschief aussehen. Zum Beispiel rückt bei HSPACE=10 das Bild auch 10 Pixel nach links und hält nicht nur den Text 10 Pixel von der Grafik entfernt. Genauere Positionierung ist mit Sicherheit immer durch den Einsatz von Tabellen zu erreichen.

Wenn wir also ein Bild *baum.jpg* in der Größe 100 x 200 Pixel links in einen Text setzen wollen und dieser Text soll einen vertikalen und horizontalen Abstand von 5 Pixel haben, dann sieht die Syntax folgendermaßen aus:

```
<IMG SRC=baum.jpg ALT=Das ist ein Baum WIDTH=100 HEIGHT=200
ALIGN=left HSPACE=5 VSPACE=5>
Hier folgt der Text, hier folgt der Text.
```

Sie werden sehen, dass es nicht ganz einfach ist, den folgenden Text, der unbedingt unter das Bild soll, auch dort sauber zu platzieren. Eine einfache und sichere Möglichkeit wäre es, hier einfach eine neue Tabellenzelle aufzuziehen. Wenn Sie allerdings nach dem Text, der das Bild umfließen soll, das <P>-Tag setzen, dann setzt der neue Absatz auch wirklich dort an. Ein reines
-Tag hilft hier nicht weiter.

> Testen Sie aus, wie ein Bild in einem Text reagiert, wenn Sie den Text vor das Bild-Tag setzen oder das Bild-Tag in der Mitte des Textes platzieren. Hier lassen sich witzige Effekte erzielen. Wenn Sie aber volle Kontrolle über die Bildausrichtung haben wollen, dann sollten Sie ein Bild immer links oben platzieren. Sonst wandert Ihre Abbildung je nach Textgröße im Layout umher, da der Umbruch des Textes ja dann variabel ist.

Übung 18 Nehmen Sie wieder den bereits geschriebenen Code unseres Fotoalbums, um rechts von jedem Bild (sie sollten alle gleich groß sein) einen Text zu platzieren, der einen Namen und eine Adresse angibt. Der Text sollte 3 Pixel neben dem Bild beginnen, das mit dem Namen des Dargestellten benannt sein sollte. Zwei Bilder sollen hier genügen. Das zweite hat allerdings einen Link auf eine Fantasie-Website.

```
   <HTML>
      <HEAD>
         </TITLE>
         Meine Freunde
         </TITLE>
      </HEAD>

   <BODY BACKGROUND=pappe.gif BGCOLOR=#ffffff TEXT=#000000
   LINK=#0000ff VLINK=#0000ff ALINK=#0000ff>

   <CENTER>
   <TABLE BGCOLOR=#708090 WIDTH=380>
      <TR>
         <TD WIDTH=100>
         </TD>

         <TD WIDTH=180>
A         <IMG SRC=bild1.jpg WIDTH=100 HEIGHT=100 ALT=Peter
          ALIGN=left HSPACE=3 VSPACE=3>
B         Das ist Peter<BR>
          Meierstraße 5<BR>
          87677 Linden<P>
         </TD>

         <TD WITDH=100>
         </TD>
      </TR>
      <TR>
         <TD WIDTH=100>
         </TD>

         <TD WIDTH=180>
```

```
C       <A HREF=http://www.anna.de/HTML>
        <IMG SRC=bild2.jpg WIDTH=100 HEIGHT=100 ALT=Rudi
        ALIGN=left HSPACE=3 VSPACE=3></A>
        Das ist Rudi<BR>
        Oberallee 5<BR>
        80799 M&uuml;nchen<P>
        </TD>

       <TD WITDH=100>
       </TD>
    </TR>
  </TABLE>
  </CENTER>
  </BODY>
  </HTML>
```

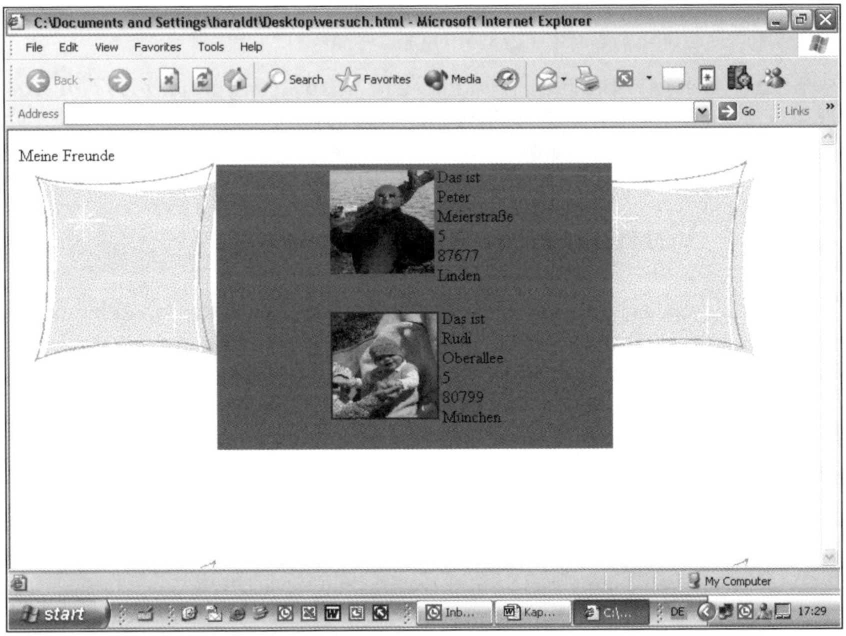

Abb. 6.4: Zugegeben, der Text könnte besseres Layout vertragen. Aber das können Sie gerne machen.

```
A       <IMG SRC=bild1.jpg WIDTH=100 HEIGHT=100
        ALT=Peter ALIGN=left HSPACE=3 VSPACE=3>
```

Hier werden alle Angaben zu Bildnamen, Größe, Ankündigungstext, Platzierung und Textabstand eingegeben.

```
B       Das ist Peter<BR>
        Meierstraße 5<BR>
        87677 Linden<P>
```

Weil wir eine Adresse angeben und weil Adressen meistens dreizeilig geschrieben werden, haben wir nach jeder Zeile ein
-Tag genutzt. Wie im Screenshot zu sehen, hilft das nicht immer, denn bedingt durch das Design der Tabellen haben wir auf 800 x 600 Pixel hier einen zu früh ansetzenden Zeilenumbruch. Und die Hausnummer befindet sich eine Zeile darunter. Schade ...

Den Schluss bildet das <P>-Tag, damit eventuell später folgender Text nicht rechts neben das Bild gezogen wird. Wäre der Text nun mehrzeiliger als das Bild, dann würde er unterhalb des Bildes weiterlaufen. Sicher nicht immer schön. Vor allem wenn wir uns noch daran erinnern, dass Text von Usern unterschiedlich groß dargestellt werden kann. Aber auf der anderen Seite werden wir später im Buch dazu noch ein wenig mehr lernen. Und außerdem ist es möglich, das Bild entsprechend groß anzulegen.

```
C         <A HREF=http://www.anna.de/HTML>
          <IMG SRC=bild2.jpg WIDTH=100 HEIGHT=100 ALT=Rudi
          ALIGN=left HSPACE=3 VSPACE=3></A>
```

Wir haben dieses Bild mit der Fanatsie-URL *http://www.anna.de/HTML* verlinkt. Da wir keinen BORDER=0-Wert angegeben haben, wird ein Rand von einem Pixel Breite um das Bild herum erscheinen.

6.5 Vermischen der Bilder

Damit kommen wir jetzt langsam in die »Multimedia«-Ecke. Ich setze dieses (Hass-)Wort deshalb in Anführungszeichen, weil nur sehr wenig von dem über HTML machbar ist, was weithin als »Multimedia« bezeichnet wird. Ob die bisher auf dem Markt befindlichen Endconsumer-Produkte auch im CD-ROM- und Spielebereich diesen Namen bisher überhaupt verdienen, das sei einmal dahingestellt.

Ein nur für den Netscape Navigator taugliches HTML-Tag kann hier ohne großen Aufwand schon die Illusion von bewegten Bildern erzeugen. Wenn wir zum Beispiel zwei Bilder von einem Baum haben, die in der gleichen Größe und aus der gleichen Kameraperspektive heraus diesen Baum einmal im Sommer und einmal im Winter aufgenommen haben, dann können wir diese beiden Bilder sehr eindrucksvoll mit folgendem Tag überblenden:

```
<IMG SRC=baum2.jpg LOWSRC=baum1.jpg WIDTH=100 HEIGHT=100
ALT=Jahreszeiten>
```

Das LOWSRC-Tag wurde eigentlich dazu entwickelt, Bilder mit einer geringeren Ladezeit vorzuschicken, um die eigentlichen Bilder dann nachzuladen. Aber wie Sie sehen, können Sie sich diesen Effekt gut für die Verfremdungen nutzbar machen. Allerdings gibt es eine Einschränkung: Sie können die Ladepause zwischen den Bildern nicht beeinflussen. Wenn ein User also diese Seite schon gecacht hat, weil er sie schon einmal heruntergeladen hat, dann wird dieser Effekt fast nicht mehr zu sehen sein, weil das zweite Bild sofort nachlädt. Und wenn auf der anderen Seite der Server eine ADSL-Leitung zur Verfügung steht, dann wird auch nicht sehr viel Effekt entstehen. Deshalb verschwindet das Tag langsam aber sicher aus dem Standardrepertoire.

Eine andere Sache lässt sich hier nicht mehr mit Tags beschreiben. Dazu bedarf es Ihrer Fähigkeiten und ein bisschen optischer Raffinesse. Ihnen stehen als Webdesigner im klassischen HTML zwei Bildebenen zur Verfügung. Das Background-Bild und eine theoretisch beliebige Anzahl von nebeneinander ladbaren Bildern. Da Sie schon gelernt haben, wie man pixelgenau Tabellen aufziehen kann, ist es Ihnen jetzt zum Beispiel ein Leichtes, einen Weg für folgenden Fall zu finden:

Frage

Sie möchten einen Gartenzaun darstellen, auf dem ein Vogel sitzt. Dabei soll sich dieser Gartenzaun über den ganzen Bildschirm erstrecken, der Vogel aber soll nur einmal zu sehen sein.

Lösung

Denken Sie an die Insel, die ich weiter vorne beschrieben habe. Sie erzeugen ein Background-Bild, das nur einen oder zwei Stäbe des Gartenzauns hat, das aber nach oben und unten noch genug Freiraum besitzt, um den Zaun nicht sofort zu wiederholen. Dann erzeugen Sie eine Tabelle, die den Pixelwert von der Spitze des Gartenzauns bis zum oberen Rand des Backgrounds wiederholt, und machen diese Tabelle so breit, dass Sie das Bild mit einem Vogel nun an der richtigen Stelle platzieren können. Das ist eine ziemliche Friemelarbeit, aber solche optischen Gags können schon einmal mehrere Tage in Anspruch nehmen.

6.6 GIF 89

Wenn wir unser Beispiel mit dem Vogel auf dem Zaun noch einmal aufnehmen, dann wäre es sehr schön, wenn der Vogel ab und zu noch mit den Flügeln schlagen würde. Das sieht lebensnaher aus.

Mit der Einführung eines besonderen GIF-Formats ist das kein Problem mehr. GIF 89 ermöglicht es, in ein Bild mehrere Bilder zu packen und deren Reihenfolge und Ablösegeschwindigkeit zu bestimmen. Sogar unendliche Schleifen sind machbar. Das Ganze erinnert zu Recht an ein Daumenkino und ähnlich werden bewegte Bilder auch hier erzeugt.

Sie benötigen dazu ein Programm wie das GIF Construction Set für Windows oder den GIF Builder für Mac OS. Auf deren Oberfläche werden die einzelnen Bilder zusammengebunden, in ihrer Reihenfolge festgelegt und mit ihren Ablaufzeiten und dem eventuellen Loop bestimmt. Dann erfolgt eine Abspeicherung in einer einzigen Bilddatei, mit der Sie in gewohnter Art und Weise umgehen können. Das heißt, Sie können diese Bewegtbilder verlinken, in der Größe verändern, in einen Text einbauen und in ein LOWSRC-Tag einbauen.

Allerdings gibt es einen entscheidenden Unterschied: GIF-89-Bilder sind nur innerhalb von <TABLE>-Tags bei modernen Browsern als BACKGROUND verwendbar. Da der Computer bei jeder Animation in einem solchen GIF 89 rechnen muss, ist die Gefahr von Abstürzen einfach zu groß, wenn solche Bewegtbilder im Hintergrund zu sehen wären. Also wurde hier ein Riegel vorgeschoben. Davon abgesehen: Wer kann noch einen Text lesen, wenn der ganze Bildschirm plötzlich zu wuseln anfängt?

Die Anwendungsmöglichkeiten von solchen GIF-89-Animationen sind vielfältig. Hier ein paar Vorschläge:

- Flips: Durch das ständige Überblenden von zwei Animationen entstehen zum Beispiel Propeller, Blaulichter oder Augenaufschläge.
- Storys: Ein Mann spielt mit einem Ball, ein Vogel schlägt mit den Flügeln usw. Durch geschicktes Ausdehnen der einzelnen Bildzeiten kann die Bewegung sehr lebensecht werden.
- Blurs: Auf schwarzem Hintergrund setzen Sie ein erstes schwarzes Bild, das durch eine dunkle Version des Motivs abgelöst wird, das wiederum in eine hellere Version übergeht usw. So erscheint für den User das Bild vor Augen.

Hier sind Ihre Talente als Zeichentrickexperte gefragt. Es gibt aber für Mac-User hier noch ein Feinchen. Wenn Sie ein Quicktime-Movie auf den GIF Builder ziehen, wird das Programm diesen Film automatisch in ein GIF 89 wandeln. Dabei werden die Daten noch einmal entscheidend reduziert. Allerdings verliert der Film seinen Ton und bringt das Programm zum Absturz, wenn es sich um eine zu große Datei für ihren Arbeitsspeicher handelt.

6.7 Videos mit und ohne Controller

Mit der Einführung der Browserversionen 3.0 durch Microsoft und Netscape hat sich ein Tag durchgesetzt, das nicht nur für Videos verwertbar ist, denn damit lassen sich – die richtigen Erweiterungen des Browsers vorausgesetzt – auch andere Dateiformate einbinden. Das englische Wort für »einbinden« ist »to embed«. Und genauso lautet auch der Befehl für die Integration von Videofilmen:

```
<EMBED SRC=video.mov>
```

Wenn Sie das Zusatzprogramm, also das Plug-In für Quicktime, in Ihrem Browser geladen haben, dann werden Sie jetzt in Ihrem HTML-Dokument einen Video einbauen können. Es kann ja sein, dass Ihnen einer Ihrer Freunde für das Fotoalbum sogar Bewegtbilder überlassen hat. Für die Produkte von Microsoft brauchen Sie kein eigenes Plug-In, da AVI-Dateien sauber abgespielt werden und der Mediaplayer in den Browsern ab der Generation 5.5 auch mit anderen Formaten fertig werden können. Real-Player-Dateien benötigen allerdings eine eigene Software, um sauber abzulaufen.

ACHTUNG

Seien Sie aber vor den Bytezahlen gewarnt. Eine Minute Video hat auch bei Briefmarkengröße oft schon 5 Mbyte Daten als Ladevolumen. Ihre Freunde in Ehren, aber kaum ein Surfer wartet bis zu einer Stunde auf dieses Video. Seien Sie hier also datenökonomisch.

Für ein Video gibt es eine Reihe von Unter-Tags, die das genaue Verhalten der Filmchen steuern.

- `SRC=` – Pfad, der zum Video führt
- `WIDTH=` – Breite der Pixel
- `HEIGHT=` – Höhe der Pixel
- `AUTOPLAY=` – true/false

Das Video beginnt automatisch zu spielen oder wartet auf einen Startklick.

`LOOP=          true/false/palindrome`

Das Video startet eine unendliche Schleife, die auch vor- und zurückgespult werden kann.

`CONTROLLER=    true/false`

Die Kontroll-Buttons werden gezeigt oder versteckt.

`PLAYEVERYFRAME=  true/false`

Jedes Bild des Videos wird gespielt (das kann zu Verzögerungen führen) oder die Abspielqualität wird der Hardware des abspielenden Computers angepasst.

`HREF=          (Link zu einer anderen Page)`

Ähnlich wie Sie das schon vom IMG-Tag kennen, sind alle diese Unter-Tags in das Tag einfügbar, sollten hier aber möglichst nicht weggelassen werden. Es scheint so, als würden die Browser hier empfindlicher reagieren und mehr Informationen brauchen, um mit dem Video korrekt umgehen zu können.

Gehen wir die Vorbereitung und die Einbindung Schritt für Schritt am Beispiel eines Quicktime-Movies durch.

Sie werden den Film über die Digitalisierung von analogem Material oder über die Exportfunktion einer Video- oder 3D-Rendering-Software erhalten haben.

Achten Sie darauf, dass Sie dieses Movie plattformübergreifend abspeichern. Dies ist wichtig, weil sonst die Browser von Netscape und Microsoft nicht darauf reagieren. Jetzt können Sie schon einmal das Unter-Tag `SRC` definieren, denn Sie wissen ja, wo das Video in der Verzeichnisstruktur liegt.

Dieses Filmchen wird eine Größe und Breite der Leinwand haben, die Sie in `WIDTH` und `HEIGHT` übernehmen können. Sollten Sie kleinere Werte angeben, wird der Bildausschnitt beschnitten, bei größeren Werten vergrößert sich nicht das Bild, sondern nur der Abstand des Videos von den anderen Elementen auf der HTML-Seite.

Wenn Sie möchten, dass das Video möglichst schon mit den ersten Teilen des Downloads zu spielen beginnt, dann geben Sie im Unter-Tag `AUTOPLAY` den Wert `true` an, sonst steht dort `false`.

Ähnliches gilt für `LOOP` (unendliche Wiederholung), `CONTROLLER` (Start- und Stopp-Tasten) und `PLAYEVERYFRAME` (das gesamte Video wird abgespielt, es dürfen aus Gründen der Synchronisation keine Bilder im Film übersprungen werden). Der Wert `palindrome` bedeutet, dass das Video vor- und zurückgespielt wird.

Sollten Sie noch einen Link einbauen wollen, so geben Sie mit dem `HREF`-Unter-Tag ohne Abschluss-Tag (!) den passenden internen oder externen Link an.

Das ist nicht ganz unkompliziert. Deshalb noch einmal ein Beispiel. Wenn Sie ein Video von einem singenden Vogel, das die Größe von 100 x 200 Pixel besitzt, in Originalgröße unendlich oft ohne Controller so einbinden wollen, dass jedes Bild zu sehen ist, dann schreiben Sie zum Beispiel:

```
<EMBED SRC=vogel.mov WIDTH=100 HEIGHT=200 LOOP=true
CONTROLLER=true PLAYEVERYFRAME=true>
```

Nun können aber manche Browser diese Einbindung nicht leisten. Für diese Programme hat HTML ein besonderes Tag vorgesehen, das den gleichen Film als Download bereitstellt:

```
<NOEMBED><A HREF=vogel.mov>Singender Vogel</A></NOEMBED>
```

An der Stelle des Videos entsteht nun nur (!) bei diesen Browsern ein Textlink an dieser Stelle.

Sie haben sicher schon ein wenig darauf gewartet, wie das denn nun genau mit diesen MP3-Dateien läuft, die alle in der Musikindustrie so schätzen. Nun, streng genommen können Sie diese Tags alle auch mit MP3 nutzen. Was natürlich den Vorteil hat, dass die Bytezahlen nicht so riesig sind. Und inzwischen beherrschen auch alle gängigen Browser dieses Soundformat.

Nett.

MP3-Dateien sollten 128Kb-codiert sein, notfalls geht auch noch 64Kb, aber dann klingt das Ganze schon ziemlich scheußlich. Wenn Sie einfach eine solche Datei zum Download anbieten wollen, dann können Sie das ganz einfach halten. Und dafür lieben wir alle HTML:

```
<A HREF=klang.mp3>der Download eines MP3-Files</A>
```

6.8 Töne im Hintergrund und als Download

Ein wenig komplizierter stellt es sich dar, wenn man seine Seiten zum Sprechen bringen will. Nicht wegen der Syntax, denn die ist ziemlich ähnlich mit der, die wir im letzten Kapitel kennen gelernt haben. Wir müssen vor der Verwendung von Tondokumenten eine Entscheidung darüber treffen, wen wir erreichen wollen.

Das kennen wir schon ein wenig aus dem Bereich der Videos: Ohne einen Quicktime- oder AVI-Player wird ein User diese Videos nicht sehen können. Noch besser sind Plug-Ins, die das Video direkt im Browser sichtbar machen. Gerade bei Windows-Geräten kommt im Bereich Ton aber noch das Problem der Soundkarten dazu. Das sind Hardware-Erweiterungen, die nicht jeder User geleistet hat. Mac OS-User haben es hier ein wenig leichter: Es gibt keinen Computer ohne Lautsprecher und Ton-System. Allerdings kann der Mac nicht ohne weiteres die weit verbreiteten WAV-Dateien abspielen. Allerdings ist ein Computer ohne Soundkarte heutzutage schon fast etwas wie eine Pferdekutsche auf der Autobahn.

Um es kurz und schmerzlos zu machen, hier ist die Aufstellung der möglichen Tonformate und deren notwendige Erweiterungen:

Tabelle 6.1: Tonformate und ihre Erweiterungen

Format	**Tonqualität**	**Erweiterungen**
Quicktime	div. Auflösungen	ab Quicktime 2.5
MIDI	feste Klänge in der Soundkarte oder feste Klänge aus Quicktime 2.5	MIDI-fähige Soundkarte oder ab Quicktime 2.5
WAV	div. Auflösungen	Soundkarte Mac: Brians Soundtool oder ab Netscape Navigator 3.0 bzw. Internet Explorer 3.0
AU	11 kHz, 8 bit, µ.law	
AIFF	div. Auflösungen	Mac OS und Windows
SND	div. Auflösungen	nur Windows und externer Player

Im Wesentlichen geht es also darum, zu entscheiden, ob ein Soundsystem genommen werden soll, das Erweiterungen braucht, dafür aber übergreifend einsetzbar ist (Quicktime), oder ob ein eingeschränktes Format genügt, das dafür schon auf den meisten Geräten vorhanden ist (AU, WAV).

ACHTUNG

Einen Sonderfall stellt Quicktime dar, da es eigentlich als Videoformat erfunden wurde, aber plattformübergreifend auch sehr gut Sound verarbeitet. Zudem sind ab Quicktime 2.5 die 128 General MIDI (GM)-Sounds vorhanden, die sich ähnlich zu einem Synthesizer abrufen lassen. Der Vorteil: Nur die Steuerdaten müssen übertragen werden und so kann selbst ein langes Musikstück mit minimalem Datenaufwand realisiert werden. Der Nachteil: Die Sounds sind festgelegt und nicht nachbearbeitbar. Sie klingen außer bei den Schlaginstrumenten auch nicht gerade sehr realistisch.

Um CD-Qualität zu erreichen, müssen Sie den Sound in einer Qualität von 44,1 kHz und einer Auflösung von 16 Bit sampeln. Bei Stereophonie kommen Sie dabei allerdings leicht auf 10 Mbyte pro Minute. Eindeutig zu hoher Datenaufwand. Da ein zu Grafiken und Video ähnliches Komprimierungsprogramm im Soundbereich fehlt, bleibt Ihnen nur die Aufzeichnung in schlechterer Qualität übrig. Aber das ist nicht allzu tragisch. Die wenigsten Computernutzer haben an ihren Geräten Boxen, die einen besseren Sound als den bei 11 kHz und 8 Bit Auflösung benötigen. So können Sie schon ab 150 Kbyte pro Minute arbeiten.

Die Einbindung der Sounds erfolgt für gewöhnlich in der schon bekannten Art. Ein einfacher Link löst hier einen Download in einer eigenen Dialogbox aus. Wenn Sie den Sound im Hintergrund aufbauen wollen, dann steht Ihnen hier wieder ab den Browserversionen 3.0 der Firmen Microsoft und Netscape das <EMBED>-Tag zur Verfügung. Im Fall eines Quicktime-Tons sieht die Syntax also genauso aus wie im letzten Kapitel, z.B.:

```
<EMBED SRC=vogel.mov WIDTH=100 HEIGHT=200 LOOP=true
CONTROLLER=true PLAYEVERYFRAME=true>
```

Wenn es sicher aber zum Beispiel um ein AU-File oder ein MIDI-File handelt, können noch zwei Zusatz-Unter-Tags eingebaut werden:

- VOLUME=1 – leisester Ton (10 ist die lauteste Stufe)
- HIDDEN – Die Controller werden versteckt.

Der Microsoft Explorer hat sich des Problems in einer anderen Art und Weise angenommen. Für ihn und nur für ihn, existiert das folgende Tag:

```
<BGSOUND SRC=vogel.mid LOOP=infinite>
```

Hier also die unendliche Wiederholung des MIDI-Sounds *vogel.mid* im Hintergrund. Wenn Sie statt des `infinite` eine Zahl eingeben, legt diese die Häufigkeit der Wiederholungen fest.

Leider nie durchgesetzt hat sich das Tag, das eigentlich nur die aktuellste Version des Browsers Mosaic unterstützt:

```
<SOUND SRC=vogel.wav LOOP=3 DELAY=23>
```

Hier wird der WAV-Klang *vogel.wav* insgesamt dreimal wiederholt. Zwischen den Schleifen existiert aber eine Pause von 23 Sekunden. Gerade bei Ambients, deren Schleifen nicht immer zu hören sein sollten, wäre ein solches Unter-Tag für alle Browser sehr nützlich. Leider bisher ohne Erfolg.

Seufz.

Damit Sie solche Effekte nutzen können, müssen Sie auf Zusatztechniken wie Flash umsteigen. Dort können Sie nicht nur bewegte Typografie erzeugen, sondern auch den Einsatz und die Pausen von Tönen sehr genau festlegen. Das ist allerdings ein anderes Thema und eine andere Technik. Fragen Sie ihren Fachhändler nach optimaler Lektüre, wenn Sie dieses Thema sehr interessiert. Seien Sie sich aber auch im Klaren darüber, dass Ton auch in Flash oder gar in Shockwave nicht wesentlich kleiner als MP3 komprimiert werden kann. Ganze Hörspiele sind immer noch ein Problem.

6.9 Flash-Files einbinden

Nun wollen wir uns noch ein wenig den Flash-Files widmen, die seit mehreren Jahren nicht mehr aus dem Internet wegzudenken sind, wenn es um bewegte Typografie und die bildgenaue Einbindung von Tönen geht. Was Sie sicher schon festgestellt haben, gibt es ein großes Defizit bei GIF 89 und diversen Hintergrundtönen:

Die Bilder kommen nie genau so, wie man sie gerne zum Ton hätte. Ein Filmerlebnis will sich nicht einstellen. Und hier ist Flash natürlich ein wunderbares Tool, denn anhand einer Zeitachse im Film wird dem Computer ziemlich genau gesagt, wann er welchen Ton und welches Bild spielen soll. Dabei kann ein Programmierer ziemlich genau festlegen, welche Bilder zum Soundtrack erscheinen sollen. Und so sind auch kleine Filme denkbar, die nach und nach in den Browser geladen werden.

Das Tool kann so intelligent genutzt werden, dass vorauszusagen ist, wie lange ein eingebundenes Element laden wird. Und mit ein bisschen Geschick kann der Film schon starten, obwohl nicht alle Daten geladen sind. Sehr spannend.

Leider kann ich Sie hier nicht mit einem Flash-Kurs bedienen, aber das ist auch nicht tragisch. Sobald Sie sich mit dieser Software von Macromedia eindecken, erhalten Sie auch eine sehr gute Einführung in das Tool. Dabei können Sie in weiten Teilen ohne Source-Code arbeiten (nur das Scripting braucht eine manchmal seltsame, aber sehr effiziente Sprache im herkömmlichen Sinne). Heraus kommen komprimierte Filme, die an der Endung .SWF zu erkennen sind. Und diese Filme sollen wie ein Bild oder ein Ton eingebunden werden. So können Sie in einem HTML-File aktiv werden. Übrigens kann ein Browser eine .SWF-Datei auch ohne den HTML-Rahmen laden und darstellen. Aber dann ist die Datei nicht sauber in das Layout eingepasst und öffnet auch in einem eigenen Fenster. Wir wollen uns anschauen, wie man diese Codes wirklich sauber einpasst.

Ich habe hier ein eigenes Beispiel aus meiner Website genommen, das an einer beliebigen Stelle im HTML-Code eingepasst werden kann, solange sich dieser Code zwischen zwei `<BODY>`-Tags oder an der entsprechenden Stelle in einem `TABLE`, also in einer Zelle, befindet. Übrigens lassen sich solche Flash-Files nicht als Background verwenden, aber das nur für die ganz Heftigen unter Ihnen, die bei solchen Tags gleich daran dachten, alle Buchstaben wie wild durcheinander wirbeln zu lassen.

Schauen wir uns den Code in Ruhe an.

```
A    <!-- image map -->
     <MAP NAME=januar1><AREA COORDS=77,23,112,66
     HREF=http://www.whitehouse.gov></MAP>
     <OBJECT classid=clsid:D27CDB6E-AE6D-11cf-96B8-444553540000
     codebase=http://active.macromedia.com/flash2/cabs/swflash.cab#
     version=4,0,0,0 ID=januar1 WIDTH=198 HEIGHT=100>

B    <PARAM NAME=movie VALUE=januar1.swf> <PARAM NAME=loop
     VALUE=false> <PARAM NAME=menu VALUE=false> <PARAM NAME=quality
     VALUE=high> <PARAM NAME=scale VALUE=exactfit>
     <PARAM NAME=bgcolor VALUE=#663333>

C   <SCRIPT LANGUAGE=JavaScript>

<!--

var plugin = (navigator.mimeTypes && navigator.mimeTypes
[application/x-shockwave-flash]) ? navigator.mimeTypes
[application/x-shockwave-flash].enabledPlugin : 0;

if ( plugin && parseInt(plugin.description.
substring(plugin.description.indexOf(.)-1)) >= 4 ) {
```

```
// Check for Flash version 4 or greater in Netscape
document.write('<EMBED src=bilder/januar1.swf loop=false menu=false
quality=high scale=exactfit bgcolor=#663333 ');
document.write(' swLiveConnect=FALSE WIDTH=198 HEIGHT=100');
document.write(' TYPE=application/x-shockwave-flash
PLUGINSPAGE=http://www.macromedia.com/shockwave/download/
index.cgi?P1_Prod_Version=ShockwaveFlash>');
} else if (!(navigator.appName && navigator.appName.
indexOf(Netscape)>=0 && navigator.appVersion.indexOf(2.)>=0)){
// Netscape 2 will display the IMG tag below so don't write an extra one
document.write('<IMG SRC=bilder/januar1.gif WIDTH=198 HEIGHT=100
BORDER=0>');
}
//-->
</SCRIPT>

D    <NOEMBED><IMG SRC=januar1.gif WIDTH=198 HEIGHT=100
     usemap=#januar1 BORDER=0></NOEMBED>

E    <NOSCRIPT><IMG SRC=januar1.gif WIDTH=198 HEIGHT=100
     usemap=#januar1 BORDER=0></NOSCRIPT>

F  </OBJECT>
```

Ich könnte es Ihnen nicht verdenken, wenn Sie mich jetzt ein wenig hassen sollten. Schließlich kommen hier so viele neue Codezeilen wie noch nie zuvor im Buch vor. Aber Sie können es sich einfach machen und diesen Code automatisch in Flash erzeugen, wenn Sie die [F12]-Taste drücken. Sollten Sie allerdings nicht im Besitz eines solchen Programms sein, dann hilft Ihnen die erwähnte Community unter

http://groups.msn.com/taglingerde

weiter. Und noch etwas muss ich hier sagen. Manche dieser Code-Teile sagen Ihnen nach dem Durchlesen dieses Buches mehr, denn wir schauen sie uns in den späteren Kapiteln noch genauer an. Aber für den Augenblick und weil Flash hier sicher besser hineinpasst als am Ende des Buches, sollten Sie einfach nicken und kopieren (und wo darf man das heute noch getrost ...).

Schauen wir uns den Code etwas genauer an.

```
A    <!-- image map -->
<MAP NAME=januar1><AREA COORDS=77,23,112,66
HREF=http://www.whitehouse.gov></MAP>
<OBJECT classid=clsid:D27CDB6E-AE6D-11cf-96B8-444553540000
codebase=http://active.macromedia.com/flash2/cabs/
swflash.cab#version=4,0,0,0 ID=januar1 WIDTH=198 HEIGHT=100>
```

Hier wird gleich in der ersten Zeile ein so genannter Kommentar gesetzt, der mit einem String wie

```
<!-- image map -->
```

für die Nutzer unsichtbar allen Programmierern im Code klar macht: Hier kommt eine Imagemap mit dem Namen JANUAR1, deren Link zu *http://www.whitehouse.gov* führt. Und zwar immer dann, wenn innerhalb einer durch vier Zahlen definierten Koordinate auf das Bild geklickt wird. Diese Map ist für allen ausgezeichnet, die kein Flash-Plug-In (ein Spezialprogramm für Flash) besitzen. Dieses Wissen brauchen wir ganz unten im Code noch einmal. Solche Ausnahmen im Code werden wir auch im nächsten Kapitel genauer anschauen.

Das nächste Tag sagt dem Browser mit einer unaussprechlichen ID quasi, dass hier eine Flash-2-Datei vorkommt. Fragen Sie nicht, staunen Sie nicht, ich will Ihnen dieses Tag gar nicht genauer erklären. Sie werden es nie wieder brauchen. Just trust me ...

```
B    <PARAM NAME=movie VALUE=januar1.swf> <PARAM NAME=loop
     VALUE=false> <PARAM NAME=menu VALUE=false> <PARAM NAME=quality
     VALUE=high> <PARAM NAME=scale VALUE=exactfit>
     <PARAM NAME=bgcolor VALUE=#663333>
```

Jetzt kommen uns ein paar Bekannte entgegen. Das entspannt uns. Eigentlich passiert hier auch immer wieder das Gleiche: Ein `PARAM`, also ein Parameter bekommt erst einmal einen Namen. Das ist so, als würden wir Schieber definieren und ihnen einen Namen darunter schreiben. Und dann geben wir dem Parameter noch einen `VALUE`, also eine Angabe, wie weit und in welche Richtung wir diesen Schieber aufdrehen. Mit `YES` oder `FALSE` können wir hier experimentieren. Probieren Sie doch einfach einmal mit dem Flashfile unter

http://www.taglinger.de/bilder/januar1.swf

herum, das ich zu Spielzwecken gerne abtrete. Dann können Sie mit einem vorsichtigen Verändern dieser Parameter doch den einen oder anderen spannenden Effekt erzeugen. Und wenn Sie sich dann ein wenig entspannt haben, dann gehen wir den schweren Brocken an:

```
C   <SCRIPT LANGUAGE=JavaScript>
<!--
var plugin = (navigator.mimeTypes && navigator.mimeTypes
[application/x-shockwave-flash]) ? navigator.mimeTypes
[application/x-shockwave-flash].enabledPlugin : 0;
if ( plugin && parseInt(plugin.description.substring(plugin.
   description.indexOf(.)-1)) >= 4 ) {
   // Check for Flash version 4 or greater in Netscape
   document.write('<EMBED src=bilder/januar1.swf loop=false
   menu=false quality=high scale=exactfit bgcolor=#663333 ');
```

```
    document.write(' swLiveConnect=FALSE WIDTH=198 HEIGHT=100');
    document.write(' TYPE=application/x-shockwave-flash
    PLUGINSPAGE=http://www.macromedia.com/shockwave/download/
    index.cgi?P1_Prod_Version=ShockwaveFlash>');
} else if (!(navigator.appName && navigator.appName.
indexOf(Netscape)>=0 && navigator.appVersion.indexOf(2.)>=0)){
    // Netscape 2 will display the IMG tag below so don't write an
       extra one
    document.write('<IMG SRC=bilder/januar1.gif WIDTH=198 HEIGHT=100
    BORDER=0>');
}
//-->
</SCRIPT>
```

Uff. Holen Sie sich erst mal was zu trinken. Wissen Sie, was Sie da eben gesehen haben? Das war eine programmiertechnische Meisterleistung. Denn hier werden zwei Abfragen vorgenommen:

- Welcher Browser greift hier auf die Daten zu?
- Hat dieser Browser ein Flash-Plug-In, also ein kleines Hilfsprogramm zum Darstellen dieser Daten geladen?

Und für jede der möglichen Kombinationen aus Browsern und einem vorhandenen oder nicht vorhandenen Browser wird hier mit JavaScript eine Anweisung geschrieben. Das ist aber etwas, was Sie als HTML-Programmierer einmal durchschaut und dann kopiert haben. Wir werden in einem späteren Buch noch die eine oder andere Anwendung anschauen, die ein wenig mehr damit arbeitet. Für den Augenblick können Sie sich erst einmal entspannen. Denn für alles, was zwischen dem ersten und dem letzten Zeichen dieser Sequenz liegt, brauchen Sie nur zu wissen, wie Sie Source-Code kopieren und an die entsprechende Stelle einsetzen können.

Machen wir es uns nach diesem Wahnsinn wieder ein wenig leichter, denn am Schluss gibt man noch an, was ein Browser tun soll, wenn er diese Darstellungen nicht umsetzen kann.

```
D   <NOEMBED><IMG SRC=januar1.gif WIDTH=198 HEIGHT=100
    usemap=#januar1 BORDER=0></NOEMBED>
```

Sie erinnern sich an die schöne Map, die wir ganz am Anfang dieses Beispiels näher betrachtet haben. Nun, ohne ein Bild, auf dem diese Koordinaten liegen, kann eine Map ja nicht angezeigt werden. Und hier ist es. Übrigens liegt es in der Natur der Sache, dass eine Map nur dann sauber zu klicken ist, wenn deren Koordinaten (dazu in einem späteren Kapitel mehr) innerhalb der angegebenen Bildgröße liegen. Deshalb sind `WIDTH` und `HEIGHT` hier so wichtig.

```
E   <NOSCRIPT><IMG SRC=januar1.gif WIDTH=198 HEIGHT=100
    usemap=#januar1 BORDER=0></NOSCRIPT>
```

Und es kann auch der Fall sein, dass Ihr Browser die Java Virtual Machine, also das Übersetzungsprogramm für alle JavaScripts, nicht eingeschaltet hat. Deshalb würde der Browser auch hier auf die Map zurückgreifen. Aber diese Fälle sind eher selten. Komischerweise vergessen viele Flash-Programmierer mal eben, diese Fälle zu berücksichtigen. Das ist nicht gut. Denn wenn immerhin zirka 10% der Nutzer über ältere oder falsch konfigurierte Browser verfügen, dann sehen die auch nur etwas, wenn an diese Fälle gedacht wurde. Und das sollten Ihnen diese Nutzer auch wert sein.

```
F  </OBJECT>
```

Hier ist die liebe Seele am Ende des Tagwerks angekommen, denn hier schließen wir die Einbindung des Objekts wieder, damit mit dem herkömmlichen HTML-Code weiter verfahren werden kann.

Wie Sie vielleicht schon gemerkt haben, ist es mir wichtig, Ihnen die Einbindung von Flash so zu zeigen, als würde es sich hier um ein ganz normales Bild handeln. In diesem Umfeld reagiert HTML dann auch genau auf diese Dateien. Und meiner Meinung nach bilden sie dann auch eine wunderbare Ergänzung zu HTML-Seiten. Eine komplette HTML-Seite in Flash herzustellen, wie das oft vor allem bei Anfangsseiten gemacht wird, würde ich Ihnen nicht empfehlen. Das verursacht einen zu großen Effekt am Anfang, auf den die Nutzer dann wegen einer gewissen Datenmenge oft noch lange warten müssen. Schöner sind doch kleine Eye-Candys, die mitten im Tabellendschungel von HTML vorkommen. Wenn Sie hier klug vorgehen, können Sie für den Nutzer nette kleine Features und den einen oder anderen Augenschmaus auf den Seiten verstecken.

Allerdings rate ich Ihnen aus den genannten Gründen davon ab, die Navigation in Flash herzustellen. Das geht zwar technisch, schließt aber zum Teil die Nutzer aus. Hier würde ich wirklich sehr konservativ vorgehen und möglichst wenig Spielerei einsetzen. Aber ganz ehrlich, wer würde auch schon Spaß an herumblödelnden Verkehrszeichen haben. Und genauso ist das mit einer Navigation in Flash.

Nur ein Tipp. Das ist natürlich Ihre eigene Entscheidung.

Nach diesem Kapitel beherrschen Sie

- die Einbindung und Skalierung von Bildern,
- die Einbindung von Video und Ton,
- die Einbindung von Hintergrundmusik,
- die Einbindung von Flash-Dateien.

Kapitel 7

jetzt lerne ich

Frames

Frames sind, einfach erklärt, Teile des Bildschirmaufbaus, die unabhängig von den anderen Teilen in einem WWW-Browser nachgeladen werden können. So können Sie also mehrere HTML-Dateien auf einem Bildschirm darstellen. Ein Feature, das seit Ende 1995 das Web stark beeinflusst. In diesem Kapitel lernen Sie

- den Grundaufbau von Frame-Dateien,
- senkrechte und waagerechte Frames,
- Frames nebeneinander und ineinander,
- unsichtbare und gefärbte Frames.

7.1 Grundfunktionen

Seit Herbst 1995 bietet sich dem Webdesigner eine neue Form von Seitenaufteilung an, die den Bildschirm in einzeln nachladbare Elemente teilt. Die so genannten *Frames*. Dieses neue Tag, das mit klassischem HTML eigentlich schon nichts mehr zu tun hat, wurde mit dem Browser Navigator 2.0 von Netscape eingeführt und kann jetzt auch – mit ein paar geringfügigen Modifikationen – vom Explorer 3.0 und höher wiedergegeben werden.

Um das Grundprinzip der Frames zu verstehen, reicht es schon, wenn Sie sich ein Sprossenfenster vorstellen. Da gibt es zum einen die Rahmen und Sprossen. Diese Funktion enthält das eigentliche Frame-File. Es stellt nur die Definition auf, welche Unterteilungen des Bildschirms in welcher Größe stattfinden. Und dann gibt es hier noch die Fensterscheiben. Diese »Füllungen« mit ihrem Pfadnamen sind herkömmliche HTML-Files, die in diese unterteilten Bildschirme eingefügt werden können. Dabei ist es auch möglich, dasselbe File in verschiedenen Frames immer wieder aufzurufen. Wir werden sehen, dass das nicht ohne Reiz ist. Und um noch einmal auf unser Bild zurückzukommen: Es gibt sogar Schiebefenster und Rollläden. Sie können in der Frame-Datei definieren, ob die einzelnen Frames mit der Maus vergrößerbar sein sollen oder nicht. Und die automatische Generierung eins Rollbalkens kann eine Füllung auch länger und breiter sein lassen, als es der Frame eigentlich vorsieht. Das ist besonders bei Texten wichtig. Sonst schneidet der Rahmen mitten im Satz ab. Das wäre peinlich.

Wozu dienen diese Frames?

Erfunden wurden sie schwerpunktmäßig, da macht man keinen Hehl daraus, um an dem Bildschirmrand Werbung zu platzieren, die unabhängig zum geklickten Link immer stehen bleibt und nicht jedes Mal neu nachgeladen werden muss. Durchgesetzt hat sich diese Programmiertechnik aber vor allem in Index-Files, deren Einträge meistens am linken Rand stehen und im rechten Frame den gewünschten Content nachladen. Findige Webdesigner nutzen Frames auch gerne als Spacer, indem sie Bilder pixelgenau zerschneiden und sie dann in den entsprechenden Frames via `<BACKGROUND>`-Tag einbauen. Ein Frame kann also auch dann sehr gut angewendet werden, wenn ein klar definierter Teil des Bildschirms unabhängig von den anderen Teilen eine bestimmte optische oder inhaltliche Aufgabe erfüllen soll. Gerade die Art-Direktoren von Webagenturen nutzen diese Technik gerne, sollten sie aber lieber nicht. Sie hat einen Nachteil. Suchmaschinen finden diese Teile nicht und werden deshalb immer nur eben teilweise aufführen, was sie finden. Will ein User dann diese Inhalte lesen und klickt auf die aufgeführten Links, lädt er gewisse Teile des Bildschirms nicht mit und findet z.B. die Navigation nicht oder bekommt ein zerschlagenes Layout. Schwierige Sache ...

Ein Frame kann auch so programmiert werden, dass er von einem Frame in einen nächsten lädt. Übrigens kann er sich auch selbst auflösen. Und er kann weitere Frames in sich aufnehmen. Also wie eine dieser russischen Puppen, in der eine weitere Puppe steckt.

Das klingt in der trockenen Theorie alles ein wenig nebulös. Schauen wir uns deshalb die konkrete Programmierung an.

Wir haben es, wenn Sie sich das Fensterbeispiel noch einmal vergegenwärtigen, nun plötzlich nicht mehr mit einer Datei zu tun, in der der ASCII-Text, die Links auf Bilder und andere Seiten sowie die Formatierungsangaben vorhanden sind. Deshalb muss klar in ein Frame-Dokument und mehrere Füll-Dokumente unterschieden werden. Letztere sind – wie bereits angedeutet – herkömmliche HTML-Files.

Also würde ein Füll-File wie das folgende schon vollkommen genügen (sehen wir einmal von der Optik und dem Inhalt des Files ab ...).

```
<HTML>
   <HEAD>
       <TITLE>
       Das ist eine F&uuml;llung
       </TITLE>
   </HEAD>

<BODY>
Hallo, ich sitze in einem Frame!
</BODY>
</HTML>
```

Das eigentliche Framefile besitzt nun einen anderen Aufbau und ist das zentrale Dokument, auf das später auch verlinkt wird, um alle Files zusammen aufzurufen. Das Grundgerüst lautet:

```
<HTML>
       <HEAD>
           <TITLE>
           Dieses Frame sieht man aber noch nicht.
           </TITLE>
       </HEAD>

A  <FRAMESET>
    </FRAMESET>

B  <NOFRAMES>
        Hier kann ein Ersatztext einfließen.
   </NOFRAMES>
</HTML>
```

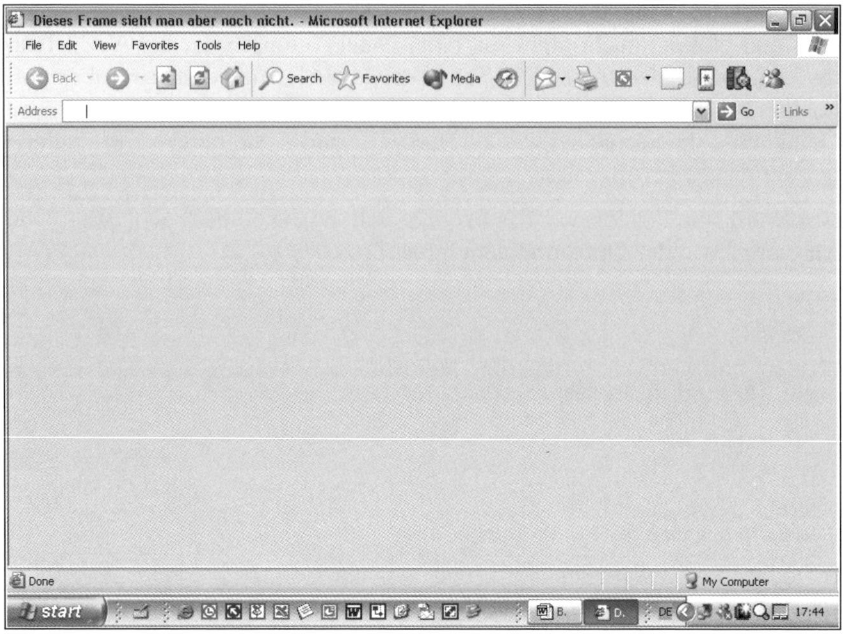

Abb. 7.1: Nur der Kommentar in der Fensterzeile ist sichtbar. Mehr noch nicht. Denn es fehlen die Fülldateien für die Frames.

```
A <FRAMESET>
  </FRAMESET>
```

Das <BODY>-Tag ist also verschwunden. An seiner Stelle wird dem Browser signalisiert, dass eine Reihe von Frame-Definitionen folgen wird. Dieses Tag besitzt allerdings wieder eine strenge HTML-Syntax mit Anfangs- und Schluss-Tag, auf die Sie unbedingt achten müssen. Sonst bleibt der Bildschirm leer.

```
B <NOFRAMES>
  Hier kann ein Ersatztext einfließen.
  </NOFRAMES>
```

Da es Browser gibt, die diese Frames nicht verstehen und umsetzen können, hat Netscape ein <NOFRAME>-Tag vorgesehen, in das Sie für diese User einen Ersatztext pasten können. Heute betrifft dies weit unter 5% der User, allerdings sollten Sie nicht Spezialbrowser vergessen, die z.B. für Blinde den Internet-Inhalt vorlesen. Diese Browser tun sich nicht nur bei Grafiken schwer, wenn das <ALT>-Tag nicht ausgefüllt ist, sie werden auch mit Frames nur schwierig hantieren können.

Dabei sind Ihrer Fantasie keine Grenzen gesetzt. Die meisten Webdesigner platzieren hier nur einen wenig gestalteten Satz mit einem Link zu kostenlosen Browserdownloads. Allerdings können Sie hier auch aufwändige Designs und Bilder unterbringen. Dabei dürfen Sie nie vergessen: User sehen entweder die Frames oder dieses Ersatz-File. Nie beides gleichzeitig.

So viel zum Grundaufbau, der so noch nicht verwendet werden kann, weil alle wichtigen Definitionen darin noch fehlen. Nach diesem Grundaufbau geht es dann daran, die Frame-Größen und deren Anzahl zu definieren. Dazu spielen wir in den folgenden Kapiteln wieder ein Beispiel durch.

7.2 Senkrechte und waagerechte Frames

Sie erinnern sich sicher daran, dass wir in den ersten Kapiteln dieses Buches ein Index-File programmiert haben, das auf verschiedene Texte verlinkt. Allerdings mussten wir jedes Mal alle Texte laden, um hier den einen lesen zu können, und wenn wir wieder zum Index wollten, blieb uns auch nichts anderes übrig, als wieder zum kompletten Ausgangs-File zurückzuspringen.

Es wäre viel schöner, wenn wir hier einen Text-Index am Bildschirmrand stehen hätten, der vorhanden bleibt, während sich daneben die einzelnen Texte laden lassen. Wir möchten also ein Frame-Dokument erstellen, das im Verhältnis 1:3 zwei Frames erzeugt, die das Index-Dokument und die einzelnen Textdokumente beinhalten.

Der erste Schritt soll das Framefile sein. Wir nehmen noch einmal unseren Kernaufbau aus dem vorangegangenen Kapitel und bauen dort einen senkrechten Frame ein, der den Bildschirm in zwei Hälften teilt:

```
   <HTML>
       <HEAD>
           <TITLE>
           Textverzeichnis
           </TITLE>
       </HEAD>

A   <FRAMESET COLS=25%,75%>
B       <FRAME NAME=links SRC=links.htm SCROLLING=auto
         NORESIZE>
C       <FRAME NAME=rechts SRC=text1.htm SCROLLING=auto
         NORESIZE>
   </FRAMESET>

   <NOFRAMES>
D       <BODY BGCOLOR=#ffffff>
       Bitte laden Sie <A HREF=http://home.netscape.com>
       Netscape Navigator</A> oder
       <A HREF=http://www.microsoft.com/germany/ie/>
        Microsoft Explorer</A>,
       um dieses Dokument sauber angezeigt zu sehen.
       </BODY>
   </NOFRAMES>
</HTML>
```

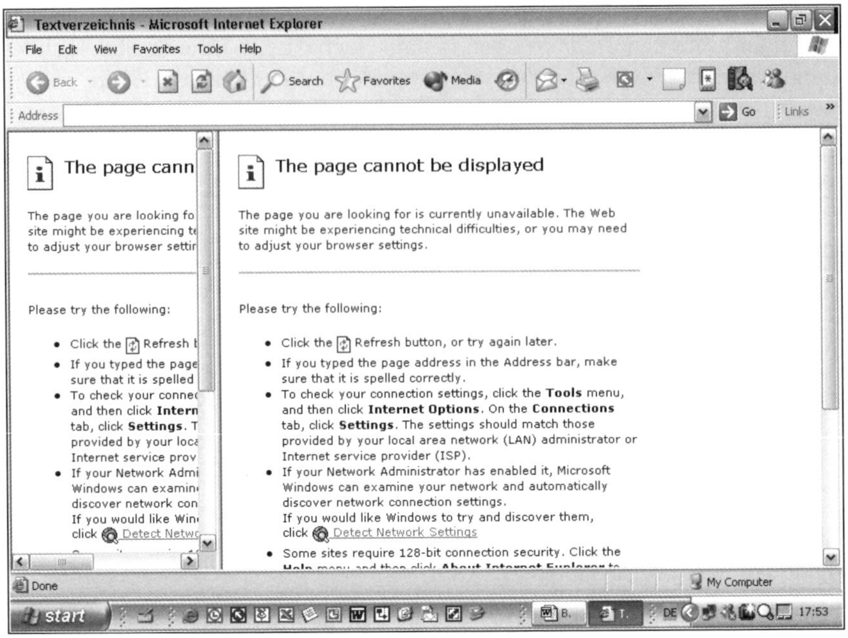

Abb. 7.2: Zwar haben wir hier bereits einen Frame vor uns, der den Bildschirm wie erwartet in zwei Hälften teilt. Allerdings haben wir ja noch keine Fülldatei eingebaut. Also meldet uns der Browser mit einer Fehleranzeige pro Fülldatei, dass diese nicht zu finden ist.

ACHTUNG

Diese Fehlermeldungen sind ein wichtiges Indiz für schlechte oder fehlerhafte Programmierung. Logischerweise, denn wo keine Datei zu finden ist, da kann ein Browser auch nichts darstellen. Aber wie stellt denn nun eine Browser die Seiten dar, die nur als `<NOFRAME>` und folgende ausgegeben werden? Er stellt sie wie folgt dar:

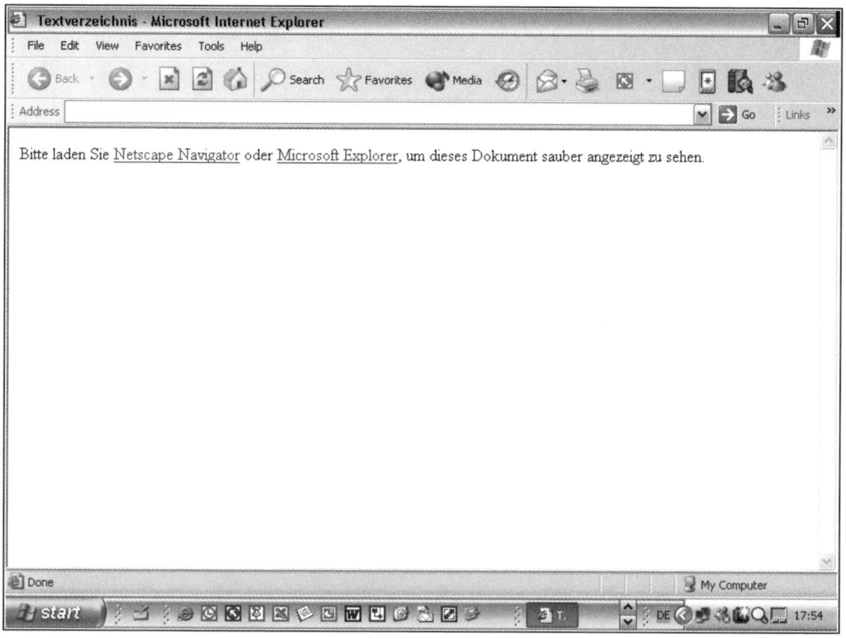

Abb. 7.3: So würde ein Browser, der Frames nicht darstellen kann, die Seite sehen (hier mit einem modernen Browser simuliert). Sollten Sie in Ihren Microsoft- oder Netscape-Browsern einen solchen Effekt sehen, dann haben Sie im `<FRAME>`-Bereich einen Fehler gemacht.

Das ist schon sehr aufschlussreich. Nun wüssten wir aber schon noch gerne, wie denn ein richtiges Frame-Dokument aussieht, wenn es die besagten zwei Fülldateien besitzt, und deshalb habe ich hier mal eben zwei dieser Dateien hergestellt. Die eine Datei ist ein simpler Index, den ich mit einer nicht nummerierten Aufzählung und Links versehen habe. So würde ja wohl ein Index auch im realen Leben daher kommen (wenn auch ein wenig bunter und sicher schöner gestaltet, aber darum geht es ja im Moment nicht). Die andere Datei ist einfach Text, möglichst oft kopiert und ohne genauere Formatierung, mit nur einem Absatz in der Mitte. Und so sieht unser Schnellschuss aus:

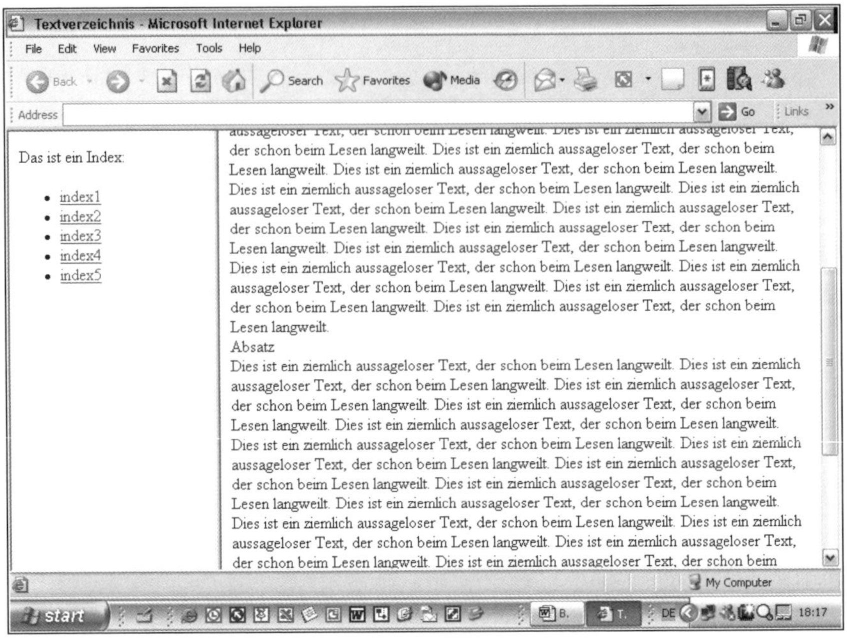

Abb. 7.4: Dies ist die Version mit den schnell gebauten Fülldateien. Übrigens sieht man hier sehr schön den Frame-Rahmen nach 25% Breite des Bildschirms.

```
A    <FRAMESET COLS=25%,75%>
```

In das <FRAMESET>-Tag wird nun ein Unter-Tag geschrieben, das zwei Funktionen hat: Zum einen legt es durch seinen Namen fest, dass es sich um senkrechte Frames handelt, zum anderen geben die Werte (hier in Prozent) an, wie viel Fläche der Frame jeweils bedecken darf.

```
B      <FRAME NAME=links SRC=links.htm
SCROLLING=auto NORESIZE>
```

Da im <FRAMESET>-Tag zwei Flächen definiert wurden (25% und 75%), muss dem Browser jetzt auch angegeben werden, was er in diese Flächen laden soll. Deshalb öffnet hier ein <FRAME>-Tag, das alle relevanten Angaben als Unter-Tag enthält.

Tabelle 7.1: Frameset und dazugehörige Untertags

`NAME=links`	Der Name des Frames ist »links«. Sie können diese Namen frei vergeben. Es empfehlen sich logische Benennungen, die Ihnen später auch noch einsichtig sind. Auf jeden Fall muss der Frame aber einen Namen haben! Dazu später.
`SRC=index.htm`	Hier wird der Pfadname des Files angegeben, das diesen Frame füllen soll. Sie wissen aus den vorangegangenen Kapiteln bereits, was Sie tun müssen, wenn diese Files in anderen Verzeichnisebenen oder sogar auf anderen Servern im WWW liegen.

NORESIZE	Dieses Unter-Tag ohne weiteren Wert definiert, dass der Frame-Rand nicht durch die Maus verschoben werden kann. Wenn Sie diesen optionalen Befehl nicht angeben, kann der User einen Frame mit der Maus »wegziehen« wie einen Rollladen.
SCROLLING=auto	Hier wird dem Browser erlaubt, immer dann einen Rollbalken darzustellen, wenn das Füll-File nicht im Frame Platz hat. Stellen Sie dieses Unter-Tag auf no, wird das File gnadenlos vom Frame abgeschnitten. Allerdings entstehen dann auch keine unschönen Rollbalken, die manchmal stören können. Mit SCROLLING=yes wird immer ein Rollbalken angelegt, egal, wie groß das Füll-File ist.

```
C       <FRAME NAME=rechts SRC=text1.htm SCROLLING=auto>
        </FRAMESET>
```

Hier haben wir den Frame »rechts« benannt, weil er auch rechts vom ersten Frame liegen wird. Hier wird das File *text1.htm* zugeordnet, denn jeder Frame sollte von Anfang an gefüllt sein, um eine Fehlermeldung des Browsers zu verhindern. Auch hier haben wir automatische Rollbalken. Einen Resize-Befehl brauchen wir nicht, weil sich schon der andere Frame nicht bewegen lässt und die Größenverhältnisse so konstant bleiben. Nach dieser Definition schließen wir das <FRAMESET>-Tag ab, denn es sind alle notwendigen Files angegeben worden.

```
D       <BODY BGCOLOR=#ffffff>
```

Im <NOFRAMES>-Tag taucht nun plötzlich das <BODY>-Tag doch wieder auf. Warum? Da es sich hier um den Bereich für Browser handelt, die nicht Frame-fähig sind, kann in klassischer HTML-Syntax verfahren werden. Das <BODY>-Tag ist aber nur dann notwendig, wenn man zum Beispiel eine eigene Hintergrundfarbe definieren will.

Wir haben nun ein Framefile geschaffen, das »links« unseren Index enthält und »rechts« unsere Texte. Wenn Sie nun zwei beliebige HTML-Files nehmen, die aufeinander verlinkt sind, diesen entsprechende File-Namen zuweisen, wie hier zum Beispiel *links.htm* und *text1.htm*, und dann ein Frame-File programmieren, das diese Files aufruft, haben Sie bereits eine fertige Frame-Programmierung.

Mit zwei kleinen Schönheitsfehlern:

- Die Größe der Files scheint die Frames zu sprengen, wenn Tabellen darin vorkommen, die sich weiter als der Frame-Platz ausdehnen. Überall entstehen Scrollbalken, was sehr unschön aussehen kann.
- Wenn Sie einen Link anwählen, lädt das gewünschte File zwar, aber es lädt wieder in den gleichen Rahmen. Ab dem zweiten Klick haben Sie dadurch plötzlich zwei gleiche Files auf dem Bildschirm, wenn Sie wieder ein Framefile anklicken. Und das kann auch noch ein drittes Mal so passieren und ein viertes Mal. Wer soll sich da noch auskennen?

Das erste Problem lösen Sie nur, wenn Sie eine entsprechende Gesamtbreite vorsehen. Hier würde es schon helfen, die Tabellenbreite auch in Prozent anzugeben, da der Browser so zuerst den Frame aufspannt und dann die Tabelle in der passenden Größe anlegt. Also müssen Sie sich merken: Das ist eher eine Sache der Fülldateien.

Und für das zweite Problem müssen wir noch ein Unter-Tag lernen.

Wir bauen uns deshalb ein passendes Index-File, das beide Probleme löst. *index.htm* heißt deshalb zum Beispiel:

```
   <HTML>
       <HEAD>
           <TITLE>
           Index
           </TITLE>
       </HEAD>
   <BODY BGCOLOR=#ffffff TEXT=#000000 LINK=#000099
   ALINK=#000099 VLINK=#000099>

A   <TABLE WIDTH=90%>
       <TR>
B          <TD WIDTH=10%>
           </TD>

C          <TD WIDTH=70%>
D          <A HREF=text2.htm TARGET=rechts>
           Text 2</A><BR>
           <A HREF=text3.htm TARGET=rechts>
           Text 3</A><BR>
           <A HREF=text4.htm TARGET=rechts>
           Text 4</A><BR>
           <A HREF=text1.htm TARGET=rechts>
           zurück</A><P>
           </TD>

           </TD WIDTH=10%>
           </TD>
       </TR>
   </TABLE>
   </BODY>
   </HTML>
```

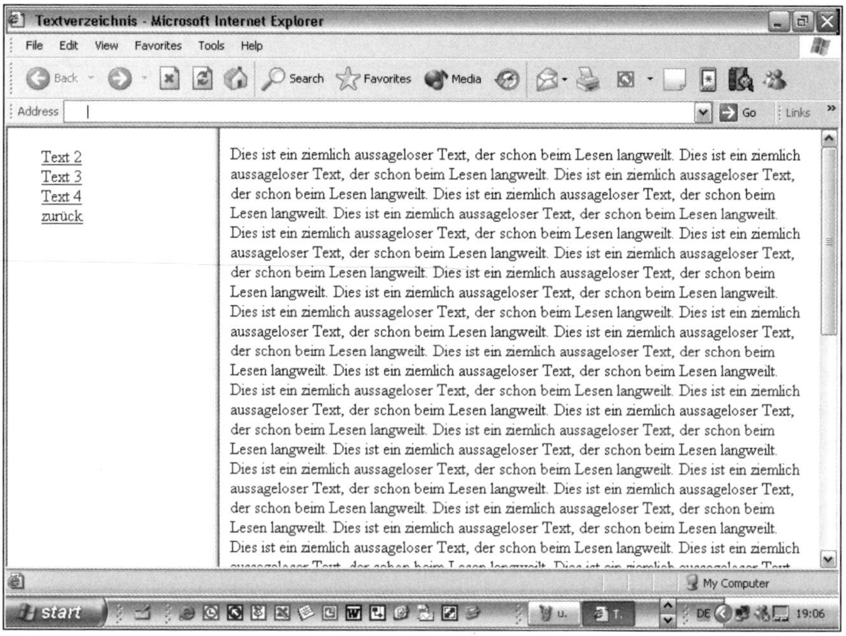

Abb. 7.5:
So, jetzt haben wir auch offiziell eine richtig schöne Index-Datei gebaut.

A <TABLE WIDTH=90%>

Der Table des Files soll nur 90% des Frames ausfüllen. So kann kein Querrollbalken entstehen.

B <TD WIDTH=10%>
</TD>

10% des Tables sollen vor und hinter der Zelle mit den Links leer sein und den Abstand vom Frame vergrößern.

C <TD WIDTH=70%>

In diese Zelle kommen alle Links.

D <A HREF=text2.htm TARGET=rechts>Text 2</A>

Im Unter-Tag TARGET (= Ziel) steckt das Geheimnis. Da ich dem Link jetzt einen Ziel-Frame zuweise, lädt das betreffende File auch im richtigen Bereich nach.

Es gibt neben den freien Namen auch feste TARGET-Namen:

Tabelle 7.2: Zielframes für TARGET

TARGET=_top	Alle Frames werden gelöscht, das File wird frei stehend aufgerufen.
TARGET=_self	Das File wird in denselben Frame geladen. Diese Angabe ist die Standardeinstellung, wenn Sie das TARGET-Tag weglassen.
TARGET=_parent	Wir werden noch lernen, wie man Frames verschachtelt. Hier lädt das Dokument in die erste obere Ebene. Allerdings kann dieses Unter-Tag durch die Nennung des betreffenden Frame-Namens entfallen und besser erledigt werden.

Ich habe hier fünf Links aufgeführt. Den letzten habe ich mit einem <P>-Tag etwas abgesetzt. Er verweist wieder auf das File, das man am Anfang gesehen hat. Sie sollten nie vergessen, dass man sonst bei manchen Browsern nur schwer nach der ersten Auswahl wieder dorthin gelangt (bei vielen Browsern führt der *Back*-Button ganz zurück an das File vor dem Framefile).

Übung 19 Versuchen Sie nun, das File *text2.htm* so zu programmieren, dass kein Querrollbalken entstehen kann und ein Link auf *text1.htm* so zurückweist, dass es im gleichen Frame nachgeladen wird. Variieren Sie auch farblich ein wenig. Kann nie schaden.

```
   <HTML>
       <HEAD>
           <TITLE>
           Index
           </TITLE>
       </HEAD>
A   <BODY BGCOLOR=#000000 TEXT=#ffffff LINK=#000099
    ALINK=#000099 VLINK=#000099>

   <TABLE WIDTH=90%>
       <TR>
           <TD WIDTH=10%>
           </TD>

           <TD WIDTH=70%>
B         <FONT FACE=Arial SIZE=3>
           Hier kommt beliebiger Text hinein.<P>
C      <A HREF=text1.htm TARGET=rechts>Text 1</A><BR>
           </TD>
           </TD WIDTH=10%>
           </TD>
       </TR>
   </TABLE>
   </BODY>
   </HTML>
```

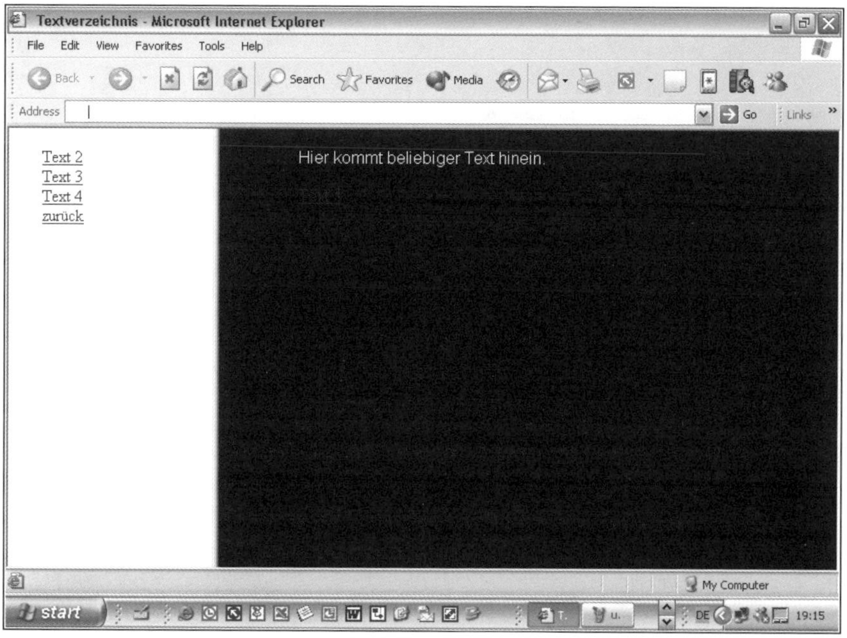

Abb. 7.6: Jetzt haben wir Text 2 angeklickt. Die Datei, gut erkennbar am schwarzen Hintergrund, lädt in den rechten Frame.

```
A    <BODY BGCOLOR=#000000 TEXT=#ffffff LINK=#000099
     ALINK=#000099 VLINK=#000099>
```

Hier wurde der Hintergrund auf Schwarz und die Schrift auf Weiß gesetzt. So treten die einzelnen Frames stärker hervor.

```
B           <FONT FACE=Arial SIZE=3>
             Hier kommt beliebiger Text hinein.<P>
```

Hier folgt der Text in Normalgröße und in einer serifenlosen Schrift.

```
C       <A HREF=text1.htm TARGET=rechts>Text 1</A><BR>
            </TD>
```

Der Link besitzt als `TARGET` den Frame, in dem er sich selbst befindet. Wir haben jetzt also drei Möglichkeiten, ein im gleichen Frame ladendes File aufzurufen:

- ohne `TARGET`-Nennung
- mit `TARGET=_self`
- mit `TARGET=(Name des Frames)`

Es bleibt Ihrem Geschmack überlassen, welche Möglichkeit Sie wählen wollen.

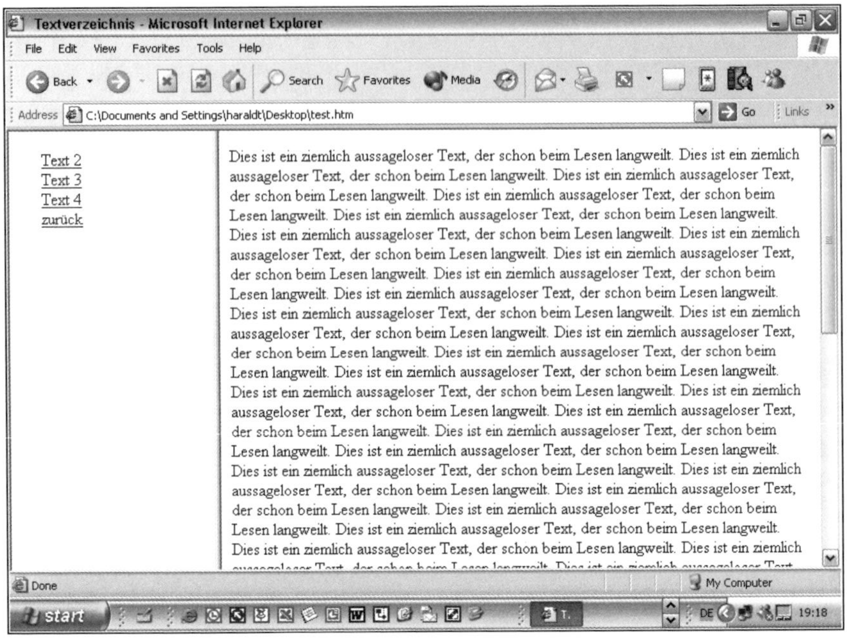

Abb. 7.7: Dieses Bild erhalten wir, wenn wir im Index den unteren Link oder im rechten Frame den Link klicken.

Wir hätten diesen Index auch anders programmieren können. Es gibt auch die Möglichkeit, waagerechte Frames aufzubauen. Schauen wir uns deshalb unseren Index-Frame noch einmal genauer an und ändern wir das mit einem neuen Tag:

```
<HTML>
       <HEAD>
           <TITLE>
           Textverzeichnis
           </TITLE>
       </HEAD>

   <FRAMESET ROWS=110,*>
      <FRAME NAME=oben SRC=oben SCROLLING=auto
        NORESIZE>
       <FRAME NAME=rechts SRC=text1.htm SCROLLING=auto
        NORESIZE>
   </FRAMESET>

   <NOFRAMES>
      <BODY BGCOLOR=#ffffff>
      Bitte laden Sie <A HREF=http://home.netscape.com>
      Netscape Navigator</A> oder
```

```
      <A HREF=http://microsoft.com>Microsoft
      Explorer</A>, um dieses Dokument sauber angezeigt
      zu sehen.
      </BODY>
   </NOFRAMES>
</HTML>
```

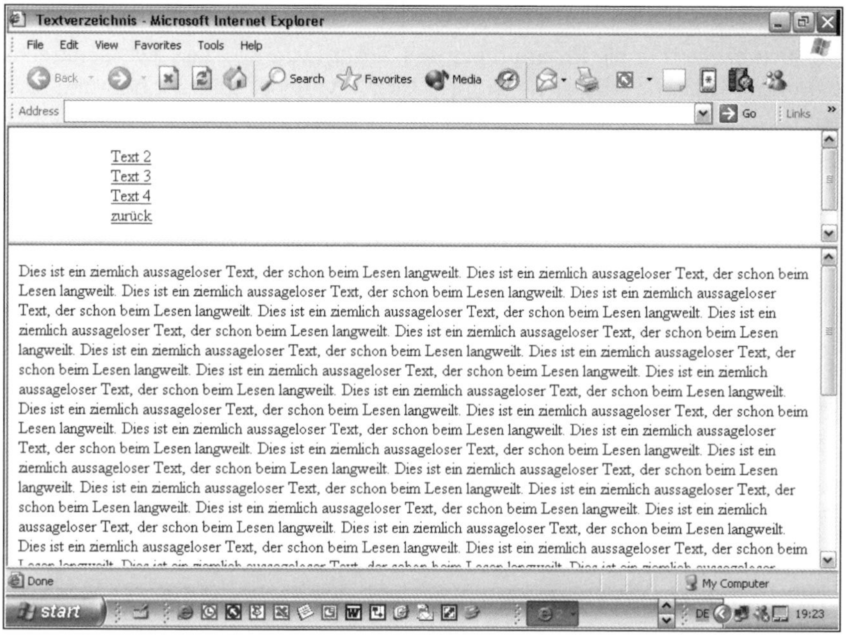

Abb. 7.8: So schnell kann es gehen. Jetzt verläuft die Trennlinie zwischen den beiden Frames horizontal.

```
A    <FRAMESET ROWS=110,*>
```

Statt der senkrechten Trennung haben wir jetzt eine waagerechte Aufteilung des Bildschirms. Und weiterhin stehen hier plötzlich keine Prozentzahlen mehr, sondern eine Pixelzahl. Wie Sie vielleicht schon vermutet haben, kann man Frames so auch pixelgenau justieren. Hier haben wir einen Abstand von 110 Pixel zur Browserfenster-Oberkante gewählt. Der Stern bedeutet dabei, dass die restlichen Pixel dem zweiten Frame gehören.

```
B       <FRAME NAME=links SRC=index.htm SCROLLING=auto
        NORESIZE>
```

Ab hier ist wieder der identische Source-Code wie zuvor möglich. Die Elemente bleiben ja auch die gleichen.

Jetzt ist die ganze Anpassung vor allem von index.htm wieder unpassend. Hier wäre es vielleicht angebracht, die Datei in eine mehrspaltige Variante zu ändern. Beachten Sie aber, dass nicht jede Frame-Aufteilung immer geeignet ist. Waagerechte Abtrennungen eignen sich schon eher für Abbildungen oder eine Ansammlung von Buttons, also von verlinkten Grafiken.

Übung 20 Versuchen Sie nun die Programmierung dieser Datei so, dass zwei senkrecht getrennte Bildschirmbereiche in ihrer Größe variabel sein können und sich am Inhalt Ihrer Files und an der Bildschirmgröße orientieren.

```
<HTML>
       <HEAD>
           <TITLE>
           Textverzeichnis
           </TITLE>
       </HEAD>

A   <FRAMESET COLS=*,*>
B      <FRAME NAME=links SRC=links.htm SCROLLING=auto
        NORESIZE>
       <FRAME NAME=rechts SRC=text1.htm SCROLLING=auto
        NORESIZE>
   </FRAMESET>

   <NOFRAMES>
       <BODY BGCOLOR=#ffffff>
      Bitte laden Sie <A HREF=http://home.netscape.com>
      Netscape Navigator</A> oder
      <A HREF=http://microsoft.com>Microsoft
      Explorer</A>, um dieses Dokument sauber angezeigt
      zu sehen.
       </BODY>
   </NOFRAMES>
</HTML>
```

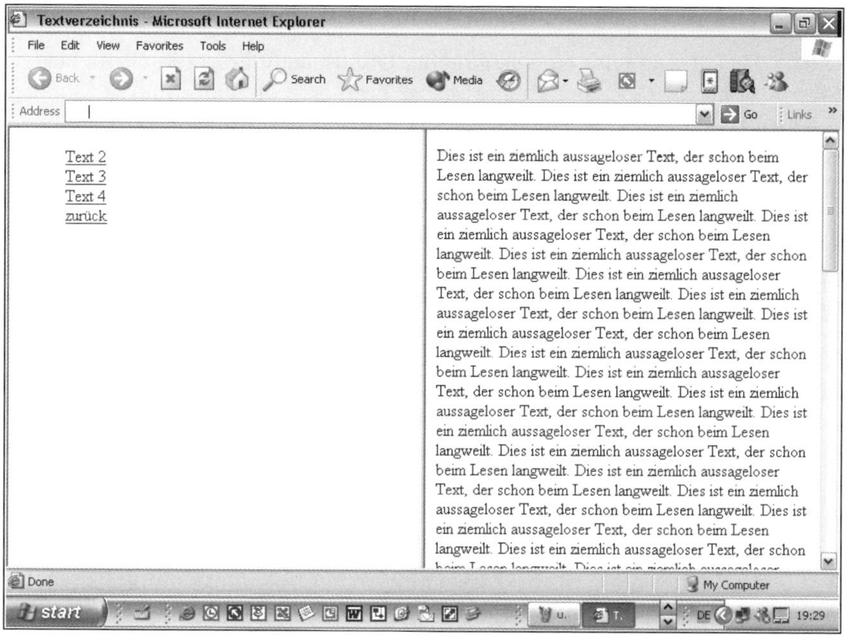

Abb. 7.9: Der Browser setzt nach eigenem Befinden die Breite der Frames (meist mittig).

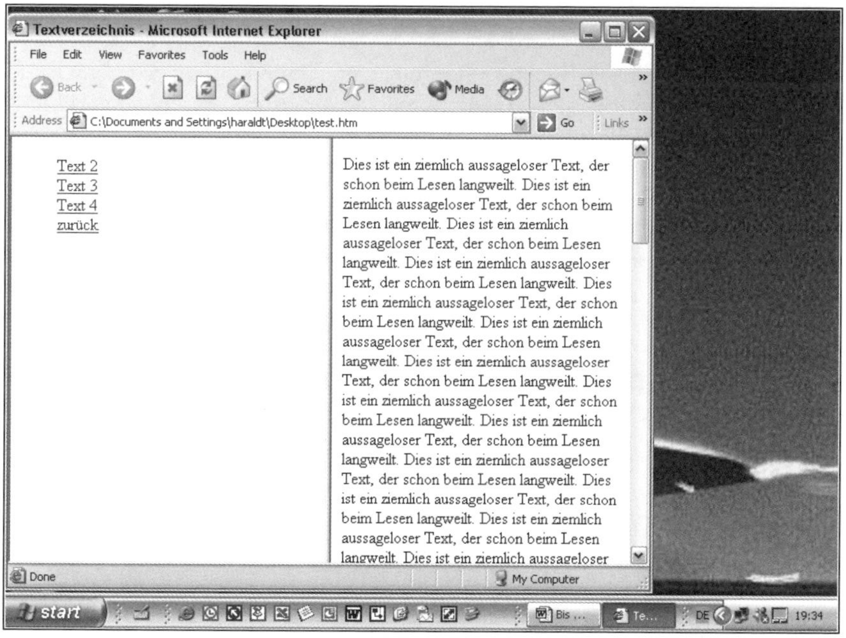

Abb. 7.10: Selbst das Verkleinern von Fenstern stört den Browser nicht. Er zeigt immer noch das gleiche Verhalten und das ist gut so.

```
A        <FRAMESET COLS=*,*>
```

Durch das COL-Tag wird eine senkrechte Unterteilung eingeführt. Die beiden Sterne legen die Größenverhältnisse der Frames zueinander nun auf keinen Fall fest. Wenn in den Fülldateien keine Hinweise zum Platzvolumen zu finden sind, wird der Browser diese Frames wahrscheinlich 50:50 Prozent aufteilen und keine Scrollbalken anlegen.

```
B       <FRAME NAME=links SRC=index.htm SCROLLING=auto
         NORESIZE>
```

Ab hier bleibt der Code wieder vollkommen identisch. Testen Sie hier einmal den Unterschied, den verschiedene Files hier ausmachen können.

Zwei Unter-Tags können wir noch brauchen, wenn wir den Abstand der Texte von den Frames nicht immer mit Tables festlegen wollen.

```
<FRAMESET ROWS=110,* MARGINWIDTH=2 MARGINHEIGHT=5>
```

besagt, dass die Inhalte der Frames in der Breite 2 Pixel und in der Höhe 5 Pixel vom Rand der Frames verschoben werden sollen. Das erhöht die Lesbarkeit und ist daher mehr als ein Gestaltungsmittel. Allerdings empfehle ich Ihnen die Randeinstellung über Tabellen in den Füll-Files.

Auch eine Einstellung der Werte auf 0 wird es Ihnen nicht ermöglichen, Bilder ganz an den Rand der Frames heranzurücken. HTML-Files generieren immer einen minimalen Rand. Allerdings gibt es dazu einen ganz einfachen Trick: Sie bauen dieses Bild als Background-Image ein. Dann können Sie ohne Rand arbeiten. Oder aber Sie setzen, wie bereits eingangs erklärt, folgende Unter-Tags ins das <BODY>-Tag ein:

```
<BODY TOPMARGIN=0 LEFTMARGIN=0 MARGINWIDTH=0 MARGINHEIGHT=0>
```

Das lässt Ihre Inhalte direkt am Rand eines Bildschirms anfangen, wenn Sie ohne Frames arbeiten. Und so reagieren Browser dann auch, wenn Sie diese Dateien innerhalb eines Frames darstellen.

7.3 Frames nebeneinander anordnen

Es gibt keinen ersichtlichen Grund, warum Frames immer nur eine Aufteilung des Bildschirms vornehmen sollen. Seien Sie gewarnt, dass Sie hier mit dem Feuer der Unübersichtlichkeit spielen, aber in der Theorie können Sie hier eine Menge an Unterteilungen vornehmen.

So kann etwa das Beispiel mit den senkrechten Frames im letzten Kapitel folgendermaßen aussehen:

```
   <HTML>
       <HEAD>
           <TITLE>Eine dreifache Unterteilung</TITLE>
       </HEAD>
A    <FRAMESET COLS=25%,100,*>
B    <FRAME NAME=eins SRC=1.htm SCROLLING=yes NORESIZE>
   <FRAME NAME=zwei SRC=2.htm SCROLLING=no NORESIZE>
   <FRAME NAME=drei SRC=3.htm SCROLLING=auto>
   </FRAMESET>
   <NOFRAMES>
       <BODY >
       Hier steht etwas, weil Sie sonst mit einem alten
       Browser nichts sehen,
       </BODY>
   </NOFRAMES>
</HTML>
```

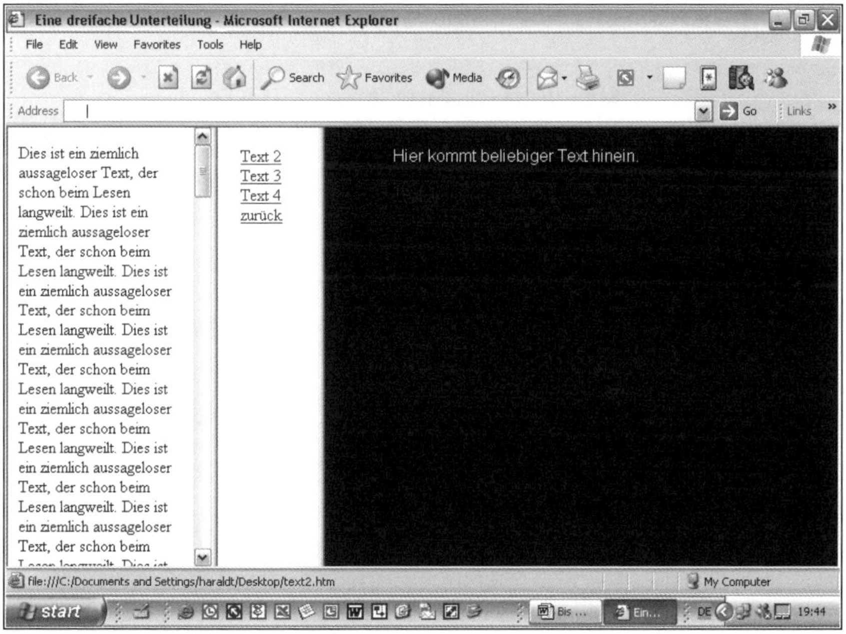

Abb. 7.11: Die drei Dateien machen deutlich, wie die entsprechenden Frames gefüllt sind. Der automatische Scrollbalken entsteht am rechten Rand nur, wenn der Inhalt über das anzeigende Fenster hinausreicht.

```
A   <FRAMESET COLS=25%,100,*>
```

Hier werden die drei Frames in der Senkrechten angelegt. Zur Verdeutlichung, dass alle drei möglichen Zählweisen auch nebeneinander existieren können, habe ich nach einer Prozentangabe eine genaue Pixelzahl für den mittleren Frame gewählt und dem dritten Frame am rechten Rand mit dem *-Zeichen den Rest der vorhandenen Bildschirmpixel überlassen.

```
B  <FRAME NAME=eins SRC=1.htm SCROLLING=yes NORESIZE>
   <FRAME NAME=zwei SRC=2.htm SCROLLING=no NORESIZE>
   <FRAME NAME=drei SRC=3.htm SCROLLING=auto>
```

Auch hier macht eine logische Benennung wieder Sinn. Die drei verschiedenen `SCROLLING`-Typen sind in einem File ebenfalls verwendbar. Auch das `NORESIZE`-Tag kann einmal dazugefügt und einmal weggelassen werden.

Diese theoretisch unendliche Wiederholung ist ebenso horizontal denkbar.

Übung 21 Erstellen Sie ein File mit vier horizontalen Frames, das analog zum vorherigen Beispiel sein soll. Allerdings sollen die ersten beiden Frames je 100 Pixel hoch sein, und der unterste soll 15% des Bildschirms füllen.

```
   <HTML>
       <HEAD>
           <TITLE>Eine dreifach Unterteilung</TITLE>
       </HEAD>
A   <FRAMESET ROWS=100,100,*,15%>
B   <FRAME NAME=eins SRC=1.htm SCROLLING=no NORESIZE>
   <FRAME NAME=zwei SRC=2.htm SCROLLING=no NORESIZE>
   <FRAME NAME=drei SRC=3.htm SCROLLING=no NORESIZE>
   <FRAME NAME=vier SRC=4.htm SCROLLING=no NORESIZE>
   </FRAMESET>
   <NOFRAMES>

       <BODY >
       Hier steht etwas, weil Sie sonst mit einem alten
       Browser nichts sehen
       </BODY>
   </NOFRAMES>
</HTML>
```

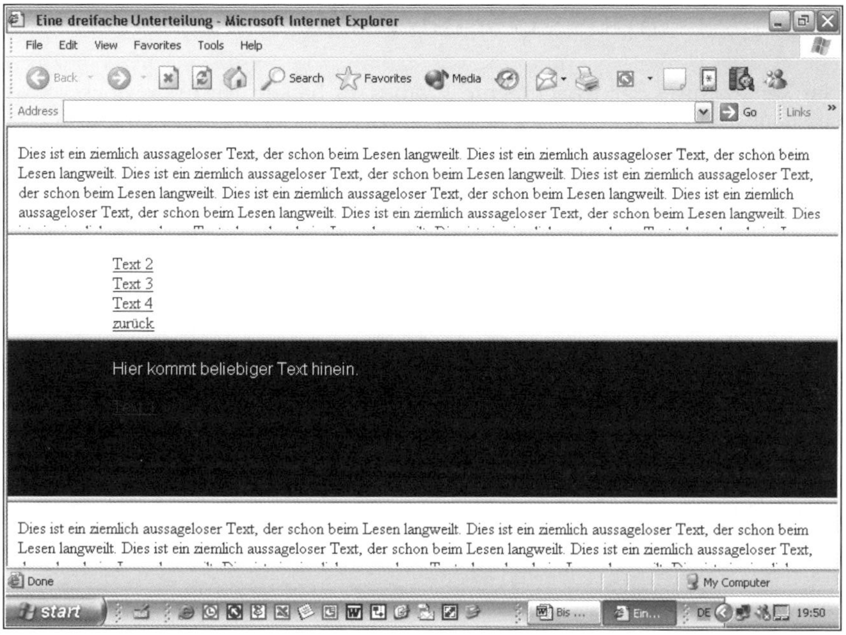

Abb. 7.12: Weil wir hier keine Scrollbalken programmiert haben, ist der oberste und der unterste Text (der allerdings abhängig von der Fenstergröße) abgeschnitten. Nicht sehr schön ...

```
A    <FRAMESET ROWS=100,100,*,15%>
```

Die vier Frames werden so aufgebaut, dass die oberen beiden feste Pixelzahlen erhalten und der unterste Frame 15% des Bildschirms füllt. Der verbleibende Frame wird mit einem * variabel in seiner Ausdehnung gehalten.

```
B       <FRAME NAME=eins SRC=1.htm SCROLLING=no
        NORESIZE>
        <FRAME NAME=zwei SRC=2.htm SCROLLING=no
        NORESIZE>
        <FRAME NAME=drei SRC=3.htm SCROLLING=no
        NORESIZE>
        <FRAME NAME=drei SRC=4.htm SCROLLING=no
        NORESIZE>
    </FRAMESET>
```

Jetzt muss ein weiteres File vorhanden sein, das diesen vierten Frame füllt. Ich habe hier alle Rollbalken ausgestellt und kein Aufziehen mit der Maus erlaubt. Aber das können Sie halten, wie Sie wollen. Es empfiehlt sich nur, möglichst nie mehr als einen Rollbalken im Bild entstehen zu lassen. Allerdings sieht man hier schön, wie dann Texte nicht mehr lesbar sind. Und Sie sehen damit schnell, dass zu viele Frames auch ein Problem im Bild darstellen.

Noch einmal die Warnung an Sie: Frames können eine Krankheit werden, wenn sie zu oft und auch sinnlos verwendet werden. Nutzen Sie Frames möglichst nur, wenn auch wirklich Bedarf besteht.

7.4 Frames verschachteln

Nur senkrechte oder waagerechte Frames zu bauen wäre nun doch etwas langweilig. Es ist aber auch jederzeit denkbar, in einen senkrechten Frame noch einen waagerechten und umgekehrt einen senkrechten in einen waagerechten Frame zu platzieren. Das macht dann Sinn, wenn Sie über oder unter dem Index-Frame vielleicht noch einen Frame mit dem Logo der Seite platzieren wollen.

Versuchen wir es mit einer – nicht sehr einfachen – Aufgabe:

Übung 22 Nehmen Sie das Beispiel aus dem vorletzten Kapitel, und platzieren Sie zusätzlich in den linken Frame einen waagerechten Frame, der eine andere Datei enthalten soll. Dieser Inhalt braucht die Höhe von 100 Pixel.

```
   <HTML>
       <HEAD>
           <TITLE>
           Textverzeichnis
           </TITLE>
       </HEAD>

A   <FRAMESET COLS=25%,75%>
B       <FRAMESET ROWS=100,*>
C       <FRAME NAME=oben SRC=logo.htm SCROLLING=auto
         NORESIZE>
        <FRAME NAME=links SRC=index.htm SCROLLING=auto
         NORESIZE>
D   </FRAMESET>
        <FRAME NAME=rechts SRC=text1.htm SCROLLING=auto
         NORESIZE>
   </FRAMESET>

   <NOFRAMES>
       <BODY BGCOLOR=#ffffff>
     Bitte laden Sie <A HREF=http://home.netscape.com>
     Netscape Navigator</A> oder
     <A HREF=http://microsoft.com>Microsoft
     Explorer</A>, um dieses Dokument sauber angezeigt
     zu sehen.

       </BODY>
   </NOFRAMES>
</HTML>
```

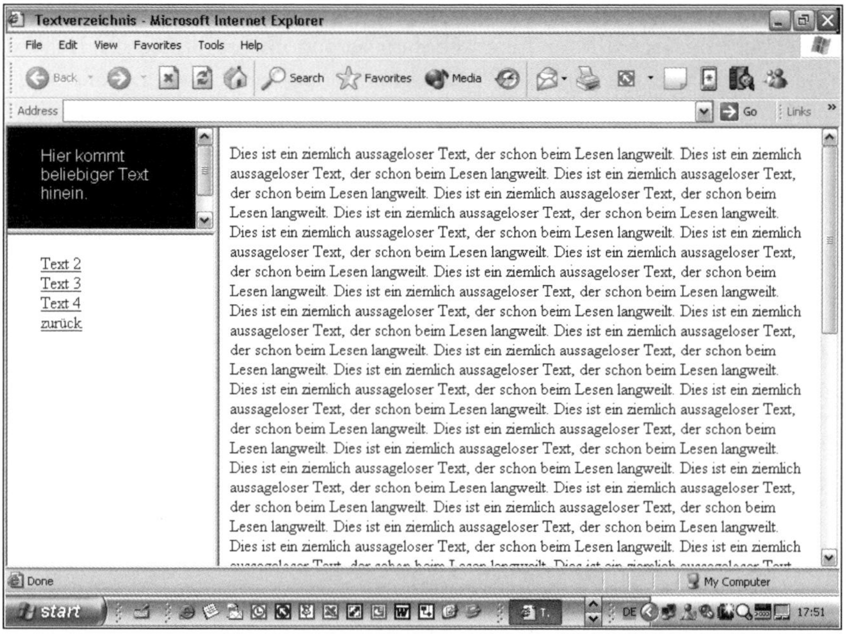

Abb. 7.13: Und schon kommen wir ein bisschen differenzierter daher.

```
A    <FRAMESET COLS=25%,75%>
```

Geschafft. Der Trick besteht darin, dass Sie sich das Aufziehen dieser Frames wie den Gang durch ein Haus vorstellen müssen. Wenn Sie nur einen Frame aufziehen wollen, dann ist das wie an die Türe eines Zimmers klopfen. Eine Zeile mit der Source reicht. Wenn sich ein Frame aber weiter verschachteln soll, dann müssen Sie in dieses Zimmer hineingehen, dort an alle Seitentüren, die Sie brauchen, anklopfen und dann erst wieder aus dem Zimmer hinausgehen. Das Fiese an dieser Programmierung ist, dass man im Browser nicht immer sofort sieht, wie und wo ein Webdesigner hier seine Verschachtelungen vorgenommen hat. Der Browser zeigt keine Hierarchie der Verschachtelungen an. Das sieht man nur im Code.

```
B      <FRAMESET ROWS=100,*>
```

So wie hier: Da sich diese Spalte mit 25% noch einmal unterteilen soll, wird zuerst die Unterteilung begonnen. Hier in 100 Pixel und einen variablen Rest.

```
C      <FRAME NAME=oben SRC=logo.htm SCROLLING=auto
        NORESIZE>
       <FRAME NAME=links SRC=index.htm SCROLLING=auto
        NORESIZE>
```

Jetzt wird in dieser untersten Ebene die Zuteilung der Füll-Files und die Benamung der Frames mit ihren Eigenschaften vorgenommen. In diesem Beispiel sind es zwei Files, die den linken Frame mit seinen beiden Unter-Frames ausmachen.

```
D    </FRAMESET>
```

Jetzt muss diese Unterteilung erst geschlossen werden, bevor Sie mit dem zweiten oberen Frame anfangen können, und auch diesen definieren und dann schließen.

Das Verschachteln von Frames gehört zugegebenermaßen zu den schwersten Übungen im Bereich von HTML. Es stellt sich aber nicht nur deshalb die Frage, ob diese Schachtelungen immer sein müssen. Ab der dritten Ebene frage ich Sie, ob hier ein bewusst komplizierter Aufbau gewählt werden soll oder ob es in diesem Fall nicht doch besser wäre, eine leichtere Umsetzung zu designen.

7.5 Unsichtbare Frames

Seit den Versionen 3.0 der Browser Netscape Navigator und Internet Explorer haben Webdesigner jetzt auch die Möglichkeit, die störende Gitter-Optik der Frames zu verstecken. Analog zu den Table-Befehlen lässt sich das mit einem einfachen Unter-Tag bewerkstelligen.

```
<FRAMESET BORDER=0 ROWS=100,*>
```

Dieses Tag lässt den 3D-Rand zwischen den beiden waagerecht angelegten Frames verschwinden Jedenfalls beim Netscape Navigator 3.0. Beim Microsoft Internet Explorer müssen zusätzlich zwei weitere Tags eingefügt werden:

```
<FRAMESET BORDER=0 FRAMEBORDER=no FRAMESPACING=no ROWS=100,*>
```

Nur so werden bei beiden Browsern die Frames unsichtbar. Sie vermuten richtig: Durch eine andere Zahl kann in Netscape die Dicke der Frames auch eingestellt werden. Das macht nur selten Sinn, ist aber denkbar. Die Frames haben leider aber auch durch dieses Feature eine andere Dicke bekommen, wenn Sie bisher keinen Wert eingestellt haben. Die Stärke der Frames im Explorer bleibt dabei im Vergleich zwischen der Version 2.0 und 3.0 gleich, aber innerhalb des Navigators hat sich eine klare Änderung ergeben. Wollen Sie die Stärke der Frames, die im Navigator 2.0 standardmäßig eingestellt sind, auch ab der Version 3.0 erhalten, dann müssen an dieser Stelle `BORDER=1` eingeben. Das aber mehr aus historischen Gründen. Sie werden inzwischen ja auch Strom an Ihrem Computer haben und dafür nicht den Hamster im Dynamo schuften lassen. Nutzen Sie möglichst aktuelle Browser. Das kann ich Ihnen nur immer wieder empfehlen.

> Noch einmal und auch für zukünftige Versionen: Da bei Netscape das fröhliche Ändern von Standards in den neuen Versionen leider immer wieder vorkommt, empfiehlt es sich, bei jedem Frame ein `BORDER=1`-Tag einzufügen, damit der Frame, wenn er sichtbar sein soll, bei allen Versionen gleich aussieht. Ein fehlender Eintrag löst bei der Version 3.0 im Navigator einen fetten, unschönen Balken aus.

Eine besonders knifflige, aber auch sehr spannende Anwendung ist die eines Passepartouts mit Hintergrundbildern, in dem ein Index-File und ein Content-File stecken sollen. Das Index-File besitzt dabei keinen Scrollbalken, die Passepartout-Files ebenfalls nicht. Und dann muss noch der Fall bedacht werden, dass User verschieden große Bildschirme haben, bei denen die Frames auseinander gezogen werden könnten, was den Background-Bildern des Passepartouts nicht gut tut, denn plötzlich würden diese nicht mehr nahtlos passen.

Das würde schematisch wie folgt aussehen. Bitte verzweifeln Sie jetzt nicht, wenn gleich ein Source-Code auf Sie einprasselt, den man am liebsten nicht nach einem anstrengenden Tag anschaut. Achtung ... Sie tun mir jetzt wirklich ein wenig Leid ...

```
A <HTML>
    <HEAD>
            <TITLE>Ein Passepartout mit Bildern</TITLE>
    </HEAD>
<FRAMESET ROWS=*,425,* BORDER=0 FRAMEBORDER=no FRAMESPACING=0 NORESIZE>
B   <FRAME SRC=bild.htm NAME=bild_oben SCROLLING=no FRAMEBORDER=no FRAMESPACING=0>
C   <FRAMESET COLS=*,770,* BORDER=0 FRAMEBORDER=no FRAMESPACING=no NORESIZE>
D   <FRAME src=bild.htm NAME=bild_links BORDER=0 FRAMEBORDER=no FRAMESPACING=0 SCROLLING=no>
E   <FRAMESET  ROWS=80,265,80 BORDER=0 FRAMEBORDER=no FRAMESPACING=0 NORESIZE>
F   <FRAME SRC=i_oben.htm NAME=i_oben BORDER=0 FRAMEBORDER=no FRAMESPACING=0>
G   <FRAMESET COLS=100,570,100 BORDER=0 FRAMEBORDER=no FRAMESPACING=0 NORESIZE>
H    <FRAME SRC=i_links.htm NAME=i_links BORDER=0 FRAMEBORDER=no FRAMESPACING=0 >
<FRAME SRC=i_mitte.htm NAME=i_links BORDER=0 FRAMEBORDER=no FRAMESPACING=0 >
<FRAME SRC=i_rechts.htm NAME=i_links BORDER=0 FRAMEBORDER=no FRAMESPACING=0 >
I   </FRAMESET>
<FRAME SRC=i_unten.htm  NAME=i_unten BORDER=0 FRAMEBORDER=no FRAMESPACING=0 >
      </FRAMESET>
<FRAME SRC=bild.htm NAME=bild_rechts BORDER=0 FRAMEBORDER=no FRAMESPACING=0 SCROLLING=no>
      </FRAMESET>
K   <FRAME SRC=bild.htm NAME=bild_unten BORDER=0 FRAMEBORDER=no FRAMESPACING=0 SCROLLING=no>
      </FRAMESET>
      </HTML>
```

Fertig. Hier sind eine ganze Menge an spannenden Code-Überlegungen enthalten. Wenn Sie sich noch ein wenig die Mühe machen, das alles nachzuvollziehen, dann werden Sie sehen, dass das alles doch nicht so schlimm ist ... Hoffe ich zumindest.

```
A   <HTML>
     <HEAD>
            <TITLE>Ein Passepartout mit Bildern</TITLE>
     </HEAD>
<FRAMESET ROWS=*,425,* BORDER=0 FRAMEBORDER=no FRAMESPACING=0
NORESIZE>
```

Bis hierher ist das alles nicht schwer. Wir haben einen HEAD hergestellt, wie wir ihn aus allen Dateien bereits kennen. Dann teilen wir den Bildschirm erst einmal in drei waagrechte Frame-Bereiche, die nur die Mitte mit 425 Pixel genau definieren. Und diese Einteilung soll nicht zu verändern sein, deshalb das NORESIZE-Tag. Warum 425 Pixel? Nun, bei einer Auflösung von 800 x 600 Pixel, die ungefähr 50% aller Menschen im Netz heute nutzen (beim Mac sind es merkwürdigerweise 832 Pixel ... mhm ... Problem mancher Hardware-Karten? Steve Jobs? Lustig? Keine Ahnung ...), ist das die Höhe der Arbeitsfläche, auf der Sie in einem Browser nach Abzug der Menüflächen der Software arbeiten können. Das ist eigentlich nicht viel. Können wir aber jetzt auch nicht ändern.

```
B   <FRAME SRC=bild.htm NAME=bild_oben SCROLLING=no FRAMEBORDER=no
    FRAMESPACING=0>
```

Die erste Reihe dieser Dreiteilung füllen wir mit der Datei *bild.htm*, die einfach nur dazu da ist, den Rand auszugleichen, der bei der Nutzung von Bildschirmauflösungen von 1024 x 768 und höher entstehen kann (hier ist der Mac wieder identisch mit Windows). Dieses Files sollte einfach nur den Grundton des Passepartouts enthalten. Wichtig ist hier: Wir werden immer das gleiche File nutzen, denn *bild.htm* können wir theoretisch beliebig oft in ein Framefile einbinden. Allerdings muss jede Einbindung einen eigenen Namen erhalten, deshalb haben wir hier den NAME auf bild_oben festgelegt. Denn so wissen wir gleich, auf welchen Bereich sich dieses Tag bezieht.

```
C  <FRAMESET COLS=*,770,* BORDER=0 FRAMEBORDER=no FRAMESPACING=no
   NORESIZE>
```

Jetzt wird es trickreich. Wir kommen in die zweite Reihe der Dreiteilung und füllen diese nun nicht einfach aus, sondern wir eröffnen einen Frame im Frame. Wir teilen diese zweite Reihe in drei vertikal getrennte Bereiche, deren mittlerer wegen der 800 x 600-Auflösung eine feste Größe von 770 hat.

```
D   <FRAME src=bild.htm NAME=bild_links BORDER=0 FRAMEBORDER=no
    FRAMESPACING=0 SCROLLING=no>
```

Jetzt schön der Reihe nach. Zuerst füllen wir in dieser zweiten Reihe das erste Feld ganz links wieder mit *bild.htm* und benennen es mit `bild_links`, um für größere Bildschirme auszugleichen.

```
E   <FRAMESET ROWS=80,265,80 BORDER=0 FRAMEBORDER=no FRAMESPACING=0
    NORESIZE>
```

Durchatmen – und in der Mitte bauen wir wieder eine waagrechte Dreiteilung auf, denn hier beginnt erst das Passepartout mit den Backgroundbildern. Um die größeren Bildschirmaufteilungen auszugleichen, programmieren wir also ein Passepartout in einem Passepartout. Und das alles nur, damit sich bei diesen Aufteilungen nicht die Hintergrundbilder verschieben, die im eigentlichen Passepartout liegen.

```
F  <FRAME SRC=i_oben.htm NAME=i_oben BORDER=0 FRAMEBORDER=no
   FRAMESPACING=0>
```

Jetzt setzen wir das obere Passepartout-File ein. Ein beliebig benanntes File, möglichst mit sprechendem Namen (hier habe ich ein »i« für »innen« gesetzt.). Sie können hier zu Übungszwecken einfach eine andere `BGCOLOR`-Färbung als in *bild.htm* verwenden. Dann sehen Sie den Effekt auch sehr schön. Allerdings treten Sie erst in die höheren Weihen ein, wenn Sie hier ein genau geschnittenes Hintergrundbild als `BACKGROUND` über `i_oben_htm` einpassen. Achtung: Natürlich müssen Sie hier pixelgenau schneiden und bedenken, dass Sie nur die Ränder des Bildes brauchen werden, denn die Mitte wird ja den Content und den Index tragen.

```
G   <FRAMESET COLS=100,570,100 BORDER=0 FRAMEBORDER=no
    FRAMESPACING=0 NORESIZE>
```

Nicht böse sein, aber die zweite Reihe dieser Dreiteilung, die ja an sich schon in einer zweiten Reihe der ursprünglichen Dreiteilung des Screens sitzt, braucht jetzt, damit das Passepartout links und rechts laufen kann und in der Mitte der eigentliche Inhalte steht, noch einmal eine pixelgenaue senkrechte Abtrennung.

```
H <FRAME SRC=i_links.htm NAME=i_links BORDER=0 FRAMEBORDER=no
  FRAMESPACING=0 >
<FRAME SRC=i_mitte.htm NAME=i_links BORDER=0 FRAMEBORDER=no
FRAMESPACING=0 >
<FRAME SRC=i_rechts.htm NAME=i_links BORDER=0 FRAMEBORDER=no
FRAMESPACING=0 >
```

Jetzt setzen wir darin das linke Passepartoutbild ein. Und das rechte Passepartoutbild setzen wir auch dazu. In der Mitte allerdings rufen wir ein neues Frame-Dokument auf, das einfach nur 50% des Platzes der einen Fülldatei zugesteht und 50% des Platzes der anderen. Warum machen wir das? Falls im Passepartout mal kein Index benötigt wird, sollte der gesamte Mittelbereich auch zu nutzen sein, ohne dass wir gleich ein neues Passepartoutbild laden müssen. Außerdem zeigt dieses Beispiel, dass wir auch von einer Frame-Datei aus eine andere Frame-Datei hineinladen können, die wiederum erst Fülldateien aufruft. Das geht auch in einer dritten und vierten Ebene. Irgendwann rechnet sich Ihr Computer allerdings zu Tode ... und Sie können das auch gar nicht mehr sinnvoll nutzen. Hier macht die zweite Ebene aber aus den genannten Gründen Sinn.

```
I  </FRAMESET>
<FRAME SRC=i_unten.htm  NAME=i_unten BORDER=0 FRAMEBORDER=no
FRAMESPACING=0 >
</FRAMESET>
<FRAME SRC=bild.htm NAME=bild_rechts BORDER=0 FRAMEBORDER=no
FRAMESPACING=0 SCROLLING=no>
</FRAMESET>
```

Jetzt schließen wir diesen innersten Bereich mit </FRAMESET>, fügen noch das Passepartoutbild unten an und schließen diesen Bereich ebenfalls. Wohlgemerkt befinden wir uns immer noch in der zweiten Reihe der ursprünglichen Dreiteilung des Screens. Deshalb können wir jetzt erst die rechte Datei einfügen, die wieder die größere Bildschirmdarstellungen ausgleicht. Und dann schließen wir auch diesen Schachtelbereich.

```
K  <FRAME SRC=bild.htm NAME=bild_unten BORDER=0 FRAMEBORDER=no
   FRAMESPACING=0 SCROLLING=no>
</FRAMESET>
</HTML>
```

Und ganz am Schluss, bevor uns das Hirn ganz abraucht, schließen wir auch noch mit dem unteren Ausgleich für die Bildschirmgrößen die dritte Reihe der ursprünglichen Dreiteilung. Und wir beenden die HTML-Datei.

Bevor Sie nun diese Programmierung sauber testen können, sollten Sie auf keinen Fall vergessen, alle notwendigen Files dazu anzulegen, sonst wird Ihnen der Browser einen Fehler anzeigen und sagen, dass er die noch nicht erstellten Files nicht finden kann. Vergessen Sie auch auf keinen Fall, das zweite Framefile, das hier aufgerufen wird, zu programmieren und mit den entsprechenden Füll-Files, z.B. mit weißer BGCOLOR, zu erstellen. So. Rufen Sie jetzt das Framefile auf, das wir eben geschrieben haben. Klappt's?

7.6 Gefärbte Frames

Eine letzte Modifikation erlaubt es auch – allerdings nur auf manchen Browsern –, die Frame-Grids zu färben.

```
<FRAMESET BORDER=2 BORDERCOLOR=#000099 ROWS=100,*>
```

Dieses Tag erzeugt hier einen dicken blauen Rand um die Frames herum. Das kann dann sehr interessant sein, wenn man die Frames in einer Abwandlung der Hintergrundfarben in den Füll-Files einfärbt. Durch den Farbkontrast lassen sich interessante optische Varianten gestalten. Hier kommt es allein auf ihren Geschmack an.

Zur Verfügung stehen Ihnen dazu wieder die Farben aus der Hexadezimal-Umwandlung und deren Benennungen.

Bedenken Sie aber noch einmal, dass diese Modifikation für den Internet Explorer nicht gilt. Hier bleiben die Frames grau und können diesen optischen Eindruck wieder empfindlich stören.

Frames sind nach dem ersten Hype im Winter 1995/96 in der Nutzung und Programmierung wieder zurückgegangen. Warum, das erklären zwei Phänomene. Zum einen sind Programmierung und Nutzung von Frame-Seiten nicht immer ganz einfach. Vor allem Nutzer, die jetzt erst mit dem Web beginnen, haben mit dieser Aufteilung der Bildschirme große Schwierigkeiten. Auf der anderen Seite ist das Setzen von Favoriten dieser Seiten nicht leicht, da das elektronische Lesezeichen hier immer auf den Frame und nicht auf den ausgewählten Inhalt verweist. Entscheiden Sie am besten den Einsatz von Frames anhand der folgenden Fragen:

- Macht das meine Site schneller?
- Macht das meine Site einfacher?
- Macht das meine Site schöner?

Wenn Sie alle drei Fragen bedingungslos mit Ja beantworten können, dann sollten Sie Frames einsetzen. Wenn nicht, dann lassen Sie im Zweifelsfall lieber die Finger davon.

Nach diesem Kapitel können Sie

- Frame-Dokumente anlegen,
- innerhalb der Frames verlinken,
- mehrere Frames in einem Dokument aufbauen,
- Frames färben.

Kapitel 8

jetzt lerne ich

Formulare

In diesem Kapitel lernen Sie

- das Anlegen von Formularbereichen,
- die Verwendung von Textboxen,
- die Verwendung von Zahlenfeldern,
- die Verwendung von Klickbuttons,
- die Verwendung von Pull-ups,
- das Versenden von Formularen.

8.1 Allgemeines

Bisher haben wir uns immer darum gekümmert, wie unser Webpublishing aussehen sollte. Auf Interaktion haben wir nur insofern geachtet, als dass eine Anzahl von Links zur Verfügung stehen sollten. Und wenn ein User einmal die Möglichkeit hatte, uns zu antworten, dann war bisher immer ein einfaches E-Mail-Formular vorgesehen, das gerade einmal unsere Empfängeradresse vorformatiert hat. Mehr nicht.

Das soll sich hier noch ein wenig ändern. Wir haben bisher im Wesentlichen ein Index-File und den dazu passenden Inhalt generiert. Jetzt wollen wir ein Antwort-File aufbauen, das es dem User ermöglicht, differenzierter auf Ihre Seiten einzugehen. Und im Gegenzug können Sie dem User mehr Hilfen dazu beisteuern, was alles an Anfragen und Antworten noch möglich wäre.

Wir lösen das über ein Formular, das wir schrittweise im gesamten Kapitel aufbauen.

ACHTUNG

Noch ein paar Worte zu Formularen allgemein. Achten Sie darauf, Ihre vorgeschlagenen Differenzierungen nicht allzu stark aufzusplitten. Fragebögen, die sich über ein ganzes Panorama an Bildschirmen ziehen, können sehr schnell frustrieren. Meistens kommen Sie mit maximal sieben Datenfeldern abseits der Felder für Adresse und Ansprechpartner aus. Wenn Sie wirklich einmal mehr brauchen, dann fragt es sich, ob Sie nicht doch lieber mehrere Formulare per Link zur Auswahl stellen.

Und ganz ehrlich: Nur wenn Sie wirklich ein festes Set an Daten brauchen, wie zum Beispiel eine Adresse, dann sollten Sie auf Formulare zurückgreifen. Also in Geschäftsabläufen. Auf privaten Homepages reicht ein normaler Maillink eigentlich fast immer. Das können Sie ja bereits. Seien Sie vernünftig im Umgang mit Formularen, so wie Sie das im Umgang mit Frames sind. Das schaffen Sie.

Sobald ein User diese Formulare ausfüllt und versendet, erhalten Sie nur seine Angaben ohne die Maske in einem etwas seltsamen Code per E-Mail. Die Benennung der ausgefüllten Felder wird in dieser E-Mail erscheinen, an der Stelle von leeren Feldern und zwischen den Feldern werden Sie viele Sonderzeichen finden. Und außerdem wird es kaum einen festen Zeilenumbruch in dieser Mail geben. Das ist auf den ersten Blick etwas mühselig, aber Sie ermöglichen dem User auf der anderen Seite eine bequemere Art, Mails an Sie zu richten, die auch wirklich die benötigten Informationen beinhalten. Und auf den User kommt es ja an. Mit Suchen&Ersetzen können Sie dann aus den seltsamen Zeichen zum Beispiel wieder Zeilenumbrüche machen oder diese Files in Excel importieren. So entsteht auch eine für Sie sinnvolle Form der Daten.

ACHTUNG

Ein Formular kann jeder ausfüllen. Alle gängigen Browser haben auf dem HTML-Standard ihre Formular-Tags aufgebaut. Allerdings kann nur derjenige das Formular auch per Mausklick losschicken, der in seinem eigenen Browser eine Identifikation seiner eigenen E-Mail eingegeben hat. Das kennen wir ja schon vom `MAILTO:`-Tag. Auch hier ist es möglich, dass sich die Angaben im Browser und im Absender-Datenfeld widersprechen. Sie sollten darauf achten. Vielleicht sagt das schon etwas über die Art der Anfrage aus, wenn Sie eine Mail mit »zwei verschiedenen Absendern« erhalten.

Generell ist ein Formular immer vom Öffnen und Schließen eines bestimmten Tags abhängig. Ohne dieses geht nichts:

```
<FORM>
</FORM>
```

Da wir hier ein Formular aufbauen wollen, das am Ende als E-Mail an Sie geschickt werden soll, benötigen wir in diesem Tag noch zwei Unter-Tags:

```
<FORM METHOD=post ACTION=ihre_mail@ihre_URL>
</FORM>
```

Sie haben jetzt also dem Browser gesagt, was er mit den Daten tun soll, wenn der User per Mausklick das ausgefüllte Formular losschicken will. Den Befehl für den Button, der alles losschickt, schauen wir uns allerdings erst am Ende des Kapitels an. Sozusagen als Belohnung für unser erstes eigenes Formular.

Bauen Sie nun ein HTML-File auf, das dieses Grund-Tag schon integriert und weiterhin folgende Features aufweist: eine zweispaltige, unsichtbare Tabelle, die das Layout im Formular beinhalten soll und deren erste Spalte 100 Pixel, deren zweite Spalte 400 Pixel der Seite in der Breite ausfüllt. *Übung 23*

```
   <HTML>
       <HEAD>
           <TITLE>
           Antwortformular
           </TITLE>
       </HEAD>

A    <BODY BGCOLOR#ffffff TEXT=#000000>

B    <FORM METHOD=post ACTION=mailto:harald@taglinger.de>
C       <TABLE BORDER=1 WIDTH=500 HEIGHT=300>
       <TR>
         <TD WIDTH=100>
          <BR>
          </TD>
          <TD WIDTH=400>
          <BR>
          </TD>
       </TR>
       <TABLE>
D    </FORM
   </BODY>
   </HTML>
```

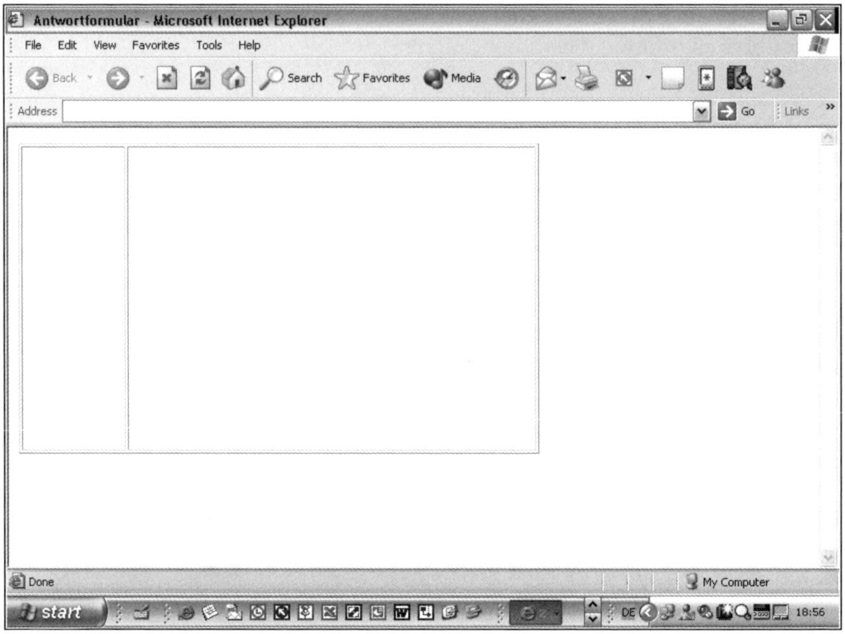

Abb. 8.1: Noch sind keine Formularfelder eingefügt. Aber die Datei zeigt bereits Ergebnisse.

Lösung Erstaunlicherweise haben Sie hier bereits eine Darstellung, die aber keine Andeutung darüber macht, dass wir ein Formular vorbereiten. Das ist zwar auf den ersten Blick sinnlos, aber technisch sind wir im Stande, ein leeres Formular auf diese Weise zu erzeugen.

```
A   <BODY BGCOLOR#ffffff TEXT=#000000>
```

Der Optik wegen sind Hintergrundfarbe und Text mit Weiß und Schwarz belegt. Ich habe keine Linkfarbe angegeben, weil es hier in diesem File keinen Link geben wird. Verfahren Sie hier nach Belieben.

```
B   <FORM METHOD=post ACTION=mailto:harald@taglinger.de>
```

Hier wird angegeben, dass es sich um ein Formular handelt, das per E-Mail verschickt wird. Die angegebene E-Mail-Adresse ist die des Buchautors. Nehmen Sie Ihre eigene, um das File später auch zu testen.

```
C      <TABLE BORDER=0 WIDTH=500 HEIGHT=400>
           <TR>
               <TD WIDTH=100
               <BR>
               </TD>
```

```
            <TD WIDTH=400>
            <BR>
            </TD>
        </TR>
    <TABLE>
```

Die Tabelle wird in der gewohnten Form in das Formular-Tag geschrieben. Sie können also auch innerhalb des Formulars in Ihrer gewohnten Art und Weise ein HTML-File generieren.

```
D   </FORM>
```

Hier wird das Formular wieder geschlossen. Achten Sie darauf, dass Formulare nicht ineinander verschachtelt werden können.

So hat unser Formular aber noch keinen Sinn. In den nächsten Kapiteln werden wir deshalb die Felder definieren, die wir zu einem richtig schönen ausfüllbaren File brauchen.

Eine Anmerkung ganz zu Anfang, bevor wir an die einzelnen Felder-Typen gehen: Sie werden diese Felder jetzt testen. Aber absenden können Sie das Formular erst am Schluss, wenn Sie auch lernen, wie ein *Send*-Button funktioniert. Wenn Sie also unbedingt zwischendurch mal die Funktion testen wollen, dann will ich Sie nicht daran hindern, ein wenig in den Seiten zu springen.

8.2 Textfelder

Die häufigste Anwendung von Feldern in einem Formular ist sicher die der Adressenangaben. Das löst sich gut über ein Textfeld. Das Tag dazu lautet:

```
<INPUT TYPE=text NAME=bezeichnung SIZE=40>
```

Hier wird definiert, dass durch den User ein Input erfolgen kann, der aus Text besteht, in der E-Mail die Benennung »bezeichnung« hat (damit der Leser der Mail weiß, worauf sich diese Angaben dann beziehen) und ein Textfeld von 40 Zeichen zur Verfügung haben soll.

Wenn Sie dieses Feld so in das HTML-File eingeben, dann werden Sie sehen, dass es voll funktionsfähig ist. Allerdings kann der User nicht erkennen, was er darin eingeben soll. Deshalb müssen Sie bei jedem Textfeld, das Sie so aufbauen, noch daneben eine klare Benennung einfügen.

Übung 24

Bauen Sie Standard-Adressfelder (Name, Straße, Ort) in die rechte Spalte unseres Files ein. In die linke Spalte bauen Sie die Benennung der Felder per üblichem HTML in Arial, Helvetica und einer Formgröße von 4 ein.

```
<HTML>
    <HEAD>
        <TITLE>
        Antwortformular
        </TITLE>
    </HEAD>

<BODY BGCOLOR=#ffffff TEXT=#000000>

<FORM METHOD=post ACTION=mailto:harald@taglinger.de>
    <TABLE BORDER=0 WIDTH=500>
        <TR>
            <TD WIDTH=100 VALIGN=top>
A          <FONT FACE=Arial,Helvetica SIZE=4>
            Name<P>
            Vorname<P>
            Firma<P>
            Straße/Nr.<P>
            PLZ
            Ort<P>
            Land<P>
            </FONT>
            </TD>

            <TD WIDTH=400 VALIGN=top>
B       <INPUT TYPE=text NAME=Name SIZE=50><P>
        <INPUT TYPE=text NAME=Vorname SIZE=50><P>
        <INPUT TYPE=text NAME=Firma SIZE=50><P>
        <INPUT TYPE=text NAME=Strasse SIZE=50><P>
        <INPUT TYPE=text NAME-PLZ SIZE=10>
        <INPUT TYPE=text NAME=Ort SIZE=40><P>
        <INPUT TYPE=text NAME=Land SIZE=60><P>
            </TD>
        </TR>
    </TABLE>
</FORM>

</BODY>
</HTML>
```

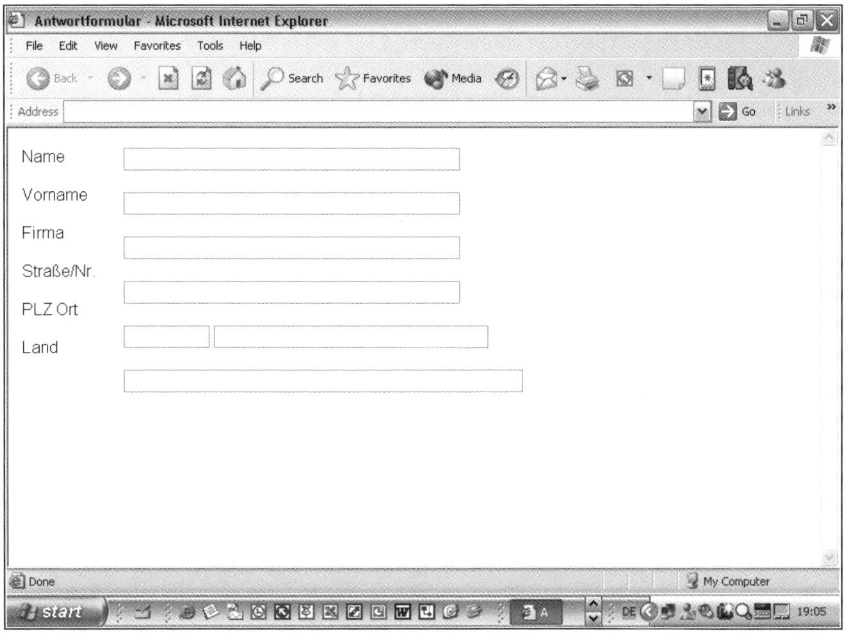

Abb. 8.2: Hier unser Versuch ... spannend, dass hier die Zeilen verschoben sind ...

Lösung

Wir haben darauf geachtet, dass wir die entsprechenden Felder mit unterschiedlichen Bennennungen eingebaut haben. Es ist also nicht so, dass die lesbaren Benennungen mit den Feldern in einer Tabellenzelle stehen müssen. Dabei haben wir aber auch gesehen, dass diese zwei verschiedenen Zeilenhöhen – und hier kommt es sehr auf Betriebssystem und Browser an – unschöne Zeilensprünge ergeben. Formulare in ein bestehendes Layout so einzupassen, dass diese Felder in allen Browsern gleich aussehen, gehört zu den kniffligsten Aufgaben, die ein Designer lösen können muss.

```
A              <FONT FACE=Arial,Helvetica SIZE=3>
                Name<P>
                Vorname<P>
                Firma<P>
                Straße/Nr.<P>
                PLZ/
                Ort<P>
                Land<P>
                </FONT>
                </TD>
```

Nach der Definition der Schrift schreibe ich die Benennung der Zahlenfelder hier einfach mit der Trennung durch ein <P>-Tag herunter. Wie Sie sehen, fehlt dieses Tag zwischen PLZ und Ort. Diese Felder werden also in einer Zeile stehen und sind durch ein /-Zeichen voneinander getrennt.

```
          <TD WIDTH=400 VALIGN=top>
B         <INPUT TYPE=text NAME=Name SIZE=50><P>
          <INPUT TYPE=text NAME=Vorname SIZE=50><P>
          <INPUT TYPE=text NAME=Firma SIZE=50><P>
          <INPUT TYPE=text NAME=Strasse SIZE=50><P>
          <INPUT TYPE=text NAME=PLZ SIZE=9>/
          <INPUT TYPE=text NAME=Ort SIZE=40><P>
          <INPUT TYPE=text NAME=Land SIZE=50><P>
```

In der nächsten Spalte baue ich diese Reihenfolge parallel mit den Textfeldern auf. Pro Textfeld habe ich einen Platz von 50 Zeichen vorgesehen. Da ich im Bereich der Postleitzahlen sicher nicht mehr als neun Zeichen brauche, habe ich diese auch so eingestellt. In Addition mit dem Ortsfeld und dem trennenden /-Zeichen komme ich dann für diese Zeile wieder auf die gleiche Zeichenzahl.

ACHTUNG

Zeichenzahl ist hier etwas verwirrend, weil wir sonst immer nur in Pixeln und Prozentzahlen gearbeitet haben. Aber das darf Sie hier nicht aus der Fassung bringen. Ebenfalls verwirrend kann die Benennung der Felder sein. Hier habe ich sie analog zur Benennung in Spalte 1 gewählt. Das muss aber nicht sein. Es empfiehlt sich nur, um keine Unsicherheit zu schaffen. Sie könnten aber auch andere Benennungen wählen. Wichtig ist nur, dass Sie die Angaben dann noch verstehen, wenn diese mit den Benennungen der Textfelder an Sie gemailt werden.

Eine weitere Möglichkeit, Text unformatiert durch den User eingeben zu lassen, ist die einer Textarea. Am besten versteht man das Prinzip, wenn man sich hier ein Datenfeld »Bemerkungen« vorstellt. Die Syntax dafür lautet:

```
<TEXTAREA NAME=Bemerkungen ROWS=5 COLS=50>
Hier können Sie Ihre Bemerkungen hineinschreiben
</TEXTAREA>
```

Dieses Tag baut einen Kasten von 5 Zeilen Höhe und 50 Anschlägen Breite auf, der »Bemerkungen« heißt. Der folgende – auch formatierbare – Satz wird dann in diesen Kasten geschrieben, kann aber beim Ausfüllen überschrieben werden. Danach wird das Tag wieder geschlossen.

Übung 25 Bauen Sie jetzt in einer eigenen Reihe ein Bemerkungsfeld dieser Größe in unsere Formulartabelle ein.

```
<HTML>
    <HEAD>
        <TITLE>
        Antwortformular
        </TITLE>
    </HEAD>
```

```
    <BODY BGCOLOR=#ffffff TEXT=#000000>

    <FORM METHOD=post ACTION=harald@taglinger.de>
        <TABLE BORDER=0 WIDTH=500>
            <TR>
                <TD WIDTH=100 VALIGN=top>
                <FONT FACE=Arial,Helvetica SIZE=4>
                Name<P>
                Vorname<P>
                Firma<P>
                Straße/Nr.<P>
                PLZ
                Ort<P>
                Land<P>
                </FONT>
                </TD>

                <TD WIDTH=400 VALIGN=top>
            <INPUT TYPE=text NAME=Name SIZE=50><P>
            <INPUT TYPE=text NAME=Vorname SIZE=50><P>
            <INPUT TYPE=text NAME=Firma SIZE=50><P>
            <INPUT TYPE=text NAME=Straße SIZE=50><P>
            <INPUT TYPE=text NAME=PLZ SIZE=10>
            <INPUT TYPE=text NAME=Ort SIZE=40><P>
            <INPUT TYPE=text NAME=Land SIZE=60><P>
                </TD>
            </TR>
            <TR>
A             <TD WIDTH=100 VALIGN=top>
                <FONT FACE=Arial,Helvetica SIZE=4>
                Bemerkungen:<P>
                </FONT>
                </TD>

            <TD WIDTH=400 VALIGN=top>

B          <TEXTAREA NAME=Bemerkungen ROWS=5 COLS=50>
                Sagen Sie uns Ihre Meinung.
                </TEXTAREA>
                </TD>
            </TR>
        </TABLE>
    </FORM>

    </BODY>

</HTML>
```

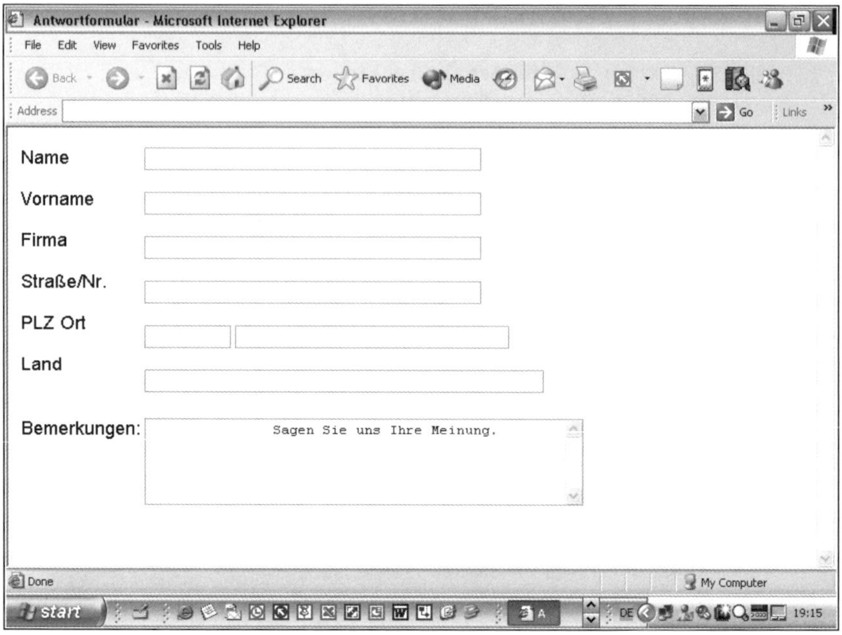

Abb. 8.3: Wir lassen als Warnung den Zeilenrutscher im Design. Allerdings fängt die neue Tabellenreihe diesen Effekt ein wenig auf.

```
A              <TD WIDTH=100 VALIGN=top>
               <FONT FACE=Arial,Helvetica SIZE=4>
               Bemerkungen:<P>
               </FONT>
               </TD>
```

Alles wie gehabt. Durch das `VALIGN=top`-Tag wird die Benennung am oberen Rand des Kastens gehalten. Sonst würde sie in die Mitte abrutschen.

```
          <TD WIDTH=400 VALIGN=top>
B         <TEXTAREA NAME=Bemerkungen ROWS=5 COLS=50>
           Sagen Sie uns Ihre Meinung.
          </TEXTAREA>
```

Durch die angegebenen Werte entsteht ein fünfzeiliger Kasten mit passender Breite. Hier ist der Bemerkungskasten schon ein wenig vorausgefüllt. Sie müssen den Satz »Sagen Sie uns Ihre Meinung« hier nicht einfüllen. Dieses Feld kann auch leer bleiben.

Sie fragen sich vielleicht schon länger: Was ist, wenn ich in einem Feld mehr als diese 50 Zeichen brauche? Das ist kein Problem. Es sind nur nicht mehr als 50 Zeichen pro Zeile sichtbar. Bei einer Textarea muss der User deshalb seinen Kommentar auch selbstständig mit Zeilenumbrüchen versehen.

8.3 Zahlenfelder

Sie ahnen, dass die ganze Art des Formularaufbaus auf eine Datenbank hin ausgerichtet ist, sonst bräuchten wir ja nicht die Unterscheidung zwischen Textdatensätzen und unstrukturierten Textdatensätzen. Umso mehr käme dieses Problem jetzt auf Sie zu, wenn Sie die ausgefüllten Formulare wirklich in einer Datenbank bearbeiten und dazu auch noch Zahlenfelder einrichten wollten. Die Syntax bleibt im Wesentlichen gleich, allerdings sollte dann die Definition der Daten anders sein.

Es folgt eine große Enttäuschung. Wir werden in der Folge noch andere Type-Unter-Tags kennen lernen, aber ein Zahlenfeld ist nicht vorgesehen. Wenn es Ihnen irgendwie weiterhilft, darf ich Ihnen versichern, dass somit niemand Zahlenfelder in Formularen einrichten kann. Deshalb haben wir die Postleitzahl auch als Textfeld aufgenommen. Leben Sie damit.

8.4 Klickbuttons

Allerdings haben Sie auch die Möglichkeit, dem User die Verwendung seiner Maus noch schmackhafter zu machen. Klickbuttons können als Auswahlbuttons oder als Radiobuttons eingestellt werden.

Das heißt, dass entweder mehrere Buttons gleichzeitig angeklickt werden können oder nur jeweils einer. Die Syntax für Auswahlbuttons lautet:

```
<INPUT TYPE=checkbox  NAME=bezeichnung>
```

Hier wird logischerweise keine Größe angegeben. Wenn ein User auf diesen Auswahlbutton, also auf diese Checkbox, klickt, dann erscheint danach ein Häkchen in dieser Box. Durch erneutes Klicken verschwindet dieses Häkchen wieder. Also eine Art von Kann-sein-kann-nicht-sein-Schaltung.

Damit ein Radiobutton sauber arbeitet, muss es mindestens zwei von seiner Sorte in einem Formular geben. Denn sonst kann die Auswahl nicht eindeutig stattfinden:

```
<INPUT TYPE=radio  NAME=bezeichnung 1>
<INPUT TYPE=radio NAME=bezeichnung 2>
```

Das hört sich alles ein wenig schwierig an, ist allerdings aufgrund der denkbaren Einsatzmöglichkeiten schnell klar. Auswahlbuttons können zum Beispiel eingesetzt werden, wenn ein User aus einer Fülle von Angeboten eines oder mehrere (!) für ihn in Frage kommende anwählen will. Zum Beispiel bei einer Speisekarte. Radiobuttons dienen dazu, aus einer Fülle von Angeboten genau eines auszuwählen. Zum Beispiel bei einer Altersangabe.

Übung 26 Fügen Sie unserem Formular ein Modul hinzu, das fünf Produkte zur Auswahl stellt, die man bestellen kann, und nach der Versandart fragt, die man bevorzugt.

```
<HTML>
    <HEAD>
        <TITLE>
        Antwortformular
        </TITLE>
    </HEAD>
<BODY BGCOLOR=#ffffff TEXT=#000000>

<FORM METHOD=post ACTION=mailto:harald@taglinger.de>
    <TABLE BORDER=0 WIDTH=500>
        <TR>
            <TD WIDTH=100 VALIGN=top>
            <FONT FACE=Arial,Helvetica SIZE=4>
            Name<P>
            Vorname<P>
            Firma<P>
            Straße/Nr.<P>
            PLZ
            Ort<P>
            Land<P>
            </FONT>
            </TD>

            <TD WIDTH=400 VALIGN=top>
        <INPUT TYPE=text NAME=Name SIZE=50><P>
        <INPUT TYPE=text NAME=Vorname SIZE=50><P>
        <INPUT TYPE=text NAME=Firma SIZE=50><P>
        <INPUT TYPE=text NAME=Straße SIZE=50><P>
        <INPUT TYPE=text NAME=PLZ SIZE=10>
        <INPUT TYPE=text NAME=Ort SIZE=40><P>
        <INPUT TYPE=text NAME=Land SIZE=60><P>
            </TD>
        </TR>
        <TR>
            <TD WIDTH=100 VALIGN=top>
            <FONT FACE=Arial,Helvetica SIZE=4>
            Bemerkungen:<P>
            </FONT>
            </TD>
```

```
          <TD WIDTH=400 VALIGN=top>
          <TEXTAREA NAME=Bemerkungen ROWS=5 COLS=50>
              Sagen Sie uns Ihre Meinung.
              </TEXTAREA>
              </TD>
          </TR>
          <TR>
A             <TD WIDTH=100 VALIGN=top>
              <FONT FACE=Arial,Helvetica SIZE=4>
              Produkt 1<P>
              Produkt 2<P>
              Produkt 3<P>
              Produkt 4<P>
              Produkt 5<P>
              </FONT>
              </TD>

             <TD WIDTH=400 VALIGN=top>
B            <INPUT TYPE=checkboxNAME=produkt1><P>
             <INPUT TYPE=checkbox NAME=produkt2><P>
             <INPUT TYPE=checkbox NAME=produkt3><P>
             <INPUT TYPE=checkbox NAME=produkt4><P>
             <INPUT TYPE=checkbox NAME=produkt5><P>
             </TD>
         </TR>
         <TR>
C           <TD WIDTH=100 VALIGN=top>
              <FONT FACE=Arial,Helvetica SIZE=4>
              Deutsche Post<P>
              Fahrradkurier<P>
              UPS<P>
              andere<P>
              </FONT>
              </TD>

              <TD WIDTH=400 VALIGN=top>
D             <INPUT TYPE=radio NAME=post><P>
              <INPUT TYPE=radio NAME=kurier><P>
              <INPUT TYPE=radio NAME=UPS><P>
              <INPUT TYPE=radio NAME=andere><P>
              </TD>
          </TR>

      </TABLE>
  </FORM>

  </BODY>
  </HTML>
```

Abb. 8.4: Lassen Sie mich penetrant sein. Auch hier stimmt das Design nicht in der Zeilenaufteilung. Bald träumen Sie nachts davon und haben sich das Problem damit gemerkt.

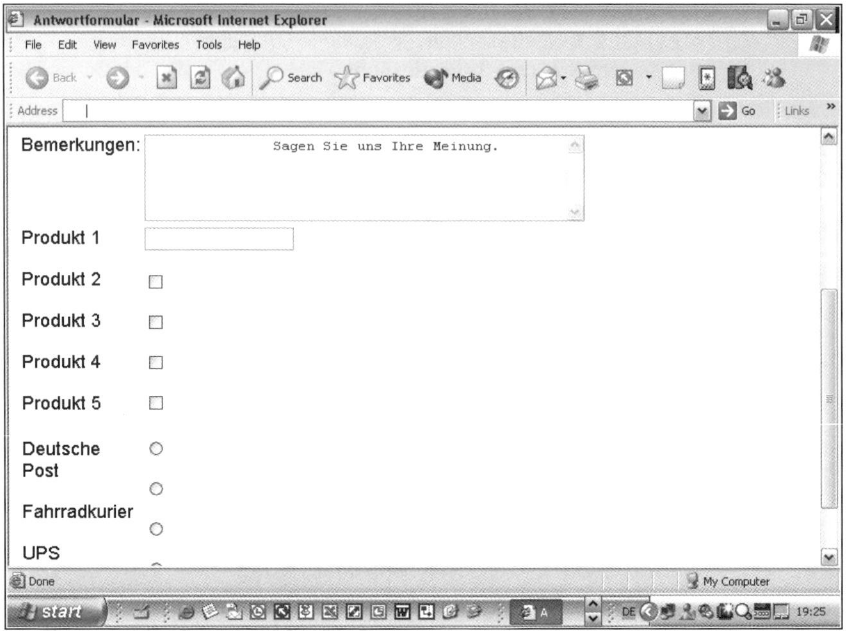


```
<TR>
A            <TD WIDTH=100 VALIGN=top>
             <FONT FACE=Arial,Helvetica SIZE=4>
```

Wir eröffnen eine neue Tabellenreihe und geben in der gewohnten Folge die Produkte 1 bis 5 an.

```
             <TD WIDTH=400 VALIGN=top>
B            <INPUT TYPE=checkbox NAME=produkt1>
```

Nach der Reihe werden in der zweiten Spalte die Produkte 1 bis 5 in einer Checkbox abgearbeitet, die der User gar nicht oder auch allesamt anklicken kann. Das ist seine freie Entscheidung. Danach schließen wir die Tabellenreihe wieder.

```
          <TR>
C            <TD WIDTH=100 VALIGN=top>
             <FONT FACE=Arial,Helvetica SIZE=4>
```

Wir öffnen wieder eine Reihe und nennen die Versandarten.

```
             <TD WIDTH=400 VALIGN=top>
D            <INPUT TYPE=radio NAME=post>
```

Die Radiobuttons benennen wir in der zweiten Spalte. Wie Sie sehen, habe ich die Versandarten in der Benennung gegenüber der Nennung in der ersten Spalte etwas abgekürzt. So etwas geht also sehr wohl. Hier kann nur eine Art ausgewählt werden. Es wäre ja auch schwer möglich, ein Paket über verschiedene Kanäle zu schicken.

8.5 Pulldowns

Es gibt noch eine bequemere Art, sich die Radiobutton-Features zu erhalten, ohne den Screen mit zu vielen Buttons zuzukleistern: ein Popup-Menü.

Die Tags sind ein wenig komplizierter:

```
<SELECT NAME=bezeichnung>
   <OPTION SELECTED VALUE=1>1
  <OPTION VALUE=2>2
  <OPTION VALUE=3>3
</SELECT>
```

Hier wird dem Browser in einem Formular gesagt, dass ein Auswahlfeld, also ein Popup-Menü kommen wird. Den Inhalt des Feldes definieren die `<OPTION>`-Tags, die einen bestimmten Wert in der E-Mail weitergeben, wenn es der User losschickt. Nun wird die Benennung des Feldes eingefügt. Allerdings findet die Benennung jetzt im Feld statt, was den Vorteil hat, dass sie auch nicht so leicht beim Programmieren vergessen wird. Danach wird das `<SELECT>`-Tag wieder geschlossen. Probieren wir es aus.

Übung 27

Schreiben Sie das Modul der Versandarten in ein Popup-Menü um und löschen Sie die Produktaufstellung wieder aus dem Aufgabencode.

```
<HTML>
    <HEAD>
        <TITLE>
        Antwortformular
        </TITLE>
    </HEAD>

<BODY BGCOLOR=#ffffff TEXT=#000000>

<FORM METHOD=post ACTION=mailto:harald@taglinger.de>
    <TABLE BORDER=0 WIDTH=500>
        <TR>
            <TD WIDTH=100 VALIGN=top>
            <FONT FACE=Arial,Helvetica SIZE=4>
            Name<P>
            Vorname<P>
            Firma<P>
            Straße/Nr.<P>
            PLZ
            Ort<P>
            Land<P>
```

```
                </FONT>
                </TD>

                <TD WIDTH=400 VALIGN=top>
            <INPUT TYPE=text NAME=Name SIZE=50><P>
            <INPUT TYPE=text NAME=Vorname SIZE=50><P>
            <INPUT TYPE=text NAME=Firma SIZE=50><P>
            <INPUT TYPE=text NAME=Straße SIZE=50><P>
            <INPUT TYPE=text NAME=PLZ SIZE=10>
            <INPUT TYPE=text NAME=Ort SIZE=40><P>
            <INPUT TYPE=text NAME=Land SIZE=60><P>
                </TD>
            </TR>
            <TR>
                <TD WIDTH=100 VALIGN=top>
                <FONT FACE=Arial,Helvetica SIZE=4>
                Bemerkungen:<P>
                </FONT>
                </TD>

            <TD WIDTH=400 VALIGN=top>
            <TEXTAREA NAME=Bemerkungen ROWS=5 COLS=50>
                Sagen Sie uns Ihre Meinung.
                </TEXTAREA>
                </TD>
            </TR>

            <TR>
A             <TD WIDTH=100 VALIGN=top>
                </TD>

                <TD WIDTH=400 VALIGN=top>
B             <SELECT NAME=Versandarten>
C                 <OPTION SELECTED VALUE=post>
D                 Deutsche Post
                    <OPTION VALUE=kurier>
                    Fahrradkurier
                    <OPTION VALUE=ups>
                    UPS und andere
                    <OPTION VALUE=egal>
                    egal
E             </SELECT>
                </TD>
            </TR>

        </TABLE>
    </FORM>

    </BODY>
    </HTML>
```

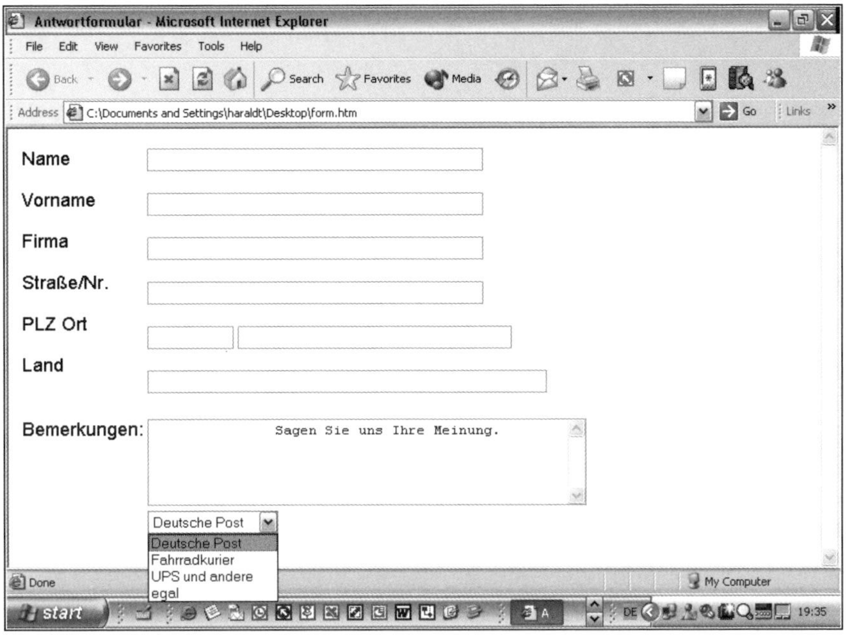

Abb. 8.5: Schon haben wir ein Ausklappmenü gebaut.

A
```
<TD WIDTH=100 VALIGN=top>
  </TD>
```

Richtig. Dieses Feld muss jetzt vollkommen leer sein. Denn die Benennung findet in der zweiten Spalte statt. Sie könnten jetzt den Platz noch für ein Firmenlogo oder einen Kommentar nutzen.

B
```
<SELECT NAME=Versandarten>
```

Wir beginnen die Definition des Popup-Menüs mit dem Eröffnungs-Tag und der Namensgebung.

C
```
<OPTION SELECTED VALUE=post>
  Deutsche Post
```

Hier entsteht das erste Auswahlfeld. Wenn der User nichts anderes anklickt, geht diese Auswahl später per E-Mail an Sie.

D
```
<OPTION VALUE=kurier>
  Fahrradkurier
```

Hier stehen die restlichen Auswahlmöglichkeiten. Je nachdem, auf welcher der Möglichkeiten sich der Mauszeiger des Users vor dem Loslassen befand, stellt sich diese Auswahl nun ein. Nebenbei: Ein wenig habe ich den Text geändert, damit sich die einzelnen Paketdienste nicht übervorteilt vorkommen. Auch Sie sollten diese Beispiele immer wieder variieren, um den Lerneffekt zu erhöhen.

```
E             </SELECT>
```

Hier schließen wir das Tag wieder.

8.6 Submit

Jetzt ist in diesem Kapitel so oft von dem Fall zu lesen, dass ein User dieses Formular endlich losschickt, und wir haben immer noch nicht den Befehl dazu gelernt. Als Belohnung für dieses Kapitel folgt das Tag nun:

```
<INPUT TYPE=submit Value=Losschicken>
```

Das war es. Enttäuscht? HTML generiert jetzt automatisch einen Button, der hier mit dem Wort »Losschicken« beschriftet wird. Dieser Button, wie auch der Popup-Button, orientiert sich automatisch an der Breite der Beschriftung und die wiederum orientiert sich an den Systemeinstellungen des Computers. Das gilt bei Windows auch für die Farben. Sollten Sie Ihr System so belassen haben, dass die Fensterränder grau eingestellt sind, dann werden Sie auch einen grauen Button erhalten. Die Farbe entscheidet also der User.

Wenn Sie jetzt noch den *Submit*-Button in unser Formular, also noch vor das `</FORM>`-Tag, einbauen, dann können Sie probeweise auch ein ausgefülltes Formular an Ihre eigene E-Mail-Adresse schicken. Sobald Sie auf den Button klicken, wird Ihr Browser versuchen, einen Online-Connect zu erzeugen und Ihnen diese Mail zu schicken. Seien Sie nicht entsetzt über den Datenwust, der in der Mail mitkommt.

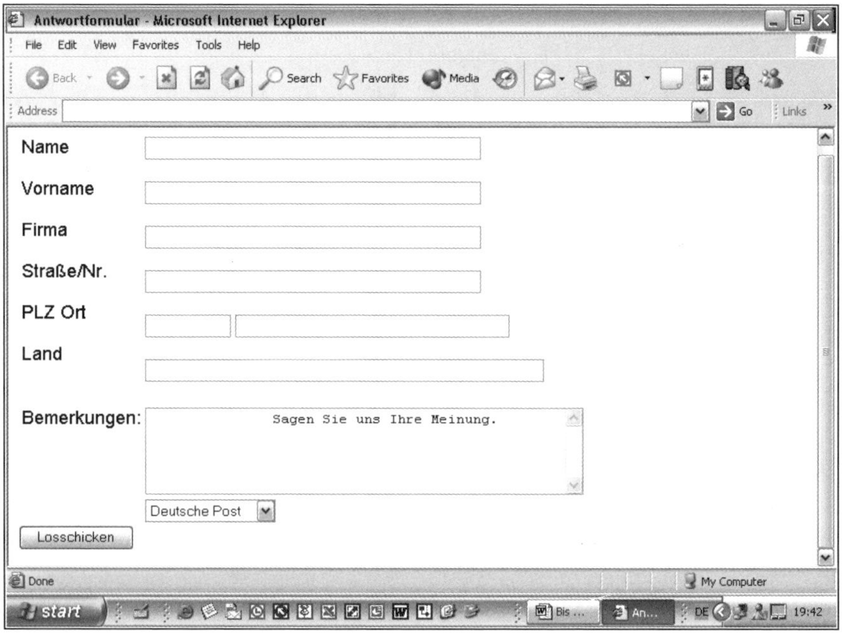

Abb. 8.6: Jetzt ist der Button drin. Sie können losschicken.

Es erreichen mich – Gott sei Dank wenige – E-Mails von Lesern, dass dieses Feature nicht richtig funktioniert. Sie müssen auch selbst bei lokalem Testen darauf achten, dass Sie Ihre E-Mail-Adresse im Browser vermerkt haben. Das macht zwar Ihre Postings von Formularen nicht fälschungssicher, aber zumindest kann der Empfänger an Ihre E-Mail zurückschreiben. Die Daten kommen nämlich in seinem E-Mail-Programm an und können wie eine herkömmliche E-Mail behandelt werden.

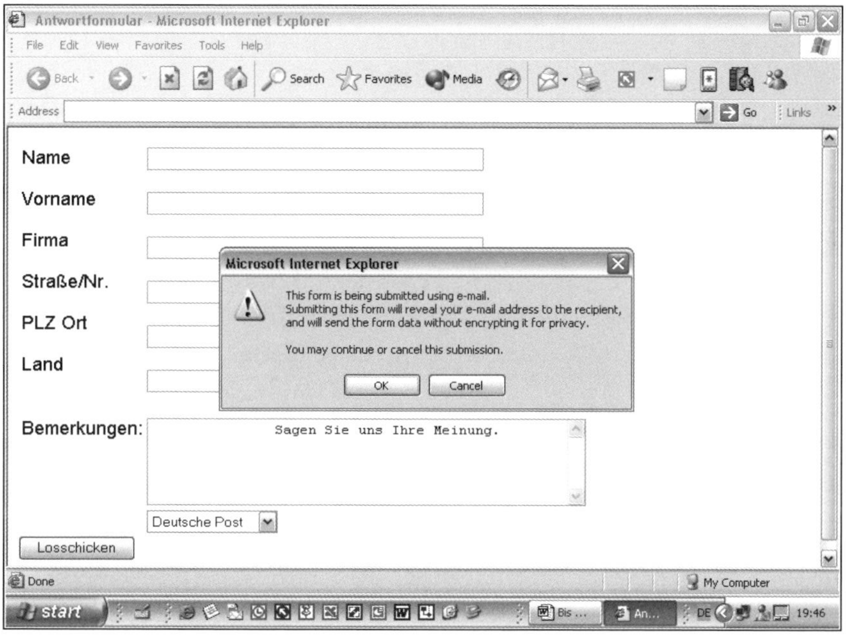

Abb. 8.7: Solche Meldungen bekommt ein Nutzer von Windows, damit er weiß, dass in seinem Namen Daten über dieses Formular übermittelt werden.

Nach diesem Kapitel können Sie

- Formulare anlegen,
- Datenfelder aufbauen,
- Auswahlfelder aufbauen,
- einen *Send*-Button integrieren.

KAPITEL 9

jetzt lerne ich

HTML 4.0 und Cascading Stylesheets

Mit diesem Kapitel verlassen wir die klassischen HTML 3.2-Definitionen und damit auch ein wenig den Grundgedanken, den Tim Berners-Lee ursprünglich verfolgt hat. Sie erinnern sich: Der CERN-Standard sollte die Inhalte im World Wide Web nicht zu starr formatieren, damit jeder User sich an seinem Gerät die Darstellung vor allem von Text selbst optimieren kann und eine Kompatibilität über die Betriebssysteme hinweg erreicht werden kann. Die Ironie des Schicksals wollte es, dass gerade durch unzureichend genaue typografische und Satzspiegel-Specs eine Firma wie Netscape angeleitet war, eigene Tags zu entwickeln und so das Rennen mit Microsoft eröffnete. Inzwischen haben sich die beiden Wettstreiter wieder ein wenig in den Standards angeglichen, aber immer noch sind ähnliche Daten nicht einmal innerhalb eines Betriebssystems von einem Browser zum anderen kompatibel. Das kann so weit gehen, dass sogar verschiedene Browserversionen einer Firma Verschiedenes anstellen. Und hier ist leider auch wieder Netscape so weit, dass es sogar bei einzelnen Releasekandidaten mit dem gleichen Code vollkommen verschiedene Ergebnisse in der Darstellung gibt.

Die folgenden Seiten widmen sich nun einem Thema, das durch das W3C, also das Konsortium, das sich zusammen mit Tim Berners-Lee um die HTML-Standards kümmert, inzwischen klar definiert ist, um die Fixierung von Typografie mittels Stylesheets. Webdesigner wie David Siegel, die ebenfalls in diesem Konsortium mitarbeiten, haben hier ihr ganzes Herzblut in dieses Thema hineingelegt, um den Layoutern in HTML möglichst optimale Bedingungen zu ermöglichen. In einem Interview, das ich im Winter 1996 mit Siegel führte, äußerte er sich extrem euphorisch darüber, dass jetzt eigentlich nichts mehr dem Zufall überlassen sei. Der Standard würde sauber funktionieren und optimale Lösungen für Schrift im Web erzeugen.

Pustekuchen.

Sie werden in den folgenden Artikeln sehen, dass leider überhaupt nicht davon gesprochen werden kann, eine eindeutige Lösung für alle kompatible Browser vor sich zu haben. Die implementierten Specs (moderne Browser können so leidlich, was das W3C definiert hat ...) ermöglichen vier verschiedene Arten, die Cascading Stylesheets anzuwenden. Es können auch weiterhin nur die Fonts genutzt werden, die das System für die Browser bereitstellt, und leider reagiert Netscape nicht immer sauber auf klassischen Code, der über CSS (Cascading Stylesheets) Formatierungen herstellt.

Schauen wir uns in Ruhe die Basistechniken an. Sie werden schnell sehen, mit welcher Technik Sie am besten zurechtkommen. Und wenn Sie sich auf das Set an Möglichkeiten beschränken, das jeder der modernen Browser kann, werden Sie sehr viel Spaß damit auf ihren Webseiten haben. Vielleicht entdecken Sie dann auch, dass Sie weitaus weniger Bilder brauchen und mit reinen typografischen Möglichkeiten sehr schön gestalten können. Damit Sie ein paar kleine Anhaltspunkte bekommen, habe ich Ihnen am Ende dieses Abschnitts noch ein paar Hinweise zum Umgang mit Typografie zusammengestellt. Schließlich stehen Sie mit diesen Befehlsfolgen plötzlich am Scheideweg zwischen reiner Programmierung und spitzfindigerer Gestaltung. Da kann der eine oder andere Hinweis zum Umgang mit Schrift nicht schaden.

ACHTUNG

Ach ja: Sie sollten für dieses Kapitel möglichst die Browser Internet Explorer 4.0 und Navigator 4.0 oder besser eine höhere Browserversion besitzen. Ab dem Internet Explorer 3.0 funktionieren die Cascading Stylesheets. Der Navigator 3.0 muss hier draußenbleiben. Aber das ist ja kein Thema mehr, oder?

Sie lernen in diesem Kapitel

- das Anlegen oder Importieren von Cascading Stylesheets,
- das Layern von Grafiken in Netscape-Browsern,
- den ersten gezielten Umgang mit Typografie.

9.1 Cascading Stylesheets

Mit der Einführung des Internet Explorers 3.0 hatten Webdesigner zum ersten Mal die Chance, durch so genannte *Stylesheets* die Typografie und das Layout von Webdokumenten im Wesentlichen fix zu gestalten. Wie in einer Formatvorlage in einem Textverarbeitungsprogramm werden dazu vorab den eingesetzten Fonts generell gültige Parameter zugeordnet, die sich auf das ganze Dokument oder auch nur auf einen Paragraphen beziehen können.

ACHTUNG

Der Navigator konnte diese Stylesheets erst ab der Version 4.0 verarbeiten. Da es sich hier nicht um eine exklusive Entwicklung der Firmen Netscape oder Microsoft handelt, sondern um einen offiziellen WWW-Standard, verarbeiten auch moderne Versionen anderer Browser diese Features.

Das wichtigste Grundprinzip der Stylesheets erklärt schon die wesentliche Funktion dieser Tags: Durch die Trennung von Inhalt und Formatierung können diese Formatvorlagen auch von externen Servern oder anderen Verzeichnisebenen des eigenen Servers in das Dokument geladen werden. Buchstabengröße, Rand und Zeilendurchschuss können so für eine ganze Reihe von Files geändert werden, ohne dass der eigentliche Webcontent noch einmal per Hand modifiziert werden muss. Das klingt all denen unter Ihnen vertraut, die mit objektorientierter Programmierung schon einmal zu tun hatten.

ACHTUNG

Browser, die diese Stylesheets nicht anzeigen können, richten sich standardmäßig dann nach den Formatierungs-Tags, die Sie innerhalb des Textes finden. Sie sollten immer noch Ihre Layouts so ausrichten, dass eventuell gelesene oder nicht gelesene Stylesheets vielleicht einen verschiedenen, aber auf keinen Fall einen unvertretbaren Seitenaufbau erzeugen. Es ist nämlich möglich, in manchen Browsern die Stylesheets abzuschalten. Für diesen Fall müssen Sie ebenfalls eine schöne Textgestaltung vorsehen, auch wenn diese ein wenig ärmer sein wird.

Für solche zweifachen Designs empfiehlt es sich, beim Aufspielen der neuen Browser zumindest einen der alten Browser noch zur Hand zu haben, um das unterschiedliche Aussehen der Seiten zu testen.

Am Anfang verwirrt das ein wenig, aber stellen Sie sich das Prinzip der Stylesheets am Beispiel des elektrischen Stroms in einer Wohnung vor. Ja, Sie können vor jede Lampe einen eigenen Sicherungskasten bauen, der den Strom durchlässt oder stoppt. Sie könnten auch für jedes Zimmer getrennt einen Sicherungskasten aufbauen. Oder Sie haben einen für die ganze Wohnung. Oder Sie vertrauen dem Sicherungskasten, der den Strom im ganzen Viertel regelt.

Übertragen bieten sich genau diese Möglichkeiten auf Stylesheets, um Typografie und sogar Position von Elementen einer Seite zu regeln (die Positionierung per Stylesheets wird allerdings bei manchen Browsern ein Drama, ich trau mich schon gar nicht mehr zu sagen, bei welcher Firma ... es hat was mit »N« zu tun ...):

- Sie können theoretisch nur einen Buchstaben in einem HTML-File per Stylesheet-Tags definieren und diese wie ein <FONT>-Tag einsetzen.
- Sie können für jedes File extra eine Class definieren, die Sie dann nach Belieben fast wie einen Anker-Link im weiteren Source-Code aufrufen und nutzen können. Es ist sogar möglich, einzelnen Tags wie zum Beispiel dem <H1>-Tag ein eindeutiges Verhalten pro File zu definieren (z.B. stellen Sie die Pixelgröße der Fonts immer dann auf 35 Pixel, wenn das <H1>-Tag genutzt wird).
- Sie können alle Definitionen für Ihre komplette Website in einem einzigen externen Style zusammenfassen.
- Dieses externe Stylesheet können Sie auch wie einen Link von jedem beliebigen Server aus einbinden. Es wäre also denkbar, dass ich Ihnen ein Stylesheet auf meiner Homepage bereitstelle, auf das Sie sich mit einem puren Link beziehen.

Was hat das nun für Vorteile? Nun zum einen können Sie sehr genau sagen, wie jeder User Ihre Pages sieht, und dabei können seine ursprünglichen Schrifteinstellungen im Browser komplett anders aussehen als die Ihren. Er wird trotzdem pixelgenau die vordefinierten Schriftarten und Schriftgrößen dargestellt bekommen – vorausgesetzt natürlich, er besitzt den Schrift-Font, den Sie gewählt haben. Aber auch da gibt es einen Trick.

Außerdem ahnen Sie vielleicht schon, warum diese Art der objektorientierten Formatierungen ungeheuer wertvoll sein kann. Stellen Sie sich zum Beispiel vor, Sie haben eine Website mit zirka 6000 Pages gebaut, die alle in klassischer Art und Weise per <FONT>-Tag formatiert sind. Sie sind zufrieden mit dem Schriftbild, aber Ihr Chef sagt plötzlich »Schmidt«, sagt er, »Schmidt, ich will bis in einer Stunde alle Schriften ein bisschen größer haben. Und das soll dann sofort im Netz stehen«. Mit klassischem HTML schlucken Sie hier trocken und stürzen sich vom Kopierer. Bei Einsatz eines zentralen Stylesheets ändern Sie genau eine Einstellung pro Formatierung (z.B. Überschrift, Lauftext, Unterzeile usw.), stellen dieses eine File live ins Internet, haben damit alle 6000 Seiten auf einen Schlag geändert und heiraten die Tochter des Chefs. Der Trick bei externen Stylesheets ist nämlich, dass Browser sich zuerst das HTML-File laden, dann sehen, dass es da ein externes Stylesheet gibt, sich dieses gerade einmal 1Kb große File dazuladen und die gesamte Typografie des HTML-Files danach ausrichten.

Und hervorragend daran ist, dass Sie die Anwendung von internen und externen Stylesheets sogar mit einzelnen Styles in einem File kombinieren können.

Frage

Wie viele dieser Anwendungsarten können Sie also in einem einzigen File nutzen?

Lösung

Alle drei, denn Sie können zum Beispiel ein importiertes Stylesheet mit eher allgemeinen Parametern durch ein eingebettetes Stylesheet konkretisieren, das innerhalb von bestimmten Paragraphen durch andere Stylesheets außer Kraft gesetzt wird.

Das sollten Sie sich vor dem Programmieren auf einem Blatt Papier genau skizzieren. Sie gehen dabei wie folgt vor: Sie stellen folgende Fragen:

- Welche typografischen Einstellungen werde ich in jedem HTML-File meiner Site brauchen? Diese Einstellungen setzen Sie in ein externes Stylesheet. Seien Sie hier großzügig. Sie können auch öfters vorkommende Ausnahmefälle im externen Stylesheet verarbeiten und diese Fälle mit einem eigenen Namen versehen. Es müssen nicht immer alle Angaben eines Stylesheets in einem einzigen HTML-File vorkommen.
- Welche typografischen Einstellungen bilden einmalige Sonderfälle? Diese einmaligen Sonderfälle betten Sie als Styles in der betreffenden Datei ein und Sie haben die typografischen Vorteile, ohne dass Sie die Flexibilität eines externen Stylesheets hier bräuchten. Ein Anwendungsbeispiel ist zum Beispiel ein typografischer Sonderfall im Impressum Ihrer Website. Niemand wird zweimal ein Impressum einer Website brauchen, also integriert man die speziellen typografischen Angaben in diese Datei.

Wie werden diese Stylesheets angewandt und wie lautet Ihre Basis-Syntax?

Beginnen wir mit dem Einbetten einer für das ganze File gültigen Vorlage, denn dieser Fall wird Ihnen am Anfang am einsichtigsten sein.

Wenn eine dieser Formatvorlagen sich zum Beispiel auf jedes `<H1>`-Tag im File beziehen soll, um alle Zeichen darin in einer Größe von 18 bis 20 Punkt und fett in der Schrift Arial und der Farbe Maroon (Braun) darzustellen, wenn der restliche Text aber in 10 Punkt Größe lesbar sein soll, dann lauten die Tags dafür:

```
   <HTML>
      <HEAD>
         <TITLE>Titel</TITLE>
      </HEAD>
A    <STYLE TYPE="text/css">
B          <!--
C          BODY {font: 10pt "Arial"}
D          H1 {font: 18pt/20pt "Arial";
E          font-weight: bold;
F          color: maroon}
G          -->
H       </STYLE>
```

```
I <BODY>
...
</BODY>
</HTML>
A       <STYLE TYPE="text/css">
```

Mit diesem Tag, das nach der Definition des Stylesheets ein Abschluss-Tag besitzt, eröffnen wir den Definitionsbereich. Ältere Browser werden dieses Tag und die folgenden Containerangaben, die wir noch lernen müssen, dann nicht verstehen und auch nicht als seltsame Zeichen im Text darstellen, wenn Sie sich penibel an die hier gezeigte Syntax halten. Damit der Browser sich sofort auf die Definition einer Formatierung einrichtet, existiert hier bereits ein Hinweis, dass es sich bei den folgenden Zeilen um ein CSS, ein Cascading Stylesheet, handelt.

```
B          <!--
```

Erst einmal etwas ungewöhnlich. Hier öffnet plötzlich eine Kommentarzeile. Wir wissen, dass HTML diese Kommentarzeilen nutzt, um im klassischen Fall Kommentare oder andere Angaben für den User unsichtbar im Source-Code mitzutransportieren. Diese Sicherung muss aber hier mitgeführt werden, um den folgenden Code, den ältere Browser nicht verstehen und damit wie einen Text im Web publizieren würden, von der Darstellung abzuhalten. Browser, die diese Stylesheets verstehen, werden die Kommentarzeichen fallen lassen, sobald Sie die erste Code-Zeile in Folge erhalten.

```
C           BODY {font: 10pt "Arial"}
```

Das ist auch schon hier der Fall. Dem Browser wird mitgeteilt, dass der Lauftext im <BODY>-Bereich 10 Punkt groß und in der Schrift Arial dargestellt werden soll. Wir haben hier stillschweigend einen Fehler eingebaut, denn wenn ein Apple-Computer, der im Normalfall eher die Helvetica- als die Arial-Schrift installiert hat, diese Styles liest, wird er den Font trotzdem nicht darstellen können. Er hat keine Alternative angegeben, also wird er den Default-Font nutzen, ihm aber die Größe von 10 Punkt geben. Wir merken uns: Im Unterschied zum <FACE>-Tag kann jetzt nicht nur die Schriftart, sondern auch die Schriftgröße unabhängig von den Voreinstellungen des Browsers bestimmt werden.

Auch hier gilt, dass nur Schriften genutzt werden können, die auch tatsächlich auf den Computern vorhanden sind. Meiden Sie also weiterhin exotische Schriften.

```
D         H1 {font: 18pt/20pt "Arial";
```

Jeder mit <H1> eingeschlossene Text soll im Dokument den Font Arial in einer variablen Punktgröße von 18 bis 20 Punkt dargestellt werden. Neu an dieser Syntax ist der Einsatz von geschweiften Klammern und von Strichpunkten, um die einzelnen Teildefinitionen voneinander zu trennen. Es kommt auf den `font` vor dem Doppelpunkt an, auf welchen Parameter des Stylesheets sich die Angaben beziehen. Die Zeichenkette nach dem Doppelpunkt bis zum Strichpunkt gibt die Parameterwerte an.

```
E        font-weight: bold;
```

Mit `font-weight` wird der Schriftenschnitt angegeben. In diesem Fall soll die Schrift auf `bold`, also »fett«, gestellt werden.

```
F        color: maroon}
```

Ähnlich zu `COLOR` im `<FONT>`-Tag können auch Farben vergeben werden. Sie erinnern sich an die Möglichkeit in HTML, die Farben auch mit festgelegten Namen und nicht mit Hexadezimal-Codes zu vergeben. Es ist allerdings kein Problem, die Hexadezimalwerte von Farben zu verwenden, hier also zum Beispiel einen Wert wie #996633 (siehe dazu auch die Tabelle im Anhang).

```
G          -->
```

Hier schließt der Kommentarbereich. Die Angaben innerhalb dieser Kommentarregion sind, wie bereits gesagt, in älteren Browsern so nicht sichtbar, kommen aber so als Tags in den neuen Browsern an.

```
H      </STYLE>
```

Hier endet das Stylesheet.

```
I   <BODY>
```

Das `<BODY>`-Tag beginnt hier ordnungsgemäß. Wenn Sie für ältere Browser den Fall der Fälle reservieren wollen, dann sollten Sie hier mit einer Farbenangabe den Body-Text einfärben.

Der nächste denkbare Fall ist die externe Einbindung von Stylesheets, die als eigene Datei irgendwo im WWW abgelegt sind. Die Syntax dafür ist denkbar einfach:

```
<HTML>
<HEAD>
<TITLE>Title of article</TITLE>
<LINK REL=STYLESHEET
HREF="http://fantasie-name.de/mystyles.css"
TYPE="text/css">
</HEAD>
   <BODY>
   </BODY>
</HTML>
```

Das war es schon.

Übung 28 Wie müsste eine Einbindung des Stylesheets *cover.css* lauten, das eine Verzeichnisebene über dem HTML-File liegt?

```
<HTML>
<HEAD>
<TITLE>Title of article</TITLE>
   <LINK REL=STYLESHEET
   HREF="../cover.css"
   TYPE="text/css">
</HEAD>
<BODY>
</BODY>
</HTML>
```

Wie bereits gewohnt, genügt ein `../` für den Verweis auf das höhergelegene Verzeichnis.

Es gibt noch einen Fall, der bisher nicht behandelt worden ist: die Zuordnung von Stylesheets nur für einzelne Teile des HTML-Files. Dabei existieren zwei denkbare Fälle. Zum einen kann die Einstellung des Stylesheets mit der eines global gültigen Stylesheets kollidieren, zum anderen sind Fälle denkbar, in denen das nicht passieren kann, weil es nur dieses Stylesheet für einen Paragraphen geben soll. In beiden Fällen ändert sich nichts an der Syntax, da nach dem Grundgedanken der Cascading Stylesheets Prioritäten vergeben sind. Das Sheet für einen einzelnen Bereich dominiert das eingebundene Sheet, das wiederum das extern verlinkte Sheet dominiert. Die Syntax für eine absatzweise Zuordnung lautet deshalb in beiden Fällen:

```
<P STYLE="margin-left: 5.2in; margin-right: 5.2in">
Diese Zeile hat links und rechts 5.2 Inch Rand.
</P>
Diese Zeile läuft ohne linke oder rechte Begrenzung.
```

Mit `margin-left:` wird der linke, mit `margin-right:` wird der rechte Rand eingestellt. Da das `STYLE`-Unter-Tag hier in das `<P>`-Tag integriert wird, benötigt es ein Abschluss-Tag. Schon ein erneutes `<P>`-Tag ohne `STYLE`-Angabe genügt allerdings und die Stylesheet-Angaben werden wieder abgestellt oder orientieren sich an den globalen Stylesheets.

Nun wäre es zu kompliziert, bei jedem auftretenden Tag in einem bestimmten Bereich die gesamten Formatierungen noch einmal anzugeben, deshalb sorgt eine spezielle Syntax auch dafür, dass ganze Tag-Gruppen mit einem speziellen Stylesheet belegt werden können.

```
<DIV STYLE="font-size: 10pt; color: red">
<P>
<UL>
<LI>Diese Zeile wird in 10 Punkt rot dargestellt.
<LI>Diese ebenfalls.
</UL>
</DIV>
```

Übung 29

Schreiben Sie diesen Code so um, dass die zweite Zeile der Aufzählung in blauer Farbe dargestellt wird.

```
<DIV STYLE="font-size: 10pt; color: red">
<P>
<UL>
<LI>Diese Zeile wird in 10 Punkt rot dargestellt.
<LI STYLE="color: blue"> Diese ebenfalls, aber in Blau.
</UL>
</DIV>
```

Lösung

Nichts einfacher als das. Im `<LI>`-Tag wird als Style-Farbe noch `blue` aufgenommen.

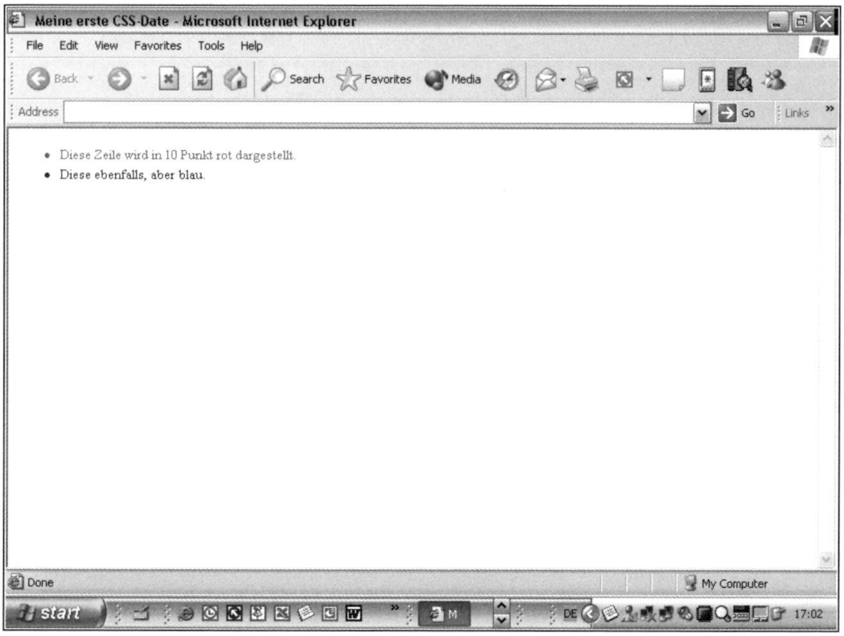

Abb. 9.1: Jetzt haben wir Farbe und Design der Typologie besser im Griff.

Übung 30 Bauen Sie ein File auf, das einen beliebigen Text mit Überschrift, Unterüberschrift und Lauftext wie folgt formatiert:

Die Überschrift soll in Rot und 20 Punkt groß in der Schriftart Helvetica erscheinen. Die Unterüberschrift soll in Blau und 15 Punkt Größe in Arial erscheinen. Der Lauftext soll in Schwarz und 10 Punkt Größe in Times erscheinen. Der Hintergrund ist auf Weiß gestellt und der linke und rechte Rand soll jeweils zwei Inch betragen. Aber das stellen Sie im <BODY>-Bereich ein.

```
<HTML>
   <HEAD>
      <TITLE>Stylesheets</TITLE>
   <HEAD>
A      <STYLE TYPE="text/css">
       <!--
B      BODY {font: 10pt "Times";
       color: black}
C      H1 {font: 20pt "Arial";
D      color: red}
E      H2 {font: 15pt "Arial";
       color: red}
F         -->
       </STYLE>

G      <BODY BGCOLOR=#ffffff>
H   <DIV STYLE="margin-left: 2.0in; margin-right: 2.0in">
    <H1>Das ist die Überschrift</H1>
    <H2>Diese Zeile steht darunter</H2>

      Hier beginnt der normale Lauftext. Hier beginnt
      der normale Lauftext. Hier beginnt der normale
      Lauftext. Hier beginnt der normale Lauftext. Hier
      beginnt der normale Lauftext. Hier beginnt der
      normale Lauftext. Hier beginnt der normale
      Lauftext. Hier beginnt der normale Lauftext. Hier
      beginnt der normale Lauftext. Hier beginnt der
      normale Lauftext. Hier beginnt der normale
      Lauftext. Hier hört er auf.
I      </DIV>
      </BODY>
    </HTML>
```

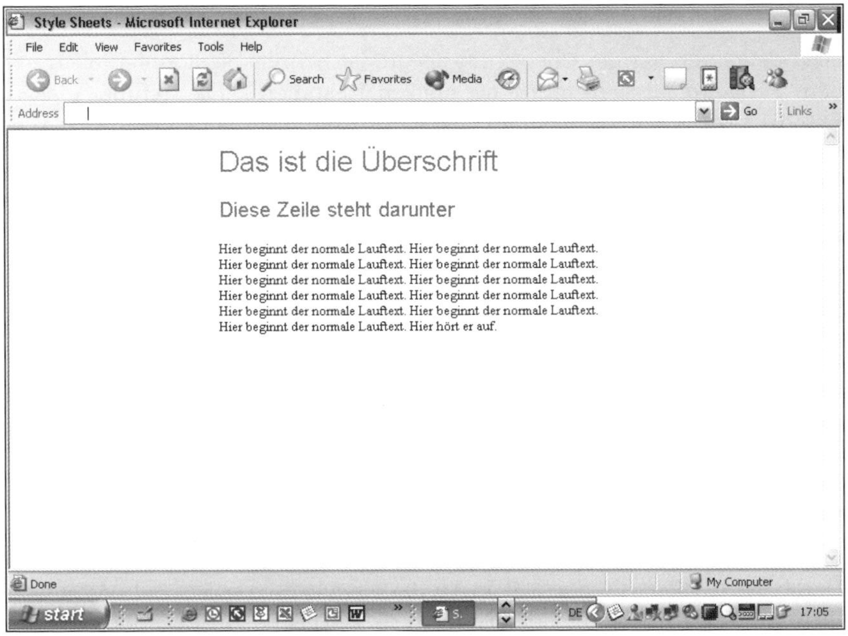

Abb. 9.2: Und plötzlich wird die Welt ein wenig einfacher.

```
<HEAD>
A       <STYLE TYPE="text/css">
          <!--
```

Wir beginnen das Stylesheet wie bereits gesehen, indem wir es nach dem <HEAD>-Tag deklarieren und in eine Kommentarzeile einbinden.

```
B       BODY {font: 10pt "Times";
        color: black}
```

Den Lauftext bestimmen wir hier schon mit 10 Punkt Größe, der Schriftart Times und der Farbe Black. Wenn Sie pokern wollen, dann können Sie die Farbangabe auch weglassen, da die meisten User ihre Browser standardmäßig auf diese Schriftfarbe eingestellt haben. Aber mit dieser Angabe können Sie hier ganz sicher gehen – wenn der Browser auf der Gegenseite Stylesheets lesen kann …

> ACHTUNG
>
> Die merkwürdige Mischung aus Anführungszeichen und fehlenden Anführungszeichen entspricht genau der Konvention, wie sie durch Microsoft dokumentiert wird. Zur Sicherheit sollten Sie sich daran halten. Es kann sein, dass jetzige Browser wenig empfindlich auf weggelassene Anführungszeichen reagieren. Das muss aber in Zukunft nicht so bleiben. Wir haben alle keinen Einblick in die Labors von Seattle.

```
C        H1 {font: 20pt "Arial";
```

Jetzt definieren wir die Überschrift als größte Schrift. Sie könnten auch mit dem Font-Tag arbeiten (ohne die spitzen Klammern). Die Schrift Arial ist Standard auf Windows-Rechnern. Sollte sie aber nicht auf einem Gerät vorhanden sein, das Ihre Seite empfängt, dann stellt der Browser auf die Standardschrift um.

```
D        color: red}
```

Durch diese Farbeinstellung wird die Überschrift in reinem Rot (255,0,0 RGB) dargestellt.

```
E      H2 {font: 15pt "Arial";
       color: blue}
```

Ebenso verfahren wir bei der Definition der Unterüberschrift. Hier stellen wir die Punktgröße auf 15 und die Farbe auf `blue` (entspricht 0,0,255 RGB).

```
F          -->
      </STYLE>
```

Durch diese beiden Tags schließen wir das eingebettete Stylesheet. Vergessen Sie vor allem die Kommentarzeile nicht zu schließen, sonst werden Sie vom kompletten File wenig zu sehen bekommen, wenn der Browser diesen fehlerhaften Code dann verstehen soll.

```
G      <BODY BGCOLOR="#ffffff">
```

Die Hintergrundfarbe des Files stellen wir ganz normal im `<BODY>`-Tag ein.

```
H   <DIV STYLE="margin-left: 2.0in; margin-right: 2.0in">
   <H1>Das ist die Überschrift</H1>
   <H2>Diese Zeile steht darunter</H2>

      Hier beginnt der normale Lauftext.
```

Durch das abweichende Stylesheet stellen wir jetzt noch den rechten und linken Rand ein. Hier ist die Programmierung nicht sehr elegant, aber so sehen wir am besten, dass dieser Aufruf eines Stylesheets die Angaben eines eingebundenen Stylesheets dominiert. Sie könnten den Randbefehl auch in die oberen Styles aufnehmen. Durch die Angabe innerhalb jeder einzelnen Abstufung sind auch pro Schriftart verschiedene Randeinstellungen denkbar. Probieren Sie es aus und vergessen Sie nicht, diese Befehle durch einen Strichpunkt von den anderen innerhalb der geschweiften Klammer zu trennen.

```
I      </DIV>
      </BODY>
   </HTML>
```

Hier schließen wir das differenzierende Stylesheet und das gesamte HTML-File. Fertig.

Rufen Sie dieses File auch auf einem Browser wie dem Navigator 3.0 auf und Sie werden sehen, dass keine der Formatierungen hier angezeigt wird. Trotzdem ist das Layout nicht zerschossen, weil die »normalen« HTML-Tags Wirkung zeigen. Sie sollten also Ihr Layout mit diesen Stylesheets immer auch im Hinblick auf diese Browser anlegen, die diese Features noch nicht verarbeiten können.

Nehmen wir jetzt folgenden Fall:

```
H1 {font-size: 15pt;
   font-weight: bold;
   color: maroon}
H2 {font-size: 15pt;
   font-weight: bold;
   color: maroon}
 H3 {font-size: 15pt;
   font-weight: bold;
   color: maroon}
```

Alle drei Definitionen erzeugen ähnliche Formatierungen. Dadurch ist diese Schreibweise natürlich sehr umständlich. Es geht deshalb auch leichter:

```
H1, H2, H3 {font-size: 15pt;
    font-weight: bold;
    color: maroon}
```

Es sind auch Formatierungsangaben möglich wie hier:

```
H1 {font-size: 15pt;
 line-height: 17pt;
 font-weight: bold;
 font-family: "Arial"
 font-style: normal}
```

Es ist zwar auf jeden Fall besser, die Formatierungen sauber hinzuschreiben, aber wenn es kompakt sein soll, können Sie die gleichen Angaben auch wie folgt definieren:

```
H1 {font: 15pt/17pt bold "Arial" normal}
```

Achten Sie aber unbedingt darauf, dass Sie die Reihenfolge der Angaben einhalten. Selbst wenn der Browser eine andere Angabenreihe verstehen sollte, müssen Sie immer noch davon ausgehen, dass Sie als Programmierer vielleicht irgendwann den Überblick verlieren.

Nun kann es aber vorkommen, dass Sie – aus welchen Gründen auch immer – eine bestimmte Buchstabengröße im Text mit verschiedenen Farben benötigen. Auch hier haben Stylesheets durch die Definition von »Classes« einiges zu bieten. Schauen Sie sich zum Beispiel diesen Code an:

```
<STYLE>
  H1.red {font: 15pt/17pt;
         color: red}
  H1.green {font: 15pt/17pt;
           color: green}
  H1.blue {font: 15pt/17pt;
          color: blue}
</STYLE>
```

Drei verschiedene Definitionen für ein `<H1>`-Tag haben Sie auf diese Weise angelegt. Der Unterschied liegt in der Farbe der Schrift. Größe und Zeilendurchschuss sind gleich geblieben. Wenn Sie nun diese Definitionen im File benutzen wollen, reicht die bloße Angabe des <H1>-Tags nicht mehr. Sie schreiben stattdessen:

```
<H1 CLASS=red>Das ist die rote Überschrift</H1>
...
<H1 CLASS=blue>Das ist die blaue Überschrift</H1>
...
<H1 CLASS=green>Das ist die grüne Überschrift</H1>
```

Ähnlich verhält es sich zu den Link-Farben. Hier lautet die korrekte Syntax (mit Beispielfarben):

```
  A:link {color: red}
  A:visited {color: blue}
  A:active {color: orange}
```

Dabei können Sie sogar den Unterstrich bei Links ausschalten, indem Sie den Parameter `text-decoration` auf `none` stellen. Allerdings würde ich Ihnen das aus den bereits genannten Gründen der Übersichtlichkeit nicht empfehlen. Die korrekte Syntax sieht wie folgt aus:

```
  A:visited {color: blue; text-decoration: none}
```

Es gibt hier auch eine Möglichkeit, Kommentare zu setzen, obwohl die übliche HTML-Syntax schon belegt ist. Innerhalb (!) eines Stylesheets bietet sich eine spezielle Art der Kommentare an:

```
H1 {font: 20pt/22pt bold; color=#00FF00}
/* Green for heading 1 */
```

Alles, was zwischen den Zeichen `/*` und `*/` steht, ist reiner Kommentar und wird im Browser nicht dargestellt. Dabei ist es irrelevant, ob Sie pro neuer Kommentarzeile diese Zeichensequenz neu benutzen oder vor dem ersten Buchstaben und nach dem letzten Buchstaben des Kommentars diese Syntax benutzen.

Das Class-Container-Tag kann noch in einer anderen Art und Weise genutzt werden. Hier ein Beispiel der Definitionen, die ich in der Website *http://www.dumontverlag.de/null* eingesetzt habe:

```
<STYLE TYPE="text/css">
   .TITEL {font-size: 20px; line-height: 20px; text-decoration:none;
font-family: Verdana, Arial, Helvetica, sans-serif; color: #ffffff;}

.AUTOR {font-size: 11px; line-height: 11px; text-decoration:none;
font-family: Verdana, Arial, Helvetica, sans-serif; color: #ffffff;}

.SEITE {font-size: 11px; line-height: 11px; text-decoration:none;
font-family: Verdana, Arial, Helvetica, sans-serif; color: #ffffff;}

.AUSGABE {font-size:11px; line-height:11px; text-decoration:none;
font-family: Verdana, Arial, Helvetica, sans-serif; color: #111111;}

.TEXT {font-size: 13px; line-height: 20px; text-decoration:none;
font-family: Verdana, Arial, Helvetica, sans-serif; color: #111111;}

.ZWISCHEN {font-size: 15px; line-height: 20px; text-decoration:none;
font-family: Verdana, Arial, Helvetica, sans-serif; color: #000000;}

.LINK {font-size: 11px; line-height: 18px;  font-family: Verdana,
Arial, Helvetica, sans-serif; color: #666666;}

.ABSATZ {font-size: 11px; line-height: 11px; text-decoration:none;
font-family: Verdana, Arial, Helvetica, sans-serif;}

.ABSATZ2 {font-size: 20px; line-height: 20px; text-decoration:none;
font-family: Verdana, Arial, Helvetica, sans-serif, "helvetica";}

</STYLE>
```

Diese sehr umfangreiche Liste, die sich scheinbar nur um minimale Parameter jeweils verändert, hat die reifliche Überlegung von mehreren Tagen gedauert. Warum?

Zum einen ist es so, dass nur diese Definitionen gelten. Andere Definitionen waren ausgeschlossen. Das heißt, der bearbeitende Redakteur der insgesamt 1000 HTML-Files hat nur diese Formatierungsmöglichkeiten. Deshalb durfte keine einzige vergessen werden, die man vielleicht brauchen könnte. Und in 90% der Fälle werden auch nur ein paar von den jeweils aufgeführten Styles benötigt. Aber zur Sicherheit stehen dem Redakteur immer alle Möglichkeiten als Liste zur Verfügung. Die Ladezeiten werden dadurch nicht wesentlich verringert und auf der anderen Seite kann man davon ausgehen, dass der Standard immer gehalten wird.

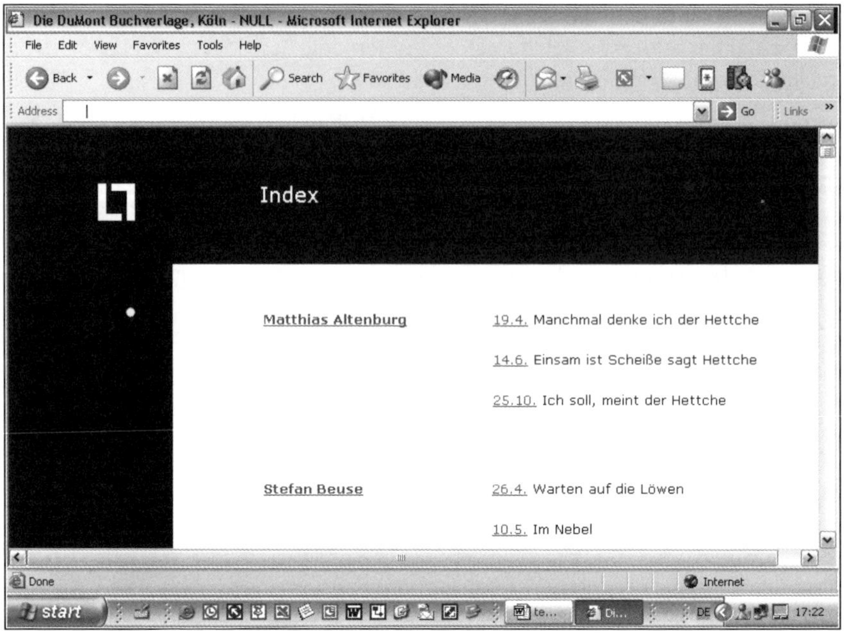

Abb. 9.3: Ein Ausschnitt der Seite http://www.dumont-verlag.de/null

Sicher haben Sie sich schon gefragt, warum dann aber nicht auf ein externes Stylesheet gewechselt wurde, weil schließlich 1000-mal die gleichen Angaben im Header stehen ... Nun, das ist ganz einfach: Wir wussten bei der Erstellung nicht, bei welcher Datei aus einer künstlerischen Entscheidung heraus die Typo-Größen verändert werden sollten und welche Texte vielleicht doch wieder nach einer gewissen Zeit zusammengeführt werden. Deshalb war es auf jeden Fall wichtig, immer die Benennungen der Styles gleich zu lassen, aber die Möglichkeit zu eröffnen, im Falle eines Falles noch mit den gleichen Style-Definitionen auch nur in einer Datei sehr variabel zu sein. Übrigens hat diese Definition kein einziges Mal versagt. Und das Projekt lief ein Jahr lang mit insgesamt 52 Updates.

Sie sehen also, wie wichtig es ist, hier auf jeden Fall sehr, sehr genau zu überlegen, warum welche Formatierung wann und wie per Stylesheet realisiert werden soll. Ich kann Ihnen auch hier nur raten, sehr stark vorab zu planen und Ihre Website nicht einfach organisch und nach dem Prinzip Zufall zu erzeugen. Das hilft Ihnen nicht weiter.

Übung 31 Sie haben nun gesehen, wie man erst einmal Classes definiert, die später im File benutzt werden. Es ist aber noch nicht gezeigt worden, wie diese genau aufgerufen werden. Wenn Sie die letzten Seiten aufmerksam gelesen haben, dann können Sie sich das aber schon vorstellen. Nehmen wir an, Sie möchten die Class `zwischen` auf einen neuen Absatz anwenden. Wie lautet der saubere Source-Code dazu?

```
A </P>
B <P class="zwischen"><FONT size=5 color=#000000 face=arial,helvetica>
C Dies ist eine Zwischen&uuml;berschrift</FONT>
D </P>
E <P class="text">< FONT size=5 color=#000000 face=arial,helvetica>
  Hier l&auml;ft der Text weiter.
```

So, das war ja nicht allzu schwer. Sie hätten natürlich auch einen eigenen Style einsetzen können, so wie wir das weiter oben im Text gelernt haben. Der Vorteil dieser Class ist auch Effizienz. Wenn Sie das gesamte File noch einmal überarbeiten müssen oder wollen, dann stellen Sie auch nur an einer Stelle die neue Typografie ein. Ich kann Ihnen auch nur empfehlen, genau das auch zu tun.

Wenn Sie eine Datei mit einer solchen Anwendung gebaut haben, dann spielen Sie doch einmal mit den verschiedenen Style-Angaben. Es kann auch eine gute Methode sein, so die ideale Font-Größe für die einzelnen Formatierungen erst *nach* der Fertigstellung des HTML-Files zu definieren.

So, jetzt aber zur Kommentierung der Lösung:

```
A </P>
```

Hier nehme ich an, dass Sie diesen Aufruf der Class mitten in einem Text versuchen, da es sich ja um eine Zwischenüberschrift handelt. Darauf weisen der Titel `zwischen` und die Font-Größe hin. Also schließe ich mit einem `</P>`-Tag den vorherigen Absatz ab, da solche Classes meist mit einem `<P>`-Tag zusammen eingesetzt werden.

```
B <P class="zwischen"><FONT size=5 color=#000000 face=arial,helvetica>
```

Jetzt starten wir mit einem neuen `<P>`-Tag die eigentliche Class. Damit könnten wir die Aufgabe eigentlich auch schon bewenden lassen, allerdings sollten wir die Browser nicht vergessen, die Stylesheets nicht lesen können (soll es ja geben ...) oder die Stylesheets abhalten (das hat dann jeder User für sich so eingestellt und das müssen wir so auch akzeptieren). Deshalb habe ich hier noch einmal ein `<FONT>`-Tag zur Sicherheit eingefügt. Dieses `<FONT>`-Tag wird durch das stärkere Verhalten der Class außer Kraft gesetzt. Probieren Sie das einfach einmal, indem Sie bewusst sehr unterschiedliche Einstellungen in der Class und dem `<FONT>`-Tag wählen. In der Regel wird das `<FONT>`-Tag »überstimmt«.

```
C Dies ist eine Zwischen&uuml;berschrift</FONT>
```

Hier folgt dann der ganz normale Text beliebiger Länge. Ich schließe vorbildlich das `<FONT>`-Tag, denn im neuen Absatz werde ich diese Definitionen neu belegen.

```
D </P>
```

Hier schließt das Absatz-Tag. Und damit endet die integrierte Definition der Class.

```
E <P class="text">< FONT size=5 color=#000000 face=arial,helvetica>
  Hier l&auml;ft der Text weiter.
```

Mit einem neuen Absatz nehmen wir jetzt die Class "text" wieder auf und führen zur Sicherheit auch ein neues <FONT>-Tag an. Der Textabschnitt kann nun wieder beliebig lang sein. Allerdings sollten Sie sehr darauf achten, dass mit dem ersten neuen <P>-Tag – egal ob Sie den vorherigen mit einem Abschluss-Tag versehen haben oder nicht – die Class auch überschrieben wird. Das muss bei manchen Browsern nicht auffallen oder Sie haben vielleicht sogar eine ähnliche Default-Einstellung in Ihrem Browser festgelegt. Also achten Sie auf solche fiesen kleinen Fallen.

Was aber nun, wenn Sie nur für ein paar kleine Buchstaben, zum Beispiel für einen Link, die Class kurz verlassen möchten? Wie verschachtelt man am Beispiel eines Links eine Class mit einer anderen? Nehmen Sie das Beispiel von vorhin.

```
A </P>
B <P class="zwischen"><FONT size=5 color=#000000 face=arial,helvetica>
C Dies ist eine Zwischen&uuml;berschrift. Und hier ist ein
  <a href="link.htm" class="link">Link</A> integriert.</FONT>
D </P>
E <P class="text">< FONT size=5 color=#000000 face=arial,helvetica>
  Hier l&auml;ft der Text weiter.
```

Sieht verblüffend einfach aus. Wenn Sie aber diese Lösung nicht anwenden, wird Ihnen das Stylesheet bei Links immer wieder ein wenig Ärger machen. Interessant sind solche Lösungen vor allem, weil Sie mit

```
decoration:none
```

ein Verhalten des Links definieren können, das sich immer mehr durchsetzt: der fehlende Unterstrich.

```
A </P>
```

Hier ändert sich nichts. Aber prägen Sie sich unbedingt den sauberen Einsatz der </P>-Tags ein, wenn Sie mit solchen Classes arbeiten wollen.

```
B <P class="zwischen"><FONT size=5 color=#000000 face=arial,helvetica>
```

Wir öffnen wieder sauber die Class zwischen und sehen den Fall für die Browser ohne Style-Darstellung vor.

```
C Dies ist eine Zwischen&uuml;berschrift. Und hier ist ein
  <a href="link.htm" class="link">Link</A> integriert.</FONT>
```

Eigentlich sehr einfach: Die Class wird innerhalb des <A HREF>-Tags aufgerufen und endet auch wieder mit dem </A>-Tag. Immer also, wenn wir zwei verschiedene Classes verschachteln wollen, brauchen wir auch zwei verschiedene Tags. Allerdings gibt es hier einen Wermutstropfen. So viele HTML-Tags gibt es gar nicht, um das sauber zu machen, denn das <FONT>-Tag oder andere Formatierungs-Tags reagieren hier nicht. Deshalb können Sie das auch mit einem <DIV>- oder <SPAN>-Tag erzeugen. Allerdings funktionieren manche Browser hier nicht sauber ... seufz. Auf Nummer sicher gehen Sie immer, wenn Sie zuerst die eine Class sauber schließen und dann die andere erst öffnen. Ein Testen mit den üblichen Standardbrowsern sichert Sie hier ab.

```
D </P>
```

Hier schließen wir die Class wieder.

```
E <P class="text">< FONT size=5 color=#000000 face=arial,helvetica>
  Hier l&auml;ft der Text weiter.
```

Da hat sich auch nichts verändert. Einen wichtigen Hinweis sollte ich Ihnen aber noch geben. Wenn hier nun plötzlich ein <TABLE>-Tag öffnet, dann werden Sie Ihre Style-Definitionen vergessen können, auch wenn Sie kein </P>-Tag genutzt haben.

Jetzt haben Sie schon eine ganze Menge gelernt und Sie fragen sich sicher noch die Fragen aller Fragen: Wie sieht eine externe Cascading-Stylesheet-Datei eigentlich genau aus?

Nun, das ist keine Hexerei. Eines wissen Sie ja schon. Diese Datei hat die Benennung *NAME.CSS*, wobei der Name beliebig gewählt werden kann und sich nach Möglichkeit an der 8.3-Regel entlang ableiten lassen sollte.

Sie erzeugen in Ihrem Editor eine neue Datei speichern diese Datei zum Beispiel im Unterverzeichnis */STYLES* unter dem Namen *STYLES.CSS* ab und müssen nun nur noch die richten Angaben dort ablegen.

Die »richtigen Angaben« bestehen aus einem ähnlichen Prinzip, wie wir es in den vergangenen Seiten durchgespielt haben. Wollten wir also die Classes von vorhin in ein externes Stylesheet auslagern, hätten wir drei Dinge zu erledigen:

- Wir würden alles, was zwischen den Tags <STYLE> und </STYLE> steht, eins zu eins in das externe Stylesheet kopieren und es abspeichern. Damit ist das Stylesheet bereits fertig.
- Wir würden die Tags <STYLE> und </STYLE> löschen und zwischen die Tags <HEAD> und </HEAD> folgenden Source-Code schreiben:

  ```
  <LINK REL=STYLESHEET
     HREF="styles/styles.css"
     TYPE="text/css">
  ```
- Wir würden alle Class-Aufrufe so lassen. So einfach geht das.

Das klingt alles wunderbar, aber jetzt kommt – leider – der dicke (!) Wermutstropfen an dieser ganzen Stylesheeterei. Die Browserversionen von Microsoft und Netscape haben die Stylesheets nicht ganz sauber und vor allem nicht einheitlich implementiert, deshalb gibt es da leichte Unterschiede, die ich zeigen will, indem ich Ihnen das gleiche Stylesheet einmal für den IE 3.0, für den IE 4.0 und folgende bzw. für alle Netscape-Browser ab der Version 4.0 (vorher ist es eh Essig mit Stylesheets) zeige.

Für den IE 3.0 lautet ein Stylesheet zum Beispiel:

```
.headline {
  font-size: 18px;
  font-weight: bold;
  color: #00cc33;
  line-height: 20px;
  font-family: "univers,geneva,verdana,arial";
  }

.subline {
  font-size: 16px;
  font-weight: bold;
  color: #00cc33;
  font-family: "univers,geneva,verdana,arial";
  }

.textklein {
  font-size: 11px;
  color: #000000;
  line-height: 9px;
  font-family: "univers,geneva,verdana,arial";
  }

A:link {
  color: #000066;
  text-decoration: none;
  font-weight: bold;
  font-family:"univers,geneva,verdana,arial";
  }
```

Für den IE ab 4.0 lautet das gleiche externe Stylesheet:

```
.headline {
  font-size: 18px;
  font-weight: bold;
  color: #00cc33;
  line-height: 20px;
  font-family: "univers,geneva,verdana,arial";
  }
```

```
.subline {
  font-size: 16px;
  font-weight: bold;
  color: #00cc33;
  font-family: "univers,geneva,verdana,arial";
  }

.textklein {
  font-size: 11px;
  color: #000000;
  line-height: 9px;
  font-family: "univers,geneva,verdana,arial";
  }

A:link {
  color: #000066;
  text-decoration: none;
  font-weight: bold;
  font-family:"univers,geneva,verdana,arial";
  }

A:hover {
  color: #FF9933;
  text-decoration: none;
  font-weight: bold;
  font-family:"univers,geneva,verdana,arial";
  }
```

Und bei Netscape sieht das gleiche Stylesheet so aus:

```
.headline {
  font-family:univers,geneva,verdana,arial;
  font-size:18px;
  font-weight:bold;
  color:#00cc33;
  line-height:20px;
  }

.subline {
  font-family:univers,geneva,verdana,arial;
  font-size:16px;
  font-weight:bold;
  color:#00cc33;
  }

.textklein {
  font-size:11px;
  color:#000000;
```

```
  line-height:9px;
  font-family:univers,geneva,verdana,arial;
  }

A:link {
  color:#000066;
  text-decoration:none;
  font-weight:bold;
  font-family:univers,geneva,Verdana,arial;
  }
```

Sie werden sich jetzt sicher fragen: Wo soll hier der große Unterschied sein? Nun, der ist wirklich nicht groß im Sinn von Source-Code, aber er ist groß im Sinn von Wirkung. Es gibt zwei wesentliche Unterschiede. Zum einen werden Sie von IE 3.0 auf IE 4.0 sehen können, dass ein weiterer Eintrag existiert, der mit `HOVER` das Verhalten definiert, wenn der Mauszeiger über den Link gefahren wird. Das können weder Netscape-Browser noch der IE 3.0 darstellen.

Außerdem – und das ist hier wichtiger – hat die `font-family` bei den IE-Stylesheets Anführungszeichen und beim Netscape-Browser ist das nicht der Fall. Sie werden es mir vielleicht nicht glauben, aber das führt zu Problemen in der Darstellung, wenn Sie nicht exakt so verfahren wie hier beschrieben.

Jetzt werden Sie sich verzweifelt fragen, wie Sie den Browsern beibringen sollen, dass diese genau das richtige Stylesheet auch verwenden. Und dazu gibt es einen Trick, der mit JavaScript zu tun hat. Im nächsten Abschnitt dieses Buches finden Sie die Lösung dazu. Ich habe aus Übersichtsgründen alle JavaScripts zusammengefasst, damit Sie alle nützlichen Dinge hier an einem Platz finden.

Lehnen Sie sich also jetzt erst einmal entspannt mit diesem Wissen zurück und genießen Sie den Rest des Buches, bis wir wieder auf diesen Fall zurückkommen.

Einen hab ich aber noch, bevor wir uns an die Referenz der CSS wagen. Wir werden uns hier nicht näher mit Layers beschäftigen, die Netscape versuchsweise eingeführt hat, um überlappende Inhalte herzustellen. Dabei gibt es – und das hat bisher nur Microsoft in den neueren Browsern sauber implementiert – auch in den Stylesheets diese Möglichkeit, Inhalte genau so zu platzieren, dass sie absolut stehen.

```
<DIV style="COLOR: #ffcc33; FONT-FAMILY:sans-serif; FONT-SIZE: 100px;
FONT-WEIGHT: bold; LEFT: 300px; POSITION: absolute; TOP: 5px;
Z-INDEX: 1">Unterschrift</DIV>
<!-- Background Text End --><!-- Content Start -->
<DIV style="POSITION: absolute; Z-INDEX: 2">Hier beginnt der
eigentliche Text</DIV>
```

In diesem Fall haben wir die Unterschrift in einer absoluten Position von 300 Pixel ab dem linken Rand und 5 Pixel ab dem oberen positioniert. Der besondere Clou ist, dass wir durch `Z-INDEX:1` definiert haben, dass diese Schrift nun ganz unten läuft und wir den restlichen Content nun wieder ganz oben laufen lassen können. Durch `Z-INDEX: 2` wird dieser Content über der Unterschrift laufen, die jetzt wie ein Wasserzeichen wirkt.

INFO

Experimentieren Sie hier mal mit mehreren Ebenen. Das funktioniert nur, wenn Sie einen aktuellen Microsoft-Browser benutzen. Aber die Art der Nutzung ist so einfach und mit Stylesheets zu implementieren, dass ich die Lösung an sich sehr schön finde.

Wir betreten hier die Grenze zu DHTML, das wiederum eine eigene Weiterentwicklung von HTML darstellt. Es gibt inzwischen darüber auch schon eine Menge an Büchern auf dem Markt. Ich verweise darauf, da sich das eigentliche Thema HTML hier sonst unendlich erweitert. Wir wollen es dabei gut sein lassen. Wenn Sie Appetit auf mehr bekommen haben und die JavaScript-Beispiele am Ende des Buches Ihnen auch behagen, dann sollten Sie unbedingt weiter einsteigen. Für eine herkömmliche Website werden Sie aber nicht mehr benötigen als die beschriebenen Befehle in diesem Buch.

9.2 CSS-Referenz

Um Ihnen diese vielen Befehle ein wenig leichter zu machen, finden Sie jetzt eine Aufstellung aller möglichen Befehle, die danach noch einmal einzeln erklärt werden.

Tabelle 9.1: CSS-Befehle im Überblick

Befehl	Beschreibung	Spezifikation	Beispiel
`font-size`	Schriftgröße, wahlweise in Punkt, Inch, Zentimeter oder Pixeln.	points (pt)]inches (in) centimeters (cm) pixels (px)	`{font-size: 12pt}`
`font-family`	Schriftart	typeface »Name«-font family »Name«	`{font-family: »courier«}`
`font-weight`	Schriftschnitt	extra-light light demi-light medium demi-bold bold extra-bold	`{font-weight: bold}`
`font-style`	Kursivsetzung	normalitalic	`{font-style: italic}`

Befehl	Beschreibung	Spezifikation	Beispiel
`line-height`	Linienhöhe in Punkt, Inch, Zentimeter, Pixeln oder Prozent	points (pt) inches (in) centimeters (cm) pixels (px) percentage (%)	`{line-height: 24pt}`
`color`	Textfarbe	color-name RGB triplet	`{color: blue}`
`text-decoration`	unterstreichen oder durchstreichen	none]underline italic line-through	`{text-decoration: underline}`
`margin-left`	linker Rand	points (pt)]inches (in) centimeters (cm) pixels (px)*	`{margin-left: 1in}`
`margin-right`	rechter Rand	points (pt) inches (in) centimeters (cm) pixels (px)*	`{margin-right: 1in}`
`margin-top`	oberer Rand	points (pt) inches (in) centimeters (cm) pixels (px)*	`{margin-top: -20px}`
`text-align`	Textausrichtung	left center right	`{text-align: right}`
`text-indent`	Einrückung	points (pt) inches (in) centimeters (cm) pixels (px)*	`{text-indent: 0.5in}`
`background`	Hintergrundfarbe	URL,color-nameRGB triplet	`{background: #33CC00}`

Das heißt hier noch einmal genauer:

Schriftgröße

```
{font-size: 12pt}
{font-size: 1in}
{font-size: 5cm}
{font-size: 24px}
```

Alle diese Angabenmaße sind möglich. Sie können sich also Ihre »Lieblingsbemaßung« auswählen.

Schriftart

Der Aufruf von Schriftarten gestaltet sich ähnlich zum `<FACE>`-Tag in HTML. Die Namen der Fonts finden Sie jeweils im Systemverzeichnis Ihres Computers.

```
{font-family: Arial}
```

Wir wissen, dass Mac OS-Computer im normalen Installationsfall keine Arial-Schrift besitzen, deshalb empfiehlt es sich generell für die Fälle, in denen eine Ersatzschrift notwendig sein sollte, mehrere Schriftarten anzugeben. Die Syntax sieht wie gewohnt folgendermaßen aus.

```
{font-family:"Arial, Helvetica"}
```

Um ganz sicher zu sein, dass Sie auf jeden Fall eine Sans-Serifen-Schrift laden (z.B. eine Schrift ähnlich wie Arial, die aber anders lautet, ist es auch möglich, Schriftenfamilien anzugeben. Hier die Syntax für eine Sans-Serifen-Schriftenfamilie:

```
{font-family: Arial, Helvetica, sans-serif}
```

Denkbar sind die Schriftenfamilien `serif`, `sans-serif`, `cursive`, `fantasy` oder `monospace`, die auf jeden Fall eine passende Schrift auf den Windows-Computern erzeugt.

Es bleibt noch eine Variante. Falls die Schrift aus einem zusammengesetzten Namen besteht, muss er mit einem Leerschritt geschrieben werden.

```
{font-family: "Courier New"}
```

Schriftschnitt

Je nach vorhandener Schrift kann ein anderer Schriftschnitt eingestellt werden. Die häufigsten sind dabei:

```
{font-weight: medium}
{font-weight: bold}
```

Denkbare Einstellungen sind dabei `extra-light`, `light`, `demi-light`, `medium`, `demi-bold`, `bold` und `extra-bold`. Allerdings hängt es wirklich davon ab, ob diese Extraausführungen der Schriften auch vorhanden sind. Testen Sie die Einstellungen auf jeden Fall mit einer Standardkonfiguration Ihres Computers durch. Extraschriften sind keine Selbstverständlichkeit auf User-Seite.

Kursivsetzung

Nach den Vorgaben des W3-Komitees sollen bald noch andere Schrifteinstellungen möglich sein, aber der Explorer 3.0 und der Navigator 4.0 (Communicator) und weitere Browser unterstützen im Moment nur die Kursivsetzung:

```
{font-style: italic}
Caps, oblique und andere Einstellungen sollen folgen.
```

Linienhöhe

Um den Zeilendurchschuss genauer einzustellen und auch mehr als einzeiligen Umbruch zu ermöglichen, bieten Cascading Stylesheets diesen Parameter an, der den Umbruch punkt-, Inch-, pixel-, zentimeter- oder prozentgenau definiert. Hier ein Beispiel für einen 20-Punkt-Umbruch:

```
{line-height: 20pt}
```

Auch eine Angabe in Prozenten wäre möglich:

```
{line-height: 150%}
```

Achten Sie darauf, dass sich diese Angaben immer schon auf die Zeile vor der Einstellung beziehen. Vermeiden Sie auch verschiedene Angaben in einer Zeile, da der Browser sonst nicht kontrollierbar reagiert.

Textfarben

Sie können entweder eine der Grundfarben per Namen wählen, die Sie in der folgenden Liste in Tabellenform finden. Eine RGB-Definition ist aber ebenso möglich:

```
{color: teal}
{color: #33CC00}
```

Tabelle 9.2: Namen der Grundfarben

black	silver	gray	white
maroon	red	purple	fuchsia
green	lime	olive	yellow
navy	blue	teal	aqua

Sie können auch die Namen in der Liste nutzen, die sich in der zweiten Tabelle im Anhang dieses Buches befindet.

Unterstreichen oder durchstreichen

Die `text-decoration`-Attribute erlauben das Unterstreichen und Durchstreichen der Texte. Ohne diese Angaben bleibt der Text in seiner üblichen Form und erhält eine Unterstreichung, wenn es sich um einen Link handelt. Durch den Wert `none` können Sie aber diese Unterstreichung eines Links elegant rückgängig machen. Ob das allerdings aus den bekannten Gründen so sinnvoll ist, das sei dahingestellt. Hier der Beispiel-Code:

```
{text-decoration: underline}
{text-decoration: line-through}
```

Ränder

Hier geraten wir ganz schnell in den Bereich »Special Effects«, denn neben den bereits bekannten Einstellungen zum linken und rechten Rand lassen sich durch die Wahl von negativen Werten auch ineinander laufende Schriften einstellen. Für alle Freunde von modernen Layouts ein willkommenes Fressen und unbedingt mit Vorsicht zu genießen, da die Lesbarkeit der Texte durch solche Einstellungen schnell in Mitleidenschaft gezogen wird.

```
BODY {margin-left: -10px;
   margin-right: -10px;
   margin-top: 20px}
```

Um diese Schreibweise aber noch abzukürzen, kann eine Randeinstellung denkbar einfach beschrieben werden. Achten Sie aber darauf, dass der `margin-top`-Befehl hier zuerst an die Reihe kommt, dann folgt der `margin-left`-Befehl und dann der `margin-right`-Befehl:

```
P {margin: 20px -10px-10px}
```

Textausrichtung

Wir kennen diese Einstellungen eigentlich auch schon aus unserer klassischen HTML-Erfahrung, wenn Sie an das `<P>`-Tag zurückdenken. Nur die Schreibung der Syntax ist hier eine andere:

```
{text-align: left}
{text-align: center}
{text-align: right}
```

Einzug

Neben der Möglichkeit, einen linken Rand per Stylesheet zu generieren, können Sie auch einen Einzug an jedem Absatzanfang (dort kommt er eigentlich nur vor) definieren.

Dabei stehen Ihnen wieder die Bemaßungen in Punkt, Pixel, Zentimeter oder Inch zur Verfügung:

```
H2 {text-indent: 0.5cm}
```

In diesem Fall wird ein `<H2>`-Tag um einen halben Zentimeter eingerückt.

Background

Was Ihnen vielleicht am Anfang etwas banal vorkommen mag, nämlich die Einstellung des Backgrounds über ein Stylesheet, kann sich als sehr trickreich erweisen. Die Syntax ist wie gewohnt zu schreiben:

```
{background: red}
{background: #6633FF}
```

Um hier ein Hintergrundbild einzupassen, empfiehlt sich zum Beispiel folgende Syntax:

```
{background: URL(http://taglinger.de/webcam.jpg)}
```

Spannend wird das alles erst, wenn Sie sich noch einmal vergegenwärtigen, dass Sie eine Backgroundfarbe oder ein Backgroundbild mit diesem Befehl auch nur partiell für einen bestimmten Teil des Files wirken lassen können. Stellen Sie sich einfach einen bestimmten Absatz vor, der mit einem anderen Hintergrund unterlegt ist als das restliche File.

Dazu sind noch weitere Spezifikationen möglich.

Repetitions

Die Werte `repeat-x`, `repeat-y`, `repeat` und `no-repeat` bestimmen dabei, wie oft ein Bild in horizontaler (x) und vertikaler (y) Richtung oder in beide Richtungen (`repeat`) wiederholt oder nicht wiederholt (`no-repeat`) wird.

Scrolling

`fixed` und `scroll` (als Standard) bestimmen dabei, ob das Bild beim Scrollen stehen bleibt (`fixed`) oder mit dem scrollenden Inhalt mitwandert. Das Stehenbleiben von Bildern ist dann zum Beispiel sinnvoll, wenn Sie eine Art von Wasserzeichen auf dem Bildschirm platzieren wollen, verwirrt den optischen Eindruck aber leicht.

Position

Sie können aber die Position eines Background-Images auch genauer definieren. Ihnen stehen dabei wieder die Bemaßungen in Punkt, Pixeln, Zentimetern, Inches oder Prozent zur Verfügung. Zusätzlich können die Positionen `left/center/right` und `top/middle/bottom` gewählt werden. Im Code sieht das dann so aus:

```
{background: URL(http://www.microsoft.com/intdev/boxes.gif) 0% 100%}
{background: URL(http://www.microsoft.com/intdev/boxes.gif) left bottom}
```

9.3 Layers

Ein Grundproblem der Webdesigner war bis jetzt immer die Möglichkeit, Bilder so einzubauen, dass sie sich gegenseitig überdecken konnten. Wir haben im letzten Kapitel eine Möglichkeit kennen gelernt, wie sich Bilder genau positionieren lassen. Es können sich hier zwei Bilder schon sehr stark anschneiden, wenn wir die Koordinaten passend dazu wählen.

Eine andere Möglichkeit bildet das `<LAYER>`-Tag in Navigator 4.0 (Communicator), das speziell auf dieses DTP-Feeling hin entwickelt wurde, um zum einen die Überschneidung von Bildern zu erreichen. Aber dieses Tag, das nur (!) für den Navigator 4.0 und höher gilt und bisher von keinem anderen Browser dargestellt werden kann, kann noch mehr.

Wer also nur an HTML interessiert ist, das auf 20% aller Browser läuft, hat schon mit dem vorhergehenden Kapitel Schwierigkeiten gehabt und wird hier sicher noch leichter weiterblättern.

Dieser Befehl kann nicht nur Bilder so übereinander legen, dass sie transparent oder solide in der Anmutung einen Anschnitt bilden. Mit `<LAYER>` ist es auch möglich, Elemente erst auf Mausklick hin erscheinen und auch wieder verschwinden zu lassen, ohne dass dafür der Webserver noch einmal einen Download liefern muss.

Dazu muss es Layer-Objekte und Layer-Zeiger geben, damit dem Browser gesagt werden kann, welches Element zuerst auf der Seite in Erscheinung tritt und welche Elemente dann in welcher Hierarchie und Reihenfolge per Mausklick aufgerufen werden können.

ACHTUNG

Dieses Buch versteht sich als ein Einblick, der nicht ein Kompendium ersetzen kann. Wenn Sie also großes Interesse an diesen Tags haben, dann kann Ihnen an dieser Stelle nur noch einmal Hosenboden-Arbeit empfohlen werden. Besuchen Sie in möglichst regelmäßigen Abständen die Entwickler-Pages der beiden großen Browserhersteller Microsoft (*http://www.microsoft.com*) und Netscape (*http://home.netscape.com*). Dort erfahren Sie jeweils, welche neuen Programmversionen welche neuartigen Tags unterstützen. Eine mühselige Angelegenheit, um die Sie aber über dieses Buch hinaus nicht herumkommen werden. Es empfiehlt sich aber auch hier ein Leitsatz, den viele Programmierer beherzigen:

Neue Tags erst dann einsetzen, wenn die alten nicht mehr weiterhelfen. Und auch nur dann, wenn schon genügend Browser diese Tags unterstützen.

Schauen wir uns den kompletten Aufbau eines Layers in HTML zuerst einmal als Code an und versuchen dann zeilenweise zu verstehen, welche Grundeinstellungen dort vorgenommen werden. Zum besseren Verständnis habe ich abstrakte Werte genommen, die Sie in einem Beispiel später mit den entsprechenden Angaben füllen werden.

```
A   <LAYER
B   NAME=layerName
C   LEFT=xPosition (number of pixels)
D   TOP=yPosition (number of pixels)
E   Z-INDEX=layerZ (positive integer)
```

```
F   WIDTH=layerWidth (number of pixels)
G   CLIP="x1_offset, y1_offset, x2_offset, y2_offset
      "(number of pixels)
H   ABOVE=layerName
I   BELOW=layerName
J   VISIBILITY= SHOW | HIDE | INHERIT
K   BGCOLOR=rgbColor (name of a standard color or a
      hexidecimal RGB value)
L   BACKGROUND=imageURL>
M   </LAYER>
```

A <LAYER>

Hier wird, an einer beliebigen Stelle des HTML-Files, im <BODY>-Bereich, ein <LAYER> eröffnet. In dieses Tag hinein kommen nun eine Reihe von Unter-Tags zum Tragen, die die Eigenarten des Layers noch genauer definieren.

B `NAME=layerName`

Zuerst muss dem Layer ein Name gegeben werden. Ich empfehle Ihnen hier ebenfalls wieder sprechende Namen, da Sie später auch noch die Übersicht im Code behalten müssen und solche sinnvollen Benamungen sehr weiterhelfen.

C `LEFT=xPosition (number of pixels)`

Die linke Kante des Layers, der ja aus – mehreren – Bildern besteht, lässt sich über eine Pixelzahl auf der X-Achse leicht definieren.

D `TOP=yPosition (number of pixels)`

Ebenso sieht es auf der Y-Achse aus, um die obere Kante des Layers zu definieren.

E `Z-INDEX=layerZ (positive integer)`

Hier wird die Zahl der Layers eingegeben, die übereinander liegen. Hier muss es sich um eine positive Zahl handeln. Sonst würden sie die Layer ja verneinen. Und das gibt überhaupt keinen Sinn.

F `WIDTH=layerWidth (number of pixels)`

Hier wird nach der Definition der linken oberen Kante die Weite des Layers angegeben, damit der Browser die anderen Elemente bereits laden kann und am Schluss die Grafiken für den vorgemerkten Platz innerhalb des Layers bereitstellt.

G `CLIP=x1_offset, y1_offset, x2_offset,y2_offset (number of pixels)`

Diese durch Kommata getrennten vier Zahlen geben den Pixelbereich an, innerhalb dessen die Layerfunktion dynamisch abgerufen werden kann.

```
H   ABOVE=layerName
```

Jetzt wird klarer, warum die Namensnennung für einen Layer so wichtig ist. Hier wird ähnlich zum Rahmenstand in einem DTP-Programm definiert, durch welchen Layer dieser Layer überlagert wird.

```
I   BELOW=layerName
```

Ähnlich verhält es sich hier mit dem Layer darunter. Es ist also klar, dass Sie mindestens zwei Layer definieren müssen, um auch eine Überlappung herzustellen.

```
J   VISIBILITY= SHOW | HIDE | INHERIT
```

Hier stellen Sie ein, ob Ihr Layer schon sichtbar, noch verborgen oder identisch zum Status der anderen Layer (das ist der Standard) sein soll. So ist es zum Beispiel denkbar, dass sie ein Bild durch ein anderes überlappen, das noch gar nicht sichtbar dargestellt ist und erst auf Mausklick erscheint.

```
K   BGCOLOR=rgbColor (name of a standard color or a
      hexidecimal RGB value)
```

Ähnlich zu den differenzierten Farbgebungen, die Sie schon aus den Stylesheets kennen, können Sie auch für den Layer eine eigene Hintergrundfarbe angeben. Auch hier steht es Ihnen wieder frei, eine der bereits bekannten Standardfarben zu wählen oder den RGB-Wert dafür einzusetzen.

```
L   BACKGROUND=imageURL
```

Wie bei den Stylesheets können Sie auch hier wieder ein Hintergrundbild nur für diesen Layer generieren. Zum Beispiel könnte ein Gesicht dort stehen, auf dem nun per Mausklick verschiedene Frisuren durchgetestet werden könnten.

```
M   </LAYER>
```

Und danach schließt das Tag wieder.

> Sicher haben Sie bemerkt, dass wir eigentlich bisher nur den Layer als solchen definiert haben. Das soll sich jetzt ändern. Der Vorteil dieser Syntax ist, dass Sie sich nahtlos in die schon gewohnte HTML-Umgebung einpassen lässt, und das wollen wir jetzt auch tun.

Wir wählen das Beispiel unseres Fotoalbums aus dem Tabellen-Kapitel und stellen uns die Aufgabe, die beiden Bilder sich überschneidend auf einen andersfarbigen Hintergrund zu stellen.

```
A   <HTML>
      <HEAD>
         <TITLE>Meine Freunde</TITLE>
      </HEAD>
```

```
   <BODY BGCOLOR=#ffffff>
B   <LAYER NAME=basis
   CLIP=500,500>
C      <LAYER TOP=10 LEFT=10>
D          <IMG SRC=1.jpg>
E      </LAYER>
F        <LAYER TOP=50 LEFT=100>
G          <IMG SRC=2.jpg>
H      </LAYER>
         <LAYER TOP=100 LEFT=200>
          <IMG SRC=1.jpg>
        </LAYER>
I      </LAYER>
   </BODY>
   </HTML>
```

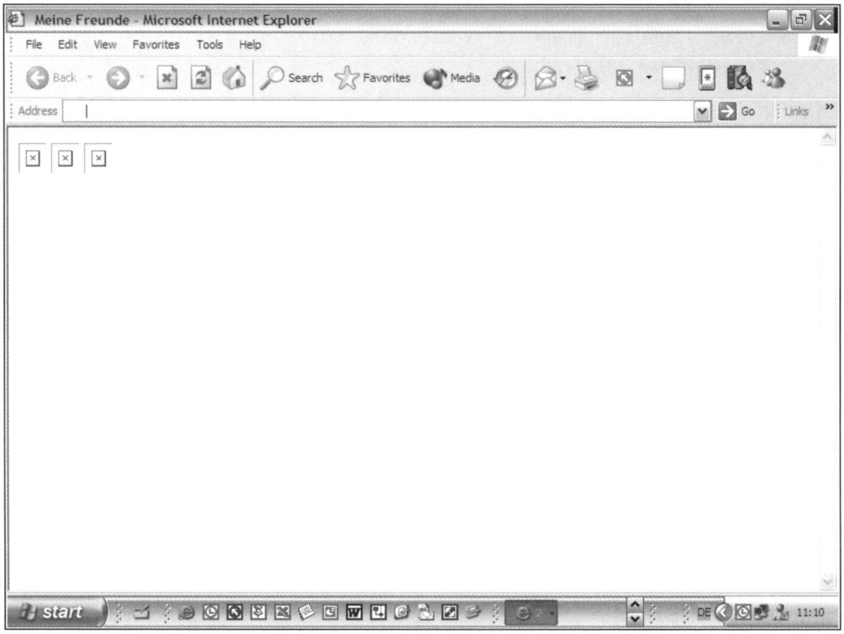

Abb. 9.4: Nur Netscape-Browser unterstützen diese Tags. Dort werden Sie drei übereinander liegende Bilder sehen. Sonst sieht die Programmierung wie ein Fehler aus und sollte lieber mit CSS erledigt werden, wenn Sie browserkompatibel sein wollen.

```
A    <HTML>
```

Wir beginnen ein klassisches HTML-File, das mit einem `<BODY>`-Tag bestückt ist, der den Hintergrund weiß färbt.

```
B    <LAYER NAME=basis CLIP=500,500>
```

Jetzt wird dem Layer ein Name gegeben, hier zum Beispiel »basis«, um den gesamten Layer vielleicht so später noch einmal zu verwenden. Der CLIP ist hier nur mit zwei Zahlen bestückt. Eigentlich haben wir ja gelernt, dass hier vier Zahlen stehen müssen, die den Wirkungsbereich des Layers definieren. Aber standardmäßig sind die beiden ersten auf 0 gestellt, wenn hier nur zwei Zahlen notiert sind. Die müssen allerdings zu finden sein, sonst funktioniert der Layer nicht.

```
C       <LAYER TOP=10 LEFT=10>
```

Nun verschachteln wir darin einen weiteren Layer, der nur mit seiner linken oberen Kante (hier 10 x 10 Pixel) definiert wird.

Das Verschachteln von solchen Strukturen kennen wir ebenfalls aus dem Tabellen-Kapitel, es kann uns deshalb nicht mehr schocken. Wir müssen später nur darauf achten, dass die geöffneten Tags auch wieder sauber geschlossen werden, sonst entstehen Fehler in der Darstellung. Vulgo: Man sieht im Browser nichts.

```
D       <IMG SRC=1.jpg>
```

Hier fügen wir einfach in der üblichen Syntax ein Bild ein. Wenn Sie wollen, können Sie hier auch noch die üblichen Bildattribute wie Höhe und Breite eingeben. Sogar verlinken lassen sich diese Bilder.

```
E       </LAYER>
```

Der erste Unter-Layer wird hier wieder geschlossen, denn für das Bild 1 brauchen wir keine weiteren Angaben.

```
F         <LAYER TOP=50 LEFT=100>
```

Das zweite Bild wird geöffnet und mit anderen Koordinaten versehen, denn sonst würde es sich ja exakt über das erste Bild legen.

Achten Sie aber darauf, dass die Pixelzahl der Koordinaten und die Pixel-Größe der Bilder nicht über die Begrenzungen des Clips hinausweisen, sonst schneiden Sie das Bild gnadenlos ab.

```
G           <IMG SRC=2.jpg>
```

Auch hier wird wieder ein Bild mit einem Standard-Tag eingebaut. Sie könnten hier auch ein externes Bild auf einem anderen Server per absolutem Link einbauen. Das bleibt Ihnen überlassen.

```
H       </LAYER>
```

Auch diesen Unter-Layer schließen wir wieder.

```
I       </LAYER>
```

Vergessen Sie auf keinen Fall, auch den ursprünglichen Layer »basis« mit einem Schluss-Tag zu beenden.

Sie werden sich sicher wundern, warum hier an dieser Stelle nicht noch mehr mit diesen Layern demonstriert wird. Der Grund ist ein einfacher. Um die Layer noch weiter zu steuern, kämen Sie nicht um Kenntnisse in JavaScript herum. Ich empfehle Ihnen, sollten Sie sich für diesen Bereich extrem interessieren, ein eigenes JavaScript-Buch zu kaufen, wie es Verlage wie Markt+Technik anbieten. Ihnen hier ein paar Fetzen hinzuwerfen und Sie diesen Code blind abtippen zu lassen, entspricht nicht dem Lehransatz dieses Buches. Wir werden später ein wenig einsteigen in diese Technik, aber das kann nur ein Einstieg sein. Gehen Sie nicht davon aus, dass Sie dadurch schon in allen Ecken und Kanten dieser Skriptsprache heimisch sind.

9.4 Typografie im Netz

Zum Abschluss hier noch ein paar wenige Anregungen über Typografie im Netz. Ich kann Ihnen hier nur die Bücher von David Siegel empfehlen. Zudem gibt es spezielle Zeitschriften, die sich mit Typografie beschäftigen.

Wir hatten ja bereits im Farben-Kapitel eine kleine Einführung in Überlegungen, die Sie beim Design einer Website anstellen sollten. Und Sie sollten auf jeden Fall noch einmal in Ruhe das abschließende Kapitel des Buches lesen, damit Sie sauber auf diese Tipps reagieren können. Generell werden Sie sicher schon gemerkt haben, dass ich Ihnen ein geplantes Vorgehen empfehle, bevor Sie die erste Zeile Source-Code schreiben. Sie werden sich einen Gefallen tun, wenn Sie bereits wissen, wie die Seite aussieht und dann erst in die Programmierung gehen. Sollten Sie Musiker sein, dann wissen Sie, was ich meine, wenn ich sage: Die Idee des Grundklangs sollte beim Einsatz von Musikinstrumenten bereits vorhanden sein. Improvisieren ist dann immer noch möglich und vervollkommnet die Musik. Aber einfach drauflos spielen ... da sollte man schon sehr, sehr, sehr gut sein. Und übertragen gesagt heißt das: Erst wenn Sie eine Idee haben, wie Ihre Website aussehen soll und in welcher Schrift Sie die Inhalte darstellen wollen, können Sie Cascading Stylesheets sinnvoll einsetzen.

Dieses Kapitel ersetzt auch nicht den Typografen, aber ein paar Sachen sollten Sie wissen, wenn Sie sich für den Einsatz einer bestimmten Typografie auf ihren Seiten entscheiden. Ich versuche das mit einem kleinen Regelbuch auf diesen Seiten:

Stellen Sie Schrift möglichst kontrastreich auf hellen, ruhigen Untergrund

Nur Anfänger glauben, dass der Farbkontrast Rot mit rosa Schrift toll aussieht. Augen suchen Halt, um zu lesen, also machen Sie es sich und Ihren Usern nicht unnötig schwer. Es gibt immer Ausnahmen von der Regel, weil eine bestimmte Wirkung erzeugt werden soll. Aber genau das sollten Sie nur anwenden, wenn Sie die saubere Grundregel kennen: Je heller und ruhiger ein Untergrund ist, je dunkler und klarer der Font darauf, desto leserlicher ist der Text. Wirre Background-Bilder und schwache Kontraste sollten Sie meiden. Schwarzer Untergrund eignet sich zum Beispiel auch besser für Bilder, weil so die Farben stärker leuchten. Diesen Effekt braucht Schrift nicht. Wenn Sie die Kunst beherrschen, den Untergrund und die Schriftfarbe so lange anzugleichen, dass diese Regel hier noch funktioniert, dann erzeugen Sie eine edle Anmutung. Hier ist der Grad zwischen edler und verwaschener Anmutung aber ganz dünn, also Vorsicht.

Onlineschriften sind Sans-Serifen

Die Browser werden leider mit Times als Default-Schrift ausgeliefert. Dabei weiß jeder Designer, dass eine schnörkellose Schrift wie Verdana oder Arial oder Helvetica besser auf dem Bildschirm zu lesen ist. Das stimmt nicht mit den Erfahrungen aus der Printwelt überein, wo Serifen der Lesefreundlichkeit gut tun. Allerdings sollten Sie nicht vergessen, dass auf dem Schirm und online nur Schriften in einer Auflösung von 72 dpi möglich sind, was einem Zehntel der untersten Druckqualität entspricht. Deshalb empfehlen sich vor allem im Lauftext schnörkellose Schriften. Bei Überschriften, wo die Serifen besser wegen der Größe der Buchstaben zur Geltung kommen, sollten Sie aber ruhig mal auf die Times usw. zurückgreifen. Beachten Sie allerdings den nächsten Absatz.

Weniger ist mehr

Gerade als durch DTP der Einsatz von verschiedenen Schriften in einem Dokument leicht möglich war, sind furchtbare Dinge passiert. Sie sollten bei Typografie das Understatement lieben. Wenn Sie mit möglichst nur einer Schriftfamilie und darin mit nur wenigen Größenvariablen auskommen, erzeugen Sie ein ruhiges Schriftbild und haben immer noch genügend Möglichkeiten zur Varianz. Schauen Sie sich mal Zeitschriften, die Sie als besonders edel empfinden, im Hinblick auf diese Gedanken an. Sie werden merken, dass oft nur mit Fettungen gearbeitet wird und dass das Edle in diesem Layout oft in kleinem Lauftext und kalkuliert großen Überschriften besteht. Da wird nicht ständig mit der Schriftfarbe und den Schrifttypen rumgemacht. Seien Sie hier spröde und haben Sie Stil. Oder gehen Sie in die Vollen, wenn Sie wirklich, wirklich, wirklich einen bewusst chaotischen Stil bevorzugen.

Schaffen Sie Luft

Nicht unwichtig, aber immer wieder gerne vergessen: Das beste Schriftbild erzeugen Sie, wenn Sie zwischen den Schriftblöcken Luft schaffen. Es muss nicht sein, dass Sie jeden Absatz direkt unter den nächsten kleben. Und ein größerer Zeilendurchschuss kann auch helfen, die Texte lesbarer zu machen. Sie haben online unendlich viel Platz. Nutzen Sie den. Zwar muss ein User dann stärker scrollen, aber er hat auch das Gefühl, schnell voranzukommen, wenn schmale Absätze mit großen Durchschüssen in einem luftigen Design auf ihn warten. Just try.

Form follows function

Wenn Sie eine Überschrift »Als ich noch klein war« bewusst mit kleinen Buchstabengrößen machen, dann trägt diese Form die Aussage mit. Oder Sie gestalten paradox. Sie nehmen genau für diesen Satz die möglichst größte Überschrift. Das liegt ganz bei Ihnen. Bedenken Sie allerdings, dass es eine Gestaltungsregel immer geben sollte: Die Funktion eines bestimmten Textstücks definiert seine Form. Überschriften sind eine Funktion für sich, also sollten Sie auch nur eine Überschriftenform definieren. Wenn Sie zwei Formen für eine Funktion definieren, dann tun Sie das, was man im Straßenverkehr strikt vermeidet: Sie erzeugen zwei Zeichen für das Gleiche und das ist so, als würde man beim Links-Blinken auch (!!!) rechts meinen. Das ist gefährlich. Sie können das aber als Konzept durchaus auf der Seite einsetzen, aber dann sollten Sie auch jedes Mal bei einer Überschrift eine andere Form haben ... Und vergessen Sie nicht: weniger ist mehr.

Nach diesem Kapitel können Sie

- Stylesheets anlegen,
- Typografie im Web gezielt einsetzen,
- Zwischen verschiedenen Stylesheet-Strategien entscheiden.

Kapitel 10

Tricks

Vor allem das letzte Kapitel war noch einmal eine Menge Stoff für die grauen Zellen und zudem hat man als Leser sicher das ungute Gefühl, dass das klassische HTML veraltet und ungeheuer moderne Dinge auf uns zukommen. Seien Sie aber beruhigt. Klassisches HTML ist deswegen nicht vom Tisch und für die ersten eigenen Homepages reichen die hier gelernten Befehle im Normalfall vollkommen aus. Im folgenden Kapitel wollen wir uns anschauen, was sich von den Dingen, die das Zauberwort JavaScript vorgaukelt, wirklich essenziell für eine Homepage sein können. Ich werde Ihnen neben den wichtigsten JavaScripts auch noch ein paar klassische HTML-Tags zeigen, die Sie nicht immer brauchen werden, die aber die Effizienz Ihrer Site erheblich steigern. Gegenüber der ersten Ausgabe habe ich vor allem Tags bereinigt, die nun wirklich nur noch im digitalen Hinterhof etwas zu suchen haben. Das `<BLINK>`-Tag gehört zum Beispiel dazu. Damit geben Webdesigner gerne dann an, wenn Sie die ersten zwei Codezeilen Ihres Lebens geschrieben haben, weil ein einziges Tag schon eine Menge an Bewegung erzeugt. Allerdings nur bei Netscape-Browsern ... und das ewige Blinken geht einem ähnlich schnell auf die Nerven wie zappelnde Werbebanner. Ähnliches lässt sich auch über die von Microsoft eingeführten `<MARQUEE>`-Tags sagen, die den Text über den Bildschirm ziehen. Auch die sind wieder nicht Netscape-kompatibel. Ein ewiges Spiel.

Wenn Sie sich genauer über die Dinge informieren wollen, dann hat Microsoft zum Beispiel den Bereich *http://www.microsoft.com/germany/msdn* aufgebaut. Netscape besitzt ebenfalls eine solche Entwickler-Region auf *http://home.netscape.com*.

Natürlich kann eine solche Einführung nicht im Vorbeigehen auch noch JavaScript abhandeln, da es sich um eine eigenständige Technik handelt und mindestens noch einmal eine solche Seitenstärke wie dieses Buch zum Erlernen bedarf. Aber Sie sollten sich nicht von der etwas abstrakteren Art des Codens abschrecken lassen. Wenn Sie noch eine Tasse Tee in der Kanne und weitere gemütliche Abende Zeit haben, dann empfehle ich Ihnen zum Selbststudium zum Beispiel:

Steyer, Ralph: Jetzt lerne ich JavaScipt und HTML: Der einfache Einstieg ins Webscripting. München 1999

Hier sollen mehr die praktischen Beispiel im Vordergrund stehen, dort finden Sie noch einmal einen klassischen Einstieg in das theoretische Grundwissen. Sie lernen damit auch das Schreiben von eigenen Scripts. Denn seien Sie sich bei einem sicher: Was ich Ihnen hier zeige, sind Beispiele, die ich nicht selbst entwickelt habe, auf denen aber auch kein Copyright liegt, weil sie von Autoren zum Beispiel als Tutorial in *http://www.cnet.com* veröffentlicht wurden.

Wenn Sie also solche JavaScripts finden, die Sie faszinierend finden und die Sie gerne in ihren Seiten einbauen möchten, dann fragen Sie einfach beim Autor der Site nach, ob er was gegen eine Nutzung hat. Das ist der sauberste Weg. Ansonsten sollten Sie sich nicht schlecht fühlen, dass Sie hier nicht selbst Code entwickelt haben. Die wenigsten HTML-Autoren beherrschen JavaScript. Na und? Das Web ist ein Medium des Austausches. Sonst läge der HTML-Code auch nicht offen.

Bitte akzeptieren Sie aber unbedingt, wenn jemand seine Codes nicht freigibt. Sie finden es ja auch nicht komisch, wenn jemand ungebeten Ihre CD-Sammlung durchstöbert und ein paar davon ohne zu fragen ausleiht. Auch wenn er Sie zurückgibt.

In diesem Kapitel lernen Sie,

- Suchbefehle für Suchmaschinen,
- automatisches Vor- und Nachladen von Seiten,
- Weichen für verschiedene Browser,
- automatisches Öffnen von neuen Fenstern,
- Rollover-Effekte,
- das Anlegen von Imagemaps.

10.1 Meta-Befehle

In den folgenden Kapiteln soll noch ein bisschen tiefer in die Trickkiste gegriffen werden. Damit betreten Sie den Bereich der Webdesigner, über den jeder Einzelne vor allem dann ungern spricht, wenn er seine eigenen Tricks auspacken soll. Aus genau diesem Grund kann nur empfohlen werden, sich genau diese Tricks selber auszudenken. Meistens passiert das nicht am Reißbrett. Man kommt oft tagelang nicht auf eine Lösung zu einem spezifischen Problem und plötzlich mitten in der Nacht springt man auf und hat es. Sie kennen das sicher.

Aber wollen wir nicht so tun, also würden alle erfahrenen Webdesigner kurz vor der Umwandlung von Blei in Gold stehen. Viele der »Tricks« sind einfach nur selten benutzte Tags oder Tags, die in einen anderen Zusammenhang gestellt werden.

Ganz normal und in einer wichtigen Funktion werden META-Befehle genutzt. Die beiden bekanntesten, die auch fast die einzig angewandten sind, dienen zu vollkommen verschiedenen Dingen.

Im Prinzip tun sie aber beide das Gleiche. Sie geben dem File noch eine weitere Eigenschaft mit auf den Weg. Zum Beispiel diese:

Die berühmt-berüchtigten Suchmaschinen, die das World Wide Web nach Seiten abgrasen und sie speichern, verfahren nach einem einfachen Prinzip. Sie rufen die Seiten auf, speichern alle ASCII-Sequenzen auf diesen Seiten, die nicht in spitzen Klammern stehen, und legen so einen Index aller Wörter an, die im Web zu finden sind. Suchanfragen können deshalb wortgenau beantwortet werden. Auch Ihre Seite wird irgendwann einmal von einer Suchmaschine gefunden werden. Oder Sie haben sich klugerweise in der Liste dieser Surfroboter angemeldet. Aber vielleicht wollen Sie dieser Datenbank zu Ihrer Site noch ein paar bestimmte Schlagwörter hinzufügen, die Sie eigentlich nicht auf Ihrer Seite stehen haben. Kein Problem. HTML besitzt dazu folgendes Tag:

```
<META  NAME="keywords" CONTENT="Hier schreiben Sie alle
Schlagwörter hinein, die Sie noch hinzufügen wollen">
```

Und diese Schlagwörter sollten nicht durch ein Sonderzeichen getrennt sein. Ein Leerzeichen zwischen den Wörtern reicht vollauf.

Frage

Wo soll sich Ihrer Meinung nach dieses Tag befinden?

Lösung

Innerhalb des <HEAD></HEAD>-Tags, denn dieser Meta-Befehl hat nichts im sichtbaren Bereich des Files, im <BODY>-Bereich, zu suchen.

Viele Suchmaschinen setzen die Sites bei einer Anfrage an die Spitze der Liste, die das gesuchte Wort am häufigsten nennen. Das kann bei 20.000 Treffern und mehr zu einem gängigen Wort durchaus von Vorteil sein.

> INFO: Die Angaben zu einer Seite können sehr komplex werden und den Suchmaschinen ihre Arbeit erleichtern. Aber nicht nur das. Schauen wir uns doch einmal ein Beispiel des Einsatzes von Meta-Tags bei einer größeren deutschen Website an.

```
A < META http-equiv=PICS-Label content='(PICS-1.1 "http://www.rsac.org/
ratingsv01.html l gen true comment "RSACi North America Server" by
"inet@microsoft.com" for "http://www.microsoft.com/" on
"1997.06.30T14:21-0500" r (n 0 s 0 v 0 l 0))'>
B < META name=ROBOTS content=index>
C < META name=KEYWORDS content=Wichtig Firma>
D < META name=DESCRIPTION content=Homepage>
E < META name=LOCALE content=DE>
F < META http-equiv=Content-Type content=text/html; charset=iso-8859-1>
G < META name=CATEGORY content=Homepage>
```

Das schauen wir uns mal genauer an:

```
A < META http-equiv=PICS-Label content='(PICS-1.1 "http://
www.rsac.org/ratingsv01.html l gen true comment "RSACi North America
Server" by "inet@microsoft.com" for "http://www.microsoft.com/" on
"1997.06.30T14:21-0500" r (n 0 s 0 v 0 l 0))'>
```

Dieser Code ermöglicht die Einschätzung, dass es sich bei dem Content um Inhalt ohne Gewalt- oder Sexualdarstellungen handelt. Das ist eine freiwillige Angabe, aber sie hat den Vorteil, dass Kinderschutzprogramme wie Net Nanny und andere nicht automatisch die Seiten ausblocken. Wer Inhalte solcher Art publiziert und sie bewusst mit diesen Etiketten versieht, könnte übrigens Ärger kriegen. Also Finger weg von solchen Lausbubereien.

```
B < META name=ROBOTS content=index>
```

Hier wird der Suchmaschine gesagt, sie soll bitte diese und alle darunter zu findenden Seiten speichern und auswerten. Das kann man allerdings mit einem

```
content=noindex
```

verhindern. Klingt auf den ersten Blick nicht sehr sinnvoll, wenn Sie aber verhindern wollen, dass Suchmaschinen bei Ihren Schlagwörtern zuerst nur Fülldateien Ihrer Framestrukturen anzeigen, dann sollten diese Dateien in den Meta-Tags genau solche Angaben haben. Vielleicht haben Sie auch irgendwo eine private Seite auf dem Server. Dann sollten Sie solche Tags benutzen. Eine Garantie, dass sich alle Suchmaschinen daran halten, gibt es übrigens nicht. Geschützte Verzeichnisse, die zum Aufruf ein Passwort brauchen, sind hier sicher eine bessere Möglichkeit. Manche Provider bieten das an.

```
C < META name=KEYWORDS content=Wichtig Firma>
```

Hier wird klar gesagt: Das ist eine Homepage einer Firma, die wichtig ist. Viele Suchmaschinen sortieren bei ähnlichen Treffern die Seiten mit solchen Angaben weiter oben, da sie wahrscheinlich der Startpunkt für mehr Content dieser Art sind. Hier wieder die Warnung vor Missbrauch. Sobald Suchmaschinen in einer bestimmten Art irregeführt werden, ändern die Betreiber die Strategie und stellen die Sünder ganz nach hinten. Und das wollen Sie doch nicht, oder?

```
D < META name=DESCRIPTION content=Homepage>
```

Hier sollten Sie den Text einfügen, der später bei manchen Suchmaschinen mit dem Text angeben wird. Hier kann also auch stehen: Wir updaten unsere Homepage jeden Montag. Solche Informationen können für User sehr nützlich sein und sie deshalb eher zum Klicken verleiten.

```
E < META name=LOCALE content=DE>
```

Der Suchmaschine wird klar gemacht, dass es sich hier um die deutsche Sprache handelt. Vor allem für Suchmaschinen wie *http://www.fireball.de* und andere, die nur deutschen Content durchsuchen, ist das wichtig.

```
F < META http-equiv=Content-Type content=text/html; charset=iso-8859-1>
```

Diese Syntax mag ein wenig verwundern. Natürlich werden Sie HTML-publizieren. Aber bedenken Sie, dass das nicht sein muss, und der Suchmaschine wird zum einen das gesagt und zum anderen, dass hier Sonderzeichen auftauchen können, die dann auch wirklich als solche dargestellt werden. Sie erinnern sich sicher, dass ich dieses Tag schon an früherer Stelle des Buches benutzt habe, um die klassischen Konvertierungen der Umlaute einzusparen. Es hängt von ein paar Faktoren wie den Browserversionen und dem Server ab, aber im Regelfall brauchen Sie dann die Umlaute nicht in HTML zu konvertieren. Machen Sie es, wie Sie das meinen, ich pflege immer noch eine Konvertierung ein, weil ich nicht weiß, ob der betreffende User wirklich diese ISO-Norm mit seinem Browser lesen kann.

```
G < META name=CATEGORY content=Homepage>
```

Hier wird die Kategorie der Homepage noch einmal genau beschrieben. Es gibt Suchmaschinen, die auf jeden Fall die Homepage von Namen ganz oben in der Trefferliste verzeichnen.

Sie sehen, dass es hier vor allem um den Service in Richtung Suchmaschinen geht. Auf jeden Fall gilt auch, dass die aktuellsten Einträge in einer Suchmaschine ganz oben in der Liste landen. Sie sollten sich also regelmäßig in diesen

Maschinen anmelden, damit Sie bei ihren Schlagwörtern ganz oben mitspielen. Angesichts von 200 bis 250 Millionen Pageviews pro Monat allein auf bundesdeutsche Suchmaschinen ahnen Sie schon, wo der Hase läuft. Dabei sein ist alles.

10.2 Reloads

Eine zweite Art von Meta-Befehl löst bei richtiger Anwendung schon fast das Feeling eines Diavortrags aus. Mit folgendem Meta-Befehl können Sie eine Seite automatisch durch eine andere nachladen und auch noch die Zeitverzögerung des Ladevorgangs bestimmen:

```
<META HTTP-EQUIV=Refresh CONTENT=3; URL=file2.htm>
```

Hier wird nach drei Sekunden das File *file2.htm* nachgeladen. Solche automatischen Refresh-Befehle gehören ebenfalls in den HEAD-Bereich des Files, möglichst noch vor das <TITLE>-Tag.

Vielleicht ist Ihnen die Idee auch sofort durch den Kopf geschossen: Sie können hier eine unendliche Schleife mit zwei oder mehr Komponenten programmieren. Sie lassen einfach File 1 das File 2 aufrufen und dieses ruft dann wieder File 1 auf usw. So können Sie ähnlich zu Bewegungen innerhalb von GIF 89 Loops aufbauen.

ACHTUNG

Beachten Sie dabei zwei Dinge: Zum einen sollten Sie ausreichend Sekunden in das CONTENT-Unter-Tag eintragen, damit das File auch wirklich laden kann, bevor es schon wieder vom Bildschirm verschwindet. Meta-Befehle warten nicht mit dem Zählen, bis das ganze File erschienen ist. Das kann zu unschönen Effekten führen. Und wenn Sie Pech haben, sieht man im Web wenig von Ihren Inhalten, weil immer schon das nächste File lädt, obwohl das erste File mit der entsprechenden Grafik nicht zu sehen war.

Zum anderen verfälschen solche Schleifen empfindlich die Hit-Zahlen, da hier plötzlich unendlich viele solcher Hits erzeugt werden, wenn sich Files gegenseitig aufrufen. Aber das hat Sie vielleicht nur dann zu interessieren, wenn Sie an einer ehrlichen Statistik der Abrufzahlen Ihres Servers interessiert sind oder ihren Provider per Byte bezahlen.

Und Sie werden merken, dass dieser Metabefehl in einer Frame-Umgebung nicht funktioniert, da von einem Frame nicht automatisch in einen anderen geladen werden kann. Immer nur in den gleichen.

Genau dieser beiden Probleme wollen wir uns jetzt mit einem ersten JavaScript annehmen. Dieses Script ist der Ersatz für das Meta-Tag und nimmt uns die Probleme. Zuerst einmal der Source-Code:

```
A <HTML>
  <HEAD>
  <TITLE>Nachladen</TITLE>
     <META NAME=Mail CONTENT=harald@taglinger.de>
B <SCRIPT>
C function countdown() {
D    setTimeout("LoadNext()",100000);
E    return true
  }
F function LoadNext() {
G parent.links.location.href ="next.htm"
  }
H </SCRIPT>
  </HEAD>
I <BODY bgcolor=#000000 onLoad="return countdown()">
  Hier steht der Content.
  </BODY>
  </HTML>
```

Hier kommt eine ganze Menge an neuen Erfahrungen auf uns zu. Trotzdem ist dieses JavaScript sehr klein. Es übrigens auch sehr zuverlässig und bringt meiner Erfahrung nach Computer nicht zum Absturz (Sie lachen, aber seien Sie hier auf der Hut ...). Sie können immer wieder auf diverse Anwendungen in der Seite *http://www.dasneue.de* treffen, in der ich die komplette Navigation und auch teile der optischen Effekte damit steuere.

> Sie wundern sich vielleicht, warum ich die Robustheit so hervorhebe. Nun, das hat einen Grund: JavaScripts sind nicht immer wirklich sauber auf allen Browsern darstellbar. Sie werden dann seltsame Script Errors mit kryptischen Begründungen bekommen, die nur hart gesottenen Programmierern was sagen. Und seien Sie beim Schreiben eigener Scripts oder beim Abwandeln dieser Beispiele gleich vorgewarnt: Nur ein kleiner Tippfehler und Sie können das ganze Script erst mal in die Tonne treten. Da ist HTML eine gütige alte Tante dagegen.

Gehen wir das Script nun einzeln durch.

```
A <HTML>
  <HEAD>
    <TITLE>Nachladen</TITLE>
    <META name=Mail CONTENT=harald@taglinger.de>
```

Sie beginnen ein klassisches HTML-File. Hier noch ein Feinchen als Nachtrag: Manche Suchmaschinen schreiben Sie als gefunden an, wenn Sie das Meta-Tag mit Ihrer E-Mail-Adresse angeben. Ansonsten gibt es zu diesem banalen Code keine weiteren Geheimnisse.

```
B <SCRIPT>
```

Bitte keine feuchten Hände bekommen: Hier geht es los mit Ihrem ersten JavaScript. Sie sagen in HTML einfach nur, dass jetzt ein Script folgt. Ältere Browser werden darauf nicht reagieren, denn zum einen stehen die folgenden Angaben nicht im `BODY`-Bereich, zum anderen werden Tags, die nicht bekannt sind, einfach ignoriert. Alle anderen Browser laufen aber bei solchen Dingen zur Höchstform auf.

```
C function count-down() {
```

Das ist die erste Zeile mit reinrassigem JavaScript. Wenn Sie sagen: »Moment, das sieht ja wie die Programmiersprache aus, die ich mal in der Schule ...«, dann haben Sie Recht. Hier werden bekannte Arten der Syntax gewählt. Sie definieren hier eine Funktion mit dem Namen `countdown`. Bitte beachten Sie auch, dass innerhalb eines JavaScripts auf Klein- und Großschrift penibel geachtet wird. Sollten Sie weiter unten im Code dann `COUNTdown` aufrufen wollen, kann Ihnen der Browser die kalt lächelnde Schulter zeigen. Die beiden Klammern zeigen eine Funktion an und können noch gefüllt werden. Das sehen Sie weiter unten. Die geschweifte Klammer definiert genauer, was die Funktion alles leisten soll. Was Sie eigentlich hier tun, kennen Sie übertragen gesagt sehr gut, wenn Sie abends etwas Leckeres kochen. Zuerst schneiden Sie das Gemüse und später werfen Sie das vorbereitete MjammMjamm zur richtigen Zeit in den Topf. Im Moment schneiden wir Gemüse.

```
D    setTimeout("LoadNext()",100000);
```

Eine Funktion kann eine andere Funktion aufrufen und nicht jede Funktion müssen Sie von Grund auf schreiben. Die Entwickler von JavaScript haben in einer Bibliothek, die der Browser schon installiert hat, ein paar Grundfunktionen vorgesehen, die ein Scriptprogrammierer jederzeit nutzen kann. Hier wird `setTimeout` genutzt, das ein einfaches Hochzählen bis zur angegebenen Zahl durchführt. Diese Zahl steht in der Klammer (wir können also in den Klammern Funktionen spezifizieren).

Jetzt wird es ein bisschen knifflig. In dieser Funktion, die die Funktion `setTimeout` aufruft, wird eine Funktion aufgerufen, die wir noch gar nicht definiert haben. Der Computer geht hier aber anders vor als unser Lesedenken. Diese Funktion steht im Source-Code weiter unten (Buchstabe F), aber der Computer beginnt mit der Ausführung des JavaScripts erst, wenn er den kompletten Code gelesen hat. Es ist ein wenig so, als hätte der Computer alle Funktionen vor sich hin gelegt und wählt nun aus allen angebotenen aus. Die Eleganz dieses Source-Codes ist, dass er auf engem Raum drei Funktionen so ineinander verschränkt, dass sie hervorragend miteinander arbeiten. Nur beim ersten Lesen des Source-Codes raucht einem der Kopf. Das ist eine andere Art der Herangehensweise, als Sie das von HTML kennen. Aber keine Bange. So eine einfache Scripts wie hier checken Sie relativ schnell, wenn Sie versuchen, diese Codes in menschliche Sprache zu übersetzen. Vielleicht hilft Ihnen hier auch mein Kochbeispiel ein wenig weiter.

Hier ist es so, dass die Funktion `setTimeout` bis 100.000 zählt, was etwa der Zeit von 100 Sekunden entspricht (das hängt schon ein wenig von den eingesetzten Computern ab, aber die Zeit stimmt ungefähr bei einem 200 MHz Pentium). Dann und erst dann ruft sie die Funktion `Load Next()` auf. Sie sehen, dass hier etwas in JavaScript getan wird, das wir schon von den Meta-Tags kennen. Mit einem feinen Unterschied: Die Funktion startet erst, wenn alles geladen ist! Die Bilder sind also auf jeden Fall zu sehen und werden nicht stumpf beiseite gelassen, wenn die Zeit in einem Meta-Tag abgelaufen ist.

```
E   return true
  }
```

Banal, aber wichtig: Hier wird dem Computer gesagt, er soll intern mitteilen, dass die Funktion erfolgreich abgeschlossen ist, wenn er sie ohne Fehler durchführen konnte. Dann wird der Source-Code der Funktion mit einer geschweiften Klammer beendet.

```
F function LoadNext() {
```

Die bereits erwähnte Funktion wird benannt und mit einer geschweiften Klammer eröffnet.

```
G parent.links.location.href ="next.htm"
  }
```

Die Funktion muss spezifiziert werden, was Sie wohin laden soll. Angenommen, wir haben diese Datei mit dem gerade aktuellen Source-Code in einem Frame als Fülldatei für den rechten Bereich geladen, dann ist schnell klar, was hier passiert. Die HTML-Datei *next.htm* soll die bisherige Datei im Frame-Bereich mit dem Namen links überschreiben. Das kann sehr knifflig werden, wenn Sie einen verschachtelten Frame haben, der aufgelöst werden soll. Für jede Frame-Stufe, die Sie eine Datei nach oben schreiben wollen, müssen Sie hier ein `parent.` vor das erste `parent.` schreiben. Dann können Sie sogar in verschiedenen Frame-Ebenen verschiedene Dateien laden, die wiederum Dateien laden. Das kann einen sehr interessanten Effekt abgeben. Am besten stellen Sie sich das wie einen dynamischen Domino-Effekt vor. Die eine Datei überschreibt die andere in einem bestimmten Frame-Bereich, dort lädt wieder eine andere in einen anderen Bereich und überschreibt auch das Ausgangs-File und irgendwann steht vielleicht sogar noch ein Meta-Tag herum (Sie können beiden Techniken parallel nutzen!), das eine neue Datei in einen Frame lädt, die den Effekt nun genau in die andere Richtung betreibt. Anwendungen wären zum Beispiel die Simulation von sich veränderten Neonschriften über einen mehrfach in Frames aufgeteilten Bildschirm. Das ist komplex, macht irrsinnigen Spaß und sollte vorab gut geplant sein. Sonst kommen Sie beim Programmieren durcheinander.

```
H </SCRIPT>
  </HEAD>
```

Hier schließt das Script und der <HEAD>.

```
I <BODY bgcolor=#000000 onLoad="return countdown()">
  Hier steht der Content.
  </BODY>
  </HTML>
```

Hier wird mit dem Aufruf onLoad die Funktion aufgerufen, die all diese Unterfunktionen steuert. Da diese Funktion nicht von einem bestimmten Text oder Bild abhängig ist (dazu kommen wir noch), wird der Aufruf in das <BODY>-Tag übernommen. Fertig. Das war Ihr erstes JavaScript und Sie werden es, wenn Sie es einmal eingesetzt haben, lieben. Ein Tipp: Variieren Sie Ladegeschwindigkeiten, das macht diesen Domino-Effekt interessanter. Und denken Sie immer daran, solche Effekte vorsichtig und intelligent einzusetzen. Angeben sollten Sie damit nicht. Zumindest Leser und Leserinnen dieses Buches winken sonst müde ab.

Der Vorteil von JavaScript und ähnlichen Techniken ist hier auch schon schön zu sehen. Sie haben eigentlich hier ein kleines Programm geschrieben. Nun wissen Sie, dass die drei wichtigen Betriebssysteme Mac OS, UNIX und Windows nicht einfach ihre Programme untereinander tauschen können. Das Scripting bekommt aber einen Source-Code und bereitet ihn dann erst als Computerprogramm auf, wenn er komplett geladen ist. Die Bibliotheken sind in den jeweiligen Browserversionen auf das Betriebssystem abgestimmt, sodass im Normalfall der gleiche Source-Code auf allen Betriebssystemen sauber läuft.

10.3 Trash-Design vs. David-Siegel-Design

Dieses Kapitel mag Sie etwas verwundern, aber je mehr Sie lernen, den Code dieser Skriptsprache für Ihre Zwecke zu biegen, desto mehr sollten Sie sich fragen, wie anfällig Ihr Code dadurch wird. Code, der in einen Kontext gesetzt wird, für den er nicht gedacht war, verliert durch Browser-Updates oft seine Wirkung oder erzeugt plötzlich neue Wirkungen.

Deshalb gibt es Puristen, die folgende Lösungen nicht benutzen würden:

Wenn Sie ihren Text rhythmisch an- und ausschalten wollen, dann genügt hier ein einfaches Tag:

```
<BLINK>Ihr Text</BLINK>
```

Ich hatte Sie ja im vorherigen Kapitel vor diesem Tag als nicht sehr stilvoll gewarnt, aber hier lassen sich ein paar schöne Dinge zeigen. Bei Mac OS-Versionen 2.x des Netscape Navigators konnten dadurch schönere Blinkeffekte erzeugt werden, denn der blinkende Text hatte automatisch eine Farbfahne. Mit 3.0 ist diese Farbfahne bei Macs verschwunden. Bei Windows-Maschinen war diese Fahne noch nie vorhanden. Beim Internet Explorer löst dieses Tag überhaupt nichts aus.

So ist das auch bei modernen Browsern, wenn Sie mehrere `<BR>`- oder `<P>`-Tags hintereinander setzen. Es muss deshalb nicht mehr prinzipiell mehr als ein Zeilenumbruch stattfinden. So können Ihre Seiten plötzlich sehr gedrängt oder falsch positioniert aussehen.

Am besten, Sie gewöhnen es sich an, bei solchen Designs nicht mit Trash-Lösungen zu arbeiten, sondern hier eine saubere Lösung per Table zu suchen. Eine elegante Lösung bietet hier David Siegel in seinem Buch »Killersites« (Markt&Technik 1997) an.

Er legt zwischen die Zeilen immer ein unsichtbares GIF 89, um einen größeren Durchschuss zu erhalten. Oder aber er nutzt unsichtbare GIFs, um einen Einzug vor der ersten Zeile zu generieren.

Was bedeutet das? In der Syntax sieht das alles sehr konventionell aus:

```
<BR>
<IMG SRC=0.gif WIDTH=1 HEIGHT=1 VSPACE=10>
Bis hierhin geht die Zeile.
<BR>
```

Ein Bild, das 1 x 1 Pixel groß ist, bekommt oben und unten einen Abstand von 10 Pixel. Dadurch vergrößert sich der gesamte Durchschuss der Zeile im Vergleich zur vorhergehenden und folgenden um diesen Wert.

Frage

Wie müsste die Syntax lauten, damit 21 Pixel Einzug vor einem Satz entstehen?

Lösung

```
<BR>
<IMG ALIGN=left SRC=0.gif WIDTH=1 HEIGHT=1 HSPACE=10>
```

Bis hierhin geht der Einzug:

```
<BR>
```

Das unsichtbare GIF wird ganz an den linken Rand gelegt. Wenn Sie jetzt noch das `VSPACE`-Unter-Tag dazusetzen, haben Sie beide Effekte kombiniert. Achten Sie beim Design der Page darauf, dass der Text genügend Spielraum nach rechts hat, auch wenn er größere Fontwerte annimmt, da Sie jetzt den Umbruch von Hand vornehmen müssen, sobald Sie das `<HSPACE>`-Tag einsetzen. Wenn Sie nur das `<VSPACE>`-Tag nutzen, kann Ihnen der Umbruch nach wie vor egal sein. Hier mischen sich die GIFs einfach in den Text und fallen dem Auge nicht auf.

Diese Effekte heben einen Text sicher besser hervor als ein <BLINK>-Tag. Aber vielleicht sehen Sie das ja anders. Letztendlich ist das Geschmackssache.

ACHTUNG

Allerdings gibt es bei diesen Tricks etwas zu sagen, das Sie bedenken sollten. Bedingt durch lange Ladezeiten oder einen schlechten Connect kann es zu einem Unterbruch kommen und die ursprünglich unsichtbare Bilddatei erhält nun ein Fehlerzeichen. Das kann zu hässlichen kleinen Icons im gesamten Design führen. Die roten Kreuz häufen sich im Bild. Wenn Sie sich an das vergangene Kapitel erinnern, werden Sie noch wissen, dass Cascading Stylesheets hier sicher eine Alternative sind. Denn hier kann es nicht zu einer Unterbrechung kommen, wenn der Browser eine Verbindung zum Server herstellt.

Unsichtbare GIFs sind übrigens kein HTML-Feature, das Sie mit einem HTML-Tag herstellen können. Manche Grafikprogramme und die GIF-89-Konverter können eine (!) Farbe in einem GIF unsichtbar für den Browser machen. Das heißt, dass Sie plötzlich einen Freisteller erhalten, der nicht auf einer Hintergrundfläche steht. Oder aber Sie können ein Bild ganz verschwinden lassen, wenn dieses nur aus einer Farbe besteht. Allerdings bleibt dann auch bei diesem Bild der Platz, den der Browser für das Bild reserviert belegt. Sie ahnen schon, dass das auch eine Möglichkeit wäre, Text genauer zu positionieren. Da aber eine punktgenaue Tabelle hier immer schneller lädt und exakter ist, empfehle ich Ihnen eher diesen Weg. Zumal es mehr als einmal passiert, dass Bilder nicht sauber durch das Internet übertragen werden und dann mit einem Bruch-Symbol durch den Browser angezeigt werden. Und nochmals: Da unsichtbare GIFs, die wir genau dazu benutzen, unsichtbar (!) Platz zu generieren, dann plötzlich sichtbar werden, kann bei übermäßigem Einsatz dieses Features ein sehr unschöner Eindruck entstehen.

Allerdings wissen Sie auch – und damit ist diese Technik inzwischen veraltet – dass Stylesheets hier einfach mehr können. Was Ihnen dieses Beispiel aber zeigt, ist der intelligente Einsatz von unsichtbaren Spacer-GIFs, die nicht nur dafür verwendet werden können. Auch Tabellenzellen bauen in allen Netscape-Browsern einfach sauberer auf, wenn ein unsichtbares GIF hier verwendet wird. Deshalb verwenden viele Designer zur Stabilisierung dieser Tabellen ein solches GIF. Es ist ein Trick. Sauberes Programmieren würde ich es nicht nennen.

Und noch etwas dürfte Ihnen hier auffallen. Es kann ziemlich ladefreundlich und spannend sein, wenn man ein Bild öfters verwendet. Sie sollten also generell Ihre Grafiken dahingehend überprüfen, ob Sie nicht mit einem redundanten Bild so verfahren, dass Sie es in kleine Stücke schneiden und durch Aneinanderhängen Ladezeit sparen, ohne den optischen Effekt zu verlieren. Ein Gartenzaun ist hier ein Anwendungsbeispiel.

Das <BACKGROUND>-Tag arbeitet bekanntermaßen mit der unendlichen Wiederholung eines Bildes. So entsteht ein Bildteppich, der herrliche Strukturen zaubert oder Teile eines Bildschirms anders einfärbt.

Sie können diesen Effekt auch von Hand erzeugen. Es genügt dem Browser, wenn er ein Bild einmal geladen hat, jetzt können Sie es beliebig aufrufen und dabei sogar die Größe ändern.

Übung 32

Erzeugen Sie mit einem einzigen Bild eine perspektivisch sich verjüngende Baumreihe.

```
   <HTML>
      <HEAD>
         <TITLE>Baumreihe</TITLE>
      </HEAD>
A    <BODY BGCOLOR=#00ff00>
      <TABLE WIDTH=90%>
         <TR>
            <TD WIDTH=30%>
B            <IMG SRC=baum.jpg WIDTH=150
              HEIGHT=150>
            </TD>

            <TD WIDTH=30%>
            </TD>

            <TD WIDTH=30%>
            </TD>
         </TR>

         <TR>
            <TD WIDTH=30%>
C            <IMG SRC=baum.jpg WIDTH=100
              HEIGHT=100>
            </TD>

            <TD WIDTH=30%>
            </TD>

            <TD WIDTH=30%>
            </TD>
         </TR>
         <TR>
            <TD WIDTH=30%>
            <IMG SRC=baum.jpg WIDTH=50 HEIGHT=50>
            </TD>
```

```
            <TD WIDTH=30%>
            </TD>

            <TD WIDTH=30%>
            </TD>
         </TR>
      </TABLE>
   </BODY>
   </HTML>
```

```
A   <BODY BGCOLOR=#00ff00>
      <TABLE WIDTH=90%>
         <TR>
            <TD WIDTH=30%>
```

Wir legen ein File mit grünem Hintergrund und einer dreispaltigen Tabelle an, deren Zellen je 30% des Bildschirms bedecken.

```
B              <IMG SRC=baum.jpg WIDTH=150
            HEIGHT=150>
```

In der ersten Zelle platzieren wir in Originalgröße das Bild des Baums, der möglichst auch das gleiche Grün als Grundfläche hat oder GIF mit einer unsichtbaren Farbe sein müsste, auf der der Baum steht.

```
C              <IMG SRC=baum.jpg WIDTH=100 HEIGHT=100>
```

In der zweiten Reihe rufen wir den Baum in einer kleineren Größe auf. Schon entsteht eine Perspektive nach unten usw.

Sie können durch Variation der Größen und Positionen leicht andere Perspektiven erzeugen. Durch die Verwendung von Bewegt-GIFs kann hier leicht der Eindruck von Wind entstehen, da sich ja alle Bäume in die gleiche Richtung bewegen.

Wenn Sie ein Bild mehrmals ohne Zwischenraum nebeneinander positionieren wollen, dann sollten Sie darauf achten, dass Sie nicht einmal ein Leerzeichen zwischen die `<IMG>`-Tags setzen. Denn sonst entsteht sofort ein Rand von zirka 2mm um das Bild herum. Schreiben Sie die Tags einfach so herunter, dass kein Zeichen zwischen die letzte Klammer des ersten und die erste Klammer des weiteren Tags gerät. Vor allem zwischen <TD>-Tags kann es sein, dass diese Räume entstehen, wenn Sie das </TD>-Tag mit einem Zeilenumbruch nach dem <IMG>-Tag schreiben. Das entspricht zwar nicht dem, was Sie über Zeilenumbrüche in Source-Codes gelernt haben, aber es ist nun einmal so. Locker bleiben und akzeptieren hilft.

Wenn Ihnen jetzt immer noch zu wenig Raffinesse im Spiel ist, dann sollten Sie vielleicht auch das Hintergrundbild im Vordergrund noch einmal verwenden. Geladen ist es ja schon. Und mit der Hilfe von pixelgenauem Positionieren in Tabellen oder mittels CSS oder Layers können Sie so auch schon durch leichte Verschiebung einen Doppelungseffekt erzielen, der einen Wald zum Beispiel noch dichter machen kann. Ab diesem Punkt muss ich an Ihre Fantasie appellieren. Es bleibt Ihrer Kreativität überlassen, wie stark Sie diese Effekte nutzen wollen.

Zum Abschluss seien Sie noch auf einen Trick hingewiesen, der oft vergessen wird. Dabei verschnellert dieser Kniff die Seiten im Aufruf oft immens. Jedenfalls wirkt es so.

Da Sie Bilder, die nur noch 1 x 1 Pixel groß sind, mit dem Auge nicht mehr erkennen können, sind solche Bilder ohne Problem dann ladbar, wenn die eigentliche Seite wenig Daten aufweist, die folgenden Seiten aber viele Bilder benötigen. Sie setzen einfach schon in den Seiten davor ein `<IMG>`-Tag und laden diese Bilder unsichtbar. Der Browser nimmt sie auf, stellt sie auch wirklich 1 x 1 Pixel groß dar und behält sie im Cache. Werden diese Bilder dann in einem späteren File benötigt, holt sie der Computer nur noch aus seinem Pufferspeicher und die Bilder erscheinen wie durch Geisterhand.

Das hat alles sehr viel mit Psychologie zu tun. Wenn der User schon eine Menge auf seinem Bildschirm vorfindet, stört ihn ein weiterer Ladevorgang im Hintergrund wenig. Bricht er ihn aber mit der Stopptaste ab, haben Sie nichts verloren, denn dann lädt das Bild an der geforderten Stelle einfach von vorn und Ihre Seite hat sich auch nicht verlangsamt. Seit Browser die Seite schon darstellen, sobald alle Texte geladen sind, sind Tricks dieser Art ein beliebtes Repertoire von Webdesignern. Allerdings darf man auch sagen, dass mit zunehmend besseren Connects in die Datenwelt diese Tricks auch nicht mehr so nötig sind, wie das vor fünf Jahren noch der Fall war, als ISDN noch als Luxus galt.

Diesen Effekt können Sie auch bei anderen Daten wie Videos oder Tönen nutzen. Es würde sich anbieten, diese großen Daten einfach in einen Frame der Größe 1 x 1 Pixel zu laden. Da Sie aber nie sicher sein können, welcher Frame hier zuerst lädt, kann man davon nur abraten. Im schlimmsten Fall lädt Ihr Browser den 5-Mbyte-Videoclip zuerst und Ihre eigentlichen Seiten, die vielleicht nur 10 Kbyte groß sind, bekommt der ungeduldig werdende User nie zu Gesicht.

Ab diesem Bereich sind Sie aufgerufen, neue Lösungen mit dem Vokabularium dieses Buches zu finden, denn HTML ist noch lange nicht ausgereizt.

10.4 Weichen

Wir haben im letzten Abschnitt über externe Stylesheets gehört, dass leider nicht alle Browser die gleichen Stylesheets lesen können. Das ist ein klassischer Fall für eine Weiche. Wir müssen also hier die Möglichkeit finden, verschiedene Browser mit verschiedenen Stylesheets abzudecken.

Hier zuerst der Source-Code dazu:

```
A <SCRIPT language="JavaScript">
B if (
  ((navigator.appName == "Netscape") &&
  (parseInt (navigator.appVersion) >=4)))
     {
C     document.write("<link rel='stylesheet' type='text/css'
      href='css/st_ns4.css'>");
     }

D if (
E ((navigator.appName == "Microsoft Internet Explorer") &&
  (parseInt (navigator.appVersion) >=4)))
     {
     document.write("<link rel='stylesheet' type='text/css'
     href='css/st_ie4.css'>");
     }

F if (
  ((navigator.appName == "Microsoft Internet Explorer") &&
  (parseInt (navigator.appVersion) <=3)))
     {
     document.write("<link rel='stylesheet' type='text/css'
     href='css/st_ie3.css'>");
     }
</SCRIPT>
```

Mit dem Wissen, das wir aus dem Abschnitt über Stylesheets haben und das uns von dem ersten JavaScript noch präsent ist, verstehen wir sehr schnell, was hier gemacht wird. Gehen wir es aber ruhig von einer Zeile zur anderen durch.

```
A <SCRIPT language="JavaScript">
```

Hier wird wieder im `<HEAD>`-Bereich ein `<SCRIPT>`-Tag eröffnet. Es befindet sich hier aber auch noch eine Zusatzangabe, die zur Sicherheit aufgenommen wurde. Es gibt nicht nur JavaScript als mögliche Scriptsprache. Damit der Browser auf jeden Fall die richtige Bibliothek aufnimmt, soll hier eindeutig definiert werden. Wie gesagt: Diese Angabe kann wegbleiben, aber es ist auf jeden Fall sauberer, diesen Code mitanzugeben.

```
B if (
  ((navigator.appName == "Netscape") &&
  (parseInt (navigator.appVersion) >=4)))
     {
```

Die folgenden Zeilen lesen sich schon fast wie ein Satz ... ja ... gut ... Ich habe auch schon schönere Sätze gelesen. Aber mit ein bisschen gutem Willen kann man schnell verstehen, wie dieser Satz in Umgangssprache ausgeschrieben lauten müsste.

»Wenn die Navigator-Applikation sich ‚Netscape' nennt und eine Versionsnummer größer gleich 4 angibt, dann ...«

Dieses »dann« wird in der folgenden geschweiften Klammer genauer definiert.

```
C document.write("<link rel='stylesheet' type='text/css'
  href='css/st_ns4.css'>");
    }
```

Der Satz lautet weiter: » ... dann lade als Stylesheet das Dokument `css/styles_ns4.css`.« Übrigens sind die einfachen Anführungszeichen innerhalb von JavaScript nicht aus Jux- oder Spargründen so geschrieben. Das ist im Gegensatz zu HTML bei JavaScript so Standard.

```
D if (
```

Eigentlich wiederholt sich dieses Spielchen jetzt nur. Es wird also wieder der gleiche Satz angefangen.

```
E ((navigator.appName == "Microsoft Internet Explorer") &&
  (parseInt (navigator.appVersion) >=4)))
     {
     document.write("<link rel='stylesheet' type='text/css'
     href='css/st_ie4.css'>");
     }
```

Ja, es gibt aber eine Ausnahme: Jetzt wird der IE 4.0 abgefragt und in diesem Fall wird das für den IE 4.0 passende Stylesheet geladen. Übrigens tun wir hier in diesen Beispielen immer so, als könnte man nur ein Stylesheet auf einmal laden. Wenn Sie unbedingt wollen, dann können Sie die Angaben auch auf mehrere, z.B. drei Stylesheets mit fortlaufender Nummer aufteilen. In diesem Falle hieße der Source-Code wie folgt:

```
     {
     document.write("<link rel='stylesheet' type='text/css'
     href='css/st_ie41.css'>");
     document.write("<link rel='stylesheet' type='text/css'
     href='css/st_ie42.css'>");
     document.write("<link rel='stylesheet' type='text/css'
     href='css/st_ie43.css'>");
     }
```

Das sind aber schon die Fisimatenten der Programmierung. Fragen Sie sich, ob das außer der puren Kunst der Verblüffung noch etwas für Sie bringt.

```
F if (
  ((navigator.appName == "Microsoft Internet Explorer") &&
  (parseInt (navigator.appVersion) <=3)))
```

```
    {
    document.write("<link rel='stylesheet' type='text/css'
    href='css/styles_ie3.css'>");
    }
</SCRIPT>
```

Richtig: Uns fehlt noch der Fall, dass der IE 3.0 abgefragt wird. Und das passiert wieder in diesem Muster. Vielleicht haben Sie sich schon gefragt, warum der Internet Explorer hier mit Navigator angesprochen wird, obwohl die beiden Browser sich sonst deutlichst trennen. Nun, das hat damit zu tun, dass JavaScript eine Entwicklung durch Sun ist, die mit Netscape stark kooperiert haben. Microsoft hat sich an diese Benennung sozusagen angeglichen. Es hätte ja auch keinen inneren Wert, hier neue Standards aufzubauen. Vor dem Source-Code sind wir alle gleich.

10.5 Neue Fenster

Sicher haben Sie sich schon einmal gefragt, wie das manche Webseiten machen, dass wie von Geisterhand ein neues Fenster (und noch ein neues Fenster ...) geöffnet wird, in dem wieder HTML-Seiten geladen werden. Zu allem Überfluss kann hier sogar noch die Menüleiste der Browser ausgeblendet werden. Und scheinbar gibt es eine Möglichkeit, diese Fenster auch noch pixelgenau aufzuziehen. Eine tolle Sache das, die leider manchmal sinnlos eingesetzt wird und das Weiternavigieren erschwert. Denn dummerweise verschwindet mit der Menüleiste auch der *Back*-Button und den lieben die meisten Surfer heiß und innig. Ich denke aber, dass Sie das selbst entscheiden wollen und können, wann Sie diese Möglichkeit in ihren Seiten nutzen. Hier also das heiß ersehnte Script:

```
<BODY
onload="window.open('default.htm','gesamt','location=no,menubar=no,
toolbar=no,scrollbars=auto,width=760,height=418,status=no,
title='Neues Fenster')" BGCOLOR=#ffffff TEXT=#000000 LINK=#000000
VLINK=#000000 ALINK=#000000>
```

Tja.

Jetzt sind Sie sicher enttäuscht.

Ja, das ist alles, was Sie zu diesem herrlichen Effekt brauchen. Wir schauen uns das auch wieder Stück für Stück an. Und dann sollten Sie ruhig mal mit diesem Effekt ein wenig experimentieren. Aber bitte: Stressen Sie Ihre User nicht durch 123 Fenster, die ständig aufpoppen. Es gibt übrigens auch einen Befehl, der solche Fenster beim Verlassen Ihrer Webseite aufruft. Wenn Sie logisch denken, kommen Sie auf die Lösung. Es wird allerdings so viel Schindluder mit diesem Befehl getrieben, dass ich ihn nicht auch noch verbreiten möchte. Haben Sie Verständnis dafür, dass ich diese Unhöflichkeit nicht mitmache. Wenn ein User Ihre Seite verlassen will, dann will er sie verlassen. Punkt.

Sie setzen also diesen Aufruf in das `<BODY>`-Tag ein. Und dazu brauchen Sie auch keine Funktion in einem `<SCRIPT>`-Bereich definieren, denn der Browser holt sich `window.open` aus der Bibliothek und ist zufrieden.

```
onload="window.open
```

Das ist die Funktion, die auch – und nur auf dieser Ebene – mit einem doppelten Anführungszeichen gekennzeichnet werden kann. Die folgende Klammer enthält alle wichtigen Parameter. Wir gehen sie einzeln durch.

```
'default.htm','gesamt',
```

Hier wird angegeben, welche Datei in dieses neue Fenster geladen wird. Der Name des Fensters ist deshalb wichtig, weil Sie dieses Fenster ähnlich zum Namen eines Frame-Bereichs dann nutzen können. Sie können also jederzeit – das nur als Vorschlag – in dieses Fenster bei Aufruf einer Datei im Hauptfenster von dort automatisch etwas in das Java-Fenster (so nennen es manche Designer) laden lassen. Übrigens lassen sich auch externe Seiten aufrufen. Hier sind Ihrer Fantasie kaum Grenzen gesetzt ...

```
location=no,
```

Mit `yes` könnten Sie eine Eingabezeile dazuaddieren, von der aus man in dieses Fenster neue Webseiten laden kann. So könnten Sie zum Beispiel ein kleines Recherchetool mit integrierter Suchmaschine aufbauen, indem Sie eine bekannte Suchmaschine in ein kleines Fenster laden und die Location mit integrieren. Sonst nichts.

```
menubar=no,
```

Wieder das gleiche Spiel. Hier haben wir die Menüleiste ausgeblendet. So kann von diesem Fenster aus nicht auf die Bookmarks oder Favoriten zugegriffen werden. Wenn Sie das aber den Usern ermöglichen wollen, dann muss hier ein `yes` stehen.

```
toolbar=no,
```

Hier verbergen wir die Leiste mit dem *Back*-Button. Machen Sie es, wie Sie wollen ...

```
scrollbars=auto,
```

Die Scrollbalken werden so nur dann angezeigt, wenn der Inhalt des Fensters mehr Platz braucht als es die definierte Größe zulässt. Mit einem `no` unterdrücken Sie ähnlich zur Programmierung von Frames die Scrollbalken, mit einem `yes` werden sie quer und längs gezeichnet, obwohl es vielleicht aus Platzgründen nicht nötig wäre.

```
width=760,height=418,
```

Hier definieren wir die Höhe und Breite des Fensters ganz nach Belieben. Mit einer wichtigen Ausnahme. Sie werden das Fenster nicht breiter oder höher zeichnen können, als es die Bildschirmauflösung zulässt.

```
status=no,
```

Wenn Sie mit der Maus über einen Link fahren, sehen Sie im Normalfall links unten an jedem Browserfenster, wohin dieser Link führt. Das ist die Statuszeile. Und die ist hier ebenfalls ausgeblendet.

```
title='Neues Fenster')"
```

Der Titel des Fensters kann ebenfalls unterbleiben, aber Sie sollten den Usern doch eine Möglichkeit geben, diese Contents zumindest dem Titel nach zuordnen zu können.

```
BGCOLOR=#ffffff TEXT=#000000 LINK=#000000 VLINK=#000000 ALINK=#000000>
```

Der Rest des Source-Codes ist Ihnen längst vertraut. Übrigens habe ich bisher noch kein Beispiel gesehen, das ein File gleichzeitig in zwei Fenstern aufgemacht hat. Aber man kann hier tricksen. Wenn Sie mehr als ein neues Fenster gleichzeitig brauchen, dann programmieren Sie einfach eine Kette, in der ein Fenster das neue Fenster öffnet, und dieses neue Fenster öffnet das zweite neue Fenster. Das ist ja kein Problem, denn nicht das Fenster an sich löst diesen Vorgang aus, sondern das kurze Script im HTML-File, das in dieses Fenster geladen wird.

Jetzt haben Sie in der Kombination mit den anderen Scripts auch eine schöne Möglichkeit, in diesem kleinen Fenster zum Beispiel eine sich selbst ladende Präsentation aufzubauen usw. Achten Sie hier auf die Beispiele, die sich im Web zeigen. Werbung in einem eigenen Fenster oder sogar Navigationen als eine Art von Fernbedienung der Seiten sind immer wieder zu sehen. Ich darf Ihnen aber raten, sehr vorsichtig damit umzugehen, denn es bedeutet für User immer mehr Stress, auf zwei Fenstern gleichzeitig zu navigieren.

10.6 Rollovers

Kommen wir noch zu einem weiteren wichtigen JavaScript, das sehr schöne Navigationseffekte erzeugen kann oder für die eine oder andere Überraschung bei Bildern sorgt. Sie haben mit JavaScript die Möglichkeit, beliebige Bilder so zu verknüpfen, dass bei einem Mouseover (der Mauszeiger berührt das Bild) das eine Bild durch das andere ersetzt wird. Verlässt die Maus das Bild wieder, springt die Darstellung in den Urzustand zurück. Damit lassen sich die wildesten Dinge tun, da zum Beispiel ein statisches Bild plötzlich durch die Berührung mit der Maus sich zu bewegen beginnen kann. Die meisten Anwendungen sind allerdings eher der Art, dass Navigationsgrafiken plötzlich ihre Farbe ändern, wenn die Maus sie tangiert. Um dieses Script sauber nutzen zu können, empfehle ich Ihnen, sich zum Beispiel zwei gleich große Navigationsgrafiken zu nehmen und davon je eine rote und eine blaue Version herzustellen, die auch gleich groß sind. Sie haben also vier Grafiken, mit denen wir gleich arbeiten werden.

Hier das Script:

```
  <HTML>
  <HEAD>
  <TITLE>Mouseover</TITLE>
  <SCRIPT>
A <!--

  if (document.images) {
     image1on = new Image();
     image1on.src = "bild1a.gif";

     image2on = new Image();
     image2on.src = "bild2a.gif";

B    image1off = new Image();
     image1off.src = "bild1b.gif";

     image2off = new Image();
     image2off.src = "bild2b.gif";
  }

C function turnOn(imageName) {
     if (document.images) {
     document[imageName].src = eval(imageName + "on.src");
     }
  }

D function turnOff(imageName) {
     if (document.images) {
     document[imageName].src = eval(imageName + "off.src");
     }
  }
  //-->
  </SCRIPT>
  </HEAD>
<BODY BGCOLOR="#ffffff" TEXT="#000000" LINK="#666666"
VLINK="#666666" ALINK="#666666">

E <A HREF="link_1.htm" onMouseOver="turnOn('image1')"
  onMouseOut="turnOff('image1')"><IMG border=0 name="image1"
  SRC="bild1a.gif" width=112 height=18></a><br>
```

```
F <A HREF="link_2.htm" onMouseOver="turnOn('image2')"
  onMouseOut="turnOff('image2')"><IMG border=0  name="image2"
  SRC="bild2a.gif" width=112 height=18></a><br>
</BODY>
```

So schwer ist das ja gar nicht. Schauen wir uns das noch einmal in Ruhe an.

```
A <!--

  if (document.images) {
     image1on = new Image();
     image1on.src = "bild1b.gif";

     image2on = new Image();
     image2on.src = "bild2b.gif";
```

Im üblichen Script-Bereich haben wir angefangen, das JavaScript aufzubauen. Interessant ist hier sicher das Kommentarzeichen um den ganzen Scriptbereich herum, der den Code für HTML-Browser eigentlich auskommentiert und damit nicht relevant macht. Browser, die JavaScript aber verstehen, lassen diesen Befehl beiseite, ältere Browser – und für die ist diese Zeichenfolge gedacht – lassen sich dann bestimmt nicht verwirren. Also eine Sicherheitsstufe, nichts weiter.

Wir definieren hier wieder mit einer `if`-Klausel, was genau mit den Bildern passieren soll. Wenn also das Laden der Bilder aufgerufen wird, soll bei Bild 1 (Image 1) die Datei *bild1b.gif* angezeigt werden, also das Bild, das das ursprüngliche Bild überschreibt. Parallel ist es bei Bild 2 (Image 2).

```
B image1off = new Image();
  image1off.src = "bild1a.gif";

  image2off = new Image();
  image2off.src = "bild2a.gif";
  }
```

Wenn wir definieren, welche Bilder bei Mauskontakt angezeigt werden sollen, dann müssen wir auch definieren, welche Bilder nach dem Mauskontakt zu sehen sein sollen. Bei Bild 1 (Image 1) also das Bild *bild1a.gif*, und bei Bild 2 (Image 2) die Bilddatei *bild2a.gif* .

```
C function turnOn(imageName) {
     if (document.images) {
     document[imageName].src = eval(imageName + "on.src");
     }
  }
```

Diese Funktion sagt, dass das das Überladen stattfinden soll, wenn die Bilder vorhanden sind.

```
D function turnOff(imageName) {
      if (document.images) {
      document[imageName].src = eval(imageName + "off.src");
      }
  }
  //-->
  </SCRIPT>
  </HEAD>
<BODY BGCOLOR="#ffffff" TEXT="#000000" LINK="#666666"
VLINK="#666666" ALINK="#666666">
```

Diese Funktion sagt, dass das Entladen erfolgen soll, wenn die entsprechenden Bilder vorhanden sind. Da sagen wir vielleicht genervt, dass das doch klar ist. Aber der Computer macht nichts ohne klare Anweisung durch entsprechende Codezeilen. Das ist auch gut so, sonst könnte er vielleicht Dinge tun, die wir nicht lustig finden, die wir ihm vielleicht sogar verboten haben (der erste Computer, der an meiner Pralinenschachtel erwischt wird, verliert sofort seinen Lüfter, das schwöre ich ...).

Der Rest ist alter Käse. Wir schließen den `<SCRIPT>`-Bereich und gehen wie gewohnt in den `<BODY>`-Bereich über.

```
E <A HREF="link_1.htm" onMouseOver="turnOn('image1')"
  onMouseOut="turnOff('image1')"><IMG border=0 name="image1"
  SRC="bild1a.gif" width=112 height=18></a><br>
```

Erst hier definieren wir, was mit dem Mauszeiger und den entsprechenden Bildern passiert. Dabei hilft uns wieder die Java-Bibliothek. Der Reihe nach.

Wir sollten nicht vergessen, dass wir eine Navigation aufbauen wollten, also muss es auch einen Link geben, den wir hier klassisch in HTML anlegen. Allerdings haben wir hier noch weitere schöne Dinge vorliegen. `OnMouseOver` drückt sehr genau aus, was hier gemeint ist. Wenn die Maus diesen Link berührt, dann soll die Funktion `turnOn` für das `image 1` gestartet werden. Wenn die Maus den Link verlässt, dann wird die parallel dazu passende Funktion aufgerufen, um das ursprüngliche Bild wieder herzustellen.

Im folgenden Aufruf des Bildes sind noch zwei Dinge wichtig. Zum einen wird dem Bild (das kennen wir bisher noch nicht!) ein Name gegeben, so wie wir das bisher nur von Frames und neuen Fenstern kennen. Jetzt ist klar, dass sich die JavaScript-Funktion auf das Bild mit diesem Namen bezieht. Und natürlich wird das ursprüngliche Bild erst einmal geladen, denn es muss ja schon etwas zu sehen sein, damit es mit einem weiteren Bild für das Auge sichtbar überladen wird. Nur ein Gag am Rande: Sie können leicht einen dreistufigen Effekt einbauen, wenn Sie hier zum Beispiel ein Bild *bild1c.gif* einfügen. Aber bedenken Sie die Ladezeit, denn alle diese Bilder müssen restlos geladen sein, bis das Script sauber funktionieren kann. Das Script an sich funktioniert sofort, allerdings zeigt es dann fehlende Bilder beim Mouseover, wenn diese noch nicht im Speicher des Computers verfügbar gemacht sind. Denken Sie sich auch einmal durch, wie es wohl wäre, wenn Sie hier ein GIF 89 einsetzen, das plötzlich Bewegung ins Spiel bringt, sobald die Maus sich hier über der Grafik befindet.

```
F <A HREF="link_2.htm" onMouseOver="turnOn('image2')"
  onMouseOut="turnOff('image2')"><IMG border=0  name="image2"
  SRC="bild2a.gif" width=112 height=18></a><br>
</BODY>
```

Hier machen wir das Gleiche mit dem zweiten Bild. Und damit sind wir auch schon fertig. Experimentieren Sie auch einmal mit verschiedenen Größen und der Folge von leeren Motiven, von Bewegt- und Still-Grafiken. Sie werden viel Spaß mit diesem Effekt haben.

10.7 Imagemaps

Überraschung: Einen wichtigen HTML-Bereich haben wir noch nicht behandelt: Imagemaps. Wie wir aus dem vorherigen Kapitel wissen, ist es ein Leichtes, Bilder einfach nebeneinander aufzurufen. Alle diese Bilder können mit einem eigenen Link versehen werden. Aber es gibt zwei Gründe, die hier eine andere Lösung empfehlen:

- Manche Motive sind auch mit diesen Tricks nicht sauber zerlegbar und als einzelne Bilder aufzurufen.
- Es dauert zu lange, bis online jedes Bild einzeln aufgerufen wird, da jede Serveranfrage zusätzlich Zeit kostet, und jedes Bild muss einzeln abgefragt werden.

HTML bietet hier noch eine andere Lösung an, die zwar auf den ersten Blick nicht sehr ansprechend aussieht, aber immense Vorteile aufweist. Imagemaps ermöglichen es, auf einem Bild verschiedene Bereiche zu definieren, die mit verschiedenen Links belegt werden können.

ACHTUNG

Es ist zwar möglich, verschiedene Bereiche auch mit einem Link zu definieren, aber es ist unmöglich, einen Bereich mit verschiedenen Links zu belegen. Woher soll denn dann der Browser wissen, welchen Link er anspringen soll? Auch Überschneidungen der einzelnen Bereiche nimmt Ihnen der Browser manchmal übel. Seien Sie hier also sehr penibel.

Das Tag ist aufgeteilt in mehrere Stufen.

Stufe 1:

```
<MAP NAME=map>
</MAP>
```

Sie haben dem Browser erklärt, dass Sie eine Map eröffnen wollen.

Stufe 2:

```
<AREA  SHAPE=rect COORDS=0,0,130,40 HREF=file1.htm>
<AREA SHAPE=rect COORDS=0,79,54,92 HREF=file2.htm>
<AREA SHAPE=rect COORDS=0,93,60,114 HREF=file3.htm>
```

Hier sind drei Bereiche definiert, die die Form eines Rechtecks (Rectangle) haben. Die Koordinaten werden von links nach rechts gelesen. Zum Beispiel beim ersten Bereich wie »0 Pixel nach rechts, 0 Pixel nach unten, das ist die linke oberste Ecke des Rechtecks. 130 Pixel nach rechts, 40 Pixel nach unten, das ist die rechte unterste Ecke des Rechtecks.« Logischerweise definieren sich alle anderen Pixel, die zu diesem Bereich gehören, selbstständig. Innerhalb des Tags wird dann noch eine Quelle angegeben, die als Link fungieren soll. Hier ist das *file1.htm* bzw. *file2.htm* oder *file3.htm*. Sie vermuten richtig. Sie könnten hier auch ein `TARGET=_top`-Tag oder Ähnliches eingeben. Frames zu verlinken stellt hier also kein Problem dar.

In der dritten Stufe wird jetzt noch das Bild außerhalb des `<MAP>`-Tags zusammen mit der Map aufgerufen:

```
<IMG SRC="index.gif" BORDER=0 ISMAP USEMAP=#map>
```

Das Bild *index.gif* hat hier keinen Linkrand (`BORDER=0`) und ist eine Map (`ISMAP`). Durch den `USEMAP`-Befehl wird die gewünschte Map aufgerufen. Es wäre also auch denkbar, mehrere Maps in einem Bild zu verwenden, die sich jeweils auf andere Bildaufrufe beziehen können. Denn der Name der Map definiert den Unterschied, welche Map jeweils verwendet werden soll.

In komprimierter Form sieht eine Map inklusive Aufruf also so aus:

```
<MAP NAME=map>
   <AREA SHAPE=rect COORDS=0,0,130,40 HREF=file1.htm>
   <AREA SHAPE=rect COORDS=0,79,54,92 HREF=file2.htm>
   <AREA SHAPE=rect COORDS=0,93,60,114 HREF=file3.htm>
</MAP>

<IMG SRC="index.gif" BORDER=0 ISMAP  USEMAP=#map>
```

Es ist dabei unwichtig, ob Sie zuerst die Map oder das Bild-Tag eintippen. Der Browser lädt immer zuerst beide Teile. Eine Map kann theoretisch unendlich viele Teile mit je einem anderen Link besitzen. Allerdings gibt es hier ja auch Obergrenzen, denn es ist nicht sehr leicht, einen Bereich in der Ausdehnung von 1 x 1 Pixel mit der Maus zu treffen.

Sie müssen nicht das ganze Bild mit verschiedenen Bereichen als Map definieren. Es sind auch nur sehr partielle Maps denkbar. Zum Beispiel nur der Mund in einem Portrait usw.

Nach diesem Kapitel können Sie

- Suchmaschinen optimal bedienen,
- automatisch Files folgen lassen,
- Ladetricks mit Bildern vorbereiten,
- neue Fenster aufmachen,
- Weichen z.B. für Stylesheets aufbauen,
- Rollovers herstellen,
- Imagemaps anlegen.

Kapitel 11

jetzt lerne ich

HTML-Projekte steuern

Eigentlich könnten Sie jetzt zu lesen aufhören. Sie haben alle wichtigen Tags gelernt und können jetzt sogar schon mit den ersten JavaScripts umgehen. Also klappen Sie das Buch zu, wenn Sie das Gefühl haben, alles auf der Pfanne zu haben. Mahlzeit.

... räusper ...

Sie sind noch da? Das freut mich, denn sonst wäre ich mir wie ein schlechter Sprachenlehrer vorgekommen, der Ihnen zwar die Grammatik vorbetet, der sich allerdings nie mit Ihnen wirklich in der neuen Sprache unterhält. HTML lernen heißt ja eigentlich auch: den Umgang mit HTML-Projekten verstehen. Wenn Sie in der Euphorie der ersten Tags eine Homepage angefangen haben, werden Sie bald merken, dass Ihnen natürlich am Schluss irgendeine tolle Idee kam. Und dann fangen Sie vielleicht sogar von vorne an. Oder Sie entdecken einen Fehler im Code, müssen dann Dutzende von Seiten neu schreiben. Oder – noch schlimmer – Sie stellen Ihre Seiten online und werden dann von Ihrer Mutter gefragt, was die Homepage eigentlich soll.

Das ist nur ein Beispiel, wie Ihnen Onlineprojekte über den Kopf wachsen können. Um solche kleinen Katastrophen zu verhindern und vor allem bei größeren Projekten kein Chaos auszulösen, gibt es Projektmanagement für Onlineprojekte. Und darüber soll dieses Kapitel handeln.

Allerdings sollten Sie gerade hier nicht vergessen, dass Projektleiter nicht vom Himmel fallen und vor allem bei Onlineprojekten immer noch die alte Regel gilt: Wer alles schon vorher weiß, hat nachher alles falsch gemacht. Ich will damit sagen, dass Sie nie alles zu Ende planen können. Aber wenn Sie gar nichts planen, wird es nur umso schwieriger, vor allem komplexe Onlineprojekte wirklich zu Ende zu führen.

Schnuppern Sie rein. Wahrscheinlich entwickeln Sie sehr schnell Ihre eigenen Varianten. Und das ist gut so. Dieses Kapitel wird mehr ein Kennenlernen einer bestimmten Ansicht und Arbeitsweise für Sie sein. Verstehen Sie alles hier als Meinung. Hier gibt es keine Wahrheiten mehr. Und wenn Ihnen einer der folgenden Tipps die eine oder andere schlaflose Nacht erspart hat, dann bin auch ich zufrieden.

Sollten Sie allerdings tiefer in die Materie einsteigen wollen, dann erlauben Sie mir ein wenig Schleichwerbung und dann höre ich auch sofort damit auf und verspreche Ihnen, dass auch nur mit diesem Kapitel im Hinterkopf schon eine Menge an Nützlichem entstehen kann.

Taglinger, Harald u.a.: Internetprojekte von <Anfang> bis </Ende>. München 2002 (ISBN: 3-8273-1940-4)

Dieses Buch zusammen mit Martin Post, Matthias Jung und Wolfgang Wiese wendet sich vor allem an Profis im Internet, die sich bei anderen Profis im Bezug auf Arbeitstechnik weiterbilden wollen. Dabei geht es auch um den richtigen Umgang mit Kunden im Agenturenumfeld und um den Einsatz von Multimedia in Websites.

Taglinger, Harald u.a.: Spicy Websites. München 2003 (ISBN: 3-8272-6484-7)

Eric Hegmann, Anatol Locker und ich beschreiben zusammen mit Dirk Heurich anhand von neun Beispielen, wie man bereits bestehende Websites verbessern und ausbauen kann. Dabei wenden wir uns in diesen realen Fallstudien und in drei Chats an Anfänger, Semi-Profis und Profis. Den Schnellkursus HTML brauchen Sie ja nun nicht mehr, wenn Sie sich ganz sicher mit diesem Buch sind. Oder Sie sehen diese 50 Seiten als Wiederholung der Basics. Übung kann nie schaden.

11.1 Was bedeutet »Projektleitung«?

Wer nach diesem Buch seine eigene Homepage baut, wird diese Frage wahrscheinlich ein wenig überflüssig finden. Sie werden aber gleich sehen, dass gewisse Dinge leicht in Vergessenheit geraten können, wenn nicht zumindest die Idee einer Projektleitung existiert. Und dann haben Sie selbst mit Seiten des Typs »Hallo, ich heiße Harald« ein Problem.

Einfach gesagt: Ein Projektleiter oder eine Projektleiterin kontrolliert zu allen Zeitpunkten des Projekt Aufgabe, Ziel und Ressourcen im Bereich des technisch Machbaren.

Was heißt das? Gehen wir das der Reihe nach und mit Beispielen durch. Wichtig ist zuerst die Kontrolle der laufenden Arbeiten. Bei Projekten mittlerer und umfangreicher Größe wird ein Projektleiter nur dann am Bildschirm arbeiten, wenn er E-Mails schreibt oder die Zwischenergebnisse gegencheckt. Source-Code bleibt dann Sache des Programmierers, das Interface und die optischen Elemente entwickelt ein Grafiker und die Texte bzw. deren Struktur und Leistungsumfeld stammen aus einer Redaktion. Man könnte sagen, dass ein Projektleiter mehr Schiedsrichter als ein Feldspieler ist und auf die Regeln achtet.

Deshalb beginnt die Arbeit des Projektleiters weit vor dem ersten Handschlag der Zuarbeiter. Er stellt sozusagen das Regelwerk auf und legt deren Umfeld vorab fest. Ein Fußballspieler lernt ja auch nicht dann erst die Regeln, wenn er mit dem Ball vor dem Tor steht.

Wir kommen dazu bald in einem eigenen Abschnitt.

Vorab schauen wir uns aber noch genau den Unterschied zwischen Aufgabe und Ziel an. Die meisten Projektbeginner konzentrieren sich stark auf die Aufgabe und verlieren dabei das Ziel aus den Augen.

Die Aufgabe ist das Was. Das Ziel ist das Wozu.

Ihre Aufgabe wird bei Onlineprojekten natürlich zuerst einmal sein, eine Homepage zustande zu bringen. Das ist aber nicht Ihr Ziel. Überrascht? Ihr Ziel sollte es sein, mit dieser Homepage etwas zu erreichen. Das können ganz verschiedene Dinge sein. Zum Beispiel »Möglichst viel Kontakt zu Surfern bekommen« oder »Anderen genau das Material zukommen lassen, das sie benötigen«. Erst mit einer klaren Zielvorgabe können Sie später auch messen, ob sich die ganze Mühe für andere (!) gelohnt hat.

Und wenn Sie es ganz genau halten wollen, dann teilen Sie Aufgaben und Ziele so ein, dass Sie Teilaufgaben und Teilziele definieren.

So kann zum Beispiel die Hauptaufgabe »Baue eine Homepage« aufgeteilt werden in »Baue eine

- technisch einwandfreie,
- optisch durchgängige,
- inhaltsreiche,
- leicht upzudatende

Homepage.«

Und das Ziel kann dazu gesplittet werden in »Die Homepage soll dann

- allen Usern stets das Gleiche geben, um alle konsistent zu informieren,
- durch beständige Optik allen ein Gefühl von Übersichtlichkeit geben,
- durch den Inhalt optimal informieren,
- durch leichte Updates auch die Arbeit mit der Page erleichtern.«

Es liegt ganz an Ihnen, welche Aufgaben und Ziele Sie für Ihr Onlineprojekt angeben. Allerdings sage ich Ihnen eines ganz offen: Wenn Sie nur das Ziel »Ich will HTML ausprobieren« haben, dann stellen Sie die Site bitte nicht live. Sie verbrennen mit jedem Zugriff Ihrer User Zeit und Geld der Betreffenden. Wenn diese das sinnloserweise tun, weil sie von Ihnen in die Irre geleitet und ohne Nutzwert allein gelassen werden, ist das ärgerlich.

Sie merken wohl auch, dass es vor allem um Zufriedenheit von Usern geht. Deshalb teilt man anderen auch etwas sozialverträglich mit, damit diese einen Nutz- und/oder Unterhaltungswert durch den Aufruf Ihrer Seiten erhalten. Allerdings gibt es hier in Ihrem Willen, das Optimum zu erreichen, eine klare Grenze. Sie verfügen nicht wie Microsoft USA über 1300 Menschen, die an der Webpage arbeiten, und Sie werden nie im Leben alle grafischen und technischen Tricks beherrschen. Ihre Zeit- und Wissensressourcen sind immer begrenzt, selbst wenn Sie welche durch Agenturen dazukaufen. Zudem ist ja nicht alles machbar, was Sie sich vorstellen können. Als Projektleiter müssen Sie also genau zwischen diesen vier Parametern abwägen und so beginnen, ein Projekt sauber aufzusetzen.

Bevor wir in die eigentliche Konzeptionsphase gehen, sollten Sie sich noch einen Moment Zeit nehmen und nach guter alter Manier eines Handwerkers (ja, Onlinepublishing ist ja erst einmal Handwerk!) Ihre Werkzeuge vorbereiten und die nötige Zuarbeit von anderen sichern. Dann erst können Sie sauber planen.

ACHTUNG

Die mögliche Zuarbeit an Sie definiert die Werkzeuge, die Sie selbst brauchen, und jeder Zuarbeiter muss auch auf seine eigenen Werkzeuge achten.

Was sind Ihre Werkzeuge? Nicht zwangsläufig nur ein Computer, sondern auch ein aufgeräumter Computer. Sie können hier schon bei Kleinigkeiten anfangen wie einem aufgeräumten Arbeitsplatz. Banal, aber wahr: Während eines Onlineprojekts kommt der Datenmüll ganz von selbst auf Ihren Schreibtisch (egal ob im oder am Computer). Ein kleiner Frühjahrsputz kann also nicht schaden. Versuchen Sie zudem, Ihre Systemressourcen gut vorzubereiten. Da sollten keine Fehlermeldungen auf dem Computer erscheinen und eine volle Festplatte oder ein zu kleiner Arbeitsspeicher hält Sie nur auf. Ehrlich gesagt: Am besten backupen Sie alte Daten und machen Ihre Maschine platt. Das heißt, Sie spielen alles neu auf und polieren so Ihre Arbeitsumgebung.

Jetzt werden Sie sicher nach Software fragen. Das hängt, entschuldigen Sie die sybillesche Antwort, von Ihrem Betriebssystem und/oder von Ihrem Geldbeutel ab. Ich kann Ihnen nur empfehlen, folgende Softwarearten auf jeden Fall bereitzustellen, bevor Sie in die Programmierung gehen.

- Netscape- und Microsoft-Browser der Versionen 4.x bis aktueller Stand (mindestens beide aktuellen Browser)
- einen HTML-Editor (Shareware bietet hier genügend Auswahl)
- ein Grafikprogramm (es muss nicht unbedingt ein Profi-Programm wie der Adobe Photoshop sein; wichtig ist das Dateiformat JPG bzw. GIF)
- ein Programm für GIF 89 (hier sind ebenfalls viele Shareware-Programme unterwegs)
- ein FTP-Programm, um Ihre Daten live zu stellen (Haben Sie schon einen Provider, der Ihnen Speicherplatz verkauft hat? Das brauchen Sie, um Ihre Website auch wirklich live zu stellen)
- ein E-Mail-Programm (Sie wollen doch auch E-Mails über Ihre Site erhalten, oder?)
- ein Programm zum Schneiden von Audio-Tönen (Format sollte AIFF oder WAV sein)
- optional: Zusatztechniken

Flash bürgert sich für Multimedia ein. VRML als 3D-Technik, Beatnik/MIDI und andere Audiotechniken scheinen am Abklingen zu sein. Das soll Ihrem Geschmack überlassen sein. Vergessen Sie nicht, dass viele der Techniken nur mit speziellen Plug-Ins funktionieren.

- optional: Layoutprogramme

Es muss kein HTML-Programm sein. Manche Grafiker arbeiten mit Layoutprogrammen die Seiten durch und konvertieren sie dann erst in HTML. Das bleibt Ihnen überlassen.

Wenn Sie mit anderen zusammenarbeiten, dann sollte eine gemeinsame Website zum Austausch der Daten dazugehören. Vielleicht sogar schon unter der Adresse, die Sie später nutzen wollen, allerdings mit einem Bereich, der durch Passwort geschützt ist. Einfach lassen sich solche Website aber auch nutzen, wenn Sie eine Community-Site umfunktionieren. *http://groups.msn.com* bietet eine schnelle und kostenlose Möglichkeit an, eine Community upzuloaden und dort bis zu 1MB große Dateien abzulegen. Ein Chat und ein Forum helfen bei der Projektsteuerung. Ich habe für den Fall der Fälle auch immer noch einen 64-MB-Datenschlüssel dabei (wirklich am

Schlüsselbund hängen!), der über USB bequem auch Daten vom Mac zu Windows und umgekehrt überträgt.

Achten Sie auch darauf, dass alle Beteiligten möglichst ähnliche Software benutzen. Sonst kann es Ihnen passieren, dass Bilder beim Konvertieren plötzlich einfärben, Dateien nicht mehr zu öffnen sind usw. Um solche Unfälle zu verhindern, empfehle ich Ihnen vor der eigentlichen Arbeit einen Blindtest mit Spieldateien der Formate, mit denen Sie auf der Site wahrscheinlich arbeiten, also beispielsweise folgende:

- .HTM
- .JPG
- .GIF
- .WAV

ACHTUNG

Geben Sie an Ihre Teammitglieder Testdaten weiter, damit die Konvertierung sauber funktioniert. Mögliche »Fehlerquellen« sind verschiedene Betriebssysteme (gerade bei CDs sind Mac OS und Windows eben nicht immer kompatibel), alte Programmversionen und dejustierte Diskettenlaufwerke. Es kann Ihnen sogar passieren, dass Ihre Attachments vom Mailserver anderer fälschlicherweise als Virus »erkannt« werden. Da hilft oft nur das Ausweichen auf andere Provider.

Am besten klappen alle Konvertierungen, wenn Sie auf einer Website einen Workspace einrichten, auf den jeder des Teams Zugriff hat, um dort Daten abzulegen. Das können Sie kostenlos überall dort tun, wo Ihnen (im Winter 1999/2000 war das zum Beispiel *http://www.hotbot.com* *http://www.lycos.de* usw.) kostenloser Webspace angeboten wird. Sie teilen den anderen einfach das Passwort mit und müssen nicht einmal befürchten, dass eine Suchmaschine oder ein Zufallstreffer von Usern hier wesentliche Dinge zutage führt. Sicherheitshalber »verstecken« Sie die Daten in einem Unterverzeichnis, das nicht über den Eingang der Website verlinkt ist. Nutzen Sie online und das Web als Datentransport und -speicher. Sie werden überrascht sein, wie viel Arbeit Sie sich dadurch sparen.

Ein anderer Tipp an Sie ist ein Ritus.

Es soll ja Klavierspieler geben, die nur im Frack Chopin spielen können. Ich empfehle ich Ihnen Ähnliches. Man hat nicht jeden Tag die gleiche Lust, an einem PC/Mac zu sitzen. Deshalb helfen kleine Inszenierungen, sich in Arbeitsstimmung zu bringen. Ich persönlich bevorzuge eine bestimmte CD mit Instrumentalmusik (Text lenkt mich vom Coden ab), die ich während des Arbeitens an einem Onlineprojekt (und nur dann!) höre. So öffnet sich akustisch ein Vorhang, der mich an meinen Schreibtisch bindet. Eine bestimmte Teesorte erfüllt diesen Sinn auch. Das wirkt von außen sicher spleenig, aber es hilft Ihnen, sich vor allem nach einem anstrengenden Arbeits- oder Schultag noch einmal für zwei bis drei Stunden zu konzentrieren.

Was Sie noch tun können: Sich mental auf viel Zeit einstellen. Die ersten 80% einer Arbeit dauern bekannterweise 80 % der Zeit und die restlichen 20% noch einmal 80%. In diesem Spruch steckt leider mehr Wahrheit, als es den meisten Profis bewusst ist. Rechnen Sie immer mit 20–30% mehr Arbeitszeit als Sie vermuten. Und noch etwas kann ich Ihnen empfehlen. Viele Webdesigner schludern am Schluss etwas und zerstören Ihre gute Arbeit im Vorfeld.

Deshalb folgender Tipp: Versuchen Sie das Ende des Projekts erst 14 Tage nach dem Launch der Site zu sehen. Dann schlaffen Sie nicht vorzeitig ab.

Und noch etwas, aber dann soll es auch genug sein mit den Tipps aus der Hexenküche: Wenn Sie sehr stupide 20–30 bestimmte Dateien bearbeiten müssen und Ihre User später auch von der ersten bis zur letzten in dieser Reihenfolge durchklicken sollen, dann kann es leicht sein, dass die Highlights der Site auf den ersten fünf Seiten zu sehen sind und der Rest dümpelt bis zum Schluss immer lauer vor sich hin. Deshalb sollten Sie solche Ketten immer nach dem Zufallsprinzip mischen. Beginnen Sie zum Beispiel mit der Datei 12 von 30, machen Sie dann mit der Datei 27 von 30 weiter usw. So variieren Sie für die User auch die Ergebnisse Ihrer Tagesform. Und Sie haben auch mehr Spaß, wenn Sie dann noch einmal Ihr Ergebnis in Ruhe anschauen.

11.2 Konzeption

Es ist so weit. Ein schöner Tag beginnt. Sie starten mit der Arbeit an Ihrer Website. Wenn Sie alles beachtet haben, was Sie bisher schon lesen konnten, dann tun Sie jetzt etwas Ungeheuerliches: Sie schalten ihren Computer aus.

Bitte?

Ja. Sie wissen, Sie haben jetzt die optimale Technik zur Verfügung, Ihre Workbench im Web steht, Ihr Team haben Sie zusammen, Sie haben Zeit und hohe Motivation. Sie sind optimal vorbereitet. Deshalb können Sie das alles beiseite lassen und sich ganz auf das konzentrieren, was jetzt zählt.

Sie entwickeln eine Konzeption, die sich zuerst ganz auf das Ziel konzentriert. Sie setzen einen Lebenszyklus für eine Website auf.

Ich kann Ihnen nur empfehlen, einen schönen Spaziergang zu machen und einmal ohne alle technischen Wenns und Abers eine Vision Ihrer Website zu entwerfen. Um Himmels Willen, gehen Sie nicht her und sagen Sie »Ich kann Text in HTML kursiv stellen. Was mache ich daraus?" Das schränkt Sie ungeheuer ein. Glauben Sie mir, dass eigentlich alles irgendwie technisch umsetzbar ist. Konzentrieren Sie sich deshalb auf das Ziel mit der Hilfe von zwei Techniken.

ACHTUNG

Spinnen Sie nach Herzenslust. Und nutzen Sie dazu als Gedächtnisstütze W-Fragen.

Alle wirklich eindrucksvollen Websites haben eine freche Vision, die sich erst einmal nicht darum geschert hat, ob es das schon gibt, ob man so was tut oder ob das machbar ist. Wir kommen später dazu, wie Sie hier wieder den Boden der Tatsachen finden. Bis dahin sollten Sie z.B. mit dem festen Willen die Website beginnen, dass sie einen Teddybären ersetzen kann, dass sie Menschen in Kaufrausch versetzt, dass Sie damit zum Popstar werden usw. Seien Sie so frech wie möglich ... und dadurch sind Sie auch so klar wie möglich mit Ihrem Ziel.

Die W-Fragen sind eine alte Technik, die Journalisten gerne bei der Recherche nutzen. Sie können etwa lauten:

- Wer nutzt idealerweise
- wann
- wie
- wie lange
- warum und
- wie oft meine Website?
- Was will ich idealerweise
- wann
- wie
- wie lange
- warum und
- wie oft auf meiner Website tun?

Das ist eine ungeheuer spannende Phase in der Arbeit mit Ihrer Website. Versuchen Sie hier möglichst knappe und klare Antworten zu finden. Wenn Sie auf jede dieser W-Fragen Antworten von zwei bis drei Din-A4-Seiten finden, dann können Sie sicher sein: Das versteht auch auf der fertigen Website kein

Mensch. Eingängige und überzeugende Gründe sind kurz und knapp. Die Welt im Web ist zu schnell und komplex für langes Herumgerede. Ein schneller Grund ist: die leckersten Rezepte für Gurkensalat. Langweilige Gründe wären: Man kann aus Gurken Salat machen, muss man aber nicht. Und wir haben da vielleicht eine Idee dazu usw. usw.

Wenn Sie prägnante Gründe für Ihre Website haben, weil Sie ein Set an W-Fragen klar beantworten können, dann kommen Sie in die Shaping-Phase. Jetzt versuchen Sie Ihre Vision, Ihr freches Ziel und Ihre W-Fragen in einen sinnvollen Onlineprozess umzuwandeln.

Vielleicht wundern Sie sich, dass ich nicht einfach von einer Website spreche. Nun, der folgende Absatz ist vielleicht der zentralste in diesem Kapitel.

ACHTUNG

Verstehen Sie eine Website immer als Ausdruck einer Situation, in der alle Kommunikationsmittel vernetzt sind und einem bestimmten Kommunikationszweck dienen.

Verstehen Sie eine Website immer als Zwischenergebnis eines Prozesses, der mit W-Fragen beginnt und damit endet, dass diese Website upgedated bzw. sogar gelöscht wird. So entsteht eine Website, dann findet sie jeden Tag statt und hat ein paar Dinge, die für ein Update notwendig sind. Und ein paar Dinge, die durch eine Nutzerreaktion getan werden. Ab und zu überarbeiten Sie diese Prozesse und vielleicht deshalb auch diese Website. Dann startet dieser Prozess *sofort* von vorne.

Eine Homepage macht meiner Ansicht nur Sinn, wenn Sie überlegen, was Sie prinzipiell in einer Öffentlichkeit erreichen wollen, wie Sie all Ihre Kommunikationsmittel oder sogar Geschäftsressourcen dorthin lenken. Dieser ganzheitliche Prozess kann bei großen Websites so extrem eingreifen, dass der ganze Warenprozess einer Firma über eine solche Website geht, die ein entsprechendes Intranet mit angeschlossenem Warenwirtschaftssystem hinter sich hat und deshalb auch die gesamte Unternehmenskommunikation auf E-Mail umstellt. Und wenn Sie glauben, dass Sie als Privatmensch mit Ihrer Homepage nicht so weit denken sollten, dann gebe ich Ihnen ein paar einfache Regeln an die Hand:

- Visitenkarten
- Briefpapier
- Website
- E-Mail-Adresse und Unterschrift
- Anrufbeantworter-Nachrichten

bilden eine Einheit. Sollten Sie jemals Briefpost von mir erhalten, werden Sie sehen, dass der Satzspiegel meiner Website *http://taglinger.de* dem meiner Briefe entspricht usw.

Der Zusammenhang unterschiedlicher Kommunikationsebenen wird im modernen Alltag immer komplizierter. Deshalb sollten Sie der Öffentlichkeit ein einfaches Zeichen geben. Das kann zum Beispiel bedeuten, dass Sie ein Symbol für sich entdecken. Zum Beispiel das Dreieck. Ihre Visitenkarten sind dreieckig, Ihre Website hat Dreiecke als Grundsymbole, sogar Ihr Anrufbeantworter murmelt »Antworten Sie nach dem dreieckigen Piep«. Das klingt jetzt ein wenig neurotisch. Schauen Sie sich mal Popgruppen oder erfolgreiche Firmen an. Die machen das perfekt. Es spricht nichts dagegen, dass Sie hier Ähnliches tun. Immerhin bewegen Sie sich mit einer Website plötzlich auch in der Öffentlichkeit. Das richtige Maß dieser Maßnahmen finden Sie sicher mit der Zeit. Wenn Ihnen das zu viel Aufwand wird, werden Sie es pragmatisch korrigieren. Und ein korrigierender Tipp dazu: Seien Sie cool. Die besten Arbeiten im Corporate Design sind voller Understatement. Wenn Sie unbedingt wie Conan der Barbar auftreten wollen, dann wundern Sie sich nicht, wenn Sie eher zum Schwertkampf aufgefordert als zum Kaffee eingeladen werden.

Sie haben jetzt eine Vision, klare Antworten für W-Fragen und eine synchrone Idee, Ihre Kommunikationsmittel zu behandeln. Wenn Sie rückblickend 40–50% Ihrer Arbeitszeit des Onlineprojekts nur dafür gebraucht haben, ist das vollkommen in Ordnung. Weniger würde mich an Ihrer Stelle nervös machen. Vielleicht haben Sie nicht tief genug nachgedacht und haben dann eine vollkommen langweilige, deplatzierte und unsynchrone Website geschaffen, die niemand braucht, Sie schon gar nicht ...

Diese Ergebnisse, die idealerweise auf ein Blatt Papier passen, kleben Sie über ihren Computer. Und bei allem, was Sie jetzt tun, werden Sie *nie wieder* diese Regeln vergessen. Alles was Sie entscheiden, sollten Sie mit diesen Vorarbeiten gegenchecken. Wäre doch blöd, wenn Sie zum Beispiel alles wie Wasser aufbauen wollen und Ihre Website dann aussähe wie ein Block Beton ...

Übrigens ...

Seien Sie ehrlich. Hätte Ihnen der PC bis hierher irgendwie geholfen? Eben. Und deshalb lassen Sie ihn auch im nächsten Arbeitsschritt möglichst aus. Ein Computer ist ein Arbeitsmittel. Und wer geht schon ständig mit einem Hammer in der Hand durch die Gegend ...

11.3 Entwurf

Bis hierhin hilft Ihnen oft die berühmte Serviette, auf der Sie alles niederkritzeln. Ich habe schon Websites mit dem Fuß auf dem Kies eines Parkweges entworfen und dann fotografiert. Da sind Ihrer Spontaneität keine Grenzen gesetzt.

Auch die folgenden Arbeiten können als Entwurf leicht auf Papier gemacht werden. In der Reinschrift oder Reinzeichnung werden Sie aber sicher den Computer einschalten. Man kann diese Maschinen ja auch so verstehen, dass sie ausschließlich dazu da sind, Präzision in Gedanken zu bringen. Der Bleistift ist davor immer noch das schnellere und flexiblere Tool. Aber natürlich liegt das ganz bei Ihnen. Oder Sie haben inzwischen einen Tablett-PC. Aber selbst dann lasse ich die Maschine aus und schaffe erst einmal Distanz zum Medium. Das hält den Kopf frei.

Es geht jetzt darum, drei Dinge auf der Basis der Vorarbeiten zu erledigen, die Sie mit einer bestimmten Technik gegenchecken:

- die Makro- und Mikrostruktur
- die Grundmetapher
- die grafische und technische Umsetzung

Bevor ich eine Site auch nur in Gedanken optisch entwerfe oder gar in HTML umsetze, schreibe ich mit der Hilfe von Excel einen kompletten Strukturbaum, der jedes einzelne File genau in dreierlei Hinsicht notiert.

Das sieht zum Beispiel so aus:

Titel	Inhalt	Funktion
Index.htm	1 News (Weekly)	Homepage
	1 Adressenverzeichnis	

Pro Ebene, die ich als User tiefer klicken muss, rücke ich den Filenamen eine Spalte weiter links ein. So steht die ganze Site erst einmal vor Augen. Sie verhindern durch Strukturarbeiten, dass Ihnen der Umfang des Projekts nicht klar ist. Manchmal hilft diese Arbeit auch, ein paar Rosinen aus dem Kopf zu schrauben (»Ich werde über jeden Tag meines Lebens eine Webdatei anlegen«) und Ungereimtheiten zu finden wie fehlender Inhalt auf Zwischenseiten oder unsymmetrische Site-Strukturen, die unter einem Unterpunkt sieben Ebenen und 500 Dateien besitzen, unter dem anderen nur eine Ebene und fünf Dateien.

Nach dieser Makroebene sollten Sie noch festlegen, welche Seitentypen Sie auf Ihrer Website haben werden. Häufige Seitentypen sind:

- Homepage
- Untermenü-Seiten
- Inhaltsseiten Text
- Inhaltsseiten Bild
- Formularseiten

Sie machen das, damit Sie später auch ein Layout pro Seitentyp festlegen und diese Seitentypen auch genau einmal als Vorlage programmieren, die Sie später nur noch variieren müssen.

Jetzt sollten Sie noch festlegen, welche Elemente auf welchen Seitentypen vorkommen sollen wie zum Beispiel ein *Home*-Button (das muss nicht sein, das ist Ihre Entscheidung), Textüberschriften oder auch Bilder.

Je genauer Sie hier vorgehen, desto systematischer wird Ihre Seite später aussehen, denn eine Regel, die Sie sich ganz stark hinter die Ohren schreiben sollten, schafft hier schnell eine perfekt sitzende Website:

Eine Funktion hat gleichzeitig nur *eine* Umsetzung.

Das bedeutet, dass zum Beispiel ein *Home*-Button nur auf die Homepage führt, deshalb immer die gleiche Form hat und nur dort und dort auch immer nur an der gleichen Stelle auftauchen darf, wo ein Weg zurück zur Homepage auch Sinn macht. Sie können sich das noch einmal vor Augen führen, wenn Sie sich erinnern, wann und warum im Straßenverkehr ein Stopp-Schild auftaucht. Es sieht immer gleich aus, steht immer vor Kreuzungen ohne Vorfahrt an der rechten Straßenseite und auf der gleichen Höhe. Irgendwie praktisch. Warum soll das mit festen Elementen auf Ihrer Website anders sein?

Wenn Sie das genau festgesetzt haben (brauchen Sie schon den Computer dazu?), dann denken Sie, bevor Sie irgendetwas malen oder ihm eine klare Form geben, über die Grundmetapher der Site nach. Das kann sehr helfen. Wenn Sie anhand Ihrer Vorüberlegungen beschlossen haben, dass es schön wäre, alles wie einen alten Fernseher aussehen zu lassen, dann haben Sie eine sehr konkrete Metapher gewählt. Jetzt werden die Buttons wohl wie Schalter aussehen, vielleicht flimmern die Bilder auf der Site ein wenig, der Text sieht aus wie in den 50ern usw.

Es geht aber auch abstrakter. Die erste Entscheidung fällen die meisten Webdesigner unbewusst. Soll die Website in einer Buchmetapher laufen? Das hört sich banal an, aber 95% aller Websites schauen aus wie elektronisch gebanntes Papier. Sie könnten aber auch eine Website bauen, die komplett wie ein

Laufband funktioniert. Oder Sie bauen eine Website, die nur akustisch aufzunehmen ist. Oder ...

Überlegen Sie sehr genau, was anhand Ihrer Vorüberlegungen hier sinnvoll ist. Ein Verlag wird sehr stark in einer Papiermetapher arbeiten. Aber ein Toilettenpapierhersteller wird das vielleicht lieber lassen. Ein Anglerverein möchte die Website vielleicht wie ein Aquarium aussehen lassen. Im idealen Fall werden Form und Inhalt sich hier entsprechen.

Checken Sie vor dem eigentlichen Entwerfen der Site jetzt noch einmal in der Szenario-Technik alle Ihre Konzeptionsergebnisse gegen. Das geht einfach mit Fragen, die Sie über Ihre Elemente der Website schon beantworten können müssten. Sonst hätten Sie noch ein Konzeptionsproblem.

Eine Frage kann zum Beispiel sein:

»Ein User will mir eine E-Mail schreiben. Wie muss er vorgehen?« oder »Ein User findet meine Site im Web, was denkt er über mich, wenn er zuerst die Rubrik ‚X' anklickt?«

Diese Szenarien können Sie auch mit so genannten »Hausfrauentests« durchführen. Fragen Sie genau das, wenn Sie Freunden Ihre ersten Arbeiten vorführen. Je weniger jemand im Netz unterwegs ist, desto besser ist er für diese Tests geeignet. Und Sie vermuten richtig: Diese Test können und sollen Sie auch nach den grafischen Entwürfen durchführen.

Und erst, wenn Sie diese Entscheidung gefällt haben, dann nehmen Sie ihren Zeichenstift. Mit all den Informationen, die Sie jetzt gesammelt haben, werden Sie schnell auf eine logische Form kommen. Zwei Tipps sollen Ihnen dabei noch helfen.

Webdesigner entwickeln eine Website oft von links oben nach rechts unten. Das heißt, dass bedingt durch Bildschirmauflösungen und verschieden groß geöffnete Bildschirmfenster die Elemente, die wichtig und fix sein sollen, links oben stehen. Also oft die Navigation und das Logo. Oft gleichen Texte und inhaltliche Bilder nach unten und rechts das Layout aus. Übrigens lesen User Seiten im Web auch in dieser Art. Der erste Blick ist immer auf links oben gerichtet.

Viele Websites arbeiten mit verschiedenen Motiven und Farben pro Unterrubrik, wobei es einen Grundcharakter der Farben und ein Grundmotiv gibt. So kann zum Beispiel eine Website, die wie ein alter Fernseher aussehen und reagieren soll, mit Ansagerinnen aus den 50ern arbeiten, die je nach Unterrubrik in verschiedenen Farben eingefärbt sind.

Wenn Sie Ihre Site perfekt abstimmen wollen, dann kann ich Ihnen hier einen kleinen Trick verraten. Bauen Sie eine Grafikdatei auf, die zur Hälfte weißen und zur Hälfte schwarzen Untergrund hat. Dann legen Sie die geplanten

Rubrikenfarben mit den genauen Hexadezimalangaben nebeneinander auf diesen Kontrast. Zusammen sollte das einen ausgewogenen Farbklang geben.

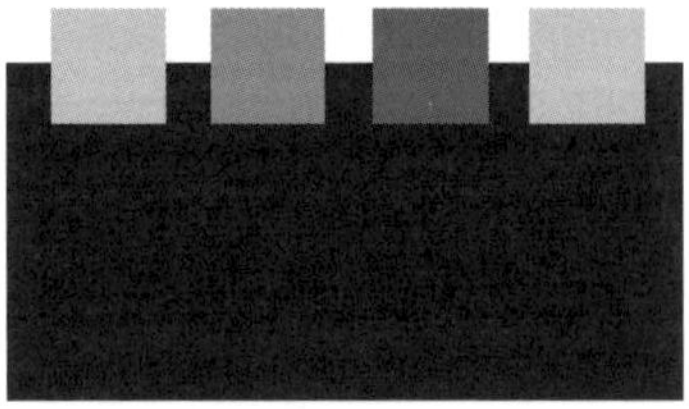

Abb. 11.1: Diese Farbliste kann man sehr schnell aufbauen.

Diese Art der Farbgestaltung haben Sie ja bereits im Kapitel über Farbe gelesen. Jetzt verstehen Sie vielleicht besser, wie sich dieser Tipp in die HTML-Arbeiten eingliedert.

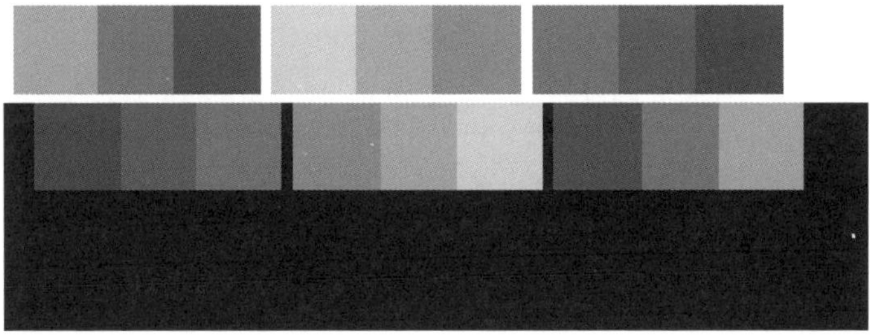

Abb. 11.2: So sieht das Farbenspektrum einer Homepage vielleicht aus.

Und dann machen Sie sich die Mühe und entwerfen Sie jeden Seitentypen pixelgenau mit allen Elementen in einem Grafik- und/oder Layoutprogramm. Auch dazu gibt es zwei Tricks. Machen Sie einen Screenshot Ihres geöffneten Browsers in Standardauflösung und importieren Sie dieses Bild in Ihr Entwurfsprogramm. So haben Sie exakt die Fläche, die später auch die Website zum Laden haben wird.

Wenn Sie zufrieden mit ihren Ergebnissen sind, dann sichern Sie eine Version der Entwürfe und ziehen Sie feine Linien durch das Bild, die Folgendes signalisieren sollen:

- die maximale Größe der Grafiken
- den in Tables programmierten festen Abstand zwischen Elementen

Wenn Sie das haben, dann schneiden Sie die fertigen Elemente (und das ist der zweite Trick) einfach mit [Strg]+[X] oder [⌘]+[X] aus dem entworfenen Bild aus und speichern Sie die so entstandenen Ausschnitte mit 72 dpi Auflösung im JPG- und GIF-Format ab. Nutzen Sie die Datei, die in der Qualität und in der Dateigröße die beste Lösung für Ihre Site darstellt.

11.4 Inhalte

Mit diesem Arbeitsschritt schreiten Sie nun in die Bereitstellung von Bausteinen für die Seite. Sie können das auch technisch tun. Wenn Sie ein bestimmtes Feature ausprobieren wollen, mit dem Sie bisher noch keine Erfahrung gewonnen haben, dann gehen Sie vor wie ein Forscher. Bauen Sie ein Testlabor auf und versuchen Sie, nur dieses Feature als Source-Code herzustellen. Testen Sie diesen Code auf Herz und Nieren. Das kann ein JavaScript sein, aber auch eine Folge von automatisch ladenden Seiten. Erst wenn Sie mit diesem Feature sicher sind, sollten Sie es für die Site bereitstellen. Wäre doch peinlich, wenn Sie sich in den Arbeiten auf etwas verlassen, das dann kurz vor knapp platzt und eine hässliche Lücke auf Ihrer Site hinterlässt.

Sie haben jetzt also die Grafiken bereitgestellt, die Sie immer auf bestimmten Seitentypen brauchen. Sie haben die technischen Kniffelpunkte vorbereitet. Jetzt sollten Sie den Text zusammenstellen, den Sie auf der Site brauchen. Das ist klassische Redaktionsarbeit. Im idealen Fall haben Sie jeden Text in die entsprechenden Stellen der Tabelle eingebaut, die Sie für die Aufplanung der Site gebaut haben (Sie erinnern sich, ein paar Seiten zuvor sahen Sie ein sehr einfaches Beispiel).

Nicht umsonst gibt es in jeder großen Redaktion eine eigene Bildredaktion. Das kann schon etwas kniffeliger sein, die richtigen Bilder für die vorgenommene Metapher zu finden. Das gilt auch für Töne, die Sie eventuell verwenden. Vielleicht sogar für die Videos, die Sie anbieten wollen.

ACHTUNG

Bitte bedenken Sie das Copyright. Verwenden Sie nur Material, dessen Rechte Sie auch haben. Das kann bei Missbrauch sehr teuer werden. Am besten fahren Sie, wenn Sie nur eigenes Material verwenden. Digitalkameras kosten kaum mehr als 200 EUR, jede Soundkarte kann digitalisieren und wenn ein Scanner fehlt, digitalisieren Fotoabteilungen in jedem Kaufhaus gerahmte Dias.

Stellen Sie alle Materialien in der Größe und Bearbeitung bereit, mit der Sie später auch arbeiten wollen. Auch Bildgrößen können Sie normieren. Sie merken schon: Ab jetzt geht es nur noch darum, möglichst klar genormtes Material zu erarbeiten. Hier beginnt das wirkliche Handwerk. Je genauer Sie arbeiten, desto leichter werden Sie sich später tun.

INFO

Genormte Bildgrößen und sogar genormte Dateienbenennungen sind das A und O einer Website. Genormte Dateinamen können zum Beispiel das Datum und den Anfangsbuchstaben des Bereichs enthalten. Also zum Beispiel:

```
a_1212_1.htm
```

Das ist ein HTML-File, das im Bereich »a« am 12.12. erstellt wurde und das erste von meinetwegen 10 in diesem Bereich ist.

Niemand kann Sie zu solchen Normierungen zwingen, wer aber einmal mit einer sauber aufgebauten Website gearbeitet hat, der weiß es zu schätzen, dass man nicht bei jedem Bild neu überlegen muss, ob es in Größe, Farbe und Benamung passen könnte.

11.5 Umsetzung Nullnummer

Jetzt geht alles sehr schnell. Sie werden mit dem Din-A4-Blatt über dem PC/ Mac (verlieren Sie Ihr Ziel nicht aus den Augen) und Ihren Entwürfen, mit den Elementen und mit den technisch kniffligen Source-Codes für jeden Seitentyp genau eine (!) Vorlage in HTML bauen.

Das tun Sie, weil Sie so intensiv die Site auf verschiedenen Browsern testen können, ohne alle Seiten genau einem Test zu unterziehen. Denn Sie werden alle Seiten eines Typs nur aus dessen Vorlage deklinieren. Sie können sich denken, dass Sie so eine Menge an Zeit sparen, aber Sie müssen bei der Erstellung des Typs ungeheuer aufpassen, dass der auch wirklich sauber programmiert ist. Wenn Sie am Schluss einen Fehler im Source-Code entdecken, dann können Sie zwar mit Suchen&Ersetzen immer noch eine Menge tun, aber solche Fehler sind trotzdem sehr ärgerlich.

Wenn Sie sehr cool sind, dann achten Sie gerade beim Einsatz von Stylesheets und kompliziertem Table-Layout darauf, dass Sie möglichst wenige Seitentypen haben. Die deutsche Microsoft-Website hat übrigens nur einen (!) Seitentyp für 8000 Seiten und eine kleinere Deklination dieses Satzspiegels als Homepage. Da werden Sie für eine private Homepage vielleicht mit weniger als zehn Vorlagen auskommen.

Der Vorteil ist, dass Sie einmal ausgeknobelte Layouts, die Sie intensiv auf allen möglichen Browsern getestet haben, leicht weiterverwenden können. Ich benutze zwei Seitentypen, die ich dann noch folgendermaßen weiterdekliniere:

- andere Grafiken links oben
- anderer Inhalt und angepasste Navigation
- eventuell andere Backgroundfarben

Das war es. Bitte sehen Sie das ähnlich wie bei Typografie. Weniger ist mehr.

Wenn Sie alle Typen bereitgestellt haben, dann haben Sie deshalb ja noch keine Website fertiggestellt. Die fangen Sie eigentlich erst jetzt an. Übrigens arbeiten viele Webdesigner so, dass Sie diese Arbeiten bis hierher übernehmen und dann die Vorlagen an die Kunden verkaufen, damit diese nun selbst mit ihren Ressourcen den Rest übernehmen können. Denn die Inhalte jetzt einzupflegen, das ist ein »Nobrainer«. Entspannen Sie sich. Jetzt sind Sie eigentlich mit dem Wesentlichen an Arbeit durch, obwohl noch kein eigentlicher Buchstabe Ihrer Website zu sehen ist.

11.6 Einsetzen der Inhalte und Gegencheck

Das ist ein provokativ kurzes Kapitel. Bitte setzen Sie jetzt alle Inhalte laut Planung ein und lassen Sie einen Freund oder Kollegen gegenchecken. »Gegenchecken« meint fehlende Dateien, Rechtschreibfehler und möglichst auch noch einmal den Test auf anderen Browsern und Betriebssystemen. Da kann es noch zu bösen Überraschungen kommen. Jeder Fehler, den Sie hier gemacht haben, wird so relativ schnell sichtbar, wenn Sie dazu nicht Ihre eigene Maschine nehmen. Oft sind Grafiken auf anderen Systemen plötzlich nicht zu sehen oder Schriften anders, weil Sie selbst bestimmte Default-Einstellungen nicht verändert haben.

Mir ist es bei *www.hettche.de* passiert, dass das Anfangsbild einfach nicht zu sehen war. Das hat eine ganze Arbeitswoche in Anspruch genommen, bis ich auf die Lösung kam. Bei Übertragen per E-Mail ist die GIF-Grafik so zerschlagen worden, dass sie zwar in Photoshop zu sehen war, dass sie aber ein Netscape-Browser der Version 4.5 nicht darstellen konnte, wenn der Arbeitsspeicher des Computers zu klein war. Da können Sie die Decke hochgehen oder Sie besitzen die fast asiatische Langmut von Webdesignern.

Diese Phase ist die kritischste im ganzen Projekt.

Seien Sie sehr lieb zu ihren Teammitgliedern, wenn Sie hier nicht alleine arbeiten.

11.7 Live gehen

Wenn Sie all das hinter sich haben, haben Sie es eben nicht hinter sich. Laden Sie die gestalteten Seiten auf den Liveserver und klicken Sie *jede* Datei im Livebetrieb auf möglichst vielen Browsern und Betriebssystemen durch. Es kann sein, dass manche Dinge online plötzlich nicht mehr funktionieren. Es kann also noch einmal eine Krise geben.

Seien Sie deshalb sehr konservativ in der Zeitplanung. Organisieren Sie keine Launch-Party, die als Höhepunkt das erstmalige Hochladen der Seiten auf den Server beinhaltet. Erst wenn Sie Ihre Livetestphase abgeschlossen haben, sollten Sie in Suchmaschinen Ihre Seite anmelden, ihren Eltern einen Jubelbrief schreiben und die Sektkorken knallen lassen.

Ich habe hier von »laden und klappt« bis zu 40-stündigen Horror-Dauersessions alle Varianten erlebt. Bleiben Sie locker. Das kriegen Sie auch noch hin.

... und dann erst sollten Sie heftig feiern. Sie haben es sich verdient.

Vom ersten Spaziergang bis hierher brauchen Profis bei mittleren Websites zwischen 14 Tagen und vier Wochen. Dieses System ist aber vollkommen eskalierbar und hat keine klaren Zeitregeln.

Diese Schritte können bei allen Websites die gleichen sein. Egal ob wir von einer einzelnen Seite oder von der größten Website der Welt reden.

Und vor allem: Nehmen Sie Ihre Arbeiten hier sehr, sehr ernst. Es macht keinen Unterschied, ob Sie »nur« Ihre persönliche Homepage oder aber die wichtigste Website weit und breit bearbeiten. Arbeit bleibt Arbeit und Vergnügen bleibt Vergnügen.

11.8 Nach dem Spiel

Sie haben doch nicht geglaubt, dass Sie damit schon alles hinter sich haben? Nein, nein. Es gibt leider den bösen Spruch »Nach dem Spiel ist vor dem Spiel«. Und der Spruch stimmt leider bei Onlineprojekten mehr als einem oft lieb sein kann.

Am besten ist es natürlich, wenn Sie schon in der Gesamtplan daran gedacht haben, dass Sie die Website updaten und eventuell auch teilweise oder ganz wieder aus dem Web entfernen werden.

Zudem spricht man von Webgenerationen und es zeigt sich mit wenigen Ausnahmen, dass eine Website etwa alle neun Monate komplett neu überarbeitet werden sollte. Jetzt sehen Sie vielleicht auch, warum ich so stark auf Vision, Prozess und auch auf Normierung von Elementen dränge.

Je klarer Sie wissen, was Sie mit der Site wollen, wann was stattfindet und was dabei ausgetauscht werden muss, desto mehr Spaß haben Sie mit Ihrer Homepage.

Am besten klappt meiner Meinung nach hier immer noch ein Redaktionsplan, in dem Sie für jede Rubrik, die Sie aufgebaut haben, eine Update-Frequenz und einen Umfang pro Update festlegen. Weiterhin sollten Sie einen Vorlauf einplanen. Die wenigsten Webinhalte müssen bereits Sekunden nach Ihrer Fertigstellung live gehen. Es ist nicht sinnvoll, zwei Minuten vor dem geplanten Update erst mit den Arbeiten dafür zu beginnen.

Sie ahnen auch bereits richtig. Ich arbeite mit dem Excel-Sheet, das Sie bereits kennen. Ich schreibe hinter jedes File den aktuellen Update und den dazu notwendigen Umfang und die Vorlaufzeit.

Das hat viel von Alltagsarbeit, aber Sie müssen bei all dem eigentlich so oft wie sinnvoll und möglich durch alle die hier beschriebenen Stufen gehen, um diesen Alltag auch weiterzuentwickeln. Da sollte es öfters einen Vision-Check geben. Und es kann nicht schaden, wenn Sie bei allen neuen Browserversionen Ihre Website neu checken.

Das schöne an Onlineprojekten ist: Der Spaß hört nie auf.

INFO

Und zufrieden wäre ich an Ihrer Stelle erst, wenn ich meine Ziele durch Hausfrauentests, die Auswertungen der Pageviews der Website und der Reflexion meiner eigenen Interessen immer wieder bestätigt finde. Gerade Websites sind durch die vorhandenen Reports sehr gut zu checken. Ich schaffe bestimmte Links, die ich dann nachher messe, nur für bestimmte Aktionen. Oder auch nur für ein bestimmtes Klientel. Das gibt mir die Sicherheit darüber, wie und wann ich womit bestimmte Menschen mit bestimmten Inhalten erreiche. Alles andere ist Kinderkram. Das haben Sie nicht nötig.

11.9 Soforthilfe

Sie werden in diesen Seiten ein ganze Menge an nützlichen Hinweisen zu HTML gefunden haben. Und damit Sie nicht sinnloses Wissen in sich hineinpumpen, habe ich eine Auswahl der Tags zusammengestellt, die Sie aller Wahrscheinlichkeit im täglichen Arbeiten brauchen werden.

Das bedeutet natürlich auch, dass ich nicht alles, was man über HTML sagen kann, hier verarbeitet habe. Klar, vor allem wenn Sie tiefer einsteigen, dann werden Sie manchmal noch mehr über ein Thema wissen wollen.

Deshalb biete ich Ihnen hier einen Service an, der Ihnen im Falle eines Falles weiterhilft. Bei Fragen, die im Buch nicht behandelt sind, schreiben Sie mir bitte eine E-Mail unter

harald@taglinger.de

und ich werde Ihnen die nötigen Antworten möglichst rasch zukommen lassen. Die wichtigsten Fragen werde ich darüber hinaus regelmäßig im Forum *http://groups.msn.com/taglingerde* posten. Es entsteht so ein Archiv, in dem Sie natürlich mit Herzenslust schmökern können.

Wenn Sie diesen Service schon einmal genutzt haben, um mir Ihre Seiten vorzustellen, werden Sie bemerkt haben, dass ich darauf nicht eingehe. Aus einem einfachen Grund: Zum einen sind Designs letztendlich Geschmackssache. Zum anderen muss man sich, um eine Seite wirklich beurteilen zu können, sehr tief in die Umstände und die Ziele der Site einarbeiten (siehe Kapitel 10). Dazu fehlen mir dann immer die Angaben. Wenn Sie solches Coaching suchen, dann kann ich Sie auf Wunsch gerne an andere LeserInnen vermitteln, die einen Gegenpart suchen. Das hilft Ihnen hier sicher weiter.

Anhang A

Lösungen

Hier finden Sie nochmals alle Lösungen nach Kapiteln sortiert.

Kapitel 3

Übung 1

```
<HTML>
   <HEAD>
      <TITLE>
      J&uuml;rgen Gro&szlig;
      </TITLE>
   </HEAD>

   <BODY>
Hallo, mein Name ist J&uuml;rgen Gro&szlig;. Meine Hobbys sind
&lt;HTML&gt;, &Uuml;berfahrten
nach England und &Auml;nderungen im Source-Code. Ich
sage immer:&quot;Warum rufen Sie nicht einfach mal bei mir an?&quot;
Meine Nummer steht im Telefonbuch.
   </BODY>
<!-----------      © JG--------------->
</HTML>
```

Übung 2

```
<HTML>
   <HEAD>
      <TITLE>
      J&uuml;rgen Gro&szlig;
      </TITLE>
   </HEAD>

   <BODY>
Hallo, mein Name ist J&uuml;rgen Gro&szlig;. Meine Hobbys sind
&lt;HTML&gt;, &Uuml;berfahrten nach England und &Auml;nderungen im
Source-Code. Ich sage immer:&quot;Warum rufen Sie nicht einfach mal
bei mir an?&quot; Meine Nummer steht im Telefonbuch.
   </BODY>
<!-----------      © JG--------------->
</HTML>
```

Übung 3

```
<HTML>
   <HEAD>
         <TITLE>
J&uuml;rgen Gro&szlig;
         </TITLE>
      </HEAD>
      <BODY>
A          <H1>Hallo</H1>
B          <H2>Mein Name ist J&uuml;rgen Gro&szlig;</H2>
C          Meine Hobbys sind...
      </BODY>
</HTML>
```

Übung 4

```
<HTML>
    <HEAD>
    <TITLE>
J&uuml;rgen Gro&szlig;
    </TITLE>
   </HEAD>

  <BODY>
A <FONT SIZE=7>Hallo</FONT>
B <FONT SIZE=6>Mein Name ist J&uuml;rgen
 Gro&szlig;</FONT>
```

```
C  Meine Hobbys sind...
      </BODY>
   </HTML>
```

Übung 5

```
<HTML>
   <HEAD>
      <TITLE>
      J&uuml;rgen Gro&szlig;
      </TITLE>
   </HEAD>

<BODY>
   <BASEFONT SIZE=4>
   <FONT SIZE=+3>Hallo</FONT>

   <FONT SIZE=+2>
   Mein Name ist J&uuml;rgen Gro&szlig;
   </FONT>

   Meine Hobbys sind...

</BODY>
</HTML>
```

Übung 6

```
<HTML>
   <HEAD>
      <TITLE>
      J&uuml;rgen Gro&szlig;
      </TITLE>
   </HEAD>
<BODY>
   <HR SIZE=5 WIDTH=90% NOSHADE>
   Hallo, mein Name ist J&uuml;rgen Gro&szlig;.

   <HR SIZE=2% WIDTH=200>
   Meine Hobbys sind &lt;HTML&gt;,
   &Uuml;berfahrten nach England und &Auml;nderungen im
   Source-Code.

   <HR SIZE=2% WIDTH=200>
   Ich sage immer:&quot;Warum rufen Sie nicht
   einfach mal bei mir an?&quot;
```

```
    <HR SIZE=2% WIDTH=200>
    Meine Nummer steht im Telefonbuch.

    <HR SIZE=5 WIDTH=90% NOSHADE>
</BODY>
<!-----------      © JG--------------->
</HTML>
```

Übung 7

```
<HTML>
      <HEAD>
         <TITLE>
         J&uuml;rgen Gro&szlig;
         </TITLE>
      </HEAD>

      <BODY>

A           <FONT SIZE=7>Hallo</FONT><BR>

B           <FONT SIZE=6>Mein Name ist J&uuml;rgen
            Gro&szlig;</FONT><P>

C           Meine Hobbys sind...<BR>

      </BODY>
   </HTML>
```

Übung 8

```
<HTML>
      <HEAD>
         <TITLE>
         J&uuml;rgen Gro&szlig;
         </TITLE>
      </HEAD>

   <BODY>

A   <FONT SIZE=7><B>
   Hallo,
   </B></FONT>
   <BR>
B   <FONT SIZE=6><I>
   Mein Name ist J&uuml;rgen Gro&szlig;.
   </I></FONT>
   <P>
```

```
   Meine Hobbys sind &lt;HTML&gt;,
   &Uuml;berfahrten nach England und &Auml;nderungen im
   Source-Code.
   <BR>
C  Ich sage immer:<B><S>&quot;Warum rufen Sie nicht
   einfach mal bei mir an?&quot;</S></B>

   <BR><BR>
   Meine Nummer steht im Telefonbuch.

</BODY>
<!-----------       © JG--------------->
</HTML>
```

Übung 9

```
<HTML>
      <HEAD>
         <TITLE>
         J&uuml;rgen Gro&szlig;
         </TITLE>
      </HEAD>

   <BODY>

A  <FONT SIZE=7><B><CENTER>
   Hallo
B  </CENTER></B></FONT>
   <BR>
   <FONT SIZE=6><I>
   Mein Name ist J&uuml;rgen Gro&szlig;.
   </I></FONT>

   Meine Hobbys sind &lt;HTML&gt;,
   &Uuml;berfahrten nach England und &Auml;nderungen im
   Source-Code.

   <BR>
    Ich sage immer:<B><S>&quot;Warum rufen Sie nicht
   einfach mal bei mir an?&quo<;</S></B>

   <BR><BR>
   Meine Nummer steht im Telefonbuch.

</BODY>
<!-----------       © JG--------------->
</HTML>
```

Übung 10

```
<HTML>
      <HEAD>
         <TITLE>
         J&uuml;rgen Gro&szlig;
         </TITLE>
      </HEAD>

   <BODY>

A  <P ALIGN=right>
   <FONT SIZE=7><B>
   Hallo
   </B></FONT>
   <BR>
   <FONT SIZE=6><I>
   Mein Name ist J&uuml;rgen Gro&szlig;.
   </I></FONT>

B  </P>

C  <BLOCKQUOTE>
   Meine Hobbys sind &lt;HTML&gt;,
   &Uuml;berfahrten nach England und &Auml;nderungen im
   Source-Code.
D  </BLOCKQUOTE>

   Ich sage immer:<B><S>&quot;Warum rufen Sie nicht
   einfach mal bei mir an?&quot;</S></B>

   <BLOCKQUOTE>
   Meine Nummer steht im Telefonbuch.
   </BLOCKQUOTE>
</BODY>
<!-----------      © JG--------------->
</HTML>
```

Übung 11

```
<HTML>
      <HEAD>
         <TITLE>
         J&uuml;rgen Gro&szlig;
         </TITLE>
      </HEAD>

   <BODY>
```

```
   <P ALIGN=right>
   <FONT SIZE=7><B>

A  <A NAME=#oben> </A>

   Hallo
   </CENTER></B></FONT>
   <BR>
   <FONT SIZE=6><I>
   Mein Name ist J&uuml;rgen Gro&szlig;.
   </I></FONT>

   </P>

   <BLOCKQUOTE>
   Meine Hobbys sind &lt;HTML&gt;
   &Uuml;berfahrten nach England und &Auml;nderungen im
   Source-Code.
   </BLOCKQUOTE>

   Ich sage immer:<B><S>&quot;Warum rufen Sie nicht
   einfach mal bei mir an?&quo<;</S></B>
   <BLOCKQUOTE>
   Meine Nummer steht im Telefonbuch.
   </BLOCKQUOTE>
   Hier beginnt der Text, der 700 Zeichen haben sollte.
   Aus Platzgr&uuml;nden sind weit weniger eingegeben
   <P>

B  <A HREF=#oben>Hier geht es
   hoch</A>

<P>
</BODY>
```

Übung 12:

```
<HTML>
      <HEAD>
         <TITLE>
         J&uuml;rgen Gro&szlig;
         </TITLE>
      </HEAD>

   <BODY>

   <P ALIGN=right>
   <FONT SIZE=7><B>
```

```
    <A NAME=oben> </A>
    Hallo
    </CENTER></B></FONT>
    <BR>
    <FONT SIZE=6><I>
    Mein Name ist
A   <A HREF=mailto:gross@mut.de> J&uuml;rgen
    Gro&szlig;</A>.

    </I></FONT>

    </P>

    <BLOCKQUOTE>
    Meine Hobbys sind &lt;HTML&gt;,
    &Uuml;berfahrten nach England und &Auml;nderungen im
    Source-Code.
    </BLOCKQUOTE>

    Ich sage immer:<B><S>&quot;Warum rufen sie nicht
    einfach mal bei mir an?&quo<;</S></B>

    <BLOCKQUOTE>
    Meine Nummer steht im Telefonbuch.
    </BLOCKQUOTE>
    Hier beginnt der Text, der 700 Zeichen haben sollte.
    Aus Platzgr&uuml;nden sind weit weniger eingegeben...
    <P>

    <A HREF-#oben>Hier geht es hoch</A><BR>
B   <A HREF=../page1.htm>hoch</A><BR>
C   <A HREF=tief/page3.htm>tief</A><BR>
D   <A HREF=http://www.mut.de>Ein netter Verlag</A>
    <P>
</BODY>
<!-----------      © JG--------------->
</HTML>
```

Kapitel 4

Übung 13

```
A    <TABLE BORDER=4>
       <TR>
B          <TH>
          Inhaltsverzeichnis<BR>
          </TH>
       </TR>
```

```
    <TR>
      <TD>
      1. Der erste Text: Montag
      </TD>
    </TR>

    <TR>
      <TD>
      2. Der zweite Text: Dienstag
      </TD>
    </TR>

    <TR>
      <TD>
C     3. Der dritte Text: Mittwoch<BR>
D     <TABLE BORDER=1>
        <TR>
E         <TD>
          Goethe<BR>
          </TD>

F          <TD>
           Valentin<BR>
           </TD>
        </TR>

G       <TR>
          <TD>
          Schiller<BR>
          </TD>

          <TD>
          Bl&uuml;m<BR>
          </TD>
        </TR>
H     </TABLE>
      </TD>
    </TR>

    <TR>
      <TD>
      4. Der vierte Text: Donnerstag
      </TD>
    </TR>
I  </TABLE>
```

Übung 14

```
A   <TABLE BORDER=2>

      <TR>
B        <TD ROWSPAN=4>
         <B>Inhaltsverzeichnis</B>
         </TD>

C        <TD COLSPAN=2>
      1. Der erste Text: <A HREF=01.htm>Montag</A>
         </TD>
      </TR>

      <TR>
         <TD COLSPAN=2>
      2. Der zweite Text: <A HREF=02.htm>Dienstag</A>
         </TD>
      </TR>

      <TR>
         <TD COLSPAN=2>
     3. Der dritte Text: <A HREF=03.htm>Mittwoch</A><BR>
D         <TABLE BORDER=1>
            <TR>
               <TD>
               Goethe<BR>
               </TD>

               <TD>
               Valentin<BR>
               </TD>
            </TR>

            <TR>
               <TD>
               Goethe<BR>
               </TD>

               <TD>
               Valentin<BR>
               </TD>
            </TR>
         </TABLE>
         </TD>
      </TR>

      <TR>
```

```
        <TD>
   4. Der vierte Text: <A HREF=04.htm>Donnerstag</A>
        </TD>

E       <TD>
        Danach: Pause
        </TD>
      </TR>
   </TABLE>
```

Übung 15

```
A   <TABLE BORDER=0 CELLPADDING=5 CELLSPACING=2>
      <TR>
        <TD WIDTH=10%>
        <BR>
        </TD>

B       <TD WIDTH=200>
   Hier steht der 1. Text.
   Hier steht der 1. Text.
   Hier steht der 1. Text.
   Hier steht der 1. Text.
   Hier steht der 1. Text.
   Hier steht der 1. Text.
   Hier steht der 1. Text.
   Hier steht der 1. Text.
   Hier steht der 1. Text.
   Hier steht der 1. Text.
        </TD>
        <TD WIDTH=10%>
        <BR>
        </TD>

C       <TD WIDTH=200 ALIGN=center VALIGN=middle>
   Hier steht der 2. Text.
   Hier steht der 2. Text.
   Hier steht der 2. Text.
        </TD>
      </TR>

      <TR>
        <TD WIDTH=10%>
        <BR>
        </TD>

D       <TD WIDTH=200 ALIGN=left VALIGN=top>
```

```
   Hier steht der 3. Text.
   Hier steht der 3. Text.
   Hier steht der 3. Text.
   Hier steht der 3. Text.
   Hier steht der 3. Text.
         </TD>

         <TD WIDTH=10%>
         <BR>
         </TD>

E        <TD WIDTH=200 ALIGN=right VALIGN=bottom>
   Hier steht der 4. Text. Sehr kurz.
         </TD>
      </TR>
   </TABLE>
```

Kapitel 5

Übung 16

```
<HTML>
      <HEAD>
         <TITLE>
         Willkommen
         </TITLE>
      </HEAD>
   <BODY BGCOLOR=#ffffff TEXT=#a9a9a9 LINK=#d2b48c
      ALINK=#6a5acd VLINK=#008080>

A   <TABLE WIDTH=90% HEIGHT=90% BORDER=0>
      <TR>
B        <TD BGCOLOR=#ffd700 WIDTH=30%>
         <BR>
         </TD>

         <TD WIDTH=30%>

            <FONT COLOR=#000000 FACE=Times SIZE=6>
               W
            </FONT>
            <FONT FACE=Times SIZE=6>
               illkommen!<P>
            <A HREF=index.htm>
            <FONT COLOR=#4682b4 FACE=Times SIZE=4>
               T
```

```
            <FONT COLOR=#000000 FACE=Times SIZE=4>
               reten Sie ein</A>
            </FONT>

         </TD>

C         <TD BGCOLOR=#ffd700 WIDTH=30%>
         <BR>
         </TD>
      </TR>
   </TABLE>
   <BODY>
   </HTML>
```

Kapitel 6

Übung 17

```
A   <HTML>
    <HEAD>
       <TITLE>Versuch mit zwei Backgrounds</TITLE>
    </HEAD>
B   <BODY BACKGROUND=bild1.gif BGCOLOR=ff0000>
C   <TABLE BORDER=0 CELLSPACING=0 CELLPADDING=0>
      <TR>
D  <TD BACKGROUND=bild2.gif HEIGHT=100 WIDTH=100>
         <BR>
         </TD>
E        <TD>
   Dies ist ein Text auf dem ersten Background
         </TD>
       </TR>
     </TABLE>
F  Und hier geht es ohne Tabelle weiter.
</BODY>
</HTML>
```

Übung 18

```
<HTML>
      <HEAD>
         </TITLE>
         Meine Freunde
         </TITLE>
      </HEAD>
```

```
    <BODY BACKGROUND=pappe.gif BGCOLOR=#ffffff TEXT=#000000
    LINK=#0000ff VLINK=#0000ff ALINK=#0000ff>

    <CENTER>
    <TABLE BGCOLOR=#708090 WIDTH=380>
       <TR>
          <TD WIDTH=100>
          </TD>

          <TD WIDTH=180>
A          <IMG SRC=bild1.jpg WIDTH=100 HEIGHT=100 ALT=Peter
           ALIGN=left HSPACE=3 VSPACE=3>
B          Das ist Peter<BR>
           Meierstraße 5<BR>
           87677 Linden<P>
          </TD>

          <TD WITDH=100>
          </TD>
       </TR>
       <TR>
          <TD WIDTH=100>
          </TD>

          <TD WIDTH=180>
C          <A HREF=http://www.anna.de/HTML>
           <IMG SRC=bild2.jpg WIDTH=100 HEIGHT=100 ALT=Rudi
           ALIGN=left HSPACE=3 VSPACE=3></A>
           Das ist Rudi<BR>
           Oberallee 5<BR>
           80799 M&uuml;nchen<P>
           </TD>

          <TD WITDH=100>
          </TD>
       </TR>
    </TABLE>
    </CENTER>
    </BODY>
    </HTML>
```

Kapitel 7

Übung 19

```
<HTML>
      <HEAD>
          <TITLE>
          Index
          </TITLE>
      </HEAD>
A   <BODY BGCOLOR=#000000 TEXT=#ffffff LINK=#000099
    ALINK=#000099 VLINK=#000099>

   <TABLE WIDTH=90%>
       <TR>
           <TD WIDTH=10%>
           </TD>

           <TD WIDTH=70%>
B           <FONT FACE=Arial SIZE=3>
           Hier kommt beliebiger Text hinein.<P>
C       <A HREF=text1.htm TARGET=rechts>Text 1</A><BR>
           </TD>
           </TD WIDTH=10%>
           </TD>
       </TR>
   </TABLE>
   </BODY>
   </HTML>
```

Übung 20

```
<HTML>
      <HEAD>
          <TITLE>
          Textverzeichnis
          </TITLE>
      </HEAD>

A   <FRAMESET COLS=*,*>
B       <FRAME NAME=links SRC=links.htm SCROLLING=auto
         NORESIZE>
        <FRAME NAME=rechts SRC=text1.htm SCROLLING=auto
         NORESIZE>
   </FRAMESET>
```

```
   <NOFRAMES>
       <BODY BGCOLOR=#ffffff>
      Bitte laden Sie <A HREF=http://home.netscape.com>
      Netscape Navigator</A> oder
      <A HREF=http://microsoft.com>Microsoft
      Explorer</A>, um dieses Dokument sauber angezeigt
      zu sehen.
       </BODY>
   </NOFRAMES>
</HTML>
```

Übung 21

```
<HTML>
       <HEAD>
           <TITLE>Eine dreifache Unterteilung</TITLE>
       </HEAD>
A   <FRAMESET ROWS=100,100,*,15%>
B   <FRAME NAME=eins SRC=1.htm SCROLLING=no NORESIZE>
   <FRAME NAME=zwei SRC=2.htm SCROLLING=no NORESIZE>
   <FRAME NAME=drei SRC=3.htm SCROLLING=no NORESIZE>
   <FRAME NAME=vier SRC=4.htm SCROLLING=no NORESIZE>
   </FRAMESET>
   <NOFRAMES>

       <BODY >
       Hier steht etwas, weil Sie sonst mit einem alten
       Browser nichts sehen,
       </BODY>
   </NOFRAMES>
</HTML>
```

Übung22

```
<HTML>
       <HEAD>
           <TITLE>
           Textverzeichnis
           </TITLE>
       </HEAD>

A   <FRAMESET COLS=25%,75%>
B      <FRAMESET ROWS=100,*>
C      <FRAME NAME=oben SRC=logo.htm SCROLLING=auto
        NORESIZE>
       <FRAME NAME=links SRC=index.htm SCROLLING=auto
        NORESIZE>
```

```
D   </FRAMESET>
        <FRAME NAME=rechts SRC=text1.htm SCROLLING=auto
         NORESIZE>
    </FRAMESET>

    <NOFRAMES>
        <BODY BGCOLOR=#ffffff>
      Bitte laden Sie <A HREF=http://home.netscape.com>
      Netscape Navigator</A> oder
      <A HREF=http://microsoft.com>Microsoft
      Explorer</A>, um dieses Dokument sauber angezeigt
      zu sehen.

        </BODY>
    </NOFRAMES>
</HTML>
```

Kapitel 8

Übung 23

```
<HTML>
       <HEAD>
           <TITLE>
           Antwortformular
           </TITLE>
       </HEAD>

A   <BODY BGCOLOR#ffffff TEXT=#000000>

B   <FORM METHOD=post ACTION=mailto:harald@taglinger.de>
C      <TABLE BORDER=1 WIDTH=500 HEIGHT=300>
      <TR>
        <TD WIDTH=100>
         <BR>
         </TD>
         <TD WIDTH=400>
         <BR>
         </TD>
       </TR>
       <TABLE>
D   </FORM
   </BODY>
   </HTML>
```

Übung 24

```
<HTML>
       <HEAD>
           <TITLE>
           Antwortformular
           </TITLE>
       </HEAD>

   <BODY BGCOLOR=#ffffff TEXT=#000000>

   <FORM METHOD=post ACTION=mailto:harald@taglinger.de>
       <TABLE BORDER=0 WIDTH=500>
           <TR>
               <TD WIDTH=100 VALIGN=top>
A            <FONT FACE=Arial,Helvetica SIZE=4>
               Name<P>
               Vorname<P>
               Firma<P>
               Straße/Nr.<P>
               PLZ
               Ort<P>
               Land<P>
               </FONT>
               </TD>

               <TD WIDTH=400 VALIGN=top>
B         <INPUT TYPE=text NAME=Name SIZE=50><P>
           <INPUT TYPE=text NAME=Vorname SIZE=50><P>
           <INPUT TYPE=text NAME=Firma SIZE=50><P>
           <INPUT TYPE=text NAME=Straße SIZE=50><P>
           <INPUT TYPE=text NAME=PLZ SIZE=10>
           <INPUT TYPE=text NAME=Ort SIZE=40><P>
           <INPUT TYPE=text NAME=Land SIZE=60><P>
               </TD>
           </TR>
       </TABLE>
   </FORM>

   </BODY>
   </HTML>
```

Übung 25

```
<HTML>
    <HEAD>
        <TITLE>
        Antwortformular
        </TITLE>
    </HEAD>
```

```
<BODY BGCOLOR=#ffffff TEXT=#000000>

<FORM METHOD=post ACTION=harald@taglinger.de>
    <TABLE BORDER=0 WIDTH=500>
        <TR>
            <TD WIDTH=100 VALIGN=top>
            <FONT FACE=Arial,Helvetica SIZE=4>
            Name<P>
            Vorname<P>
            Firma<P>
            Straße/Nr.<P>
            PLZ
            Ort<P>
            Land<P>
            </FONT>
            </TD>

            <TD WIDTH=400 VALIGN=top>
        <INPUT TYPE=text NAME=Name SIZE=50><P>
        <INPUT TYPE=text NAME=Vorname SIZE=50><P>
        <INPUT TYPE=text NAME=Firma SIZE=50><P>
        <INPUT TYPE=text NAME=Straße SIZE=50><P>
        <INPUT TYPE=text NAME=PLZ SIZE=10>
        <INPUT TYPE=text NAME=Ort SIZE=40><P>
        <INPUT TYPE=text NAME=Land SIZE=60><P>
            </TD>
        </TR>
        <TR>
A         <TD WIDTH=100 VALIGN=top>
            <FONT FACE=Arial,Helvetica SIZE=4>
            Bemerkungen:<P>
            </FONT>
            </TD>

        <TD WIDTH=400 VALIGN=top>

B      <TEXTAREA NAME=Bemerkungen ROWS=5 COLS=50>
            Sagen Sie uns Ihre Meinung.
            </TEXTAREA>
            </TD>
        </TR>
    </TABLE>
</FORM>

</BODY>
</HTML>
```

Übung 26

```
<HTML>
       <HEAD>
           <TITLE>
           Antwortformular
           </TITLE>
       </HEAD>
   <BODY BGCOLOR=#ffffff TEXT=#000000>

   <FORM METHOD=post ACTION=mailto:harald@taglinger.de>
       <TABLE BORDER=0 WIDTH=500>
           <TR>
               <TD WIDTH=100 VALIGN=top>
               <FONT FACE=Arial,Helvetica SIZE=4>
               Name<P>
               Vorname<P>
               Firma<P>
               Straße/Nr.<P>
               PLZ
               Ort<P>
               Land<P>
               </FONT>
               </TD>

               <TD WIDTH=400 VALIGN=top>
           <INPUT TYPE=text NAME=Name SIZE=50><P>
           <INPUT TYPE=text NAME=Vorname SIZE=50><P>
           <INPUT TYPE=text NAME=Firma SIZE=50><P>
           <INPUT TYPE=text NAME=Straße SIZE=50><P>
           <INPUT TYPE=text NAME=PLZ SIZE=10>
           <INPUT TYPE=text NAME=Ort SIZE=40><P>
           <INPUT TYPE=text NAME=Land SIZE=60><P>
               </TD>
           </TR>
           <TR>
               <TD WIDTH=100 VALIGN=top>
               <FONT FACE=Arial,Helvetica SIZE=4>
               Bemerkungen:<P>
               </FONT>
               </TD>

           <TD WIDTH=400 VALIGN=top>
           <TEXTAREA NAME=Bemerkungen ROWS=5 COLS=50>
               Sagen Sie uns Ihre Meinung.
               </TEXTAREA>
               </TD>
           </TR>
```

```
            <TR>
A               <TD WIDTH=100 VALIGN=top>
                <FONT FACE=Arial,Helvetica SIZE=4>
                Produkt 1<P>
                Produkt 2<P>
                Produkt 3<P>
                Produkt 4<P>
                Produkt 5<P>
                </FONT>
                </TD>

               <TD WIDTH=400 VALIGN=top>
B              <INPUT TYPE=checkboxNAME=produkt1><P>
               <INPUT TYPE=checkbox NAME=produkt2><P>
               <INPUT TYPE=checkbox NAME=produkt3><P>
               <INPUT TYPE=checkbox NAME=produkt4><P>
               <INPUT TYPE=checkbox NAME=produkt5><P>
               </TD>
           </TR>
           <TR>
C              <TD WIDTH=100 VALIGN=top>
                <FONT FACE=Arial,Helvetica SIZE=4>
                Deutsche Post<P>
                Fahrradkurier<P>
                UPS<P>
                andere<P>
                </FONT>
                </TD>

                <TD WIDTH=400 VALIGN=top>
D               <INPUT TYPE=radio NAME=post><P>
                <INPUT TYPE=radio NAME=kurier><P>
                <INPUT TYPE=radio NAME=UPS><P>
                <INPUT TYPE=radio NAME=andere><P>
                </TD>
            </TR>

        </TABLE>
    </FORM>

    </BODY>
    </HTML>
```

Übung 27

```
<HTML>
       <HEAD>
           <TITLE>
           Antwortformular
           </TITLE>
       </HEAD>

   <BODY BGCOLOR=#ffffff TEXT=#000000>

   <FORM METHOD=post ACTION=mailto:harald@taglinger.de>
       <TABLE BORDER=0 WIDTH=500>
           <TR>
               <TD WIDTH=100 VALIGN=top>
               <FONT FACE=Arial,Helvetica SIZE=4>
               Name<P>
               Vorname<P>
               Firma<P>
               Straße/Nr.<P>
               PLZ
               Ort<P>
               Land<P>
               </FONT>
               </TD>

               <TD WIDTH=400 VALIGN=top>
           <INPUT TYPE=text NAME=Name SIZE=50><P>
           <INPUT TYPE=text NAME=Vorname SIZE=50><P>
           <INPUT TYPE=text NAME=Firma SIZE=50><P>
           <INPUT TYPE=text NAME=Straße SIZE=50><P>
           <INPUT TYPE=text NAME=PLZ SIZE=10>
           <INPUT TYPE=text NAME=Ort SIZE=40><P>
           <INPUT TYPE=text NAME=Land SIZE=60><P>
               </TD>
           </TR>
           <TR>
               <TD WIDTH=100 VALIGN=top>
               <FONT FACE=Arial,Helvetica SIZE=4>
               Bemerkungen:<P>
               </FONT>
               </TD>

           <TD WIDTH=400 VALIGN=top>
           <TEXTAREA NAME=Bemerkungen ROWS=5 COLS=50>
               Sagen Sie uns Ihre Meinung.
               </TEXTAREA>
               </TD>
           </TR>
```

```
            <TR>
A             <TD WIDTH=100 VALIGN=top>
                </TD>

                <TD WIDTH=400 VALIGN=top>
B             <SELECT NAME=Versandarten>
C                <OPTION SELECTED VALUE=post>
D                Deutsche Post
                   <OPTION VALUE=kurier>
                   Fahrradkurier
                   <OPTION VALUE=ups>
                   UPS und andere
                   <OPTION VALUE=egal>
                   egal
E             </SELECT>
                </TD>
            </TR>

         </TABLE>
      </FORM>

      </BODY>
      </HTML>
```

Kapitel 9

Übung 28

```
<HTML>
<HEAD>
<TITLE>Title of article</TITLE>
   <LINK REL=STYLESHEET
   HREF="../cover.css"
   TYPE="text/css">
</HEAD>
<BODY>
</BODY>
</HTML>
```

Übung 29

```
<DIV STYLE="font-size: 10pt; color: red">
<P>
<UL>
<LI>Diese Zeile wird in 10 Punkt rot dargestellt.
<LI STYLE="color: blue"> Diese ebenfalls, aber in Blau.
</UL>
</DIV>
```

Übung 30

```
<HTML>
   <HEAD>
      <TITLE>Stylesheets</TITLE>
   <HEAD>
A        <STYLE TYPE="text/css">
         <!--
B        BODY {font: 10pt "Times";
         color: black}
C        H1 {font: 20pt "Arial";
D        color: red}
E        H2 {font: 15pt "Arial";
         color: red}
F           -->
         </STYLE>

G        <BODY BGCOLOR=#ffffff>
H     <DIV STYLE="margin-left: 2.0in; margin-right: 2.0in">
      <H1>Das ist die Überschrift</H1>
      <H2>Diese Zeile steht darunter</H2>

        Hier beginnt der normale Lauftext. Hier beginnt
        der normale Lauftext. Hier beginnt der normale
        Lauftext. Hier beginnt der normale Lauftext. Hier
        beginnt der normale Lauftext. Hier beginnt der
        normale Lauftext. Hier beginnt der normale
        Lauftext. Hier beginnt der normale Lauftext. Hier
        beginnt der normale Lauftext. Hier beginnt der
        normale Lauftext. Hier beginnt der normale
        Lauftext. Hier hört er auf.
I        </DIV>
        </BODY>
      </HTML>
```

Übung 31

```
A </P>
B <P class="zwischen"><FONT size=5 color=#000000 face=arial,
  helvetica>
C Dies ist eine Zwischen&uuml;berschrift</FONT>
D </P>
E <P class="text">< FONT size=5 color=#000000 face=arial,helvetica>
  Hier l&auml;ft der Text weiter.
```

Kapitel 10

Übung 32

```
<HTML>
      <HEAD>
         <TITLE>Baumreihe</TITLE>
      </HEAD>
A    <BODY BGCOLOR=#00ff00>
      <TABLE WIDTH=90%>
         <TR>
            <TD WIDTH=30%>
B            <IMG SRC=baum.jpg WIDTH=150
              HEIGHT=150>
            </TD>

            <TD WIDTH=30%>
            </TD>

            <TD WIDTH=30%>
            </TD>
         </TR>

         <TR>
            <TD WIDTH=30%>
C            <IMG SRC=baum.jpg WIDTH=100
              HEIGHT=100>
            </TD>

            <TD WIDTH=30%>
            </TD>

            <TD WIDTH=30%>
            </TD>
         </TR>
```

```
        <TR>
           <TD WIDTH=30%>
           <IMG SRC=baum.jpg WIDTH=50 HEIGHT=50>
           </TD>

           <TD WIDTH=30%>
           </TD>

           <TD WIDTH=30%>
           </TD>
        </TR>
     </TABLE>
  </BODY>
  </HTML>
```

Anhang B

Referenz der HTML-Befehle

(Basis: ab Internet Explorer 3.0 und Netscape Navigator 3.0)

<HTML></HTML>
Eröffnet und schließt ein HTML-File

<TITLE></TITLE>
Benennt den Titel des Browser-Fensters

<HEAD></HEAD>
Bereich, der den Header des HTML-Files einschließt

<BODY></BODY>
Bereich, der den Body-Bereich eines HTML-Files einschließt

(ASCII-Sonderzeichen)
Siehe gesonderte Liste im Anhang

Listing A

```
<HTML>
      <HEAD>
      <TITLE>
            Hier steht der Titel des Files.
            </TITLE>
      </HEAD>
      <BODY>
      </BODY>
</HTML>
```

```
<!----Hier kommt der Text rein---->
```

Kommentarzeile

```
<COMMENT></COMMENT>
```

Kommentarzeile in strenger HTML-Syntax

Listing B

```
<HTML>
      <HEAD>
            <TITLE>
            Hier steht der Titel des Files.
            </TITLE>
      </HEAD>

      <BODY>
<!----Diese Kommentarzeile ist
im Browser unsichtbar ---->


<COMMENT>
Diese Zeile ist im Browser ebenfalls unsichtbar.
</COMMENT>
      </BODY>
</HTML>
```

```
<H1></H1>
```

Größte Headlinestufe

```
<H2></H2>
```

Zweitgrößte Headlinestufe

```
<H3></H3>
```

Drittgrößte Headlinestufe

```
<H4></H4>
```

Mittlere Headlinestufe

```
<H5></H5>
```

Zweitkleinste Headlinestufe

```
<H6></H6>
```

Kleinste Headlinestufe

Listing C

```
<HTML>
      <HEAD>
            <TITLE>
            Headings
            </TITLE>
      </HEAD>

      <BODY>

<H1>Das ist die gr&ouml;&szlig;te &Uuml;berschrift</H1>
<H2>Das ist eine gro&szlig;e &Uuml;berschrift</H2>
<H3>Das ist eine mittlere &Uuml;berschrift</H3>
<H4>Das ist eine kleinere &Uuml;berschrift</H4>
<H5>Das ist eine noch kleinere &Uuml;berschrift</H5>
<H6>Das ist die kleinste &Uuml;berschrift</H6>

      </BODY>
</HTML>
```

```
<FONT SIZE=1></FONT>
```

Kleinste Fontstufe

```
<FONT SIZE=2></FONT>
```

Zweitkleinste Fontstufe

```
<FONT SIZE=3></FONT>
```

Default-Fontstufe

```
<FONT SIZE=4></FONT>
```

Größere Fontstufe

```
<FONT SIZE=5></FONT>
```

Drittgrößte Fontstufe

```
<FONT SIZE=6></FONT>
```

Zweitgrößte Fontstufe

```
<FONT SIZE=7></FONT>
```

Größte Fontstufe

```
<BASEFONT SIZE=4>
```

Basis-Fontgröße wird für das gesamte File eingestellt.

```
<FONT SIZE=+2></FONT>
```

Fontgröße wird relativ um 2 Stufen nach oben gestellt.

```
<FONT SIZE=-2></FONT>
```

Fontgröße wird relativ um 2 Stufen nach unten gestellt.

Listing D

```
<HTML>
   <HEAD>
      <TITLE>
      Fonts
      </TITLE>
   </HEAD>

   <BODY>
<BASEFONT SIZE=4>
Eigentlich ist der Text dieses Files in der Font-Größe 4 eingestellt.
<FONT SIZE=7>Das ist die
gr&ouml;&szlig;te &Uuml;berschrift</FONT>
<FONT SIZE=6>Das ist eine gro&szlig;e
&Uuml;berschrift</FONT>
<FONT SIZE=5>Das ist eine weniger gro&szlig;e
&Uuml;berschrift</FONT>
<FONT SIZE=4>Das ist eine noch weniger
gro&szlig;e &Uuml;berschrift</FONT>
<FONT SIZE=3>Das ist eine mittlere
&Uuml;berschrift</FONT>
<FONT SIZE=2>Das ist eine kleinere
&Uuml;berschrift</FONT>
<FONT SIZE=1>Das ist die kleinste
&Uuml;berschrift</FONT>
<FONT SIZE=1>Das ist die kleinste
&Uuml;berschrift</FONT>
      </BODY>
</HTML>
```

`<HR SIZE=10 WIDTH=300 NOSHADE>`

Eine horizontale Linie, 10 Pixel hoch, 300 Pixel breit, ohne 3D-Effekt

`<HR SIZE=5 WIDTH=50%>`

Eine horizontale Linie, 5 Pixel hoch und 50% des Fensters breit

`<BR>`

Zeilenumbruch

<P>

Paragraphen-Ende

`<NOBR></NOBR>`

Verhindert automatischen Zeilenumbruch

Listing E

```
<HTML>
      <HEAD>
            <TITLE>
            Umbr&uuml;che und Linien
            </TITLE>
      </HEAD>

      <BODY>
<HR SIZE=10 WIDTH=300 NOSHADE>
<HR SIZE=5 WIDTH=50%>
Hier steht eine Zeile in der Default-Gr&ouml;&szlig;e des Browser.
Danach folgt ein fester Zeilenumbruch.
<BR>
Nach diesem Satz folgt das Paragraphenzeichen.
<P>
<NOBR>
Hier steht eine Zeile in der Default-Gr&ouml;&szlig;e des Browser.
Jetzt verhindert der NOBREAK-Tag einen Zeilenumbruch.
</NOBR>
      </BODY>
</HTML>
```

<TT></TT>

Schaltet auf Proportionalschrift um.

<FONT FACE="Times,Arial" SIZE=3></FONT>

Fontart wird in Normalgröße auf Times umgestellt oder bei Nichtvorhandensein der Times auf Arial (Erstnennung dominiert).

<B></B>

Bold (Fettung)

<I></I>

Italic (Kursiv)

<EM></EM>

Emphasis (Verstärkung)

<STRONG><STRONG>

weitere Möglichkeit der Verstärkung

<BIG></BIG>

Große Schrift

Hochgestellte Schrift

Tiefgestellte Schrift

<U></U>
Unterstreicht Text

<S></S>
Streicht Text durch

<CENTER></CENTER>
Zentrieren

<P ALIGN=LEFT> </P>
Absatz linksbündig

<P ALIGN=CENTER></P>
Absatz zentriert

<P ALIGN=RIGHT></P>
Absatz rechtsbündig

<BLOCKQUOTE></BLOCKQUOTE>
Einrückung, Linkstabulator

Listing F

```
<HTML>
   <HEAD>
      <TITLE>
      Formatierungen
      </TITLE>
   </HEAD>

   <BODY>
<TT>
Dieser Text steht in Proportionalschrift.
</TT><P>
<FONT FACE="Monaco,Arial" SIZE=4>
Nach dem Absatz wechseln wir in eine leicht gr&ouml;&szlig;ere Schrift.
Wenn der Computer die Schrift »Monaco« besitzt, dann wird diese Schrift
jetzt benutzt, wenn nicht, dann benutzt der Browser »Arial«. Wenn auch
diese Schrift nicht vorhanden ist, dann bleibt es bei der Default-
Schrift des Browsers.
</FONT><P>

<B>Hier beginnt ein fett formatierter Satz,</B>
<I>der in Kursiv-Schnitt wechselt.</I>
<EM>Aber auch so ist ein anderer Schriftenschnitt denkbar,</EM>
<STRONG>oder auch so.<STRONG>
<P>
```

```
<BIG>Diese gro&szlig;e Schrift kann nicht jeder Browser.</BIG>
<SUP>Und mancher kann auch diese Darstellung nicht.</SUP>
<SUB>Oder diese...</SUB>
<P>
<U>Der unterstrichene Text</U>
<S> wandelt sich in einen durchgestrichenen.</S>
<CENTER>
Aus dem zentrierten Text
</CENTER>
<P ALIGN=LEFT>
wird ein linksbündiger
</P>
<P ALIGN=CENTER>
oder wieder mittiger
</P>
<P ALIGN=RIGHT>
oder auch rechtsbündiger Text.
</P>


<BLOCKQUOTE>
Vielleicht wird er auch nur eingerückt.
</BLOCKQUOTE>

<CENTER><FONT FACE="Arial" SIZE=5><B><U>
Auch Kombinationen dieser Tags sind denkbar.
</U></B></FONT></CENTER>
Achten Sie dabei auf die »Zwiebelstruktur«.
   </BODY>
</HTML>
```

```
<A NAME="Sprung 1"> </A>
```
Merker, an den zurückgesprungen werden soll

```
<A HREF="#Sprung 1">Hier geht es zum Merker</A>
```
Eingefärbter Text, der zum Merker per Mausklick führt

```
<A HREF="file2.htm">weiter</A>
```
Ein interner Link zu *file2.htm* in der gleichen Verzeichnisebene

```
<A HREF="../file2.htm">weiter</A>
```
Ein interner Link zu *file2.htm* in der nächsthöheren Verzeichnisebene

```
<A HREF="tiefer/file2.htm">weiter</A>
```
Ein interner Link zu *file2.htm* in einer tieferen Ebene namens »tiefer«

```
<A HREF="http://www.nic.de">Nach Karlsruhe</A>
```
Ein externer Link auf den Server http://www.nic.de

```
<A HREF="http://www.nic.de/index.html">Nach Karlsruhe</A>
```

Ein externer Link auf den Server und dessen Dokument index.html

Listing G

```
<HTML>
   <HEAD>
      <TITLE>
      Links
      </TITLE>
   </HEAD>

   <BODY>
<A NAME="Sprung 1"> </A>
<A HREF="file2.htm">Der Link</A> zu einem anderen File ist dann sehr
sinnvoll, wenn das bisherige File zu umfangreich wird. Dabei spielt es
auch keine Rolle, ob
<A HREF="../file2.htm">dieses 2. File</A> in der Verzeichnis-Struktur
weiter oben oder
<A HREF="tiefer/file2.htm">weiter unten</A> liegt.
<A HREF="http://www.nic.de">Auch fremde Server</A>
sind sehr einfach in die eigene Site einzubauen. Aber es w&auml;re
nat&uuml;rlich
<A HREF="http://www.nic.de/index.html">auch ein direkter Verweis</A>
auf ein Dokument innerhalb dieses externen Servers denkbar.<P>
<FONT FACE="Arial" SIZE=2><A HREF="#Sprung 1">Hier geht es zur&uuml;ck
nach oben.</A></FONT>
   </BODY>
</HTML>
```

```
<DL></DL>
```

Definitionsliste

```
<DIR><DIR>
```

Directoryliste (für Inhaltsverzeichnisse)

```
<OL></OL>
```

nummerierte Liste

```
<UL></UL>
```

nicht nummerierte Liste

```
<LI>
```

eine einfache Aufzählung

```
<DT>
```

Definitionsterm (also eine Art von Überschrift)

<DD>
Definitionsdaten (also der Inhalt dazu)

TYPE=A
(große Buchstaben)

TYPE=a
(kleine Buchstaben)

TYPE=I
(große römische Zahlen)

TYPE=i
(kleine römische Zahlen)

START=2
startet bei der 2. Maßeinheit.

TYPE=disc
(ausgefüllter Punkt)

TYPE=circle
(Kreis)

TYPE=square
(Viereck)

Listing H

```
<HTML>
   <HEAD>
      <TITLE>
      Aufz&auml;hlungen
      </TITLE>
   </HEAD>

      <BODY>
<DL>
      <DT>Alle wichtigen Jahreszeiten
      <DD>Fr&uuml;hling
      <DD>Sommer
      <DD>Herbst
   <DD>Winter
</DL>
```

Definitionsterm (Also eine Art von Überschrift)

```
<DIR>
      <DT> Alle wichtigen Jahreszeiten
      <DD>Fr&uuml;hling
      <DD>Sommer
      <DD>Herbst
   <DD>Winter
</DIR>

<OL START=3>
   <LI>Fr&uuml;hling
   <LI>Sommer
   <LI>Herbst
   <LI>Winter
</OL>

<OL TYPE=A>
   <LI>Fr&uuml;hling
   <LI>Sommer
   <LI>Herbst
   <LI>Winter
</OL>

<OL TYPE=a>
   <LI>Fr&uuml;hling
   <LI>Sommer
   <LI>Herbst
   <LI>Winter
</OL>

<OL TYPE=I>
   <LI>Fr&uuml;hling
   <LI>Sommer
   <LI>Herbst
   <LI>Winter
</OL>

<OL TYPE=i>
   <LI>Fr&uuml;hling
   <LI>Sommer
   <LI>Herbst
   <LI>Winter
</OL>

<UL TYPE=disc>
   <LI>Fr&uuml;hling
   <LI>Sommer
   <LI>Herbst
   <LI>Winter
</UL>
```

```
<UL TYPE=circle>
   <LI>Fr&uuml;hling
   <LI>Sommer
   <LI>Herbst
   <LI>Winter
</UL>

<UL TYPE=square>
   <LI>Fr&uuml;hling
   <LI>Sommer
   <LI>Herbst
   <LI>Winter
</UL>
   </BODY>
</HTML>
```

`<TABLE BORDER=1></TABLE>`

Baut eine Tabelle mit Rand=1 Pixel auf

`<TR></TR>`

Definiert darin eine Tabellenreihe

`<TD></TD>`

Definiert darin eine Tabellenzelle

`<TH></TH>`

Header-Reihe in einer Tabelle (automatische Fettung)

`WIDTH=100  HEIGHT=20%`

Weite=100 Pixel, Höhe=10 Prozent der Fenstergröße

`ALIGN=left`

Der Text wird linksbündig zur Zelle dargestellt.

`ALIGN=center`

Der Text wird mittig in der Zelle dargestellt.

`ALIGN=right`

Der Text wird rechtsbündig zur Zelle dargestellt.

`VALIGN=top`

Der Text wird oben in der Zelle begonnen.

`VALIGN=middle`

Der Text wird in der Zelle zentriert.

`VALIGN=bottom`

Der Text wird unten in der Zelle ausgerichtet.

COLSPAN=2

Die Zelle nimmt waagerecht den Platz von zwei Zellen ein.

ROWSPAN=2

Die Zelle nimmt senkrecht den Platz von zwei Zellen ein

<PRE></PRE>

Präformatierter Text

(1:1-Darstellung der Umbrüche und Leerzeichen mit Proportionalschrift)

Listing I

```
<HTML>
   <HEAD>
      <TITLE>
      Tabellen
      </TITLE>
   </HEAD>
   <BODY>
      <TABLE BORDER=1 WIDTH=400>
         <TR>
            <TD WIDTH=20%>
            Hier steht der Text der ersten Zelle.
            </TD>
            <TD WIDTH=100 VALIGN=top>
            Hier steht der Text der zweiten Zelle.
            Dieser Text setzt immer oben innerhalb der Zelle an.
            </TD>
                  <TD WIDTH=100 VALIGN=middle>
            Hier steht der Text der dritten Zelle.
            Dieser Text setzt immer in der Mitte der Zelle an.
            </TD>

            <TD WIDTH=100 VALIGN=bottom>
            Hier steht der Text der vierten Zelle.
            Dieser Text setzt immer unten
            innerhalb der Zelle an.
            </TD>
         </TR>
            <TD WIDTH=200 ROWSPAN=2
            COLSPAN=2 ALIGN=left>
            Hier beginnt die zweite Reihe,
            und der Text steht linksb&uuml;ndig.
            Au&szlig;erdem nimmt diese Zelle
            senkrecht und waagerecht den Platz von
            zwei Zellen ein.
            </TD>
```

```
            <TD WIDTH=100 ALIGN=center>
            Hier wird der Text
            mittig eingepasst.
            </TD>

            <TD WIDTH=100 ALIGN=right>
            Hier steht der Text rechtsbündig.
            </TD>
         </TR>
         <TR>
            <TH>
            Hier fettet sich die Schrift.
            </TH>

            <TH>
            Und ohne die festen Angaben
            richten sich die Zellentexte mittig
            in den Abständen der
            anderen Zellen aus.
            </TH>
         </TR>
      </TABLE>
   </BODY>
</HTML>
```

`<BODY BGCOLOR="#ffffff">`

Hintergrundfarbe auf Weiß gestellt

`<BODY BGCOLOR="YELLOW">`

Hintergrundfarbe auf Gelb gestellt

`<BODY TEXT=#708090>`

Text erscheint in Schiefergrau.

`<FONT COLOR=#000000 SIZE=6>W</FONT>`

Schwarzes »W« in der Fontgröße 6

`<BODY LINK=#ff0000 ALINK=#ff6300 VLINK=#9c0000>`

Link, Aktiver Link und Visited Link in drei verschiedenen Rottönen

`<TD BGCOLOR=#212121></TD>`

Tiefgraue Zellenfärbung

```
<TABLE BORDER=3 BORDERCOLOR=#000000 BORDERCOLORBLACK=#708090
BORDERCOLORLIGHT=#0000ff>
```

(Nur Explorer) Einfärben der Tabellenränder und 3D-Effekte der Umrandung

`<BODY BACKGROUND="bild.gif">`

Einbindung und Wiederholung des Bilds *bild.gif* im Hintergrund

```
<IMG SRC="bild.gif">
```

Einbindung eines Bilds *bild.gif* im Vordergrund .

```
<A HREF="http://www.mut.de"><IMG BORDER=0 SRC="bild.gif" WIDTH=100
HEIGHT=100></A>
```

Bild (100 x 100 Pixel), das ohne Rand mit der URL http://www.mut.de verlinkt ist.

```
ALIGN=left
```

Text fließt rechts

```
ALIGN=right
```

Text fließt links

```
ALIGN=top
```

Erste Textzeile fließt oben, der Rest des Textes fließt unterhalb des Bildes

```
ALIGN=middle
```

Erste Textzeile fließt mittig, der Rest des Textes fließt unterhalb des Bildes

```
ALIGN=bottom
```

Text fließt rechts von unterem Bildrand

```
VSPACE=5
```

Hier wird zwischen Text und Bild ein vertikaler Rand von 5 Pixel gehalten

```
HSPACE=10
```

Hier wird zwischen Text und Bild ein horizontaler Rand von 10 Pixel gehalten

```
LOWSRC="bild.gif"
```

(Netscape) Ein Bild wird vorab geladen.

Listing J

```
<HTML>
   <HEAD>
      <TITLE>
      Farben und Bilder
      </TITLE>

   </HEAD>
   <BODY BACKGROUND="bild.gif" BGCOLOR=YELLOW
    TEXT=#000000 LINK=#ff0000 ALINK=#ff6300
    VLINK=#9c0000>

      <TABLE BORDER=3 BORDERCOLOR=#000000
      BORDERCOLORBLACK=#708090
      BORDERCOLORLIGHT=#0000ff WIDTH=400>
```

```
        <TR>
           <TD WIDTH=200 BGCOLOR=#313131>
           <BR>
           </TD>

           <TD WIDTH=200 BGCOLOR=#ffffff>
           <A HREF="htttp://www.mut.com">
           <IMG BORDER=0 SRC="bild2.jpg"
           WIDTH=100 HEIGHT=100 HSPACE=5
           VSPACE=5 ALIGN=left
           LOWSRC="bild1.jpg"></A>

           <FONT COLOR=#000099 SIZE=6>D</FONT>
Das hier ist Probetext. Das hier ist Probetext. Das hier ist
Probetext. Das hier ist Probetext. Das hier ist Probetext. Das hier
ist Probetext. Das hier ist Probetext. Das hier ist Probetext. Das
<A HREF="http://www.mut.com">hier ist Probetext</A>. Das hier ist
Probetext. Das hier ist Probetext. Das hier ist Probetext. Das hier
ist Probetext. Das hier ist Probetext. Das hier ist Probetext. Das
hier ist Probetext. Das hier ist Probetext. Das hier ist Probetext.
           </TD>
        </TR>
     </TABLE>
  </BODY>
</HTML>
```

`<EMBED SRC="video.mov">`

Ein Quicktime-Video wird eingebunden.

`SRC=`

(Pfad, der zum Video führt)

`WIDTH=`

(Breite der Pixel)

`HEIGHT=`

(Höhe der Pixel)

`AUTOPLAY= true/false`

Beginnt mit dem Abspielen selbstständig oder wartet auf Start-Klick.

`LOOP=true/false/palindrome`

Endlose Schleife, auch mit Vor- und Rücklauf

`CONTROLLER=true/false`

Start/Stopp-Buttons am Video

```
PLAYEVERYFRAME=true/false
```
Jedes Bild wird gespielt.

```
HREF=
```
(Link zu einer anderen Page)

```
<NOEMBED><A HREF="vogel.mov">Singender Vogel</A></NOEMBED>
```
Älteren Browsern wird alternativ das Video *vogel.mov* zum Download bereitgestellt.

```
VOLUME=1
```
(leisester Ton; 10 ist die lauteste Stufe)

```
HIDDEN
```
(Die Controller werden versteckt)

```
<BGSOUND  SRC="vogel.mid" LOOP=infinite>
```
(Explorer) Tonfile im Hintergrund, unendlich wiederholt

```
<SOUND  SRC="vogel.wav" LOOP=3 DELAY=23>
```
(Mosaic) Tonfile im Hintergrund, dreimal wiederholt mit jeweils 23 Sekunden Pause.

Listing K

```
<HTML>
   <HEAD>
      <TITLE>
      Hier wird »Multimedia« eingebunden.
      </TITLE>
   </HEAD>
   <BODY>
<A HREF="ton.wav">
Ein Ger&auml;usch zum Herunterladen
</A><BR>
Die anderen Hintergrundt&ouml;ne von einem Vogel werden automatisch
heruntergeladen.
<BGSOUND SRC="vogel.mid" LOOP=infinite>
<SOUND SRC="vogel.wav" LOOP=3 DELAY=23>
<P>
Hier binden wir ein Video ohne Controller-Buttons ein,
das selber zu spielen beginnt und auf
<A HREF="http://www.mut.com">Markt&Technik</A>
verlinkt ist:
<P ALIGN=center>
<EMBED SRC="video.mov" WIDTH=200 HEIGHT=100 AUTOPLAY= true
LOOP=false CONTROLLER=false HREF="http://www.mut.com">
</P>
<NOEMBED>
```

```
<A HREF="video.mov">Alle alten Browser bekommen hier
den gleichen Download.</A> Allerdings per Mausklick.
</NOEMBED>
   </BODY>
</HTML>
```

```
<FRAMESET  COLS=25%,75%></FRAMESET>
```

Ein senkrechter Frame wird aufgezogen, der den Bildschirm in einen Bereich von 25% und rechts davon in einen von 75% trennt.

```
<FRAME NAME="links" SRC=index.htm SCROLLING=auto NORESIZE>
```

Darin enthalten wird in den Frame mit dem Namen »links« ein File *index.htm* geladen. Die Größe des Frames ist nicht veränderbar und es wird automatisch ein Scrollbalken angelegt, falls die Größe des Füllfiles das erfordert.

```
<NOFRAMES></NOFRAMES>
```

Alle Angaben für Browser, die Frames nicht darstellen können, werden zwischen diese Tags geschrieben.

```
TARGET=_top
```

Bisherige Frames werden aufgelöst

```
TARGET=_self
```

Link lädt in den bisherigen Container-Frame

```
TARGET=_parent
```

Link lädt in den Frame, der eine Hierarchie weiter oben ist.

```
TARGET=Name
```

Link lädt in den Frame mit dem Namen »Name«.

```
<FRAMESET ROWS=110,*></FRAMESET>
```

Waagrechter Frame wird aufgebaut, der 110 Pixel von der Oberkante des Browserfensters aus beginnt.

```
<FRAMESET ROWS=110,* MARGINWIDTH=2 MARGINHEIGHT=5>
```

Abstand des Füllfiles 2 Pixel waagrecht und 5 Pixel senkrecht.

```
<FRAMESET BORDER=0 FRAMEBORDER=no FRAMESPACING=no ROWS=100,*>
```

Unsichtbarer Frame für Navigator 3.0 und Explorer 3.0

```
<FRAMESET BORDER=2 BORDERCOLOR=#000099 ROWS=100,*>
```

Ein dickerer Frame erhält die Farbe Blau.

Listing L

```
<HTML>
      <HEAD>
            <TITLE>
            Ein Frame-Dokument
            </TITLE>
      <HEAD>

<FRAMESET COLS=25%,* MARGINWIDTH=2 MARGINHEIGHT=5 BORDER=0
FRAMEBORDER=no FRAMESPACING=no >

<FRAME NAME="links" SRC="1.htm" SCROLLING=no NORESIZE>
<FRAME NAME="rechts" SRC="2.htm" SCROLLING=auto NORESIZE>
   <FRAMESET BORDER=2 BORDERCOLOR=#000099 ROWS=100,*>
      <FRAME NAME="rechtsoben" SRC="1.htm" SCROLLING=no>
      <FRAME NAME="rechtsunten" SRC="2.htm" SCROLLING=no>
   </FRAMESET>
</FRAMESET>

<NOFRAMES>
<BODY BGCOLOR=#ffffff>
Hier stehen alle Angaben f&uuml;r Browser, die Frames nicht
darstellen k&ouml;nnen. Meistens verweist man darin auf den Download
eines Browsers der Firmen <A HREF="http://home.netscape.com"
TARGET=_top>Netscape</A> oder <A HREF="http://www.microsoft.com"
TARGET=self>Microsoft</A>.
</BODY>
</NOFRAMES>
</HTML>
```

```
<FORM  METHOD=post ACTION=ihre_mail@ihre_URL></FORM>
```

Post-Formular wird eröffnet, da an eine bestimmte E-Mail-Adresse geschickt werden soll.

```
<INPUT  TYPE=text NAME=bezeichnung SIZE=40>
```

Textfeld, 40 Zeichen breit, erhält als vorgesehenen Input den Namen »bezeichnung«.

```
<TEXTAREA  NAME=Bemerkungen ROWS=5 COLS=50></TEXTAREA>
```

Hier können Sie Ihre Bemerkungen hineinschreiben.

Textbox für längere Kommentare

```
<INPUT TYPE=checkbox NAME=bezeichnung>
```

Erstellt eine Auswahlbox mit dem Namen »Bezeichnung«.

```
<INPUT TYPE=radio NAME=bezeichnung1>
```

```
<INPUT TYPE=radio NAME=bezeichnung2>
```

Erstellt zwei Radioboxen mit den Namen »bezeichnung1« und »bezeichnung2«.

```
<SELECT  NAME=bezeichnung>
   <OPTION  SELECTED VALUE=1>1
   <OPTION VALUE=2>2
   <OPTION VALUE=3>3
</SELECT>
```

Ein Pull-Button mit drei Möglichkeiten

```
<INPUT TYPE=submit Value=Losschicken>
```

Ein Submit-Button mit dem Value »Losschicken«

Listing M

```
<HTML>
      <HEAD>
            <TITLE>
            Ein Formular
            </TITLE>
      </HEAD>
      <BODY BGCOLOR=#ffffff>
<FORM METHOD=post ACTION=ihre_mail@ihre_URL></FORM>
<H2>Ein einfaches Beispiel f&uuml;r ein Formular.</H2>

Name:
<INPUT TYPE=text NAME=Feld1 SIZE=40><P>
Kommentar:
<TEXTAREA NAME=Feld2 ROWS=5 COLS=50></TEXTAREA><P>
Links:
<INPUT TYPE=checkbox NAME=links><BR>
Rechts:
<INPUT TYPE=checkbox NAME=rechts><BR>
Mitte:
<INPUT TYPE=checkbox NAME=mitte><P>
Ja:
<INPUT TYPE=radio NAME=ja><BR>
Nein:
<INPUT TYPE=radio NAME=nein><P>
<SELECT NAME=bezeichnung>
   <OPTION SELECTED VALUE=1>1
   <OPTION VALUE=2>2
   <OPTION VALUE=3>3
</SELECT><P>
<INPUT TYPE=submit Value=Losschicken>
      </BODY>
</HTML>
```

```
<STYLE TYPE="text/css"></STYLE>
```

Ein Stylesheet wird eröffnet und geschlossen.

```
<LINK REL=STYLESHEET
HREF="http://fantasie-name.de/mystyles.css" TYPE="text/css">
```

Externe Einbindung eines Stylesheets.

```
<HTML>
<STYLE TYPE="text/css">
<!--
  BODY {font: 10pt »Arial"}
  H1 {font: 15pt/17pt »Arial";
   font-weight: bold;
   color: maroon}
  H2 {font: 13pt/15pt »Arial";
   font-weight: bold;
   color: blue}
  P  {font: 10pt/12pt »Arial";
   color: black}
-->
</STYLE>
<BODY>
...
</BODY>
</HTML>
```

Ein Stylesheet.

```
<DIV STYLE="font-size: 10pt; color: red">
<P>
<UL>
<LI>Diese Zeile wird in 10 Punkt rot dargestellt.
<LI>Diese ebenfalls
</UL>
</DIV>
```

Ein Stylesheet in einer Gruppe.

```
<LI STYLE="color: blue">This is blue and 10 pt.
```

Hier wird eine Zeile umdefiniert.

Befehl	Beschreibung	Spezifikation	Beispiel
`font-size`	Schriftgröße, wahlweise in Punkt, Inch, Zentimeter oder Pixeln.	points (pt) inches (in) centimeters (cm) pixels (px)	`{font-size: 12pt}`
`font-family`	Schriftart	typeface »Name« font family »Name"	`{font-family: »courier"}`

Befehl	Beschreibung	Spezifikation	Beispiel
`font-weight`	Schriftschnitt	extra-light light demi-light medium demi-bold bold extra-bold	`{font-weight: bold}`
`font-style`	Kursivsetzung	normal italic	`{font-style: italic}`
`line-height`	Linienhöhe in Punkt, Inch, Zentimeter, Pixeln oder Prozent	points (pt) inches (in) centimeters (cm) pixels (px) percentage (%)	`{line-height: 24pt}`
`color`	Textfarbe	color-name RGB triplet	`{color: blue}`
`text-decoration`	unterstreichen oder durchstreichen	none underline italic line-through	`{text-decoration: underline}`
`margin-left`	linker Rand	points (pt) inches (in) centimeters (cm) pixels (px)*	`{margin-left: 1in}`
`margin-right`	rechter Rand	points (pt) inches (in) centimeters (cm) pixels (px)*	`{margin-right: 1in}`
`margin-top`	oberer Rand	points (pt) inches (in) centimeters (cm) pixels (px)*	`{margin-top: -20px}`
`text-align`	Textausrichtung	left center right	`{text-align: right}`
`text-indent`	Einrückung	points (pt) inches (in) centimeters (cm) pixels (px)*	`{text-indent: 0.5in}`
`background`	Hintergrundfarbe	URL, color-name RGB triplet	`{background: #33CC00}`

Listing N

```
<HTML>
      <HEAD>
            <TITLE>
            Style Sheets
            </TITLE>
<LINK REL=STYLESHEET
HREF="http://fantasie-name.de/mystyles.css" TYPE="text/css">
<STYLE  TYPE="text/css">
<!--
  BODY {font: 10pt »Arial«}
  H1 {font: 15pt/17pt »Arial«;
   font-weight: bold;
   color: maroon}
  H2 {font: 13pt/15pt »Arial«;
   font-weight: bold;
   color: blue}
  P  {font: 10pt/12pt »Arial«;
   color: black}
-->
</STYLE>
      </HEAD>
      <BODY>
<H1> Das ist ein Versuchstext.</H1>
<H2> Das ist ein Versuchstext.</H2>

Das ist ein Versuchstext.
Das ist ein Versuchstext.
Das ist ein Versuchstext.

<P>Das ist ein Versuchstext.
Das ist ein Versuchstext.</P>

<DIV STYLE="font-size: 15pt; color: red">
Das ist ein Versuchstext.

Das ist ein <B STYLE="color: blue">

Versuchstext.</B>
</DIV>
   </BODY>
</HTML>
```

```
< META  http-equiv="PICS-Label" content='(PICS-1.1 "http://www.rsac.org/
ratingsv01.html" l gen true comment"RSACi North America Server" by
"inet@microsoft.com" for "http://www.microsoft.com/" on
"1997.06.30T14:21-0500" r (n 0 s 0 v 0 l 0))'>
< META  name="ROBOTS" content="index">
< META  name="KEYWORDS" content="Homepage Microsoft">
< META  name="DESCRIPTION" content="Homepage Microsoft">
< META  name="MS.LOCALE" content="DE">
< META  http-equiv="Content-Type" content="text/html; charset=iso-8859-1">
<META  name="CATEGORY" content="Homepage">
```

Angaben für Suchmaschinen

```
<META  HTTP-EQUIV=Refresh CONTENT=3; URL=file2.htm>
```

Automatisches Nachladen von HTML-Seiten

Listing O

```
<HTML>
   <HEAD>
      <TITLE>
      Meta-Befehle
      </TITLE>
<META NAME="keywords" CONTENT="Weiter Nachladen Einleitung">
<META HTTP-EQUIV=Refresh CONTENT=3; URL=file2.htm
   <HEAD>
   <BODY BGCOLOR=#ffffff>
   <CENTER>
      <BLINK>
         <H1>Achtung! File l&auml;dt nach!</H1>
      </BLINK>
   </CENTER>
   </BODY>
</HTML>
```

```
<MAP NAME=map></MAP>
```

Öffnet und schließt eine Map.

```
<AREA  SHAPE=rect COORDS=0,0,130,40 HREF=file1.htm>
```

Angabe der Koordinaten und des Files, auf das sich die Koordinaten beziehen.

```
<IMG SRC="index.gif" BORDER=0 ISMAP USEMAP=#map>
```

Angabe des Bilds, auf das die Map gelegt wird.

Listing P

```
<HTML>
     <HEAD>
           <TITLE>
           Eine Map
           </TITLE>
     </HEAD>
     <BODY BGCOLOR=#ffffff>
     <CENTER>
  <MAP NAME=map>
     <AREA SHAPE=rect
     COORDS=0,0,50,50 HREF=file3.htm>
     <AREA SHAPE=rect
     COORDS=51,51,100,100 HREF=file4.htm>
           </MAP>
     <IMG SRC="bild1.jpg" WIDTH=100 HEIGHT=100
     BORDER=0 ISMAP USEMAP=#map>
           </CENTER>
     </BODY>
</HTML>
```

Kapitel C

Der ISO-Latin-1-Zeichensatz

Zeichen	Numerisches Ersatzzeichen	HexWert	Zeichen Entität (wenn vorhanden)	Beschreibung
	&#00;-&#08;	00-08		Unbenutzt
		09		Horizontaltabulator
0A		Zeilenvorschub
	&#11;-&#31;	0B-1F		Unbenutzt
		20		Leerzeichen
!	!	21		Ausrufezeichen
“	"	22	"	Gänsefüßchen oben
#	#	23		Nummernzeichen
$	$	24		Dollarzeichen
%	%	25		Prozentzeichen
&	&	26	&	Kaufmännisches Et
‘	'	27		Apostroph
(	(	28		Linke Klammer auf
)	)	29		Rechte Klammer zu
*	*	2A		Sternchen
+	+	2B		Pluszeichen
,	,	2C		Komma
-	-	2D		Minuszeichen
.	.	2E		Punkt

Zeichen	Numerisches Ersatzzeichen	HexWert	Zeichen Entität (wenn vorhanden)	Beschreibung
/	/	2F		Schrägstrich (Divisionsstrich)
0–9	0–9	30-39		Ziffern 0–9
:	:	3A		Doppelpunkt
;	;	3B		Semikolon
<	<	3C	<	Kleiner als
=	=	3D		Gleichheitszeichen
>	>	3E	>	Größer als
?	?	3F		Fragezeichen
@	@	40		Kommerzielles At (Klammeraffe)
A–Z	A–Z	41-5A		Buchstaben A–Z
[	[	5B		Linke eckige Klammer auf
\	\	5C		Rückwärtiger Schrägstrich (backslash)
]	]	5D		Rechte eckige Klammer zu
^	^	5E		Karet (backslash)
_	_	5F		Horizontaler Strich (Unterstreichung)
`	`	60		Grave-Akzent
a–z	a–z	61-7A		Buchstaben a–z (Unterstreichung)
{	{	7B		Linke geschweifte Klammer auf
|			7C		Senkrechter Strich
}	}	7D		Rechte geschweifte Klammer zu
~	~	7E		Tilde
	&#127;–	;7F-A0		Unbenutzt
¡	¡	A1	¡	Umgedrehtes Ausrufezeichen
¢	¢	A2	¢	Centzeichen
£	£	A3	£	Pfund Sterling
¤	¤	A4	¤	Allgemeines Währungszeichen
¥	¥	A5	¥	Yen-Zeichen

Zeichen	Numerisches Ersatzzeichen	HexWert	Zeichen Entität (wenn vorhanden)	Beschreibung
¦	¦	A6	¦ oder &brkbar;	Unterbrochener senkrechter Strich
§	§	A7	§	Paragraphen-zeichen
¨	¨	A8	¨	Umlaut (Pünkt-chen)
©	©	A9	© (NHTML)	Copyright-Zeichen
ª	ª	AA	ª	Feminin ordinal
«	«	AB	«	Linkes (französi-sches) Anführungs-zeichen
¬	¬	AC	¬	Nichtzeichen
-		AD		Weicher Binde-strich
®	®	AE	® (HHTM)	Registered trademark
¯	¯	AF	&hibar;	Macron-Akzent
°	°	B0	°	Gradzeichen
±	±	B1	±	Plus oder minus
^{2}	²	B2	²	Hochgestellte Zwei
^{3}	³	B3	³	Hochgestellte Drei
´	´	B4	´	Acute-Akzent
µ	µ	B5	µ	Mikrozeichen
¶	¶	B6	¶	Absatzzeichen
·	·	B7	·	Mittelhoher Punkt
¸	¸	B8	¸	Cedille
^{1}	¹	B9	¹	Hochgestellte Eins
º	º	BA	º	Maskulin ordinal
»	»	BB	»	Rechtes (französi-sches) Abführungs-zeichen
¼	¼	BC	¼	Einviertelbruch
½	½	BD	½	Einhalbbruch
¾	¾	BE	¾	Dreiviertelbruch
¿	¿	BF	¿	Umgedrehtes Fragezeichen
À	À	C0	À	Großes A mit Grave-Akzent
Á	Á	C1	Á	Großes A mit Acute-Akzent

Zeichen	Numerisches Ersatzzeichen	HexWert	Zeichen Entität (wenn vorhanden)	Beschreibung
Â	Â	C2	Â	Großes A mit Circumflex-Akzent
Ã	Ã	C3	Ã	Großes A mit Tilde
Ä	Ä	C4	Ä	Großes A mit Pünktchen oder Umlautzeichen
Å	Å	C5	Å	Großes A mit Ring
Æ	Æ	C6	Æ	Großes AE Diphthong (Ligatur)
Ç	Ç	C7	Ç	Großes C mit Cedille
È	È	C8	È	Großes E mit Grave-Akzent
É	É	C9	É	Großes E mit Acute-Akzent
Ê	Ê	CA	Ê	Großes E mit Circumflex-Akzent
Ë	Ë	CB	Ë	Großes E mit Pünktchen oder Umlaut-Zeichen
Ì	Ì	CC	Ì	Großes I mit Grave-Akzent
Í	Í	CD	Í	Großes I mit Acute-Akzent
Î	Î	CE	Î	Großes I mit Circumflex-Akzent
Ï	Ï	CF	Ï	Großes I mit Pünktchen oder Umlautzeichen
Ð	Ð	D0	Ð	Großes Eth, Isländisch
Ñ	Ñ	D1	Ñ	Großes N mit Tilde
Ò	Ò	D2	Ò	Großes O mit Grave-Akzent
Ó	Ó	D3	Ó	Großes O mit Acute-Akzent
Ô	Ô	D4	Ô	Großes O mit Circumflex-Akzent
Õ	Õ	D5	Õ	Großes O mit Tilde
Ö	Ö	D6	Ö	Großes O mit Cieresis oder Umlautzeichen

Zeichen	Numerisches Ersatzzeichen	HexWert	Zeichen Entität (wenn vorhanden)	Beschreibung
×	×	D7		Multiplikations-zeichen
Ø	Ø	D8	Ø	Großes O mit Schrägstrich
Ù	Ù	D9	Ù	Großes U mit Grave-Akzent
Ú	Ú	DA	Ú	Großes U mit Acute-Akzent
Û	Û	DB	Û	Großes U mit Circumflex-Akzent
Ü	Ü	DC	Ü	Großes U mit Pünktchen oder Umlautzeichen
Ý	Ý	DD	Ý	Großes Y mit Acute-Akzent
Þ	Þ	DE	Þ	Großes THORN, Isländisch
ß	ß	DF	ß	Kleines scharfes s, deutsches
à	à	E0	à	Kleines a mit Grave-Akzent
á	á	E1	á	Kleines a mit Acute-Akzent
â	â	E2	â	Kleines a mit Circumflex-Akzent
ã	ã	E3	ã	Kleines a mit Tilde
ä	ä	E4	&aauml;	Kleines a mit Pünktchen oder Umlautzeichen
å	å	E5	å	Kleines a mit Ring
æ	æ	E6	æ	Kleines ae Diphthong (Ligatur)
ç	ç	E7	ç	Kleines c mit Cedille
è	è	E8	è	Kleines e mit Grave-Akzent
é	é	E9	é	Kleines e mit Acute-Akzent
ê	ê	EA	ê	Kleines e mit Circumflex-Akzent
ë	ë	EB	ë	Kleines e mit Pünktchen oder Umlautzeichen

Zeichen	Numerisches Ersatzzeichen	HexWert	Zeichen Entität (wenn vorhanden)	Beschreibung
ì	ì	EC	ì	Kleines i mit Grave-Akzent
í	í	ED	í	Kleines i mit Acute-Akzent
î	î	EE	î	Kleines i mit Circumflex-Akzent
ï	ï	EF	ï	Kleines i mit Pünktchen oder Umlaut-Zeichen
ð	ð	F0	ð	Kleines eth, Isländisch
ñ	ñ	F1	ñ	Kleines n mit Tilde
ò	ò	F2	ò	Kleines o mit Grave-Akzent
ó	ó	F3	ó	Kleines o mit Acute-Akzent
ô	ô	F4	ô	Kleines o mit Circumflex-Akzent
õ	õ	F5	õ	Kleines o mit Tilde
ö	ö	F6	ö	Kleines o mit Pünktchen oder Umlautzeichen
÷	÷	F7		Divisionszeichen
ø	ø	F8	ø	Kleines o mit Schrägstrich
ù	ù	F9	ù	Kleines u mit Grave-Akzent
ú	ú	FA	ú	Kleines u mit Acute-Akzent
û	û	FB	û	Kleines u mit Circumflex-Akzent
ü	ü	FC	ü	Kleines u mit Pünktchen oder Umlautzeichen
ý	ý	FD	ý	Kleines y mit Acute-Akzent
þ	þ	FE	þ	Kleines thorn, Isländisch
ÿ	ÿ	FF	ÿ	Kleines y mit Pünktchen oder Umlautzeichen

ANHANG D

jetzt lerne ich

Farbtabelle

Farben, geordnet nach Namen und Hexwerten

Farbname	HEX-Tripel	dt. Übersetzung
ALICEBLUE	#A0CE00	Aliceblau
ANTIQUEWHITE	#FAEBD7	antikes Weiß
AQUA	#00FFFF	Blaugrün
AQUAMARINE	#7FFFD4	Aquamarinblau
AZURE	#F0FFFF	Himmelblau
BEIGE	#F5F5DC	Beige
BISQUE	#FFE4C4	Tomatencreme
BLACK	#000000	Schwarz
BLANCHEDALMOND	#FFEBCD	Mandelweiß
BLUE	#0000FF	Blau
BLUEVIOLET	#8A2BE2	Blauviolett
BROWN	#A52A2A	Braun
BURLYWOOD	#DEB887	grobes Braun
CADETBLUE	#5F9EA0	Kadettblau
CHARTREUSE	#7FFF00	Hellgrün
CHOCOLATE	#D2691E	Schokolade
CORAL	#FF7F50	Koralle
CORNFLOWERBLUE	#6495ED	Kornblumenblau
CORNSILK	#FFF8DC	Mais
CRIMSON	#DC143C	Karmesinrot
CYAN	#00FFFF	Zyanblau
DARKBLUE	#00008B	Dunkelblau

Farbname	HEX-Tripel	dt. Übersetzung
DARKCYAN	#008B8B	dunkles Zyanblau
DARKGOLDENROD	#B8860B	dunkle Goldrutenfarbe
DARKGRAY	#A9A9A9	Dunkelgrau
DARKGREEN	#006400	Dunkelgrün
DARKKHAKI	#BDB76B	dunkles Khaki
DARKMAGENTA	#8B008B	dunkles Magentarot
DARKOLIVEGREEN	#556B2F	dunkles Olivgrün
DARKORANGE	#FF8C00	dunkles Orange
DARKORCHID	#9932CC	dunkle Orchideenfarbe
DARKRED	#8B0000	Dunkelrot
DARKSALMON	#E9967A	dunkle Lachsfarbe
DARKSEAGREEN	#8FBC8F	dunkles Seegrün
DARKSLATEBLUE	#483D8B	dunkles Schieferblau
DARKSLATEGRAY	#2F4F4F	dunkles Schiefergrau
DARKTURQUOISE	#00CED1	dunkles Türkis
DARKVIOLET	#9400D3	dunkles Violett
DEEPPINK	#FF1493	Tiefrosa
DEEPSKYBLUE	#00BFFF	tiefes Himmelblau
DIMGRAY	#696969	mattes Grau
DODGERBLUE	#1E90FF	Dodger-Blau
FIREBRICK	#B22222	Ziegelfarbe
FLORALWHITE	#FFFAF0	Blütenweiß
FORESTGREEN	#228B22	Waldgrün
FUCHSIA	#FF00FF	Fuchsie
GAINSBORO	#DCDCDC	Gainsboro
GHOSTWHITE	#F8F8FF	Geisterweiß
GOLD	#FFD700	Gold
GOLDENROD	#DAA520	Goldrute
GRAY	#808080	Grau
GREEN	#008000	Grün
GREENYELLOW	#ADFF2F	Grüngelb
HONEYDEW	#F0FFF0	Honigmelone
HOTPINK	#FF69B4	leuchtendes Rosa
INDIANRED	#CD5C5C	Indischrot
INDIGO	#4B0082	Indigo
IVORY	#FFFFF0	Elfenbein
KHAKI	#F0E68C	Khaki
LAVENDER	#E6E6FA	Lavendelfarbe
LAVENDERBLUSH	#FFF0F5	rosige Lavendelfarbe
LEMONCHIFFON	#FFFACD	Chiffongelb
LIGHTBLUE	#ADD8E6	Hellblau

Farbname	HEX-Tripel	dt. Übersetzung
LIGHTCORAL	#F08080	helles Korallenrot
LIGHTCYAN	#E0FFFF	helles Zyanblau
LIGHTGOLDENRODYELLOW	#FAFAD2	helles Goldrutengelb
LIGHTGREEN	#90EE90	Hellgrün
LIGHTGREY	#D3D3D3	Hellgrau
LIGHTPINK	#FFB6C1	Hellrosa
LIGHTSALMON	#FFA07A	helle Lachsfarbe
LIGHTSEAGREEN	#20B2AA	helles Seegrün
LIGHTSKYBLUE	#87CEFA	helles Himmelblau
LIGHTSLATEGRAY	#778899	helles Schiefergrau
LIGHTSTEELBLUE	#B0C4DE	helles Stahlblau
LIGHTYELLOW	#FFFFE0	Hellgelb
LIME	#00FF00	Zitronengelb
LIMEGREEN	#32CD32	Gelbgrün
LINEN	#FAF0E6	Leinenfarbe
MAGENTA	#FF00FF	Magentarot
MAROON	#800000	Kastanienbraun
MEDIUMAQUAMARINE	#66CDAA	mittleres Aquamarinblau
MEDIUMBLUE	#0000CD	Mittelblau
MEDIUMORCHID	#BA55D3	mittlere Orchideenfarbe
MEDIUMPURPLE	#9370DB	mittleres Violett
MEDIUMSEAGREEN	#3CB371	mittleres Seegrün
MEDIUMSLATEBLUE	#7B68EE	mittleres Schieferblau
MEDIUMSPRINGGREEN	#00FA9A	mittleres Frühlingsgrün
MEDIUMTURQUOISE	#48D1CC	mittleres Türkis
MEDIUMVIOLETRED	#C71585	mittleres Violett-Rot
MIDNIGHTBLUE	#191970	Mitternachtsblau
MINTCREAM	#F5FFFA	cremige Pfefferminzfarbe
MISTYROSE	#FFE4E1	Altrosa
NAVAJOWHITE	#FFDEAD	Navajoweiß
NAVY	#000080	Marineblau
OLDLACE	#FDF5E6	Altgold
OLIVE	#808000	Olivgrün
OLIVEDRAB	#6B8E23	olivfarbiges Graubraun
ORANGE	#FFA500	Orange
ORANGERED	#FF4500	Orangerot
ORCHID	#DA70D6	Orchidee
PALEGOLDENROD	#EEE8AA	blasse Goldrutenfarbe
PALEGREEN	#98FB98	Blassgrün
PALETURQUOISE	#AFEEEE	blasses Türkis
PALEVIOLETRED	#DB7093b	blasses Violettrot

Farbname	HEX-Tripel	dt. Übersetzung
PAPAYAWHIP	#FFEFD5	cremiges Papaya
PEACHPUFF	#FFDAB9	Pfirsich
PERU	#CD853F	Peru
PINK	#FFC0CB	Rosa
PLUM	#DDA0DD	Pflaume
POWDERBLUE	#B0E0E6	Taubenblau
PURPLE	#800080	Violett
RED	#FF0000	Rot
ROSYBROWN	#BC8F8F	rosiges Braun
ROYALBLUE	#4169E1	Königsblau
SADDLEBROWN	#8B4513	Sattelbraun
SALMON	#FA8072	Lachs
SANDYBROWN	#F4A460	Sandbraun
SEAGREEN	#2E8B57	Seegrün
SEASHELL	#FFF5EE	Muschel
SIENNA	#A0522D	Ocker
SILVER	#C0C0C0	Silber
SKYBLUE	#87CEEB	Himmelblau
SLATEBLUE	#6A5ACD	Schieferblau
SLATEGRAY	#708090	Schiefergrau
SNOW	#FFFAFA	Schneeweiß
SPRINGGREEN	#00FF7F	Frühlingsgrün
STEELBLUE	#4682B4	Stahlblau
TAN	#D2B48C	Gelbbraun
TEAL	#008080	Entenbraun
THISTLE	#D8BFD8	Diestel
TOMATO	#FF6347	Tomatenrot
TURQUOISE	#40E0D0	Türkis
VIOLET	#EE82EE	Violett
WHEAT	#F5DEB3	Weizen
WHITE	#FFFFFF	Weiß
WHITESMOKE	#F5F5F5	rauchiges Weiß
YELLOW	#FFFF00	Gelb
YELLOWGREEN	#9ACD32	Gelbgrün

Stichwortverzeichnis

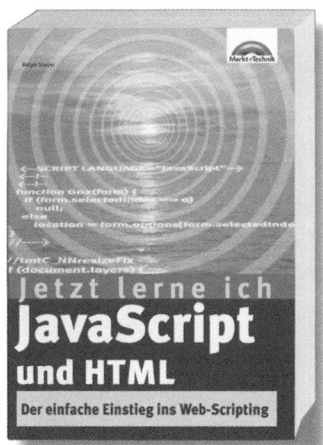

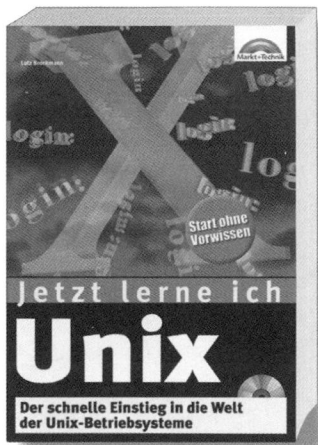

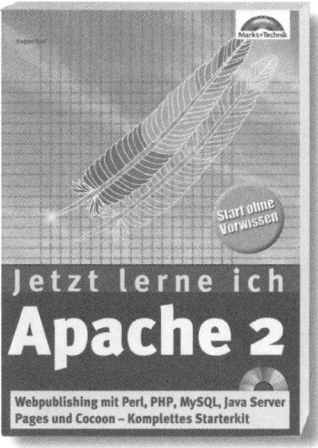

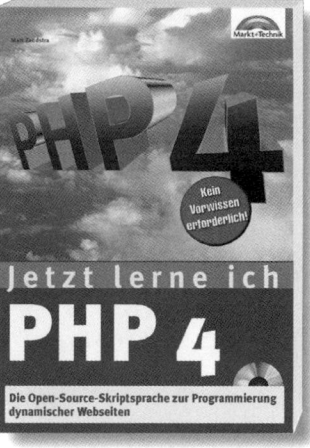

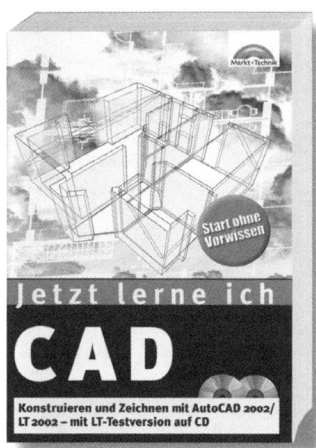

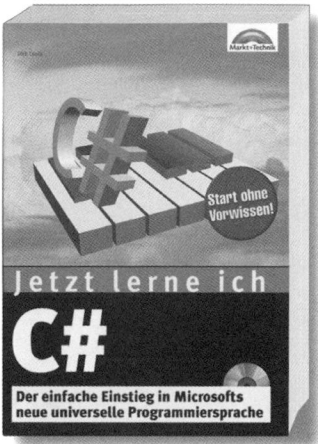

OLIVEDRAB #6B8E23 Olivfarbiges Graubraun	ORANGE #FFA500 Orange	ORANGERED #FF4500 Orangerot	ORCHID #DA70D6 Orchidee
PALEGOLDENROD #EEE8AA Blasse Goldrutenfarbe	PALEGREEN #98FB98 Blassgrün	PALETURQUOISE #AFEEEE Blasses Türkis	PALEVIOLETRED #DB7093b Blasses Violettrot
PAPAYAWHIP #FFEFD5 Cremiges Papaya	PEACHPUFF #FFDAB9 Pfirsich	PERU #CD853F Peru	PINK #FFC0CB Rosa
PLUM #DDA0DD Pflaume	POWDERBLUE #B0E0E6 Taubenblau	PURPLE #800080 Violett	RED #FF0000 Rot
ROSYBROWN #BC8F8F Rosiges Braun	ROYALBLUE #4169E1 Königsblau	SADDLEBROWN #8B4513 Sattelbraun	SALMON #FA8072 Lachs
SANDYBROWN #F4A460 Sandbraun	SEAGREEN #2E8B57 Seegrün	SEASHELL #FFF5EE Muschel	SIENNA #A0522D Ocker

SILVER
#C0C0C0
Silber

SKYBLUE
#87CEEB
Himmelblau

SLATEBLUE
#6A5ACD
Schieferblau

SLATEGRAY
#708090
Schiefergrau

SNOW
#FFFAFA
Schneeweiß

SPRINGGREEN
#00FF7F
Frühlingsgrün

STEELBLUE
#4682B4
Stahlblau

TAN
#D2B48C
Gelbbraun

TEAL
#008080
Entenbraun

THISTLE
#D8BFD8
Diestel

TOMATO
#FF6347
Tomatenrot

TURQUOISE
#40E0D0
Türkis

VIOLET
#EE82EE
Violett

WHEAT
#F5DEB3
Weizen

WHITE
#FFFFFF
Weiß

WHITESMOKE
#F5F5F5
Rauchiges Weiß

YELLOW
#FFFF00
Gelb

YELLOWGREEN
#9ACD32
Gelbgrün